中世神道と神社の信仰体系

岡田莊司 著

吉川弘文館

目次

第三部　中世の神社と祭祀

図表目次

序章　総説・神仏関係と中世神道

一　本書の研究方法

本書は中世の神道と神社の信仰の基本体系を考察するものである。「神道」の成立期については大きく二説あり、祭祀の体系化では、「神祇令」と神祇官の成立である七世紀後半の律令祭祀制、天武・持統朝成立説が有力である。(1)これに対して中世神道思想の研究からは、十二世紀後半、平安末期・中世前期の、両部神道から伊勢神道への形成期が成立説とされる。これら二説は、現代神道へ至る、成立期と転換期にあたる。本書ではこの転換期である中世の神道思想の形成とその展開、中世神社体制の確立など、神道・神社の信仰体系について考察する。

神道史の制度的変遷では、古代律令祭祀制と明治国家祭祀制が大きな変革であったが、人々の信仰の内実においては、平安時代中期以後、中世前期への展開が現代神道へつながる出発点になる。

神代より、わが国は「皇神の厳しき国、言霊の幸はふ国」(『万葉集』巻五、八九四番)と語り継がれ、神道は言挙げしない秘儀性が重視された。言挙げを積極的にするようになるのは、平安中後期の十一・十二世紀以降からであった。古代の神社では、共同体祭祀によって氏神・土地神(地主神)が祀られた。平安中期以後、個人祈願や現世利益の願いが強くなり、外から霊威ある神々の来臨・勧請を仰ぐようになる。御霊・天神信仰の始まり、庶民信仰の隆盛、初宮詣・天神詣・稲荷詣・熊野詣・伊勢参宮・初詣などの神社参詣、人々が自由に神を選んで参詣する現代の信仰に通じる形式がここに始まる。また言説・注釈が盛んになり、言挙げして神道の精神が強調されるようになる。中世以後は神の由緒・教説を説くことに熱心になり、神道説が流布していった。こうした変容を促進させたのは、神仏習合による仏教の影響が小さくない。神道は仏教から学ぶことで、現代神道に近づいた。

本書の研究法は、近代神道史学の江見清風・宮地直一・西田長男・久保田収と、柴田實・萩原龍夫ら先人の研究に学びつつ、神道典籍の蒐集とその文献考証を基礎に、新たな中世神道の世界の方向性を論じてみたい。本書では第一部・第二部の両部神道・伊勢神道・吉田神道の形成と展開、第三部の諸国一宮と鎌倉幕府の神社祭祀体制について考証し、最後に終章では、中世びとの心意に籠る「神＝人＝心」の信心の道筋を素描し、その付論では、古代祭祀・中世神道の延長線上に確立していく近代神道祭祀について論証を試みていく。

昭和後期において、神道典籍の蒐集と閲覧は厳しい環境であったが、『神道大系』『続神道大系』『真福寺善本叢刊』などの編纂が進み、研究環境は好転していった。いま神道典籍は、次世代に向けて、何を語り受け継がれていくのだろう。

以下、主な神道文献引用史料の典拠は、次のとおり。

『神道大系　古典註釈編　釈日本紀』、『神道大系　古典註釈編　中臣祓註釈』、『神道大系　神宮編』(五巻)、『神道大系　神社編　鶴岡』、『神道大系　論説編　伊勢神道上』、『神道大系　論説編　卜部神道上』、『神道大系　論説編　卜部神道下』、『神道大系　文学編　神道集』、『神道大系　文学編　参詣記』、『真福寺善本叢刊　中世日本紀集』、『真福寺善本叢刊　伊勢神道集』、『真福寺善本叢刊　神道古典』など。

二　神祇からみた神仏習合・神仏関係

古代以後の神仏習合・神仏関係については、六世紀の仏法伝来以来習合が進められ、十九世紀近代初頭の神仏分離に至る長期にわたって、国家と地域社会における多様な信仰世界を形成してきた。神社内においては、神のために仏法法会が営まれるとともに、神職・僧侶間において神仏隔離の関係も生じることになる。こうした神仏関係は、慶応四年（一八六八）三月二十八日、神仏判然令（「太政官布告」）が発せられ、その濃厚な神仏関係は解消された。(3)

古代から近現代へ至る神祇・神道の歴史を考えるとき、古代における神々と祭祀は、地域・氏族祭祀と国家・天皇祭祀を二重構造の基盤にしながら、その後の展開では神仏関係、古典籍の継承（神道テクスト論）、人霊祭祀とが重要な論点になってくる。古代後期・中世以降展開していった、古典籍の継承と人霊祭祀論についても、神仏関係抜きには語ることはできない。これらは融合した関係性を保ってきた。

中世の神観念の醸成は、平安時代中期に源流がある。宮中や寺院・神社に取り入れられた仏事の神勧請、神名帳の奉読や講会・論議における表白神文（神降しの句）は、中世以降に展開する神祇祭式の神降しに波及していく。目に見えない神を曼荼羅・絵巻など画像に描いて、可視的に神の影向を表現するようになり、神を近くに迎える勧請作法など、神道は仏教との融合のなかで、現代神道に近づいた。

本書全体の前提として、神祇に仏法が習合していった経過、神と仏、神職と僧侶との神仏習合とその相異について論じていく。

古代の祭祀体系が形成していったのは、七世紀後半、天武朝の時代である。その祭祀体系は、神祇へ幣帛供進（班幣）を中心とした官社制度にある。そして朝廷が神祇とともに仏法に帰依する仏事も、同じく天武朝に淵源がある。天武五年（六七六）の夏、旱魃のため「使を四方に遣し、幣帛を捧げて、諸の神祇に祈らしむ、亦諸の僧尼を請せて、三宝に祈らしむ」（『日本書紀』）とあり、奉幣祭祀と仏法法会の神仏双方に対する信仰儀礼が開始された。また天武天皇の崩御にあたっては、神祇への祈願と僧侶に依頼して仏法への法会が盛んに催され、神仏が信仰儀礼の両輪に定着していく。

初期における神仏習合は、神社の神のために神宮寺が建立され、宮寺が建てられると、ここに神社の神に供奉する社僧（供僧）が置かれ、その務めは、神に向かって神前読経することであった。神仏習合の三要素とは、神宮寺・社僧・神前読経の三点から成り立っている。奈良時代の早い事例として、越前・気比神宮、若狭・若狭彦神社、豊前・宇佐八幡、常陸・鹿島神宮、伊勢・多度神社をあげることができる。[4]奈良後期になると、神仏関係は習合が進み、伊勢国多度神は神身離脱を希望し、「神御像」が造られ、「多度大菩薩」（『多度神宮寺伽藍縁起幷資財帳』）と称した。その姿は仏道修行中の僧侶像と推定されている。また八幡大菩薩も僧形神像が出現し、神々は仏像の形式を取り込み、見える姿に可視化される。[5]

神仏関係において、各地域の神祇・神社内に仏法の影響が深まっていくのは、平安時代に入ってからである。延暦二十三年（八〇四）七月、最澄は遣唐船で大陸に渡り、仏教の秘伝を持ち帰り、翌年帰国した。最澄は渡航の前に、豊前国の香春神に航海の安全を祈願し、無事帰国を果たした最澄は、香春山の麓に神のための寺院を造り読経したところ、もとは石の山であったのが、草木が生い茂るようになる。以降、災害のときには、郡司・農民たちが祈禱すると必ず加護を受けることができたと伝える（『続日本後紀』承和四年〈八三七〉十二月）。そこで香春神は官社に列格し、『延喜式神名帳』豊前国田川郡の三座に登載される。この最澄にみられる神祇と仏法との関係は、地域社会における自然災害や疫病など、不安定な要因を消去することに効果があるとされ、神のために仏教との共存・補完の体系が作られていった。

神社において僧侶が神前読経を行う事例は、平安初期以降増えてくる。延暦十三年三月、宇佐八幡・宗像・阿蘇の三社で読経したのをはじめとして（『類聚国史』）、六国史に一二例、延喜以降は『日本紀略』に一三例、あわせて二五例を抽出することができる。神前読経は旱魃・疫病などの災いを転じるために、九世紀後半は「金剛般若経」を用いて、般若の冥助と名神の厳力を頼り（『続日本後紀』承和三年七月十六日）、神社奉幣と神前読経を同時に行うことで、神威の更なる増進を求め、十世紀以降は護国経典「仁王経」を用いている。その対象とされた神社は、諸国の名神社をはじめ、畿内を中心とした特定諸社、七社・十一社・十六社などであった(6)。

神社の神仏習合を大きく発展させていった契機は、仁和の宇多天皇の即位儀礼に際して行われた一代一度仏舎利使の発遣である。仏舎利使の発遣は、大神宝使の発遣とセットになって開始され、仁和から建長五年（一二五三）まで、二一例確認できる(7)。天皇代替わりごとに大神宝を奉献する対象神社は、伊勢・宇佐・香椎をはじめ五畿七道の、あわせて五〇社をいう。この五〇社には「二十二社」が一三所入っており、のち国ごとに置かれた一宮も二九所が列している。その多くは、地域ごとの優勢な神々が選定され、のちの諸国一宮制とも深く関わってくる。一代一度仏舎利使も同じ神社を対象としており、清涼殿で神宝御覧があるように、天皇の仏舎利御覧が同じく清涼殿で行われる（『江家次第』）。そして、直前に受戒した若沙弥五〇人が発遣先神社の神名一字である「諸社片字」をとって僧名が付けられ、神前に遣わされた（安芸国伊都岐嶋神社へは、僧「都楽」〈『平安遺文』七巻・三五九四号「厳島神社文書」〉など）。仏法禁忌を厳守する伊勢神宮には仏舎利の奉献はなく、宇佐八幡・石清水には俗装束とともに法服・念珠などが、神社ごとには、仏舎利一粒が銀壺に入れられ、木塔（多宝塔）に納められ奉献された（『貞信公記』『日本紀略』『左経記』

など)[8]。

諸国一宮への国司初任神拝においても、神前仏事が隆盛していった。神拝に際して、神宝とともに仏舎利塔が奉られ、国司主宰の仁王経法会が催された(『三十五文集』『若狭国詔戸次第』『時範記』)。また、美濃国において疫病が蔓延したとき、美濃の国人らがこれを憂慮して都在住の国守に「国人皆心ヲ一ニシテ南宮ト申ス社ノ前ニシテ百座ノ仁王講ヲ可レ行キ事ヲ始ム、……必ズ其験可レ有ク、国人共皆憑タリ、一人トシテ志ヲ不レ運ザル者無シ」(『今昔物語集』巻二〇「比叡山僧心懐、依嫉妬感現報語」)と、美濃国一宮南宮社において仁王講が開催されており、国衙祭祀を支える国人たちも神祇への仏法法会を望んだ。こうした在地の国人らによる祭祀と仏事への積極的参加は、十二世紀前半に集中的に散見できるようになり、一宮制の成立時期も、これらの事例と無関係ではありえない[9]。

自然災害や疫病が流行ると、それは神々の仕業とされ、丁重な祭祀が執り行われた。それでも災害・疫病が重なったとき、仏法の作法により神威の増進を図ることを選択せざるをえなかった。神仏習合が進められていった奈良・平安時代は、こうした地域の人々の社会不安が背景にあり、神のために仏教との共存・補完の体系が作られていった。仏法を受容し神祇の霊験を高める作法の導入は、衰えた神の威力を回復し、神威を増進しようとする伝統的祭祀観の発展形態でもあった[10]。

三　神と仏、神職と僧侶との相異

日本の神の性質を語った記録として、『常陸国風土記』行方郡条(六世紀前半・継体朝の常陸国夜刀神伝承)があげられる。箭括《やはず》麻多智が土地を開墾すると、夜刀神が田の耕作を妨害した。「俗云はく、蛇を謂ひて夜刀神と為す、その形、蛇の身にして頭に角《つの》あり、率ゐて難を免るる時に、見る人あらば、家門を破滅し、子孫継がず」とあり、夜刀神は山堺に祀られ、祟ることのないように、恨むことのないように祈った。その姿を見た人は、家門が破滅される、見てはならない禁忌の存在とされ、神は自然のなかに鎮まり、形姿を確認することはできない。

一方、渡来の仏について、仏法伝来のとき（『日本書紀』欽明天皇十三年〈五五二〉十月）天皇は群臣に問い、「西蕃の献れる仏の相貌、端厳にして全く未だ嘗て看ず、礼ふべきやいなや」、これに蘇我稲目は答えて、「出家の業を修め、因りて向原の家を浄捨して寺とす、後に国に疫気おこりて、民夭残《わかじに》を致す」と、日本の神は自然の象徴物に認識され、その姿は確認できないが、仏の像は輝かしい姿として見ることができた。神祇は伊勢神宮の式年遷宮に象徴されているとおり、新造の神殿を用意することが求められたが、仏堂の造営は寄進者の建造物を施す浄捨・喜捨が好まれたことを伝えている。仏教伝来に際して、疫病が流行り、その四五〇年後、京では疫病が流行したため、その病名は蘇我稲目に因んで「稲目瘡」（『日本紀略』長徳四年〈九九八〉七月）と伝えられていた。

神仏習合では、神祇と仏法との相互依存・補完の関係があることが重要であるが、その上で、とくに神祇と仏法の大きな違いの一つに、奉仕・供奉する神職と僧侶の違いがあげられる。神職は生業を営む人々の生活と密接な関係があり、神職である官社の祝部は神戸または地域住民のなかから選ばれ（『職員令義解』）、在地性が高く、農業・漁業・養蚕など生業に携わることを前提とした。明治以前まで伊勢神宮でも祭祀にあたって、禰宜ら神職は伊勢と志摩との国境の海まで出向き、海産物を漁獲して神に供えた。そこには海の民の祈りがある。また、六月月次祭では、禰宜らの家で妻たち家族が育てた養蚕の糸を納めた。農耕・漁獲・養蚕など生業・生活とともに神祭りがあることを如実に伝えている（『皇大神宮儀式帳』）。それは俗の生活を離れた僧侶とは異なる、人々の生活のなかで神に感謝・報賽する自然への祈りの姿であり、地域の生業に携わる人々に替わって神祇に仕えた。したがって祭祀者の役は斎戒を経ていれば、武士でも農民でも果たすことができた。鎌倉幕府の鶴岡八幡宮において、源頼朝が祭祀を掌り、仏法法会は僧侶に委託していることは、その一例である。

僧侶は生業に従事する俗人のまま職を果たすことができないので、神のための神前仏事は僧侶に委託することになる。[11] 神前において神職と僧侶が共に仕えていても、その対応は同一ではなく、そこには神仏隔離意識が反映していた。[12] 神仏習合と神仏隔離とは、対立概念ではなく、あくまでも神仏習合のなかで神祇側に隔離意識が醸成された。

神仏習合の形態には二系統ある。先述のとおり、神祇のために神宮寺が建立され、僧侶による神前読経が行われ、神前仏事は数多く行われてきた。一方、仏のための習合形態として寺院では、仏法擁護のために鎮守社（山王権現・丹生明神・薬師寺八幡など）が定められ、鎮守神の霊威を高める作法として、僧侶による仏事が行われた。これも寺院内ではあるが、神前仏事である。さらに仏教の勧請作法は拡大され、仏・菩薩の来臨を願うとともに、国内神祇に対しても、仏法擁護のためなら、積極的に神祇の勧請が進むことになる。平安中期には、寺院における修正会・修二会などの法会に、神名帳を奉読して、日本国内の神々を勧請する作法も行われた。ここでは仏法独自に神勧請・神降しの儀式が生まれ、平安後期には、寺門園城寺の公顕は、「日本国中ノ大小諸神ノ御名ヲ書奉テ、此一間ナル所ニ請ジ置奉テ」（無住『沙石集』巻一「出離ヲ神明ニ祈事」）と、僧房内で神勧請の神降しの作法が行われた。僧侶は仏法擁護の神々を自在に勧請・影向することが可能であった。

これに対して神職が寺院の仏前に出向き、祝詞奏上の儀式を執り行う仏前神事は歴史上確認することはできない。自在に神降しをする祭式は未だ確立してはいなかった。神職の原則は、生業を営み、神に奉謝する謹慎の生活を送ることが基本であり、俗世から離れ、仏教と融合することは禁忌、制限されていたことを神仏習合の神道史は語っている。

人生の生老病死に際して、陰陽師・山伏・民間の巫女・僧侶たちが個人祈禱に関与していた人間界の様子が、鎌倉初期制作の『北野天神縁起絵巻』（北野天満宮所蔵）に描かれている。ところが、ここに神祇に仕える神職の姿は見えない。神職が神社の外で個人祈禱に応じるのは、伊勢の口入神主や御師が早い例である。僧侶は出家者であり、俗世間から離れ、厳しい修行により、仏陀の真理と一体になることを望んだ。明治の神仏分離に際して、これまで神社の神に供奉してきた僧侶たちは、出家をやめ俗人に戻る還俗復飾をして神職になるものは少なくなかった。

四　都市の祭礼、御旅所祭祀と神々の勧請

都市祭礼の展開のはじまりに、人霊の祟りを鎮める御霊会信仰があげられる。貞観五年（八六三）五月二十日、前年から疫病が流布し、朝廷は大祓・名神奉幣・仁王経講説を行うが効果はあがらず、各地に広がりつつあった御霊会の法会に頼らざるをえなかった。祇園御霊会をはじめとする御旅所祭祀は疫病や天変地異など、都市民の危機意識を背景に盛んになる。(13)

祇園社の前身は、観慶寺（祇園寺）といい、貞観十八年、南都僧円如が薬師像などの仏像を安置する堂塔を建立した。翌年（元慶元年〈八七七〉）には疫病が流行り、勅使を遣わしたところ効験があったため、摂政・右大臣藤原基経は自身の建物を壊して寄進し社壇を設けた。寺名は貞観・元慶の年に建立されていることから名付けられている。観慶寺は仏堂一宇・礼堂一宇と神殿一宇・礼堂一宇から成り、この神殿を「祇園天神堂」「祇園寺感神院」といい、神殿には牛頭天王・婆利女・八王子の三神が祀られ、仏堂と神殿が一体化した神仏習合の宮寺様式の典型となる（『伊呂波字類抄』『二十二社註式』）。

祇園社は天延二年（九七四）五月に天台別院となり、翌天延三年六月十五日、円融天皇の庖瘡平癒の報賽のため祇園臨時祭（恒例の臨時祭となるのは、崇徳天皇の天治元年〈一一二四〉）が行われ、あわせて藤原兼通の祇園詣、中宮奉幣も行われた（『日本紀略』）。

祇園御霊会は六月七日に神輿迎え（お出で、現在は七月十七日）、六月十四日に還幸の祭礼（お帰り、現在は七月二十四日）があり、御旅所祭祀、神輿の巡幸によって神霊の霊威は増進される。還幸翌日の十五日は、霊験が最もたかまるときであった。天皇臨時祭が祇園御霊会の還幸翌日に斎行されていることは祇園御霊会の斎行と深い関係にある。したがって、京中祭礼の祇園御霊会は天延三年以前に成立していなければならない。

祇園御霊会の起源は牛頭天王の祟りにより疫病が流行したため、貞観十一年に始められたという社伝（『祇園社本縁録』）をはじめ、諸説あるが定かではない。社家に伝来した『社家条々記録』によると、祇園臨時祭が始行された前年、天延二年五月、大政所と称する旅所が高辻東洞院に設けられ、祇園社の所司が公家へ奏聞し宣旨が下されており、六月十四日、旅所へ神輿が渡御する祭礼が開始したと伝える。祇園の大政所旅所は助正の居宅を祇園社へ寄進し、助正は御旅所神主に補任されて以来、神主職を彼の子孫が連綿相続していったという。祇園御霊会をはじめとする平安京中祭礼の恒常的な執行には、旅所の確保と京内住人の有勢者の寄進・協力が欠かせなかったのであり、天延二年の成立説には妥当性が高い。

十世紀の末、都では連年疫病がつづき、正暦五年（九九四）京外の船岡山において疫神を鎮める御霊会が催され、神輿二基は数千人の都人に担がれ、難波海（大阪湾）に放流された（『本朝世紀』）。現在も疫神・疫気を葦船などに乗せ、海へ追い払う神事が行われている（兵庫県姫路市家島の「疫神送」など）。

平安京とその郊外では毎年定期的に一定期間、神輿が都市地域に常駐する御旅所祭祀が催された。祇園御霊会、北野天神会、稲荷祭（稲荷御霊会）、松尾祭などである。京内を神輿が巡行することで、神の可視化が促進されることになる。神々は山々の麓から、都市の生活空間のなかに巡行することで、その存在感が高められ、神人一体の神遊びの芸能が表現されていく。

古代の祭祀・祭式において、神降し・神上げの作法は確認できない。あるのは、六月・十二月の御体御卜において、神祇官人（卜部）が卜庭神である「太詔神を迎へる」（『江家次第』第七「御体御卜」）とある。また神宮でも三節祭を前にして、神降しの御卜（『皇大神宮年中行事』に「奉レ下レ神」）があるが、ともに祭祀の本義ではなく、その前段儀であり、限定的である。

平安後期の堀河朝になると、宮廷御神楽のなかで、神招ぎ、神遊びの作法が盛んに演ぜられ、神人一体の芸能が盛行する。また神を画像に描いて信心を深める春日・熊野・山王曼荼羅が生まれ、可視的に神の影向を表現するようになる。近神の作法は、神仏関係の発展のなかで、より神々に接近し、中世神道の本源に「神＝人＝心」の信仰系譜が確定することになる。こうした古代の祭祀観を大きく変えていったのが、仏法擁護のため護法神勧請に由来した神祇勧請である。その記録で確認できる早い事例として、東大寺二月堂の修二会（東大寺図書館所蔵『二月堂修中練行衆日記』）があげられる。大治三年（一一二八）の交名に「神名帳」とあり、以後、奉読役の僧名が記載されるという。神々の勧請作法は、寺院の法会や神社の神宮寺など、神仏習合の場で催された修正会・修二会の神名帳奉読にその原形が認められる(14)。

地域の神々を勧請する「国内神名帳」の存在は、中世以前の国司祭祀に由来し、国司は任国に赴任すると、国内の神祇を巡拝し、国内の平安と五穀豊穣を祈願した。さらに破損した神社の修理と祭祀興行に意を用い、管内神祇の台帳である「国内神名帳」を管理し、神名を加除することも重要な職務であった（『今昔物語集』）。諸国・地域の神々が登録された「国内神名帳」を用いて、神社や神宮寺法会の場においても、僧侶により随意に、神降しの作法が開始されることになる。

さらに神勧請は王権守護のため登場する。後白河法皇は、蓮華王院に安元元年（一一七五）六月、蓮華王院惣社を創祀し、「蓮華王院惣社鎮㆓坐八幡已下廿一社㆒、其外日前宮、熱田、厳島、気比等社本地御正体図㆓絵像㆒、但日前宮、熱田御本地無㆓所見㆒、仍只被㆑用㆑鏡」（『百錬抄』）とある。また、随心院聖教、永久三年（一一一五）勝覚筆『伝受記護持僧』によると、護持僧作法として、「修㆓諸神鎮座法㆒、廿一社之内、毎夜一社勧請之、密々祈念之」、「次宮城鎮護・宮中加持等、密々可㆓修行㆒之」とある。(15) ともに王権・宮中に関しては、内侍所に伊勢天照大神を拝する御鏡が奉斎されていることにより、伊勢を除外した二一社が対象とされていた。

平安後期の寺院における神名帳奉読、「諸神勧請」に起源をもつ神仏関係は、両部神道の形成に影響を与え、天台宗園城寺と奥伊勢仙宮院を仲介に、中世神道の発生源が確定していく。とくに園城寺は神祇伯家や伊勢祭主大中臣氏など、神祇の家筋に系類を通じた僧侶が集まり、園城寺長吏・天台座主に就任する神祇伯顕広王の弟公顕は、先述のとおり、僧房内で浄衣を着て国内神祇を勧請し、神降しの作法が行われた。僧侶は仏法擁護の神々を自在に勧請・影向することが可能であった。

平安後期になると、起請文においても神々が勧請され、神降しは、王権・僧侶だけでなく、起請文に神文が記され諸階層にも普及していく。(16) 滋賀県塩津港遺跡出土の保延三年（一一三七）草部行元起請木簡によると、「下界ニハ王城鎮守八万大菩薩・賀符(茂)下上、惣十八大明神、別シテハ当国鎮守山王七社、コトニハ当所鎮守」とあり、中央から地域の神々まで迎えて、津明神の瑞垣に納められた。また、永万二年（一一六七）足羽友包起請文（「石山寺文書」『平安遺文』三三八七号）にも、「殊王城鎮主十八大明神、鴨下上・八幡三所」など、「別テハ当国鎮主山王七社」から「当郡鎮主」へと中央から地域へ、重層的祭祀構造が形成されている。これら起請の神文は、長保四年（一〇〇二）から始まる最勝講の神分作法にみえる天衆・地類のなかに「王城鎮守諸大明神」が位置づけられており、上島享が仏法法会の神分作法における勧請神との類似性を指摘したことは重要である。(17)

伊勢の神は天皇祭祀権のなかにあり、私幣禁断が受け継がれてきたが、平安末期以降になると、伊勢信仰は私祈禱へと展開していく。(18)源範頼起請文（『吾妻鏡』建久四年〈一一九三〉八月二日条）では、「下界伊勢・春日・賀茂、別氏神正八幡大菩薩等之神罰」とあり、伊勢の神も勧請神の対象に加わる。これに呼応したのが、鎌倉前期成立の『神祇講式』（『神祇講私記』）である。(19)その表白文（第三）には「次奉二献天神七代、地神五代一、殊別天照・豊受両大神宮、八幡三所、賀茂下上、松尾、平野、稲荷、春日、大原野、大神、石上、大和、広瀬、龍田、住吉、日吉、梅宮、吉田、広田、祇園、北野、丹生、貴布禰、関東鎮守、二所権現、三島宮、惣金峯、熊野、白山、新羅等、普天率土有勢無勢大小神祇、殊当社権現、（以下略）」とあり、二十二社の筆頭に伊勢の「天照・豊受両大神宮」が掲記された、内外両宮を併立する珍しい記述である。

海住山寺は貞慶が晩年を過ごした寺院であるが、ここに貞慶自筆の「海住山寺修正神名帳」が伝来している。そこには「天照《アマテル》太神宮・豊受《トヨウ□》□□□・石清水《イワシミツノ》八幡大菩薩・賀茂上下大明神・松尾大明神・平野大明神・稲荷大明神・春日大明神（以下略）」の神名の記載がある。貞慶とその後継のなかで、伊勢神道（外宮神道・度会神道）につながる伊勢両宮が重視されていく。また、『神祇講式』に記述のある「関東鎮守、二所権現、三島宮」は、鎌倉殿源実朝と貞慶との交流・協賛に関係したもので、二所詣の東国関東鎮守は、鎌倉幕府の基本法を定めた貞永元年（一二三二）「御成敗式目」の最末に、「梵天、帝釈、四大天王、惣日本国中六十余州大小神祇、別伊豆・箱根両所権現、三嶋大明神、八幡大菩薩、天満大自在天神、部類眷属、神罰冥罰於各可二罷蒙一也、仍起請如レ件」と「起請」の神文に記載され、北条泰時ら一三名が署名した。その式目第一条には「神社を修理し、祭祀を専らにすべき事」、第二条には「寺塔を修造し、仏事等を勤行すべき事」と、鎌倉武士が理想とする神仏尊崇の精神が表明された。

五　中世神道典籍の形成と高僧たち

鎌倉初期以前の成立とされる『中臣祓訓解』とその異本である『中臣祓記解』は両部神道成立初期の代表的書籍である。それは神道の「中臣祓」を密教的解釈で論じた仏教神道書であり、のちに伊勢神道の成立にも強い影響を与えた。最初期に著作された『中臣祓訓解』は、天台宗園城寺の百光坊慶暹から証禅の住坊に伝来してきたとされ、園城寺に関係した伊勢神宮の法楽寺院である仙宮院の僧侶によって作られていた。伊勢神宮の南方、三重県度会郡南伊勢町河内（旧南島町）に所在した仙宮院は、行基・最澄・空海・円仁らが仙宮院主となり、大神宮の奉為に蓮華会・大仁王会・鎮守会の法会を厳修してきた僧徒による伊勢信仰の聖地であり、奥伊勢は神仏関係の拠点になっていた。この高僧に仮託された荒唐無稽な伝承こそが、「中世日本紀」世界の構築の発火点になっていった。

鎌倉初期は、高僧たちが神祇重視へと加速させていく。天台僧慈円は、建暦二年（一二一二）の「日吉百首」のうちの一首に、「まことには神そ仏のみちしるへ　跡をたるとはなにゆへかいふ」（『校本拾玉集』第二冊、二二〇八）[20]と詠み、垂迹神説を超えた理解を示している。ついで、慈円は伊勢荒木田神主とも和歌の交流を重ね、神宮と仏教との結節地であった奥伊勢の「吉津島風土記曰、昔行基菩薩、請二南天竺波羅門僧正・天竺僧仏哲一、殖二三角柏一、為二大神宮御園一、天平九年十二月十七日、致二御祭之勤一也、其後、伝教大師・弘法大師・慈覚大師、続以修行之、各以法楽之」（『校本拾玉集』第五冊）と、吉津仙宮院の伝承（『三角柏伝記』、『中臣祓記解』度会康房の追記）を周知しており、神宮諸社の神仏関係について慈円自筆書状に「又大神宮に滝原とか申候社をハ、大神宮の魂と申候て、不動明王にておはしますなるに候、秋冬のほとに大神宮へきとまいり候て、返々御祈をつかうまつりらんと思給候」(『鎌倉遺文』三四一四号、高田専修寺文書)とあり、伊勢参宮を願っていた。神仏関係は中世初期に至り、仏教側の主導により結実していく。

中臣祓の注釈書である『中臣祓訓解』は、覚王の密教に託し、心地の要路を示したもので、祓は「己心清浄の儀益」、「心源広大の智恵」、「罪障懺悔の神呪」、「最勝最大の利益」、「世間出世の教道」、「抜苦与楽の隠術」として効能があるという。その注釈では「神は則ち諸仏の魂、仏は則ち諸神の性なり」と神仏の深遠を説き、現世では「神祇の験を顕はし、神民の威を施し、一期の苦愁を消して、百年の栄楽を托す」と、神の根源的効能を頂くことで、苦しみを除き、人々に幸せを与えると説き、災害・疫病など、苦悩にあえぐ人々の不安を除去する祈禱の術とされた。また、巻末に載せられた東禅仙宮寺院主空海から度会河継に授けられた「伝記」では、「念心はこれ神明の主なり、万事は一心の作なり、神主の人々、須らく清浄を以て先とし、穢悪の事に預らず」と真言の高僧から伊勢外宮神主に寄せられた言葉は、伊勢神道のなかに深く刻まれていった。

仙宮院主空海から伊勢外宮神主へ伝授された伊勢神道の草創に関わる秘伝は、両部神道の影響を直接受けて伊勢内外両宮を並立させ、仏法の息を屏《かく》し、新しく斎戒を重んじ祭祀に仕える神職の意識に立った神道説として成立する。その最も早い成立は、鎌倉前期の『伊勢宝基本記』(『造伊勢二所太神宮宝基本記』)に始まり、『倭姫命世紀』の著作を経て、鎌倉後期の弘安年間(一二七八〜八八)のころ、「神宮三部書」が次々と著作されていった(21)。

中世前期の伊勢神道形成期は、同時に伊勢祠官による伊勢流「中臣祓」の展開期でもあった。中臣祓による私的祈禱の祓は、鎌倉幕府の周辺や東国の御厨を拠点にしながら、地方の武士・農民層に広く流布していった。こうした特定の神宮内部で起こった伊勢神道説と武士・農民層に向けて発展する「中臣祓」を用いた祈禱の大神宮信仰とは直接の関係はないともみられるが、そうではなく、個人の祓祈禱と両部・伊勢神道の形成とは、中世の神道説と信仰を開いていく両翼であったといえよう。

「中臣祓」は国家の行事である大祓に読み上げる「大祓詞」を私祈禱のための祈願文として作り直したもので、陰陽師の祓、仏家祓が貴族社会をはじめ個人のための病気平癒や安産祈願など私的祈禱に広がっていく。平安末期には伊勢神宮の権禰宜層が東国各地に進出し、病気・安産祈願など、これまで陰陽師が管轄してきた個人祈禱の分野に伊勢の御祈禱師が活躍し、中世の伊勢大神宮信仰を発展させた。

古代末期・中世前期の戦乱・旱魃・飢饉・水害・地震・疫病・大火災など、混沌とした世相のなかにあって、個人の祓「中臣祓」信仰が受け入れられていく。生きていくことの困難さは、個人の心の営みを強くするしか生きる術はなかった。心のなかに神が埋め込まれ、「神＝人＝心」の信仰境地が誕生する。中世神道の信仰系譜は「神＝人＝心」の一体感を確定させていく過程でもあった。(22)

六　藤原摂関家の三社信仰と東大寺東南院発祥の「三社託宣」

院政期になると、伊勢神宮と石清水八幡が王権守護神（二所宗廟）の地位を獲得する。院権力の強化のなかで、藤原摂関家は伊勢・八幡の王権守護神に春日を加えた三社を、摂関体制の信仰体系とする。その根拠とされたのが、天孫降臨に際して天照大神と天児屋命の間で交わされた約束、二神約諾神話である。(23)

天皇と藤原摂関家の政体を擁護する約諾神話は、平安時代中期に淵源があり、平安時代末期の朝廷権威の低下のなかで、体制擁護の思想として、藤原摂関九条家出身の慈円著作『愚管抄』によって高められていった。

伊勢・八幡・春日の三社が一括して初出するのは藤原摂関家の九条兼実の日記『玉葉』である。治承四年（一一八〇）五月、以仁王の変勃発のときの記事、源平争乱の契機となったとき、兼実はこの事態に、「伊勢大神宮・正八幡宮・春日大明神」三社の神慮であると感じた。また、建久二年（一一九一）四月、源頼朝の女、大姫入内の情報を得て、「大神宮・八幡・春日御計」であると、三社の加護を感じている。ともに自身の九条家擁護のための「御計」であるとする。

鎌倉初期には春日社第四殿の比売神は、「第四、十一面、伊勢内宮」（『玉葉』建久五年七月八日条）とある。春日の祭神に天照大神が加えられている。これも二神約諾神話の反映とみられる。(24)

この三社信仰は鎌倉後期に「三社託宣」の思想が開花し、中世後期から近世には庶民の信仰のなかで流行した。伊勢（天照皇太神・正直）・八幡（八幡大菩薩・清浄）・春日（春日大明神・慈悲）の三社の神号と神託を三尊形式で軸物としたもので、神道の精神性・道徳性を強調する。近世には吉田兼倶の偽撰とされていたが、応永二十四年（一四一七）ごろの著作である『醍醐枝葉抄』（『続群書類従』）に三社の託宣文（原漢文）が引かれていることから、兼倶偽作説は否定された。(25)

八幡大菩薩　銅焔を食すと雖も、心汚れたる人の物を受けず、銅焔に座すと雖も、心汚れたる人の処に至らず、

天照皇太神　謀計は眼前の利潤たりと雖も、必ず神明の罰に当たる、正直は一旦の依怙に非ずと雖も、終に日月の憐を蒙る、

春日大明神　千日の注連を曳くと雖も、邪見の家に至らず、重服の深厚たると雖も、必ず慈悲の室に至る、(26)

興福寺における祈雨法要の本尊である「最勝曼荼羅」（奈良国立博物館所蔵）の頭部には、文安元年（一四四四）興

福寺大乗院主の経覚（摂関家九条経教の子）が、大和国人立野信俊の所望により揮毫して下賜した「三社託宣」がある。その文面は『醍醐枝葉抄』とほぼ同文である。このころには、経覚は盛んに「三社託宣」を記して、頒け与えた（『経覚至要抄』）。

「三社託宣」は南都成立説が有力である。東大寺の『東南院務次第』（『大日本仏教全書』一二二巻〈東大寺叢書第二〉）の聖珍法親王の事歴に「親王在㆓東南院㆒、徐㆓歩庭際㆒、忽見㆓伊勢・八幡・春日三神之宣文㆒、燦然印㆓於池面㆒、援㆑筆記之、常書与人也、俗所謂三社之託宣是也」とある。西田長男は東大寺東南院僧侶による制作を肯定する。(27)

東大寺は創建当初から、八幡を鎮守として迎えていた。東大寺真言院の聖守は永仁二年（一二九四）『東大寺八幡験記』を編じ、「清磨記」を引いて「大神吾は銅火村《ほむら》を飯と食とも、意穢き人物をは受けず、銅火村を座と為とも、穢人の物は受けず」と記し、東大寺僧は八幡に特別の信心を寄せている。

「三社託宣」は南北朝期、東大寺東南院の聖珍法親王が、「池面」に「伊勢・八幡・春日三神の宣文」が印されたと伝える。南大門東南の通称「三社池」（現在の奈良公園内）の中島には「三社託宣池」の碑が立てられている。「三社池」は、もと東南院の園地として、平安時代に開削され、西側池汀線を中心に現在まで保存されていることが考古学調査により明らかになった。「九条家文書・東南院絵図」（正和六年〈一三一七〉）には、東南院建物の南に「池」と記されており、現在地にあたる。(28)その池面には東南の方角に見える春日三笠山を映し出すことができ、池面に現れた「三社託宣」は、伊勢・八幡とともに、とくに春日の神威を強く意識したものであった。池面に現れた神号は、僧侶による神降しの作法にほかならない。東南院は「三社託宣」の発祥地として伝承されており、南都における神仏思想の学問所の性格をもっていた。聖珍およびそれに前後する摂関鷹司家出身の僧侶らの介在により、南都の鎮守である春日神を加えた三社託宣文が、ここで定型化されたと推定される。(29)

七　可視化される神々──神降し祭式の系譜

中世後期に入ると、伊勢信仰が広がりをもって受容されていく。足利将軍家（室町殿）は伊勢参宮に出かけ、義満の明徳四年（一三九三）以来三七例確認できる。[30]十五世紀には京都近郊の高松神明（姉小路神明）・粟田口神明・宇治神明など、神明社に公家から庶民まで参詣に訪れ、伊勢信仰の輪が広がっていった。[31]

こうしたなかで、天皇祭祀の中枢において、新たな祭祀観が生まれていく。関白一条経嗣の『応永大嘗会記』には「まさしくあまてる大神を勧請し申されて、天子御身つからまつり給ふ儀也」、一条兼良『代始和抄』にも「まさしく天てるおほん神をおろし奉りて天子みつから神食をすゝめ申さるゝ事なれは一代一度の重事是にすくへからす」とある。摂関一条家の父子は、大嘗会の祭祀の場において天照大神の勧請、神降しの祭儀であることを伝授していた。祭祀観が大きく変容した瞬間であったが、近世の再興以降、この理解は受け継がれなかった。中世最後の後土御門天皇大嘗会や近世再興時の「大嘗祭神膳次第」によると、神降し祭式を確認することはできない。[32]

ただし、近世の再興後、元文三年（一七三八）桜町天皇大嘗祭に際して、白川雅富王が新たに「主上大嘗会降神御祝文」（『伯家部類』「大嘗会之事」）を用意したが、白川家限りの祭儀であって大嘗祭祭式に波及はなかった。吉田神道では個人祈禱の祭式に神降しを導入していくが、大嘗祭における吉田卜部の宮主奉仕の祭儀では神降しを確認することはできない。

白川神道の祈禱作法では、神祇官八神の勧請、大己貴命・少彦名命の勧請、産土神の勧請があり、呪文「名字（病人、産婦、願主）の離遊の運魂を、某が身体の中府に鎮り賜へ」（『伯家部類』「神事伝授之事」）と読み上げる。この根元は、古代中国の魂魄観に系譜をもつもので、『令集解』職員令「令釈」を中継して、近世の宮中に次第に接近していった。

古代から現代に至る大嘗祭・新嘗祭には、神降しの作法は確認できない。中央の神座は神来臨を見立てた座であり、寝座秘儀説につながる具体的所作はない。天皇の作法も、中央の神座に向けて、その所作がないことは、大嘗祭祭式の全体像のなかで熟慮しなければならない。天皇の所作は伊勢の方角に向かって、遥拝・供膳する作法であり、伊勢内宮天照大神に対して、外宮御饌殿において日別の御膳を供える祭式の延長線上にある、祭祀の真義に関わる重要事項といえよう(33)。

中世後期の吉田神道と地域の在地神楽のなかで、神降し祭式は居場所を獲得する。文明五年(一四七三)吉田兼倶は、斎場所が「日本最上神祇斎場者、天神地祇八百万神、六十余州三千一百卅二神、毎日降臨之霊場也」(「京都御所東山御文庫記録」)と称して、天神地祇の降臨地であることを鮮明にして、天皇祭祀権を越境していく(34)。慶長十四年(一六〇九)以降は、斎場所が神祇官代として伊勢遷宮一社奉幣、由奉幣の発遣場所となり、兼倶の意図した天皇祭祀の代行霊場の構想は、近世初頭に至り完成した。吉田斎場所に設けられた神祇官八神殿は、明治に入り、東京に遷座して、宮中神殿に合祀される(35)。

吉田神道祭式では、神降し・神上げの作法を導入し、可視的に神の来臨を感受していった。吉田三壇行事の最初、『三元十八神道次第(36)』では、「謹請　伊勢大神宮・別宮・小社」をはじめ、社ごとに神座への勧請と勧請祭文が読み上げられ、最後には神上げの「発遣神文」が奏上される。吉田神道祭式は、古代祭式に示される静寂・微声とは違い、吉田祈禱の護摩行事は動的であり、その系譜は陰陽道の祭式、修験道、真言密教などの影響が強く、仏教の高声・乱声による作法にも近い。さらにいえば、その勧請作法は、寺院の法会や神社の神宮寺など、神仏習合の場で催された修正会・修二会における奉読に由来する。

神降し祭式は、中世以前の寺院における神名帳の神勧請や講会・論議における表白神文（神降しの句）に由来し、鎌倉時代に成立する解脱房貞慶撰作とも伝える『神祇講式』（『神祇講私記』）は神楽に使用された。春日権現を奉賛した講式文の『神祇講式』は、貞慶かその後継の南都僧である可能性は高く、貞慶が入寂した建保元年（一二一三）前後から醍醐寺本奥書に見える書写年代の文永五年（一二六八）までの、鎌倉時代前期から中期の間に撰作されていた。さらに、星優也が紹介されている文保年間（一三一七～一九）には成立したとされる「文保太子伝」において、「解脱上人ノ筆ニ云ク」として『神祇講式』の文句が引かれており、鎌倉後期には貞慶撰作は知られるところとなっていた。『神祇講式』の文句は南北朝期以降『熱田講式』に受け継がれていく。『神祇講式』に記された思想・文化は、中世後期の村落の神楽や修験道に展開していき、中世神道研究に新しい視点を導入している。[37]

近世前中期、梅宮社神官で垂加神道の影響を受けた橘家神道創立者玉木正英は、神降し・警蹕を祭式に導入した。これら祭式のもとになったのが、中世後期から近世において、神社界を席巻していった吉田神道の祭式である。近代に入ると「五箇条の御誓文」（慶応四年〈一八六八〉三月十四日）の儀式において、「天神地祇御誓祭」神籬祭祀が行われ、神来臨を可視化した神降し・神上げの作法は、明治祭式の基本に取り入れられることになる。[38]

本章で触れてきたように、両部神道の『中臣祓訓解』『記解』から伊勢神道の典籍へ、南都・春日信仰を背景に撰述された『神祇講式』（『神祇講私記』）、さらに東大寺東南院において開花した「三社託宣」へと、中世前期の神仏関係は緊密に作り上げられていった。そこには伊勢・京・南都を結びつけた神仏文化サロンが機能し、社寺と権門の周縁とが中世前期神仏思想の唱導役であった。

中世の神観念の醸成は、平安中期に源流がある。盛んに寺院法会に取り入れられた神名帳の神勧請や講会・論議における表白神文は、中世後期以降に展開する吉田神道祭式と地域の神楽など、神祇祭式の神降しに波及していく。[39]平安後期になると、宮廷御神楽のなかで、神招ぎ、神遊びの作法が演ぜられ、また神を曼荼羅など画像に描いて、可視的に神の影向を表現するようになる。こうした近神の作法は、神仏関係の発展のなかで、より神々に接近し、中世神道の本源に「神＝人＝心」の信仰系譜が確定することになる。

両部神道の早い時期の典籍である『中臣祓訓解』の異本『記解』をはじめて閲覧したのは、天理図書館において昭和五十年（一九七五）のことであった。[40]この年、黒田俊雄の顕密体制論と、[41]ほぼ同時期に「中世日本紀」論が産声をあげた。あれから半世紀近く。

中世神道の形成期において、空海の真言系典籍、天台本覚思想、[42]禅思想の[43]影響は濃厚であったが、これらは神仏の相互補完、共存関係が重視されてきた。こうした仏教思想と、その文句に導かれながらも、古代以来の禁忌に包まれた神祇観は、自然災害と疫病を除去するために神威の発動を仏教儀礼のなかに求めたものであり、神仏隔離のなかで共存の関係が築かれてきた。これまでの中世神仏関係史において、神祇への理解が少なく、その原点は、神祇の存在を過小評価した黒田俊雄顕密体制論にあり、近代の宗教研究のなかに位置づけようとした弊害の結果といえる。[44]

かつて中世神道は近世の学問系譜から疎外され、とくに吉田神道は批判の対象とされた。ところが「中世日本紀」論においては、逆に近代を相対化することにもなり、一部には思想運動の様相を呈している。これまで、中世神道研究は孤立した分野であった。この閉鎖性を解放していったのが、阿部泰郎・井上寛司・斎藤英喜をはじめとする中世文学・中世歴史学の研究者たちである。その学問交流は、中世神道・神社史と神道思想の溝を埋めていく作業であった。[45]

中世の知的体系は、多様の言説・注釈が入り混ざり、古代とは異なる中世独自の世界像を生み出していった。阿部泰郎は、中世において公の秩序と知の体系を国家機構の一部として分掌し継承する、神祇と仏法の領域が伝承し形成する書物の場に注目し、真福寺・仁和寺など寺院に所蔵されてきた厖大な資料を紹介、分析して研究を深化させた。そして「中世日本紀」とは実体として認識すべきものではなく、あくまで一つの研究方法であり操作概念にすぎないとし、その論議が肥大化する傾向に警鐘を鳴らしている(46)。いま思うと自制的であり、正しい判断であった。地道な史料発掘が継続していくことは、文献考証を重視する研究方法から重要なことといえる。

八　折口信夫の「中世神道史」研究へ

中世後期の村落における舞庭において、村人たちの神楽世界に、「中世神道史」を発見したのは、折口信夫であったという斎藤英喜の指摘がある(47)。折口は外来魂と内在魂の交換、招魂の神降しの姿を神楽のなかに確認し、大嘗祭論議へと結実する。神降し・神在が神楽のなかで可視化されたとき、中世の神道史研究は新しい定位置を確定させていくことになる。

では日中の古代の神霊観・祭祀観は、どのように描かれるのか。中国の魂魄二元論と日本の自然のなかから誕生した「幸ひ・サキハヒ」と「災ひ・ワザハヒ」との両義を包み込んだ神観とでは、大いに異なる(48)。神仏習合のなかで、人霊祭祀が加わり神観は変容し、神人一体を増幅させ、神仏分離後も、神降しは現代神道のなかに息づいている。

平成の大嘗祭にあたり、拙論では折口信夫の天皇霊論を批判した(49)。折口批判は当時厳しい批判を受けたが、この「平成大嘗祭論争」によって、昭和から平成へ、そして令和へと、大嘗祭論議の結果、近代日本の学問の方向性が大きく修正されていったことだけは確かなことである。

折口信夫と神道史研究に新たな道筋を立ち上げている斎藤英喜は、平成の「このとき、戦後の学問世界に通説的に流布していた折口信夫の大嘗祭論が、史料にもとづかない「虚妄の説」として否定された。岡田莊司の大嘗祭研究である。それは戦後の学問世界を席捲したマルクス主義史学、あるいはその後の構造主義人類学が受容した「折口信夫」への批判であり、古代以来の大嘗祭の歴史的解明を果たした重要な研究成果であったことはまちがいない」[50]と論じられた。

令和の大嘗祭に際して、新たな大嘗祭の論考で、拙論最後に、つぎのように記した[51]。

以上を書き終えたところで、半世紀近い、わたしの大嘗祭論を考えたとき、もう一度折口信夫大嘗祭論に戻ってきてしまう。大正の学問形成期に、マレビト論が確立していた折口は、昭和初期の時代性とはいえ、受霊論（神威を頂くという意味で、受霊論は理解できるが、神そのものになる即神論としての受霊論は認め難い）になぜ走ったのか。一世紀近い前に、マレビト論を据える折口には、中世公家社会の記録にはじまり、昭和三年の新聞まで、神膳供進の作法のことは熟知していたと思われるが、これを一蹴していったのは何故だろう。まだ回答は闇のなかにある。……

これを受けて斎藤英喜は、この「回答は闇のなか」の模索は、共通した「われわれ自身の課題」とされ、近代の「異端神道」を読み解くことで模索探求が進められている[52]。その上で、斎藤英喜は、岡田拙著の古代祭祀史研究が、天皇の内廷祭祀・外廷祭祀に区分けしていることは、戦後の石母田正らによって示された国家史の研究動向と密接に関わりあい、

岡田祭祀学が提示した「地方・地域祭祀権と天皇祭祀権との二重構造」の議論は、戦後思想界の巨人とされた吉本隆明の「アジア的支配」の理論的解明、すなわち「アジア的共同体においては、支配共同体と被支配共同体の

内部に対しては、できるだけ手をつけないことが大きな特徴」（『アジア的ということ』）、という見解と共振していくことも見えてくる。そこには政治的イデオロギーを超えた学知史の視野が広がっていく。と論じられ、[53]その上で斎藤英喜は、

こうした「国家史」の研究・思想動向とともに、「天皇と神々の循環型祭祀体系」の理論が、「祟り神」という神信仰の内実から導かれたことは重要だ。岡田が「宗教統制イデオロギー論」から踏み込むことのできない「中世神道」の世界へと分け入ったことと、それは連動する。

と指摘され、「神道」の現実性（アクチュアリティ）を問う論議であると評価している。

本書はその指摘のとおり、神話から歴史へ、古代祭祀論から中世神道論へと時代を越境していくところに特色がある。現代の学問は文学・歴史学・神道史学など、ともに時代の縦割り区分を越境していくのは難しい。だが斎藤英喜が古代・中世から近世へ、そして近代「異端神道」へと、文学・歴史学を越境していくことで、学説を再構築しつづけている視点は、新たな研究の発信として重要である。折口信夫と斎藤英喜との共振のなかで、その視野が深められ、中世神道史の道筋が確定していくことが望まれる（令和六年〈二〇二四〉八月三十日執筆。この日、「斎藤英喜　ぶらぶら日記」の画面に、斎藤氏が急遽再入院され昏睡状態に入ったと伝えられた。以来回復を祈念する日々である）。

九　本書序章から終章へ向けて

中世の神道言説において、『日本書紀』は重要な役割を果たしてきた。[54]同書冒頭の国常立尊は伊勢でも吉田でも根本神に位置づけられ、『日本書紀』の読み替えによって、中世神道は開花していった。その発生源は、奥伊勢の仙宮

院であり両部神道から伊勢神道へと展開する。その背景には、平安時代末期、中世初期の混沌とした世相のなかにあって、個人の祓「中臣祓」信仰が受け入れられていく。戦乱・旱魃・飢饉・水害・地震・疫病・大火災などを克服するには、個人の心の営みを強くするしかなかった。心のなかに神が埋め込まれ、「神＝人＝心」の信仰境地が誕生する。吉田神道では、「神道とは、心を守る道なり」と論じ、個人救済のための祭式作法を生み出し、仏教の来世教の分野である死後の安鎮にも深く関与するようになる。中世びとの信仰は、神仏の加護を願い祈る「信心」(『日葡辞書』「Xinjin・信仰と敬神・信じ敬うこと」)が問われることになる。

近代に至って、奥伊勢の研究は宮地直一が、中世神道の臨界地でもある奥三河の花祭は、折口信夫によって切り開かれ、中世神道は、のちの近世・近代・現代における、神＝人一体の信仰へと受け継がれていった。二人の神道学者の研究法は異なるが、ともに中世神道に深い理解を示している。しかし、中世後期の神楽に見られる神・人の所作は、中世以前には遡るものではなく、古代祭祀論にはなりえない。

神話(天上)と歴史(天下)の体系とその言説は、常に心のなかに回帰することで、神道信仰における「神道とは、心を守る道なり」という、生きる糧を得ることになるだろう。現代神道は古代祭祀論と、本書で論じた中世神道論を組み入れることで、その基本体系が完成することになる。

本書は、宮地直一・折口信夫をはじめとした先人たちの学問業績の恩恵から成り立っている。学問とは人間社会においてのみ共有することができる歴史的価値である。ここに名前をあげた先人たちの研究に深い感謝を込めて。

註

(1) 岡田莊司「古代～の法制度と神道文化―天皇祭祀に関する不文の律、不文の法―」(『明治聖徳記念学会紀要』復刊四六号、平成二十一年)、同「神道とは何か」(同編『日本神道史』吉川弘文館、平成二十二年)、同『古代天皇と神祇の祭祀体系』(吉川弘文館、令和四年）。

（2）江見清風『神道説苑』（明治書院、昭和十七年）、宮地直一『神道史』中巻、下巻一（理想社、昭和三十四・三十八年）、西田長男『神道史の研究』第二（理想社、昭和三十二年）、同『日本神道史研究』第四巻中世編上・第五巻中世編下（講談社、昭和五十三・五十四年）、久保田収『中世神道の研究』（神道史学会、昭和三十四年）、同『神道史の研究　遺芳編』（皇學館大学出版部、平成十八年）、柴田實「八幡神の一性格」「祇園御霊会」「衆生擁護の神道―中世神道研究の一視角―」（ともに『中世庶民信仰の研究』角川書店、昭和四十一年。初出、昭和三十一・三十四・三十九年）、萩原龍夫『中世祭祀組織の研究』増補版（吉川弘文館、昭和五十年）、同『神々と村落』（弘文堂、昭和五十八年）。

（3）有働智奘「神祇と仏教伝来」（『古代の信仰・祭祀』古代文学と隣接諸学7、竹林舎、平成三十年）、同「古代における神仏交渉論の基礎的考察―神仏関係研究の展望と課題―」（『武蔵野大学人間学研究論集』一一号、令和四年）。平安期・中世への展開については、嵯峨井建『神仏習合の歴史と儀礼空間』（思文閣出版、平成二十五年）、上島享『日本中世社会の形成と王権』（名古屋大学出版会、平成二十二年）、同「中世の神と仏――〈神仏習合〉再考」（吉田一彦編『神仏融合の東アジア史』名古屋大学出版会、令和三年）など。

（4）岡田莊司「日本の神々と仏教」（日本仏教研究会編『仏教と出会った日本』〈『日本の仏教』第Ⅱ期第一巻〉法藏館、平成十年）。

（5）山本陽子「神を見ることと描くこと」（伊藤聡編『中世神話と神祇・神道世界』中世文学と隣接諸学3、竹林舎、平成二十三年）、同「見てはならない神々の表現と受容―日本の神々はどのように表されてきたか―」（『ＷＡＳＥＤＡ　ＲＩＬＡＳ　ＪＯＵＲＮＡＬ　４』平成二十六年）。

（6）出渕智信「神前読経の成立背景」（『神道宗教』一八一号、平成十三年）。

（7）岡田莊司「一代一度大神宝使」・岡野浩二「一代一度仏舎利使」（ともに『事典　古代の祭祀と年中行事』吉川弘文館、平成三十年）。

（8）岡田莊司「即位奉幣と大神宝使」（『平安時代の国家と祭祀』続群書類従完成会、平成六年。初出、平成二年）、大原真弓「一代一度仏舎利使の成立」（『日本宗教文化史研究』二一巻二号、平成二十九年）。

（9）岡田莊司「平安期の国司祭祀と諸国一宮」（一宮研究会編『中世一宮制の歴史的展開』下巻、岩田書院、平成十六年。本書第三部第二章）、同「中世における神社秩序の形成」（伊藤聡編『中世神話と神祇・神道世界』中世文学と隣接諸学3、竹林舎、平成二十三年。本書第三部第一章）。

(10) 高橋美由紀「神仏習合と神仏隔離」（『神道思想史研究』ぺりかん社、平成二十五年。初出、平成四年）。

(11) 三橋正「仏教公伝と委託祭祀」（『日本古代神祇制度の形成と展開』法蔵館、平成二十二年）。

(12) 佐藤真人「平安時代宮廷の神仏隔離―「貞観式」の仏法忌避規定をめぐって―」（二十二社研究会編『平安時代の神社と祭祀』国書刊行会、昭和六十一年）。神仏隔離論は堀一郎・高取正男を起点に、平安祭祀の二十二社研究会のなかで、佐藤真人によって論説が立てられた。嵯峨井建・林淳・佐藤真人・三橋正・岡田莊司「シンポジウム・神仏習合と神仏隔離をめぐって」（『神道宗教』一四六号、平成四年）、林淳「高取正男の神仏隔離論」（京都大学人文科学研究所『人文学報』一一三号、令和元年）。

(13) 岡田莊司「平安京中の祭礼・御旅所祭祀」（『平安時代の国家と祭祀』続群書類従完成会、平成六年）、笹生衛「神輿と祭礼の誕生」（『まつりと神々の古代』吉川弘文館、令和五年）。

(14) 近藤喜博「中世以降社寺に於ける神名帳の奉読」（『神社協会雑誌』三五年五号、昭和十一年）、佐藤道子「神名帳―その性格と構成―」（『悔過会と芸能』法蔵館、平成十四年。初出、昭和四十九年）、山本信吉「表白にみる中世神祇思想」（『朱』四五号、伏見稲荷大社、平成十四年）、上島享「日本中世の神観念と国土観」（『日本中世社会の形成と王権』名古屋大学出版会、平成二十二年。初出、平成十六年）、大東敬明「『諸国大明神神名帳』と修正会・修二会の伝播」（『國學院雑誌』一一四巻一一号、平成二十五年）、笹生衛「塩津の神と神社」（『まつりと神々の古代』吉川弘文館、令和五年。初出、令和二年）。

(15) 上島享、前掲註(14)論文。

(16) 千々和到「中世の誓約文書＝起請文の、二つの系列」（『國學院雑誌』一〇六巻二号、平成十七年）、上島享「中世王権の創出とその正統性」（『日本中世社会の形成と王権』名古屋大学出版会、平成二十二年）、同「中世の神と仏――〈神仏習合〉再考」（吉田一彦編『神仏融合の東アジア史』名古屋大学出版会、令和三年）、笹生衛、前掲註(14)論文。

(17) 上島享、前掲註(14)論文。

(18) 岡田莊司「私祈禱の成立―伊勢流祓の形成過程―」（村山修一ほか編『陰陽道叢書』2中世、名著出版、平成五年。初出、昭和六十年。本書第一部第四章）。

(19) 岡田莊司「『神祇講式』の基礎的考察」（『大倉山論集』四七輯、平成十三年。本書第一部第五章）、同「『神祇講私記』解題」（『真福寺善本叢刊〈第三期〉神道篇第一巻 神道古典』臨川書店、令和元年）、佐藤真人「貞慶『神祇講式』と中世神道説」（『東

洋の思想と宗教』一八号、平成十三年）、船田淳一「貞慶『春日権現講式』の儀礼世界――春日社・興福寺における中世神話の生成」（『神仏と儀礼の中世』法藏館、平成二十三年。初出、平成十六年）。

(20) 多賀宗準編著『校本拾玉集』（吉川弘文館、昭和四十六年）。

(21) 岡田莊司「神道五部書」（皆川完一・山本信吉編『国史大系書目解題』下巻、吉川弘文館、平成十三年。改訂して、本書第二部第一章）。伊勢神道関係では、牟禮仁『中世神道説形成論考』（皇學館大学出版部、平成十二年）、平泉隆房『中世伊勢神宮史の研究』（吉川弘文館、平成十八年）、高橋美由紀『伊勢神道の成立と展開・増補版』（ぺりかん社、平成二十二年）など。

(22) 岡田莊司「中世神道における「神＝人＝心」の系譜――奥伊勢から奥三河へ」（『神道宗教』二五九・二六〇号、令和二年。本書終章）。

(23) 藤森馨「二神約諾神話の展開」（『古代の天皇祭祀と神宮祭祀』吉川弘文館、平成二十九年。初出、平成十八年）、阿部泰郎「中世王権神話の水脈」（『中世日本の王権神話』名古屋大学出版会、令和二年）。

(24) 久保田収「春日大社と天照大神」（『神道史の研究』皇學館大学出版部、昭和四十八年）、岡田莊司「神道というテクスト世界―古代・中世祭祀軸の変容と神道テクスト―」（阿部泰郎編『日本における宗教テクストの諸位相と統辞法』名古屋大学大学院文学研究科、平成十八年）、藤森馨、前掲註(23)論文。

(25) 西田長男「三社託宣の制作」（『日本神道史研究』第五巻、講談社、昭和五十四年。初出、昭和十六年）。

(26) 北澤菜月「新所蔵の「最勝曼荼羅」について―室町時代興福寺の祈雨本尊―」（『鹿園雑集』一七・一八号、平成二十九年）。

(27) 西田長男、前掲註(25)論文。

(28) 永島福太郎「三社託宣の源流」（『日本歴史』五一二号、平成三年）、『奈良県文化財調査報告書　第七十一集「東大寺三社池」～史跡東大寺旧境内の発掘調査～』（奈良県橿原考古学研究所、平成八年）。

(29) 阿部泰郎「付録『摂嶺院授与記』について」（『真福寺善本叢刊　第九巻　類聚神祇本源』臨川書店、平成十六年）、同「『伊勢神道集』総説」（『真福寺善本叢刊　第八巻　伊勢神道集』臨川書店、平成十七年。のち「真福寺神祇書のテクスト体系」「終章・神祇における中世宗教テクストの到達点――神号と託宣」『中世日本の宗教テクスト体系』名古屋大学出版会、平成二十五年）、岡田莊司「真福寺本『伊勢二所皇御大神御鎮座伝記』（大田命訓伝）の伝来」（『國學院雑誌』一〇七巻一一号、平成十八年。本書第二部第二章）。

(30) 岡野友彦「室町殿の伊勢参宮」(『中世伊勢神宮の信仰と社会』皇學館大学出版部、令和三年)。
(31) 萩原龍夫『伊勢信仰の発展と祭祀組織』(『中世祭祀組織の研究』増補版、吉川弘文館、昭和五十年)。
(32) 宍戸忠男「貞享度大嘗祭再興攷――東山御文庫蔵霊元院宸筆御記録を基に」(『神道宗教』二五四・二五五号、令和元年)。
(33) 吉川竜実「神宮常典御饌再考」(『千古の流れ　近世神宮考証学』弘文堂、平成二十八年。初出、平成十年)、岡田莊司「大嘗祭祭祀論の真義―遥拝・庭上・供膳祭祀―」(『大嘗祭と古代の祭祀』吉川弘文館、令和元年)。
(34) 岡田莊司「吉田兼倶と吉田神道・斎場所」(『国立歴史民俗博物館研究報告』一五七集、二〇一〇年。改訂して、本書第二部第四章)。
(35) 岡田莊司「天皇祭祀の近代」(伊藤聡・斎藤英喜編『神道の近代―アクチュアリティを問う―』勉誠出版、令和五年。本書付論)。
(36) 『神道大系　論説編　卜部神道下』(神道大系編纂会、平成三年)。
(37) 星優也『中世神祇講式の文化史』(法藏館、令和五年)。
(38) 岡田莊司、前掲註(35)論文。
(39) 『奥三河のくらしと花祭・田楽』(名古屋市博物館特別展図録、平成二十五年)、松山由布子「奥三河の民俗芸能と文字記録」(『愛知県史　別編　文化財4　典籍』愛知県史編さん委員会、平成二十七年)。国境を越えた信州の遠山霜月祭でも神名帳奉読による神降しが行われる。『遠山霜月祭の世界』(飯田市立博物館、平成十八年)、桜井弘人『遠山霜月祭の研究』(岩田書院、令和四年)。
(40) 『神道大系　古典註釈編　中臣祓註釈』(神道大系編纂会、昭和六十年)、「梵舜本中臣祓記解・中臣祓義解」(『國學院大學貴重書影印叢書四・日本書紀　古語拾遺　神祇典籍集』朝倉書店、平成二十八年)。『中臣祓訓解』は平安末期から鎌倉初期(建久二年)までの成立であり、のちに度会行忠による加筆があったものと推定した。近年の研究では、小田島良「『中臣祓訓解』の典拠研究―空海・如意輪観音・アマテラス―」(『古代中世文学論考』四六集、新典社、令和四年)によると、『訓解』の典拠には奥州藤原秀衡母(仁平二年〈一一五二〉没ヵ)の求めに応じて、安居院唱導の澄憲によって作成された『如意輪講式』が用いられていることが明らかになり、その成立は平安末期・十二世紀後半以後のことになる。
(41) 黒田俊雄「中世における顕密体制論の展開」(『日本中世の国家と宗教』岩波書店、昭和五十年)。
(42) 岡田莊司「中世初期神道思想の形成―『中臣祓訓解』『記解』を中心に―」(『日本思想史学』一〇号、昭和五十三年。本書第一部第二章)。

（43） 小川豊生「禅思想と中世神道」（佐藤文子・上島享編『日本宗教史4　宗教の受容と交流』吉川弘文館、令和二年）。

（44） 井上寛司『日本の神社と「神道」』（校倉書房、平成十八年）、同『日本中世国家と諸国一宮制』（岩田書院、平成二十一年）、岡田莊司「日本宗教の多面的・多角的解明に向けて―神社史研究の動向を中心に―」（『日本宗教文化史研究』一一巻一号、平成十九年）、星優也「戦後歴史学と神道―黒田俊雄の研究をめぐって―」（『神道の近代―アクチュアリティを問う―』アジア遊学二八一、勉誠出版、令和五年）。

（45） その一例をあげれば、「シンポジウム・中世神社史と神道説」、井上寛司「中世諸国一宮制と神社史研究」、上島享「中世宗教秩序の形成と神仏習合」、岡田莊司「神社史研究から見た中世一宮」、井原今朝男「中世諸国一宮と神社史研究をめぐる論点」（ともに『国史学』一八二号、平成十六年）、「シンポジウム・中世神仏文化の点と線―真福寺の神道書と中世日本紀―」、阿部泰郎「基調講演・中世神道と中世日本紀」、岡田莊司「度会行忠自筆『御鎮座伝記』（大田命訓伝）の発見」、伊藤聡「真福寺神道書の伝来」、原克昭「中世神道説をめぐる〈類聚〉」、牟禮仁「度会行忠の人と書物」、福島金治「紙背文書から見た鎌倉後期伊勢神主の動向」（ともに『神道宗教』二〇二号、平成十八年）、井上寛司「基調講演・中世神社史と神道説」、岡田莊司「中世の神社と神道―もう一つの神社神道論―」、コメント・伊藤聡・佐藤真人・〈司会藤森馨〉（ともに『神道宗教』二四〇号、平成二十七年）など。

（46） 阿部泰郎、前掲註（29）論文、同「基調講演・中世神道と中世日本紀」（『神道宗教』二〇二号、平成十八年）。

（47） 斎藤英喜『折口信夫―神性を拡張する復活の喜び―』（ミネルヴァ書房、令和元年）、同「読み替えられた『日本書紀』の系譜と折口信夫」（山下久夫・斎藤英喜編『日本書紀一三〇〇年を問う』思文閣出版、令和二年）、同「シンポジウム「中世神道と神楽」にむけて」（『HERITEX　3』名古屋大学人類文化遺産テクスト学研究センター、令和二年）。

（48） 藤野岩友「「鎮魂」の語義とその出典と」（『中国の文学と礼俗』角川書店、昭和五十一年。初出、昭和四十三年）、塩川哲朗「鎮魂祭の成立と大嘗祭」（『國學院大學研究開発推進機構紀要』一二号、令和二年）、岡田莊司「八十島祭・祭祀論」（『古代天皇と神祇の祭祀体系』吉川弘文館、令和四年。初出、令和二年）、高夢雨「古代日中祭祀に見る神の見立てと如在の礼」（『東アジア文化研究』九号、令和六年）。

（49） 岡田莊司『大嘗祭と古代の祭祀』（吉川弘文館、平成三十一年。初出第一部、『大嘗の祭り』学生社、平成二年）。

（50） 斎藤英喜『神道・天皇・大嘗祭』（人文書院、令和六年）。

（51） 岡田莊司「大嘗祭―陪膳采女の作法と祝詞を中心に―」（『古代天皇と神祇の祭祀体系』吉川弘文館、令和四年。初出、令和元年）。

（52）斎藤英喜「書評・岡田莊司著『古代天皇と神祇の祭祀体系』」（『國學院雜誌』一二四巻一号、令和五年）、同、前掲註（50）著書。
（53）斎藤英喜、前掲註（52）論文。
（54）斎藤英喜「『釈日本紀』、『日本書紀纂疏』から『神書聞塵』へ」（山下久夫・斎藤英喜編『日本書紀一三〇〇年史を問う』思文閣出版、令和二年）。

第一部　中世神道の形成

——両部神道から伊勢神道へ——

第一章　『中臣祓訓解』および『記解』諸本の伝来

はじめに――中世神道の発生源

平安時代の末期、中世に入ると神道書籍は急激に増加する。その書き手とされたのが、両部神道の密教僧と伊勢神道の度会神主たちであった。中世神道の出発点は両部神道と伊勢神道とに求められるが、その成立の経緯については、必ずしも明確ではなかった。この空白部分を埋めることができたのが『中臣祓訓解』（以下、『訓解』）と、その異本である『中臣祓記解』（以下、『記解』）の発見であった。

鎌倉初期以前の成立とされる『訓解』『記解』は両部神道の代表的書籍である。神道の中臣祓を密教的解釈で論じた仏教神道書であり、のちに伊勢神道の成立にも強い影響を与えた。その制作の場は、天台宗園城寺に関係した、伊勢神宮の法楽寺院である仙宮院であり、それらはその僧侶によって作られたと推測した。伊勢神宮の南方、三重県度会郡南伊勢町河内（旧南島町）に所在した仙宮院は、伊勢の神仏関係の拠点になっていた。

『訓解』とその異本である『記解』は、現存する中臣祓註釈書の最古本であり、両部神道の伝書の中でも、早期の成立に属する典籍である。両書は仏家の手により、覚王の密教に託して、心地の要路を示したもので、伊勢神道の成立にも強い影響を与え、中世初期の神道思想を知る上に、最も貴重な文献といえる(1)。

一　『訓解』『記解』の諸本

『中臣祓訓解』の現存する最古本は、神奈川県立金沢文庫本が、奥書をもたないが鎌倉末期ごろの書写本と推定されている。関靖は、尊経閣文庫に所蔵する金沢文庫旧蔵の「古語拾遺」異本三巻のうち、表紙にある署名の筆蹟が亮順のそれと同一であることから亮順の筆とする（『大祓詞註釈大成・上』解題）。また「金沢文庫保管称名寺文化財目録」（『金沢文庫研究紀要』第三号）には、熙允の筆になると解説している。亮順・熙允はともに称名寺第二世長老劔阿の時代の学僧であり、鎌倉末期の書写であることは動かないであろう。

『訓解』系統本では、無窮会神習文庫本（「寛永八年林鐘下旬書之、祇園竹坊深祐（花押）□（黒印）」とある）、および版本（発行所に「敦賀屋九兵衛」と「高野山小田原塗橋山本平六」と「元禄四辛未暦正月吉日、大野木市兵衛板大坂安堂寺町心斎橋筋」など数種類が残されている）がある。この版本は元禄版本を底本として『弘法大師全集』第十四（祖風宣揚会編、吉川弘文館、明治四十三年）に収録されているが、善本とは言い難く、吉田神道流の十二段の分段をはじめ、その註釈部分にも吉田流の解釈が挿入されている。このほか、静岡県・三島大社本（正長元年〈一四二八〉本）、熊本県・小国両神社本（享禄二年〈一五二九〉本）があるが、ともに完本ではない。

『訓解』系統本は金沢文庫本、版本などがよく知られ流布しているが、その異本である『中臣祓記解』は研究者の間でも、昭和五十年代まで知られるところのなかった珍書である。とくに巻首、巻末に大きな異同がみられるため、『神道大系　古典註釈編　中臣祓註釈』の収録にあたり、『訓解』『記解』を一本として校合することをやめ、両本を併記した。

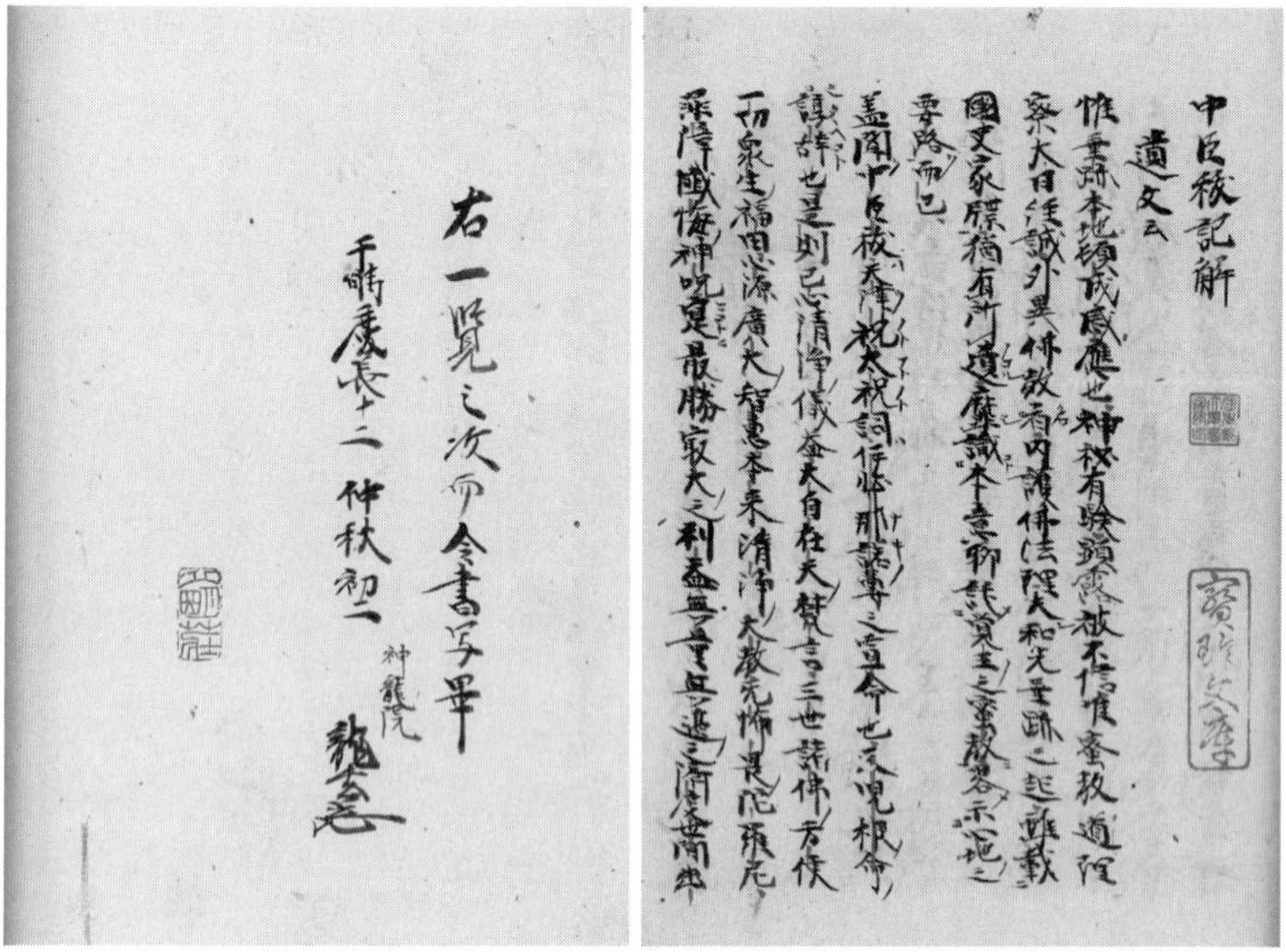

図1　梵舜本『中臣祓記解』（國學院大學図書館所蔵）

『記解』は度会常良（昌）の書写本であり、度会神主の最極秘本とされ、天理図書館吉田文庫はじめ五本が存している。その『記解』系統諸本の概要は次のとおり。

①天理図書館・吉田文庫本。茶表紙、袋綴、本文一五丁（このうち「中臣祓義解」五丁を含む）。

②國學院大學図書館・梵舜自筆本（図1）。茶表紙、袋綴、本文一九丁（このうち「中臣祓義解」七丁を含む）。十九丁裏には、

右一覧之次而令二書写一畢、于レ時慶長十二仲秋初二　神龍院龍玄（花押）

とあり、これが神龍院梵舜の白筆であることは疑いを入れない。（2）

③國學院大學図書館・黒川本。薄茶表紙、袋綴、本文一八丁（「漢朝祓起在三月三日上巳」を含む）。明治の碩学黒川真頼・真道父子の蔵書印と、「温故堂文庫」「和学講談所」の朱印が捺され、塙保己一の旧蔵本であったものである。

④蓬左文庫本。茶表紙、袋綴、本文一六丁（「漢朝ニ

祓ノ起在三月三日上巳」を含む）。徳川義直蔵書印「御本」が捺されており、寛永七年（一六三〇）の入庫本である。

⑤筑波大学図書館本（もと東京教育大学図書館本）。薄茶表紙、袋綴、本文一四丁（「漢朝ニ祓ノ起在リ三月三日上巳」を含む）。その奥書には、「延享四年丁卯十月七日　岡田宗殖」とある江戸中期の写本である。

図2の『記解』系統本のうち、①天理図書館吉田文庫本、②國學院大學梵舜自筆本は、「中臣祓義解」と合綴になっており、①②は共に戦前まで吉田家に伝えられていた同一本であるが、②國學院大學梵舜本は、①天理吉田文庫本に比べ、一一ヵ所の脱漏箇所が認められるほか、①の誤写を②で梵舜が訂正しているところも見え、②は①を梵舜が写したもので、天理吉田文庫本は慶長以前の書写本ということになろう（3）。

①②の奥書には、

正平廿四年五月廿八日、於二伊勢国粥見御園（薗）従二位祭主為綱卿宿所一書写候、已下同六月一日一交畢、

金剛資範超　歳次四十一才也、

と記されている。書写にあたった正平二十四年（一三六九）は南朝年号（北朝は応安二年）であり、宿所の主である大中臣為綱は南朝によって祭主に補任された人物で、南朝方の祭主宿所のあった粥見御薗は、伊勢街道の吉野とを結ぶ要衝地にあったのである。また、書写人の範超は同年の八月七日『両宮形文深釈』を書写している（4）。

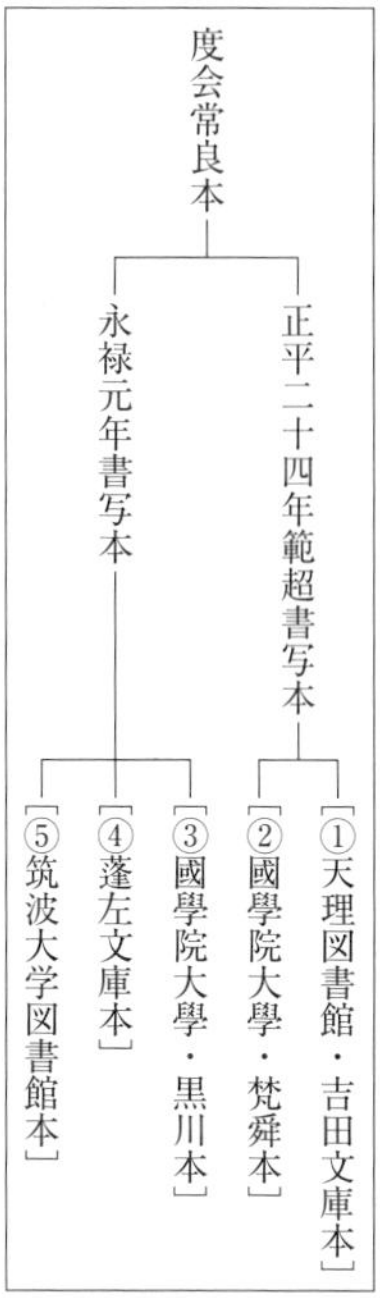

図2「記解」本系統図

諸本のうち、上の③國學院大學黒川本、④蓬左文庫本、⑤筑波大学図書館本は、『記解』とともに「漢朝祓起在三月三日上巳」の一文が合綴となっていて、『記解』の奥書には、③黒川本は「于レ時永禄元戊午年

四月写之畢」、④⑤の二本は「于レ時永禄元年戊午（⑤は「戊午年」）卯月吉辰写之畢」と記されていることから、これら三本は同一系統に属したものである。

この『記解』を『訓解』と比校すると、とくに巻頭・巻尾が異なっているほか、①②の吉田家伝来本は、他本の中臣祓本文の註釈中には見られない字句を存している。『訓解』系統本の巻頭には、

夫和光垂迹之起、載二国吏（史）家牒一、猶有レ所レ遺、靡レ識二本意一、聊詫（託）二覚王之密教一、略示二心地之要路一而已、（金沢文庫本）

で始められているのに対して、『記解』の五本の伝本には、

遺文云、

惟垂跡本地、頓成感応也、神秘必有レ験、顕露被二不信一、准二密教道理一察二大日経誠（誡イ）一、外異二仏教名一、内護二仏法理一、

夫和光垂跡之起、雖レ載二国史家牒一、……

と、『訓解』の「夫和光垂迹之起」以前に「遺文云」で始まる四三字が加えられている。

続いて中臣祓本文の註釈において、『記解』の吉田系統①②には他本に見られない註記が存している。以下にその一部を抄出すると、「神留坐」の註に「常住尊也」、「皇親神」の註に「法身尊」、「漏岐神漏美」の註に「万法含蔵識、理性徳」、「八百万神達」の註に「曼荼羅」、「我皇御孫尊」の註に「応身尊」、「安国」の註に「菩薩」（天理吉田本は「善薩」に作る）、「荒振神等」の註に「無明」、「磐根樹立草之垣葉語止」の註に「十如是相光明心殿」など、二六ヵ所には独自の註釈が施されている。

二　『記解』の追記

中臣祓の本文註釈についで、金沢文庫本、無窮会神習文庫本、版本の『訓解』には、『遍照発揮性霊集』巻六、「為二藤中納言大使一願文」が収められているが、常良本系統の『記解』には、これがなく、ここには『記解』の成立を窺い知られる度会氏の書写歴を記した一文が載せられている。

（前略）院主大僧都入唐帰朝以後、以二密教一被二勘載一、祓注本一巻、被レ授之、
　　　　従七位下神主後河記之、　判

延長二年三月十日　神主晨晴書写之、　判
建保五年四月八日　以二光親神主証本一権神主康房染二自筆一書二写之一、本朽損之間、文点不レ書矣、
建長七年九月十三日　書写之、（件本惟房神主養子、実忠所帯之、云々、）
最極秘本也、染二自筆一書写之、　禰宜正四位上度会神主常良

右の『記解』の追記から、度会常良（のち常昌と改める）が自ら書写したもので、「禰宜正四位上」とあることから、常良が正四位上に叙せられた永仁三年（一二九五）五月二十八日から討幕祈禱の賞として内宮一禰宜荒木田氏成とともに従三位になる元徳二年（一三三〇）までの間の書写になるものである。『記解』は常良がいうように、『訓解』の「秘書」以上の「最極秘本」であったから、たやすくは門外へ授与・書写されなかったのであろう。常良は度会家行と並ぶ伊勢神道の継承者であり、弘長三年（一二六三）外宮一禰宜貞尚の次子として生まれ、正応五年（一二九二）八禰宜従四位下となり、正和五年（一三一六）一禰宜（長官）に任ぜられ、延元四年（一三三九）七十七歳にて没して

いる。『氏経卿記録』『尚重解除鈔』には常良の諸種の祓本を伝えており、元亨元年（一三二一）には祓本を後宇多院、後醍醐天皇に進献していて、かなり広汎にわたって祓本・祓註を集めていた(5)。

右の『記解』にある「祓注本一巻」の書写歴には一貫して度会氏によってこれが書写されているが、河継の父、後河が記し、延長二年（九二四）三月十日に二門度会飛鳥の末、春彦の男、晨晴が書写したとあるが、これらは信用するに足りない。

続いて建保五年（一二一七）に、康房は光親神主の本を書写している。康房は承久三年（一二二一）八禰宜となり嘉禄元年（一二二五）五十八歳にて没していることから、建保五年の書写時には四十八歳で権禰宜であって、「権神主康房」とあるのは正しいが、彼の書写した「光親神主証本」を所持していた光親は頼朝の祈禱師（『吾妻鏡』元暦元年〈一一八四〉正月三日条）でもあり、一禰宜光忠の子で禰宜とはなっていない。これには、「本朽損之間、文点不レ書矣」とわざわざ断り書きがあり、建保五年の書写当時には、かなり破損していたとみえ、その祖本は少なくとも数十年以前にも遡れる写本であったことが考えられる。『訓解』が無窮会神習文庫本、版本の奥書によって、建久二年（一一九一）に書写されていることを考慮するならば、鎌倉初期以前の平安末期の成立を認めてもさして誤りとはならないであろう。

つぎに建長七年（一二五五）の書写については、①②④の伝本に、「建長七年九月十三日　書写之、件本惟房神主養子、実忠所帯之、云々」とあり、③國學院大學黒川本には「建長七年八月（同じ黒川本の「漢朝祓起在三月三日上巳」の終りには「建長七年九月十三日　実忠写之」とあるから「八」は「九」の誤りであろう）十三日、神主実忠写之」とあるが、黒川本にある神主実忠は禰宜（神主）に補任されておらず、系図にも見当たらないことから、①②④の方が正しい伝本であろう。これによれば建長七年に惟房神主の養子実忠の所持本を書写したのであり、惟房は建長五年十月二日五禰宜となり、正嘉二年（一二五八）正月二日に六十一歳で没していて、建長七年の前後四年間にわたって神主すなわち禰宜の地位にあった。

『記解』には、右の書写歴について、

吉津御厨者、昔行基菩薩御建立、公家御祈禱所、大峯東禅仙宮寺所ㇾ摂別院庄園也、而今本家大臣殿禅師御房、本寺長更《吏歟》兼二別院一検校、相伝領掌既経二四十余年一也、……康房記之云々、

との一文が書き加えられている。それは行基・最澄・空海・円仁らが仙宮院院主となり、大神宮の奉為に蓮華会・大仁王会・鎮守会等の法会を厳修してきたという内容のもので、ここに「康房記之」とあることから、やはり建保五年に追記したものであろう。この一文、および最末に記された『訓解』『記解』両本にみえる「授二吉津御厨執行神主河継一給伝記」の文は、共に『三角柏伝記』と同文であり、同書の抄文と考えられる。

三　『訓解』『記解』の成立と伝来

つぎに『訓解』『記解』の成立と伝来について述べてみたい。それにはまず『訓解』本の奥書からみていくことにする。

〔版本奥書〕

血脈云、波羅杵第牙箣神主河継授賜者也云云、

本云、建久二年三月六日書写畢、

本奥書云、

祭主永親玄孫園城寺住僧証禅、百光坊律師戻暹之室伝之、件証禅者、富小路祭主永伝也云云、

写本云、

此秘書者、当家伝承文也、依レ有二両本一於二一本一者、為二衆生利益一奉レ授之状如レ件、

本云、

嘉元元年癸卯九月十二日丑時、以二三位僧都頼任、号客在判房所持本一書写畢、此本者伊勢神宮于レ時第二禰宜所持本也、依二師檀契約一於二伊勢太神宮一所レ奉レ授二彼上人一也、尤可レ為二証本一而已、

〔無窮会神習文庫本奥書〕

本云、

建久二年三月六日書写畢、本奥之祭主永矜玄孫薗城寺住僧常寂院証禅、従二百光坊律師慶暹之室一伝之、証禅者富小路祭主永伝男也、

此秘書者相伝文也、依レ有二両本一、於レ志為二衆生利益一、奉レ授二三位僧都頼位（任カ）一状如レ件、

乾元二年正月十二日禰宜度会神主行忠　在判

血脉云、波心杵幷笏神主河継《カケイ》授賜者也、

右の二本の奥書から『訓解』が建久二年（一一九一）以前の成立であり、園城寺の住坊に伝来してきたことがわかる。版本には「戻暹」の室に本書が伝えられたとあるが、これは「慶暹」の誤りで、『寺門伝記補録』十五に「前律師慶暹百光坊正三位神祇伯輔親子」とあるのに相当する。また証禅については同書十六に「已講証禅、百光坊、大納言師頼之子、平等院大僧正弟子也、保延四年二月二十六日、受二三部大法職位於禅仁法印一、已講撰二大師集並門徒集一、合為二百巻一、行二于世一、今則亡焉、平治元年二月八日、帰寂、年五十有一」とある。『尊卑分脈』にも源師頼の子とし

て記載されている。ところが、右の奥書によると、証禅は永親・永矜の玄孫、永伝の男とあり、祭主大中臣氏一門に属していたことになる。或いはのち師頼の養子となったのであろうか。奥書の「富小路祭主」と称しているのは『中臣氏系図』（『群書類従』第五輯）によると永輔にあたる。

図3から「宗禅」は証禅と同一人という推定も成り立つことができ、奥書の永親・永矜・永伝には誤写があるらしく、正しくは永頼の玄孫、永輔の子とすべきであろう。

また、『訓解』の伝来について、奥書によると、乾元二年（一三〇三）正月十二日、度会行忠はこの「訓解」を頼任僧都に授け、この年（乾元二年は八月五日に嘉元と改元）九月十二日には別人が頼任所持本を書写したのである。したがって版本にある「此本者伊勢神宮于レ時第二禰宜所持本也」とは度会行忠の所持本のことで、彼は永仁元年（一二九三）から嘉元二年（一三〇四）六月八日一禰宜に昇任されるまで二禰宜にあったことからも行忠としてよい。版本には「依レ有二両本一」とあって、行忠はその一本（『訓解』）を頼任僧都に授けたのであるが、残る一本は度会常良所持本（『記解』）であったと思われる。

右のように度会行忠は乾元二年に『訓解』の一本を授与しているが、すでに弘安八年（一二八五）十二月三日、行忠が関白藤原兼平の命を承けて撰進した『伊勢二所太神宮神名秘書』の「風神社」の項に、

中臣祓訓解曰、謂驚二八風神一扇二無明雲煩悩闇暗一、常住月明故、開二三明七覚悟一、将挙二一世素懐一云々、

と、『訓解』を引用している。また、度会家行の『類聚神祇本源』天宮篇にも、「中臣祓訓解曰、高天原色界初禅、梵衆天也、亦三光天、南瞻浮樹下、高庫蔵是也、」とあって、『訓解』は早くから流布し、その書名が知られ、武蔵国称名寺の学僧にも伝えられていた。これに対し、『記解』は度会氏代々の書写歴を有することか

図3　中臣氏系図

祭主従五上　民部丞		祭主従四位下	権律師
永頼 ――	宣輔 ――	永輔 ――	僧宗禅
	安芸権守	大副、越前掾　延久三八六　卒　七十二　号二富小路一	

ら、「最極秘本」として度会氏門外不出の秘書となっていたため、鎌倉期には外に流出することがなかった。『訓解』本奥書によると、同書は園城寺の住坊に伝来したとあり、園城寺には、別に両部神道の伝書として重要な『宝志和尚伝』を所持していたと伝える。金沢文庫所蔵、称名寺第二世長老明忍劔阿自筆の「宝志儀軌相伝事」一帖がある。

宝志和尚伝

長寛二年五月廿一日、於二二条烏丸宿所一写之、
抑此本云《ハク》祭主承《(永カ)》頼朝臣之玄孫薗城寺住僧謬《(証カ)》禅ト云モノ、百光房律師慶暹室ヨリ伝云々、件本以修行之間、不慮之外伝受之云々、是可レ然事歟、為二氏法師一之故也、為二聖朝安穏万民豊楽一書之、不レ蒙二宣旨一者不レ可レ修之、穴賢々々、若王孫弁一人申請修行耳、又仏法王法天下不レ安剋勤修、此本園《(ママ)》書二付詞一也、
此本《ハ》一切経一筆《ニ》可二書写一大願発令《ヲテム》二奏聞一、住稲荷自聖人之子薩摩次郎以被レ伝之、仍相伝写早、

写本云

弘安元年十月十一日書写之早、　　仏子覚禅

右から両部神道の伝書は平安末期には園城寺の僧侶の間で伝授されていたことになる。証禅が百光坊慶暹の室から伝えられた『宝志和尚伝』（金沢文庫本、「天照大神儀軌」ともいう）は、天照大神を大日遍照尊と名づけ、弥勒下生の暁まで衆生擁護に任じ、慈尊出世とともに世に登ると述べ、内宮荒祭宮を随荒天子、焔魔王の所化、滝原宮は竜宮天子、難陀王の所化、等々伊勢神宮の諸祭神十一王子を曼荼羅思想によって解説している。『訓解』『記解』には、この伊勢曼荼羅思想が註釈に採り上げられていて、『訓解』『記解』の撰作には、『宝志和尚伝』と関係するところが頗る大きく、両部神道を奉じる園城寺の僧が『訓解』『記解』の本文部分の撰述に関与した可能性はきわめて強い。

ところで、『訓解』が園城寺の住坊に伝えられていたことにより、『記解』の末文（『三角柏伝記』と同文）にある「本寺長吏」とは、園城寺長吏を指していったのであろう。園城寺長吏が管掌した吉津御厨に所在する「大峯東禅仙宮寺」（仙宮院、東仙宮院、吉津院）は三重県度会郡南島町（吉津村）大字河内宮山に鎮座する仙宮神社の旧神宮寺である。『仙宮秘文』には「建二立大和国大峯東仙宮院一」とあって、仙宮院は大和国大峯修験との関連が推測でき、歴代の園城寺長吏には大峯葛城行者にして熊野三山検校職に補任される例が多く、三井修験道は聖護院開祖、二十六世長吏増誉から隆盛を遂げ、園城寺長吏が熊野三山検校職を兼帯する初例を開き、「是以吾山独稟二役氏正統一三山検校不レ交二他門一、寺門連綿受之、盛二伝此宗一、寺門已以二顕密修験三道一、鼎立護二持聖朝一、利二楽国家一」（『寺門伝記補録』第十八）と主張されるような一派を形成するに至る。このように仙宮院と修験とのつながりは無視できず、園城寺長吏と関連づけることに、さして反対の材料は見当たらない。

吉津御厨は、東は土具島《とく》（「土貢」・「外具」・「度遇」とも書き、度会郡南島町大字東宮にあたる）を限り、この地からは「志摩国ノ土貢《トウグ》ヨリ今猶忌物《ナヲイミモノ》ヲ貢ス、其中ニ三角柏アリ」（『神事随筆』）と三角柏を神宮に貢進していた。南は熊野灘に面し、西は度会郡紀勢町の錦、北は伊勢の峰たる藤坂峠に限られたうちで、外宮度会氏が口入神主となり、平安末期（嘉応年間〈一一六九〜七一〉）には「本家大臣殿禅師御房」が「本寺長吏」として領掌していたという。

『記解』は仙宮院主大僧都空海から度会後河、河継はじめ度会氏代々に受け継がれていく形になっており、『訓解』版本の末に「血脉云、波羅杵第牙笏神主河継授賜者也云云」、無窮会神習文庫本に「血脉云、波心杵幷笏神主河継《カケイ》授賜者也」とあるのは、『三角柏伝記』によると、北天竺の神器にして、僧仏哲の将来品である牙笏を度会河継が伝領したという伝承に由来している。これらから、仙宮院に伝わった初期の伊勢両部神道と、早い時期から度会氏は深い関係をもち、『訓解』『記解』を受容して、伊勢神道を形成していった図式が想定できよう。

おわりに

上記のように『訓解』『記解』は度会氏に相伝されたが、両本の成立経過についておおよその成立経過についてまとめてみると、まず空海撰作といわれる本文中に「本紀云」とある引文が二ヵ所にわたって見られ、『伊勢二所御大神御鎮座伝記』の奥には神蔵十二巻秘書の一に「祓本紀」なる書物が載せられていることからも、もともと「祓本紀」が平安末期にはすでにあって、「祓本紀」を引用した『訓解』『記解』の祖本ともいうべき本文が園城寺に関係した両部神道に造詣深い僧によって作られた。建保七年（一二一九）には度会康房が『三角柏伝記』を引いて追文を記し、さらにこの『記解』の「康房記之」や『訓解』の『性霊集』につづく末文が、建保七年以降の鎌倉中後期に追加されたもので、したがって現存の『訓解』『記解』が完成したのは鎌倉中後期のころであったろう。これには註釈部分も含めて、行忠の手が加えられたと思われる。

さらに度会常良によって集成された『記解』は大中臣氏に伝えられたあと、吉田卜部氏へ伝来した。卜部兼倶自筆の『中臣祓抄』（『神道大系　古典註釈編　中臣祓註釈』）頭註には、『記解』『中臣祓義解』が各所で引用されている。兼倶も『記解』『中臣祓義解』を所持し、兼倶―兼右―梵舜へと書写が受け継がれた。

註

（1）岡田莊司、本書第一部第一章〜第四章、および同『神道大系　古典註釈編　中臣祓註釈』「解題」（神道大系編纂会、昭和六十年）。

（2）岡田莊司「梵舜本中臣祓記解・義解　解題」（『日本書紀　古語拾遺　神祇典籍集』國學院大學貴重書影印叢書第四巻、朝倉書店、平成二十八年）。

（3）岡田莊司、前掲註（1）「解題」。

（4）岡田莊司「中世の大中臣祭主家――南北朝・室町時代の岩出流祭主」（藤波家文書研究会編『大中臣祭主藤波家の歴史』続群書類従完成会、平成五年）。

（5）岡田莊司、前掲註（1）「解題」。

〔付記〕本章をはじめ、第一部第二・第三・第四章は、昭和の後期、半世紀近く前、『中臣祓訓解』とその異本『記解』をもとに、中世神道の淵源を論じたもので、現在でも中世神道研究史の基礎に位置しているため、あえてここに収めることにした。本章では、『中臣祓訓解』『記解』の書誌的考察を解説し、第二章では神仏と天台本覚思想との関係を指摘した。『訓解』『記解』の本文・校訂については、『神道大系　古典註釈編　中臣祓註釈』（神道大系編纂会、昭和六十年）に収録した。

平成以降になると、桜井好朗「『中臣祓訓解』の世界」（『祭儀と注釈　中世における古代神話』吉川弘文館、平成五年）、鎌田純一「中臣祓訓解の成立」（『中世伊勢神道の研究』続群書類従完成会、平成十年）がある。ついで吉川竜実は大乗仏教経典『法華経』との関係を考察した（「中臣祓訓解と法華経」『皇學館論叢』二一巻二号、平成十年）。近年の小田島良の研究では、空海撰『三教指帰』、伝空海撰『弘仁遺戒』、天台安居院の澄憲撰『如意輪講式』をもとに、「『訓解』本文を確認していくと、仏教的な注釈の多くは既存のテキストからの切り貼りによっている」ことが明らかにされ、また東密中院流との関連を指摘され、「『訓解』の成立を仙宮院周辺とするこれまでの先行研究は、その内容面、特に典拠の面からも支持される」（「『中臣祓訓解』の典拠研究―空海・如意輪観音・アマテラス―」『古代中世文学論考』第四六集、新典社、令和四年）と論じられた。澄憲撰『如意輪講式』は藤原秀衡母の請託によって十二世紀半ばの成立であることから、『訓解』は十二世紀半ば以後の成立であることが明らかになり、半世紀近くを経た『訓解』研究の現時点における研究成果といえる。

このほか、奥書の批判研究では、松本郁代「中世神道をめぐる書写歴の一考察―『中臣祓訓解』奥書の成立を中心に―」（『立命館文学』五六四号、平成十二年）、石野浩司「『中臣祓訓解』の原典「祓注本一巻」についての考察」（『神道史研究』六九巻二号、七〇巻一・二号、令和三・四年）などがある。

第二章　中世初期神道思想の形成

――『中臣祓訓解』『記解』を中心に――

はじめに

自然災害・気候変動・飢饉・疫病・戦乱などが重なり、社会的不安が増幅していった古代末期、古代的秩序の崩壊と価値体系の変動、および仏教革新運動に起因する一環のなかから中世神道の思想形成が始まる。

慈円は古代末期の「保元以後ノコトハ、ミナ乱世ニテ侍レバ、ワロキ事ニテノミアランズル」（『愚管抄』巻第三）と述べ、末法・濁世を現実の世界に認識し、危機意識の上に立って、新たな道理の理念に基づいた思想を形成していった。これら古代社会の解体のなかで、中世思想を形成していく担い手は、藤原摂関家出身の高僧である慈円をはじめ、貴族・僧侶らの知識人・専門文化人で、武士・農民には未だそこまでの意識の成長は認められないといわれる。(1)

初期神道思想の展開は、まず天台・真言の仏教哲理による解釈から試みられるが、これを押し進めていったのは僧侶であり、はじめて仏家側により神道が思想的展開を遂げることになる。そこには貞慶の『興福寺奏状』にみられるような高僧の危機意識が出発点となり、末法終末観の超克を意図して両部神道が生み出される。これとともに相応・継受していった伊勢（度会）神道は、古代の国家体制の崩壊のなかで、神社制度も変質を余儀なくされ、経済基盤を失いつつあった神官層の危機感が、神道説の組織化へとつながっていったといえる。

神官層が神道を理論的に体系づけるにあたって、国家体制の枠内にあった神道は、儀礼面ではより厳重な祭祀の執行が行われていたとしても、理論的には組織されたものを持ち合わせておらず、仏家の手により理論組織化された両部神道の思想を継受するしか方法はなかった。両部神道初期の著作『中臣祓訓解』および異本の『記解』が、度会氏の「最極秘本」とされ、行忠・常良（昌）に伝えられているのはその典型であり、本書は伊勢神道に吸収されていった。

本章では、伊勢神道成立に至る初期神道思想の形成期に焦点を絞り、その時期の代表的著述である『中臣祓訓解』『記解』を通して、その思想展開を明らかにしてみたい。

一　魔王伝説と仏家側の神道理解

神道思想の初期的展開は、天台・真言の高僧の教学研究から生み出された。仏家側はこの神道への接近・傾斜の過程で、神道に伝えられた仏教忌避の伝統にどう対処したのであろうか。ここで問題となるのは、仏教の忌詞である「内七言」（『延喜斎宮式』）を伝え、神仏隔離、仏法忌避を守り伝えた伊勢神宮においてである。

無住の『沙石集』巻一には、神明に関する一〇編の説話を載せるが、その巻頭に「大神宮御事」と題して、

去弘長年中、太神宮へ詣テ侍シニ、或社官ノ語シハ、当社ニ三宝ノ御名ヲ忌、御殿近クハ僧ナドモ詣テヌ事ハ、昔此国未ダナカリケル時、大海ノ底ニ大日ノ印文アリケルニヨリ、太神宮御鉾指下テサグリ給ケル、其鉾ノ滴、露ノ如ク也ケル時、第六天魔王遥ニ見テ、此滴国ト成テ、仏法流布シ、人倫生死ヲ出べキ相アリトテ、失ハン為

ニ下ダリケルヲ、太神宮、魔王ニ会給テ、ワレ三宝ノ名ヲモイハジ、我身ニモ近ヅケジ、トク〳〵帰リ上給ヘト、誘ヘ給ケレバ帰ニケリ、其御約束ヲタガヘジトテ、僧ナド御殿近ク参ラズ、社壇ニシテハ、経ヲモアラハニハ持ズ、三宝ノ名ヲモタヾシク謂ズ、仏ヲバ立スクミ、経ヲバ染紙、僧ヲバ髪長、堂ヲバコリタキナドトイヒテ、外ニハ仏法ヲ憂キ事ニシ、内ニハ深ク三宝ヲ守リ給フ事ニテ御座マス故ニ、我国ノ仏法、偏ニ太神宮ノ御守護ニヨレリ、

とある。三宝を忌み、社殿に僧徒を近づけない理由に、天地開闢以前、大海の底に大日の印文があり、やがてこの国が仏教流布の国となることを察した第六天の魔王が妨害しようとしたところ、大神宮は魔王をあざむいて、仏法を忌むことを約束したという第六天魔王伝説をあげている。これは無住が弘長年間（一二六一～六四）に伊勢参宮した折の、神宮祠官からの聞書であって、内外宮の荒木田・度会祠官にまで、仏教禁忌の伝統のなかで、実は仏法が大神宮を擁護するという伝承が流布していた。

　第六天魔王伝説は通海の『太神宮参詣記』にも取り上げられるが、通海は「此事大キニ信シカタシ」と述べ、「伊佐奈岐尊、此国ノ王トシテ、天下ヲシロシ召テ、自ラ作リ出シ給ヘル国ヲ、天ニ二ツノ主シナシ、何ノ故ニ、第六天ノ魔王ニ乞請ケ給ヘキヤ、モトヨリ他人ノ国ニ非ス、鉾ノ滴ヨリ始テ造リ給ヘル神国也」と、『日本書紀』とは異なる点に疑いをもち、「仏法忌セ玉ヘト申事、ヲホツカナキニ依テ、何レノ文ニ注セル事ニヤト、普ク尋訪シカトモ、只申シ伝タル事ニテ、注セル文ハナシトソ」と文献での明証はなく、単なる伝承にすぎないとの否定的見解に立っている。

　ところが、この魔王伝説は、『中臣祓記解』に「嘗天地開闢之初、神宝日出之時、法界法身心王大日……現㆓化権之姿㆒、垂㆓跡閻浮提㆒、請㆓府璽於魔王㆒、施㆓降化之神力㆒……忝大神外顕㆓異㆑仏生威実執教之儀式㆒（『訓解』は「外顕㆘異㆓

仏教一之儀式上」）、内為下護二仏法一之神兵上」とあり、同じく貞慶の著作と伝える両部神道の『神祇講式』にも、「凡従二鉾滴一成レ島、当初吾国大海之底有二大日如来之印文一、此仏法流布之瑞相也、第六天魔王為二障礙一、仏法欲レ令レ無二国土一之時、天照太神請二神璽於魔王一、天地開闢以降、記文取意八百万神達、外顕下異二仏教一之儀式上、内為下護二仏法一之神兵上」[2]と見え、初期の両部神道書に引かれている。してみると、これは仏家側が両部神道の形成過程で偽作された伝承であったと考えられる。

仏家側が神道の、とくに最高最貴とされる伊勢の天照大御神と習合、解釈するにあたっては、仏法禁忌の伝統はまったく相容れない論理であった。重源をはじめとした仏教徒の神宮参宮が盛んになるなかで、殊更のことであった。そこで仏法禁忌の伝統を「外顕下異二仏教一之儀式上」と表面上に捉え、この認識のもとに、その本質を「内為下護二仏法一之神兵上」であったと主張したのである。通海が指摘したようにまったく根拠のない、荒唐無稽の飛躍した理解であったが、このような初期神道思想の展開期に仏家側が手段として偽作したことは注目される。それは『中臣祓訓解』冒頭には見られないが、その異本『記解』冒頭には、「惟垂跡本地、頓成感応也、神秘必有レ験、顕露被二不信一、准二密教道理一、察二大日経誡一、外異二仏教名一、内護二仏法理一」とあるのも、右と同じ理解に始まる。それは方便以外のなにものでもなく、仏法禁忌は、たやすく克服され、ここを起点に新たな思想展開が始まることになる。

伊勢の祠官によって、仏家側により方便の一つとして偽作された第六天魔王伝説が語られることは、仏家の両部神道が、伊勢神道成立以前に、すでに荒木田神主や度会神主に浸透していたことを窺わせ、伊勢神道成立の思想基盤もここにあったことが理解できる。しかし、仏家神道の理解を伊勢神道が継受していても、第六天魔王伝説を伊勢神道書が採用していないことは、仏家の神道理解とは劃然とした違いがあり、伊勢神道が仏家・両部神道から脱皮し、独自の神道論を明示しようとした意図の表れと考えられる。

つぎに、『中臣祓訓解』『記解』が著述された中世初期における、僧侶の神道理解のあり方について触れてみることにしたい。神祇・神道への傾斜・理解は、慈円・公顕・貞慶・重源らの高僧に顕著にみられた事象であった。

天台の慈円は建暦二年（一二一二）の「日吉百首」の一首に、「まことには神そ仏の道しるへ、跡をたるとはなにゆへかいふ」（『校本拾玉集』第二）と詠んで、神明の存在を重くみているが、これは建仁三年（一二〇三）六月二十二日暁に、三種神器の一つ、神璽についての奇夢を見、これを「夢記」として書き記し、後鳥羽上皇に進覧したのをはじめとする。このとき、上皇からの仰せで、はじめて『日本書紀』を読み、真言秘密の奥旨を明らかにするにあたり、伊勢大神宮が男女の両身に現容するという神道の所伝を得るに至った。『夢想記』には「今此証拠在二神道一歟、……凡其文相、甚以難レ得二其意一、文義甚深如二仏教一也」と述べて、神道の神秘的境地を体得し、これまでの顕密教理の思索から一歩進めて、日本の古典から現実の世界を思索する方法を知ることができた。『愚管抄』の著述も、これを契機に醸成していったものであり、慈円の生涯の転機となった（3）。この神道の所伝の会得から、伊勢参宮を思い立っており（4）、これら高僧の神道への傾斜が、まず、個人的な内面の思索の変化から出てくることに気づく。それは高度の顕密教学の研鑽に専念した高僧のみが到達しえた思索境地であった。したがって、初期の神道理論が一部高僧の口伝として、師の内的体験を直接弟子に伝授されていくことにもなる。

もちろん、彼ら高僧の出離解脱への道が、当時の社会不安に起因する危機意識が背景にあったことは明らかで、平安末期の保元・平治の乱から治承・寿永の内乱と、打ちつづく乱世が、彼らの内的な意識の変化を左右したといえよう。

のちに鎌倉仏教革新運動の中心となる法然は、安元元年（一一七五）自力聖道門を捨て、本願他力の浄土門に入り、専修念仏を主唱するようになるが、同時期（『園城寺伝記』に「安元三年頃」とある）に本覚院公顕が神明により出離解脱を目指したことは注目される。公顕は第三十五世園城寺長吏に補任され、のちには天台座主の地位に就任し、「顕密ノ明匠」といわれた。『沙石集』巻一、「出離ヲ神明ニ祈事」の条によれば、公顕は日本国中の大小諸神の御名（『園城寺伝記』には「日本国中大小神祇三千余座」とある。『延喜式神名帳』所載の神名）を書き、毎朝、一間の帳に勧請し、浄衣を着し幣を持ち、礼拝をしたという。この神道儀式の所作を不思議に感じた高野山の明遍僧都は善阿を公顕の住房に遣わして、その理由を問うと、公顕は「我身ニハ、顕密ノ聖教ヲ学ビテ、出離ノ要道ト思計フニ自力ヨハクシテ智品アサシ、勝縁ノ力ヲ放レテハ、出離ノ望解（遂）ガタシ、……出離ノ道偏ニ和光ノ方便ヲ仰グ外、別ノ行業ナシ」と答え、

　サレバ他国有縁ノ身ヲ重シテ、本朝相応ノ形チヲ軽シムベカラズ、我朝ハ神国トシテ大権アトヲ垂レ給フ、又、我等ミナ彼孫裔也、気ヲ同スル因縁アサカラズ、此外ノ本尊ヲ尋ネバ、還テ感応ヘダヽリヌベシ、仍機感相応ノ和光ノ方便ヲ仰テ、出離生死ノ要道ヲ祈申サンニハシカジ、サレバ、和光同塵コソ、諸仏ノ慈悲ノ極リナレト信ジテ、如レ此行儀異様ナレドモ、年久クシツケ侍也、

と語っている。それは偏に和光の方便を仰いで往生を願ったもので、神道の勝れて尊きことを悟ったのである。神明による出離解脱を目指したことは、単に公顕が神祇伯家に出自したというだけでなく、当時の社会世相、とりわけ末法的終末観の超克を意図したものであった。その背景に天台において広められた本覚思想に根ざしていたことはいうまでもない。

　本覚思想は絶対肯定の思想で、現実の事象そのままを絶対とみなし、衆生はすべて本来仏性を有すると考えた。したがって仏・菩薩の垂迹として現れた神こそ仏の本地たるべきもの、すなわち神本仏迹・本下迹高・神勝仏劣であると論ずるようになる。公顕が本高迹下のうちの、迹下たる神に出離を祈誓したのも、迹下の神こそが翻って本来の覚

性の顕現した姿と認めたからにほかならない。公顕が「本覚院」「本覚房」と称していたのも、この本覚思想をもって、彼の仏教哲理の根幹としていたものというべきであろう。

しかし、公顕のように迹下の神に絶対的価値を感得するのは、中世初期にあっては、一部の高僧のみに限られ、当時の人々は「云レ仏云レ神、無レ異無レ別」(5)と神仏同体が一般の通念で、神仏の優劣を認めてはいない。のちに通海は『太神宮参詣記』に「天照太神ハ神道ノ主、大日如来、法花ハ仏法ノ主也、垂跡ト云、本地ト云、無上也、無比也、此理リヲ知テ神明ニモ仕へ、真言ヲモウカ、ヒ給ヘキ也」と述べているが、これも本地の仏と垂迹の神を無上・無比の優劣なしとみており、神本仏迹には至っていない。

では、当時の数少ない文献化された『訓解』『記解』はどうであったか。本書には魔王伝説につづいて、神仏について「雖二内外詞異一、同二化度方便一、神則諸仏魂、仏則諸神性也《ナリ》」と神の優位を述べているようにもみえるが、「肆《カルカユヘニ》経曰、仏住二不二門一、常神道垂跡云云、惟《ココ》知、以二諸神通力一令二顚倒衆生一、以二所求願力一、令レ入二於仏道一、此則善巧方便、大慈大悲之実智、色心不二、平等利益之本願也」と、しょせんは衆生が仏道へ入るための方便として神の存在を重視する立場であった。少なくとも本書からは神本仏迹を明確にした内容には至っていない。このことから、本書が、統一的な中世神道体系のもとで著述されたものではなく、早期に著作されたであろうことが推定できる。

二　『訓解』『記解』の中臣祓註釈

『訓解』およびその異本の『記解』は「准二密教道理一、察二大日経誡一」（『記解』）して、「聊託二覚王之密教一、略示二心地之要路一」したものである。本書は弘法大師空海の撰に仮託されているが、両本の奥書から伊勢神宮の法楽寺院仙宮院を管掌する本覚院公顕も住していた園城寺の住僧の手に成ったものと推定される。その成立年代も『訓解』が建久二年（一一九一）、『記解』が建保五年（一二一七）以前に遡ることができ、およそ平安末期、遅くとも鎌倉初期には著述されていて、初期の神道理論を考察していく上で好個の史料といえる。(6)

周知のとおり中臣祓は、『延喜祝詞式』に収める六月・十二月晦日の大祓詞を起源とし、文武百官を集めた朝儀としての二季大祓は宣読の形式になる公的行事であったのに対し、これを奏申の形式に改め、私的に人々によって唱読されたものである。大祓詞は中臣氏がこれを読唱し伝えたことから、中臣祓ともいい、中臣祭文・大仲臣経などと呼ばれて世間に流布し、盛んにその功徳が宣伝せられた。とくに、平安中期以降になると、陰陽師や仏家に伝わり、呪咀・反逆・病事・産婦のために修せられている。『阿娑縛抄』に収める河臨法には、「祓自レ唐度レリト云事、自レ古児女子之説也」、「況吉備大臣度シタルコト世以所レ知也」と中国からの請来物であったとの一説を伝えており、祓という本来、日本的な習俗・信仰とみなされていたものが、仏家・陰陽道家らによって、中国渡来の習俗・信仰であると宣伝された。(7)祓は宮中や神社の祭祀に厳として執り行われてきたのであったが、これを諸階層の人々まで伝えたのは、仏家・陰陽道に属する者たちによってであり、女子らの人々にも広く中臣祓は浸透していった。

早く、六字河臨法の密教行事に中臣祓は導入されていったが、これをさらに神道の中臣祓を理論的に取り上げ、注釈を試みたのが、『訓解』『記解』であった。

この中臣祓の効用については、通海の『太神宮参詣記』に、

末法ニイタリテハ、只教ノミアリテ行モナシ、証モナシト申ス、時分ノ奢多ステニモチテ如レ此、次第ニ仏法モ衰微シテ世間モ澆季ニ及ヘリ、行証ナクハ神ノ納受モイカヽ侍ラム、僧云、中臣祓昔ヨリ今ニ厳重ノ事也、人ノ罪トカヲ滅スルコト左右ニ不レ及、……シカルヲ此中臣祓ノ功能ヲモチテ、万ノヲカシアヤマチアリトイフトモ、

シナトノ風ノアマノヤエ雲ヲフキハラウカコトク、ツミトカヲネノ国ソコノ国ヘナカシヤリタマエト申セハ、昔ヨリ今ニ懺悔ノ滅罪ノ法タカフ事ナシ、

と述べて、仏法の衰えた末法にあっても、中臣祓の功能をもってすれば罪咎も滅すると強調し、中臣祓の末法適応性を主張した。

　では、仏家側は中臣祓をどのように把捉・解釈したのであろうか。本書は、まず和光垂迹の起こりを、「雖レ載二国史家牒一、猶有レ所レ遺《ノコル》、靡レ識二本意一」と述べ、記紀以下国史の解釈だけでなく、「託二覚王之密教一、略示二心地之要路一」したことを強調する。初期の神道理論が密教的解釈に拠っていることを本書はその冒頭に明言しており、中世神道思想の形成が、ここから萌芽していったことに留意すべきであろう。そして中臣祓は、「天津祝太祝詞、伊弉那《ナ》諾《キ》尊之宣命也、天児屋根命之諄辞《タヽヘコト》也」と、国史家牒に載せる説をあげ、さらに「是則己心清浄儀益、大自在天梵言、三世諸仏方便、一切衆生福田、心源広大智恵、本来清浄大教、無怖畏陀羅尼、罪障懺悔神呪、寔最勝最大之利益、無量無辺之済度、世間出世之教道、抜苦与楽之隠術也」と仏説をあげている。このなかで「己心清浄儀益」とか「本来清浄大教」と清浄を強調する字句は、本書に頻繁に見られる。

・「大麻体相者、自性清浄之三摩耶」
・「解除事、以二神秘祭文一、諸罪咎祓清、即帰二阿字本不生之妙理一、顕二自性精明之実智一、而於二諸法一者、不レ出二浄不浄之一、故有為不浄之実執也、無為清浄之実体也、是則吾心性也、修二禅定一、漸成二清浄一」
・「経曰、己心念清浄、諸仏在二此心一云々、清浄則己心清浄之智用、寂静安楽之本性也」
・「罪障懺悔文也、無漏清浄之法益也、諄辞也、自性意触法」（「法別」の注釈）

中臣祓によって罪穢を祓ったとき、そこに清浄が生じてくることは神道信仰の本質でもあったが、本書では、この

清浄を随所で仏説から解釈することに特徴をもっている。

伊勢神道の伝書の一つ、度会行忠撰『伊勢二所太神宮神名秘書』に「解除云、上起二于伊弉諾尊一、下施二于天児屋命一、是則心源清浄之儀益、故顕二自性精明之実智一、是則仮体不浄之懺悔、故帰二無為清浄之本源一」とあるのは、『訓解』『記解』からの要約と考えられ、他の伊勢神道書に、しばしば清浄が強調されるのには、神道そのものの中に清浄が重視されていたほかに、この『訓解』『記解』の影響によるところが頗る大きい。

ところで、この清浄観が、平安末期ごろに盛んとなっていった天台本覚思想に依拠していたことが注意されよう(8)。「本覚」の語が初見する経典の一つ、不空訳『仁王般若経』には「自性清浄名二本覚性一、即是諸仏一切智智、由レ此得レ為二衆生之本一」(本行品第三)と、自性清浄を本覚の性とする。不覚・始覚に相対して本覚が説かれるようになる『大乗起信論』では、本覚とは自性清浄心の本性の智慧をいい、これを本覚の作用、働きを示す随染本覚と、本覚の本性が清浄にあると、その本質・体を示す性浄本覚との二面のあるのを説く。そして「是心、従レ本已来、自性清浄、而有二無明一、為二無明一所レ染有二其染心一、雖レ有二染心一、而常恒不変」と、衆生心は、その本性からして自性清浄である。ところが、現実には染心、すなわち煩悩に汚れた、無明によって生滅心となった心が存し、迷いの境地にあるが、その心性は常恒不変であるという。衆生の本性が本来清浄であることは、のちに本覚は衆生に即した覚性とされ、日本天台の本覚法門では、さながらに仏となる、衆生即仏が唱え出されてくる。『訓解』『記解』では、「天之益人」すなわち衆生・凡夫の犯した雑々の罪事を、中臣祓によって解除すれば、本来清浄となり罪穢も除去される。

中臣祓は罪障懺悔の神呪であり、それは懺悔することにより、清浄となり、仏となることであった。

・「皆是無始之一念、無明貪慾、煩悩体也、故貪慾懺悔而、即向二仏智一矣」(「己子犯罪」の注釈)

・「已上所レ贖罪、謂、依二煩悩愛一、受二変易生死因縁一、或為二父母妻孥子一、或為二兄弟姉妹一、若為二天魔外道一、若為二餓鬼禽獣一、自レ始至レ今、更生代レ死、排二煩悩塵労之門一、宿二六道四生之閤一、転変無レ定、円二満善行一、抜二済四恩一、修二懺悔法一、帰二一心理一、仏与無レ異、故則我心、衆生心、仏心、三無二差別一、我意即清浄也、我意即宝篋也」

と、懺悔を修すれば、我も、衆生も、仏と同じく差別なき絶対境地に入ることができた。それは「罪障懺悔神呪」である中臣祓の効用によるものであった。

清浄は、さらに「天津宮事」の注釈において、『金剛頂経金剛界大道場毘盧遮那如来自受用身内証智眷属法身異名仏最上乗秘密三摩地礼懺文』にある清浄偈を引き、

諸法如二影像一、清浄無二瑕穢一、取説不可得、皆従レ因業生、神宣命也、祝詞也、謂、宣レ之即一心清浄、常住円明義益也、是修二浄戒波羅蜜多一、観レ之、不可得妙理、

とある。『金剛界礼懺』に「白衆等各念、此時清浄偈、諸法如二影像一、清浄無二礙穢一、取レ説不レ可レ得、皆従レ因業」とあるのを『訓解』が引き（『記解』はこの清浄偈を脱している）、ここから『天地霊覚秘書』、『倭姫命世記』、『諸祓集』（尚重解除鈔）、『二所太神宮神名秘書』、『大元神一秘書』、『類聚神祇本源』、『大日尊神中臣祓天津祝太祝詞文伝』などの、両部神道書・伊勢神道書に引かれている。清浄偈は、『天地霊覚秘書』には「本来清浄呪」といい、これを「天児屋根命祝詞」としていることは、『訓解』の注釈に依拠したものであろう。

天理図書館吉田文庫本・國學院大學梵舜本『記解』には「不可得妙理」につづけて、「無明即法性、煩悩即菩提」（『訓解』『記解』両本の異本でもある國學院大學所蔵西田長男旧蔵本は「天津宮事」注釈の冒頭に記載する）とあるのは、天台本覚思想において積極的に唱えられたもので、矛盾対立する無明と法性（真如、実相、法界）、煩悩と菩提が、そのまま即一であるとみる。本覚思想は事象そのままを本覚の理とみなすことから、無明・煩悩もそのまま肯定し、絶対究極の境地へと至る。平安末期の作と推定される伝最澄撰の『天台法華宗牛頭法門要纂』には、「煩悩菩提、是我一

心名、生死涅槃、亦此指二心体一……此心性本源、凡聖一如無二二如一、此名二本覚如来一」と、生死即涅槃、煩悩即菩提、凡聖不二などの相即不二が盛んに説かれており、これら日本天台の本覚思想は、初期には秘伝口伝として個々に伝授され、その時期は「個々の口伝法門は一一世紀半ばの平安中期末ごろから伝えられていき、一二世紀半ばの平安後期末期ごろには文献化が始まっていた(9)」のであって、『訓解』『記解』の成立が平安末期と考えられることからして、本書は本覚思想の文献化に直接の影響を受けて著述されたものであろう。

本書は、鎌倉初期以前、平安末期に撰述された中臣祓注釈の本文(「于時弘仁十三年仲夏廿五日、沙門遍照金剛之伝」まで)と、鎌倉中期に増補された部分から成っており、『訓解』『記解』では増補の部分が異なっている。それは『訓解』『記解』諸本の流布・伝授の差にはっきり認められる。この平安末期著述の前半部(中臣祓注釈の本文)に、「本覚」の字句の見えるのは一ヵ所あり、「天之益人等」の注釈に「凡世界自レ本覚也、自レ本無明也、本亦法界、本是衆生、本仏也」とあるのがそれで、この部分は『天地霊覚秘書』、『漢朝祓起在三月三日上巳』にも引かれる。天之益人(凡夫・衆生)の住む世界は本覚であり、無明即法界、衆生即仏に通じる解釈を展開させており、本覚思想は本書の随所に色濃く投影されている。

鎌倉中期に増補したと思われる追記には、「凡天神地祇一切諸仏、惣三身即一、本覚如来、皆悉一体無レ二也、……故則伊勢両宮者諸神之最貴、異二于天下諸社一者也、大方神在二三等一、所謂一本覚、伊勢太神宮是也、本来清浄理性、常住不変妙体也」と説いて、諸神を本覚・不覚・始覚の三等に分類し、伊勢両宮を最高最貴の本覚絶対神とする。伊勢両宮を諸社と異なる最高神とする考え方は、伊勢神道において大いに唱導されるが、それ以前の両部神道においてすでに主張せられていたところで、平安末期成立の中臣祓「所聞食」の注釈にも「然則天照太神者、大日遍照尊、諸尊最貴者也」と述べ、日輪を天照皇大神、月輪を豊受皇大神の両部不二と説く。

伊勢両宮を胎金両部不二とするのには、金沢文庫本『天照大神儀軌解』に「内宮者胎蔵界七百余尊、外宮者金剛界五百余尊也」とあるのをはじめ『天地霊覚秘書』などの両部神道書にしばしば引かれており、平安末期には伊勢を両部不二の絶対神とする思想は成立していた。これに神を分類してくるのは、さらにのちのことで、浄土教阿弥陀信仰に覆われていた石清水八幡を始覚と名づけ、「流転之後、依二仏説経教一無明眠覚、本覚理帰」もので、「非二本覚本初元神一」と本覚の最高神である伊勢両宮と差別する。

『訓解』は、これまで弘法大師空海の撰に仮託されてきたことから、真言系僧侶の手に成ったというのが定説であった。『記解』に「察二大日経誠一」と真言密教が本書の構成の主要を占めていることは事実であるが、その上に天台本覚思想に覆われた解釈が一貫していることを注視するべきであろう。日本における本覚思想の端緒は、空海によってであり、『大日経開題』『金剛頂経開題』には本覚の絶対化を主張しており、空海の真言密教に相応して天台密教が発展し、このもとで本覚思想も展開していくことになる。その意味で本書の成立の思想史的源流を空海に求めることも可能であるが、事実としては本覚思想に影響を受けた天台寺門の園城寺に管掌された伊勢仙宮院の住僧、それも顕密・修験を修得した在地僧によって著述されたものであろう。

おわりに

中臣祓は平安時代にすでに陰陽師・仏家によって民衆の間に浸透していた。したがって、中臣祓の読唱によって生じる功徳も、人々に広められていたのであって、本書にある「抜苦与楽之隠術」、「消二一期苦愁一、而快《ヨクス》二百年栄楽一」、「万福速来生」、「滅罪生善、頓証菩提隠術」とは、まさに自然災害や戦乱など苦悩にあえぐ民衆の願望を反映させていた。

当時隆盛していった浄土教は、個人の来世における救済を志向するもので現世否定の立場にあった。これに対抗する密教では、自教の末法適応性を主張し、神道の中臣祓までも受用し、両部神道説を唱導する。密教は来世往生とともに現世利益をも強調するが、神道においては、「問、神明ニ帰シテ何ノ利益有ルヤ、答、遠近ノ有㆓両益㆒、近ハ垂迹ノ利生ニ依、今生安穏ナリ、遠ハ本地誓願ニ依、後生善処ナリ」（『神道集』「神道由来之事」）と、垂迹神明の利益は今生現世にあり、神道が密教によって習合されると、現世利益はより一層強調されてくる。『訓解』『記解』は、「定知是人、持㆓三世諸仏智恵㆒、得㆓二世所求円満㆒、不可説、不可説」と、現当二世にわたっているが、中臣祓注釈の最後に、「為㆓一切衆生㆒、施㆓一子慈悲㆒、以㆓諸尊願海㆒、洗㆓生死穢泥㆒、阿字本不性故、長寿延命也、本記云、……祓、此不死薬、故能治㆓万病㆒」と、長寿延命という現実の問題が説かれている。

仏家、とくに密家が神道論を展開させるにあたって、仏教では軽視されていた現世利益的功徳を表面化させていくことは、浄土の新仏教に対抗していくためにも、有効な手段であった。罪障懺悔の呪文とされていた中臣祓は「一座祓、百日之難除、百度祭文、千日之咎捨」といわれるもので、他力易行門に属し、濁世の苦しみにあえぐ民衆に容易く受け入れられる内容をもっていた。こののちに著述される両部神道書・伊勢神道書が、民衆にとって難解高度な理論であるのに比べ、『訓解』『記解』は民衆に深く浸透していた十王信仰・地獄思想までもが入れられ、底辺にある人々の願望が汲み上げられていることに特徴づけられる。

平安後期の末法終末思想の隆盛期には、これを止揚するには本覚思想によるしかなく、神道思想の展開も、ここから出発し、末法適応性を主張し、末法終末観を超克していく。『訓解』『記解』は、この時期の代表的著述であったが、すべてが仏教の教説を借りて説明を加え、のちの神道理論に比べれば、未成熟な理論展開に終始している、それは、ともかくも危機意識に立たされていた密教側が、神道の中臣祓により自ら救われ、人々を救いたいとの願いが先行しており、高度の理論思考の結晶であるとは言い難い。むしろ仏家が神道の中臣祓を取り上げたところに意義を見出すことができよう。これにつづいて著述される両部・伊勢神道書には、『訓解』『記解』が盛んに引用され、度会氏にあっては「最極秘本」の座右書とまでされ、のちの神道思想へ多大の影響を与えている。

中臣祓の解釈についても、吉田兼倶によって祓研究が継受されるまでの中世全期を通して、本書は中世神道思想史上、重い位置を占めていたことはいうまでもない。(10)

註

（1）大隅和雄「古代末期における価値観の変動」（『北海道大学文学部紀要』一六巻二号、昭和四十三年。のち、『中世仏教の思想と社会』名著刊行会、平成十七年）。家永三郎は、この時代思潮となる「末法思想は武士とは関係のないものであり、まして農民とはおよそ縁がなく、公家貴族の社会において発生成熟したところの危機意識」（『親鸞の宗教の社会的基盤』『中世仏教思想史研究増補版』法蔵館、昭和五十一年）と指摘する。

（2）岡田莊司「『神祇講式』の基礎的考察」（『大倉山論集』四七輯、平成十三年。本書第一部第五章）。『神祇講式』は鎌倉前期の撰作であるが、ここに「記文取意」と記されていることは、これ以前に魔王伝説を載せた伝書があったことになる。ほかに建長七年（一二五五）以前成立の『漢朝祓起在三月三日上巳』にも「一書曰」として魔王伝説が記されている（本書第一部第三章「両部神道の成立期」）。

（3）赤松俊秀「慈鎮和尚夢想記について」（『鎌倉仏教の研究』平楽寺書店、昭和三十二年）。

（4）『鎌倉遺文』三四一四号、高田専修寺文書「慈円書状」。

（5）『鎌倉遺文』一八一五号、承元三年（一二〇九）十月「大中臣時定施入状」。

（6）岡田莊司「『中臣祓訓解』及び『記解』の伝本」（『神道及び神道史』二七号、昭和五十一年。改訂して本書第一部第一章）。

（7）西田長男「仏家神道の成立―罪の観念を通路として―」（『日本神道史研究』第一巻総論編、講談社、昭和五十三年。初出、昭和十五年）。西田は『大祓詞』が仏典の『薬師如来本願功徳経』と関連が認められること、祓が日本・中国はもちろん世界の普遍的習俗であることを指摘する。

(8) 田村芳朗「鎌倉新仏教の背景としての天台本覚思想」(『鎌倉新仏教思想の研究』平楽寺書店、昭和四十年)、同「天台本覚思想概説」(『日本思想大系　天台本覚論』岩波書店、昭和四十八年)。本覚思想が神道に及ぼした影響については、西田長男「本地垂迹説の成立とその展開」(『日本神道史研究』第四巻中世編上、講談社、昭和五十三年。初出、昭和十・三十四年)。

(9) 田村芳朗、前掲註(8)「天台本覚思想概説」。

(10) 岡田莊司、前掲註(6)論文、同『神道大系　古典註釈編　中臣祓註釈』「解題」(神道大系編纂会、昭和六十年)。

第三章　両部神道の成立期

はじめに

伊勢神道成立の背景には、両部神道の影響が頗る強く、その最初期の著作『中臣祓訓解』とその異本である『記解』の存在が、伊勢神道を研究する上で重要である(1)。伊勢を中心とした初期の両部神道に関しては、史料上の制約から、これまで研究が深められてきているとは言い難い。そこで、二、三の新史料を呈示して、伊勢神道成立以前の両部神道を論じていくことにしたい。

一　両部神道とは何か

両部神道とは何か。このことを最も簡明に述べたのは吉田神道の教義書『唯一神道名法要集』である。

問、両部習合神道者何哉、
答、以㆓胎金両界㆒、習㆓内外二宮㆒、以㆓諸尊㆒、合㆓諸神㆒、故云㆓両部習合神道㆒者乎、
問、如㆑然習合者、何人所意哉、

答、伝教・弘法・慈覚・智証等、此四大師之所意也、所以者何、極二彼真言之奥蔵一、悟二吾神道之密意一、得二大日本国之名一、覚二大毗盧遮那之実地一、拠二神代之書籍一、設二秘密之釈義一、各号二一師之神書一、自レ爾以来、顕密之諸宗、入二神道一、述二末書一者、其数五百余巻、故是云二大師流之神道一、亦一義也、

中世末期における両部神道に対する解釈は、密教で説く金剛界・胎蔵界の両部曼荼羅の諸仏を諸神に合わせ、とくに伊勢神宮を重んじて、内宮を胎蔵界、外宮を金剛界の大日如来に配し、両宮の一致を明らかにしている。

両部神道には広義・狭義二つの意味が通用しているようである。宮地直一は「両部とは密教所立の金剛及び胎蔵両界を呼ぶ称なれども、今世俗の慣用に従ひて神仏両教を合一せる意に用ゐんとす(2)」と述べ、天台・真言神道など広く仏教神道をこれにあてている。しかし、一方で宮地は「天台神道に引続き、之に相対する真言神道、即ち両部神道の如何なるものなりやに就きて語るべし(3)」といって、真言神道をあてており、両部神道の範囲は一定していない。天台・真言を含めた神仏両教を指す広義の解釈と、主に弘法大師空海に仮托された真言神道に限定する狭義との両説があげられる。

本章で考察の対象とする両部神道は、空海中心の真言宗のみではなく、天台密教に属する一派のなかにも両部神道は出てきており、これを無視することはできない。『唯一神道名法要集』には、弘法大師空海とともに、伝教大師最澄・慈覚大師円珍・智証大師円仁の四大師をあげて、両部神道の別名を「大師流神道」と称している。その点では広義に近いが、『耀天記』に代表される山王神道・天台神道をも両部神道に含めることはできない。ここでは伊勢を中心に両宮を胎金両界に配し、両部不二を主張してきた一派の教説に限定して取り上げていくことにしたい。

その成立年代については、鎌倉時代という点では一致しているものの、従来の見解にはかなりの相違がある。清原貞雄は「両部神道の書で鎌倉時代のものとしては文保二年に書かれた三輪大明神縁起と称するものがある。之が恐ら

く両部神道書の中では最も古いものでは無いかと思ふ」[4]と述べ、村岡典嗣もこれを踏襲して、両部神道の端緒は鎌倉後期にあるとされた[5]。これに対して、久保田収は「三輪大明神縁起は文保二年の成立とみてよく、両部神道の上から考へるならば、その端緒とみるべきものではない。しかし、中臣祓訓解の成立した後において、長い間、特記すべき両部神道書をみない。両部神道的思想は、中臣祓訓解の後、伊勢神道の成立と併行して、徐々に形作られつつあつたが、それが明確な形で成立し、その後の思想界に大きな影響を与へるやうになつたのは、伊勢神道の成立以後のことである」[6]と述べて、両部神道の端緒を鎌倉時代後期とする説には否定的ながらも、伊勢神道成立以後に焦点を合わせている。

しかし、伊勢神道成立以前に、両部神道がすでに存在し、その伝書として『中臣祓訓解』『宝志和尚伝』が著作され、伊勢神道の成立に大きな影響を与えたことは否定できない。そこで、以下では伊勢神道成立以前、すなわち鎌倉前期以前における伊勢両宮を中心とした両部神道説の展開を辿っていくこととする。

二　伊勢神道との関係——『漢朝祓起在三月三日上巳』

伊勢神宮の外宮祠官によって唱導された伊勢神道は、神宮に伝わる古縁起を基に、両部神道の影響を直接に受けて両宮を並立させ、さらに陰陽説や道教の思想を取り込むことによって独自の教説を確立した。

伊勢神道は仏法の息をかくし、新しく神職の側に立った神道説として成立する。ために仏教思想に基づいた両部神道の影響を強く受けながらも、表面上は両部神道説を積極的に受用する態度を表明していない。「神道五部書」のうち、最も成立の早い『造伊勢二所太神宮宝基本記』の裏書には「古人秘伝云、伊勢両宮則胎金両部大祖也」と記されている。この裏書は前田尊経閣本はじめ古写本にも書かれており、同書著述の当初から記されていたと推定できる。それは本文には意図的に記すことをためらったが、その裏に付記していることは、表向きは別にして、両部神道が伊勢神道へ与えた影響の強さを知ることができる。このことは『中臣祓訓解』『天地霊覚秘書』などの両部神道書が度会氏の「最極秘本」とされていたことからも首肯できよう。

伊勢神道書は文永のころから次々と著作され、永仁の皇字論争を契機に、六十歳未満披見不可の書として秘書化される。かねてより神宮のなかで、両部神道を積極的に取り込み利用したのは度会氏であった。内宮荒木田氏は『古語拾遺』『日本書紀』などの古典に基づいた見解を述べているのに対して、外宮度会氏は「二所皇太神宮者、天地之霊貴、日月之大元也」といい、さらには「或伝云、天照太神日輪也、豊受太神月輪也云々、又或記ニ侢、豊者日如意也、受者月宝珍也云々(7)」と、各種の伝を載せて両部神道説をも援用したのであった。

つぎに両部神道から伊勢神道へと発展していく過程のなかで貴重な「漢朝祓起在三月三日上巳」と題した一文を掲げる。

「漢朝祓起在三月三日上巳」は、國學院大學図書館所蔵の黒川家旧蔵本、蓬左文庫本、筑波大学図書館本の三本が存し、『中臣祓記解』に合綴されている。次には國學院黒川本（「温故堂文庫」、「和学講談所」朱印を捺す）を底本に、蓬左文庫本（徳川義直蔵書印「御本」を捺した寛永七年〈一六三〇〉入庫本）をもって校合を加えた。

漢朝祓起在三月三日上巳

漢①代三月上巳日、百官於二東流水辺一禊飲、自レ魏以後、只用二三月三日一、不レ用二上巳一、周禊云、周礼女巫祓除二疾病一、禊潔、故於二水上一禊除、

鄭国俗、三月桃花下之時、以二上巳一湊洧、於二一水上一執レ葉招レ魂続レ魄、而祓除二不祥一、

後漢代有二郭虞一以《ト云》二三月上巳一出二東流水之上一《ニ》祈禳、晋三月三日、公主以下至二南浮橋一禊之、

明念僧正菩提訓説云、南天竺波羅門僧正菩提也、世界自レ本法界也、天地自レ本神地也、非二仏子一無二衆生一、非二神流一無二人身一、

故以二我本一導二衆生一、神以二清浄一度二衆生一、帝以二要道一教二万民一、雖二其教異一是其理一也、

一②書曰、天照坐太神③現二化権之姿一応同二衆生一、垂レ跡二閻浮一請二府璽於《ヲ》魔王一《ニ》伊舎那天、実類之孫、大己貴神是也、一名二第六天魔王一也、施二降化之神

力一、外顕下異二仏教《ニ》一之儀約上、内為二仏法之神兵一、

一書曰、推尋二其意一殊不レ得爾也、④是伊勢両宮則本来清浄本源、阿字不生不滅無想一実妙理也、故不レ起二仏見法

見一無二著⑤想一、故為二本来清浄一、有為不浄実執也、無為清浄妙体也、故則虚形鏡表二大空無相之徳一、無二尊形一無二相

鏡一也、万法影歴然也、以二無想無念一為レ本、故不レ起二仏見法見一、是無心相応不思議観是也、

或云、古人云、法身如来種《ハ》子《ノ》位也、尊形者《ハ》出胎位也、以二慈悲一為レ体、観音妙体也、伊勢両宮則周遍法界妙体《ニノ》無二尊形一、

自余垂跡、則受二法楽一帰二本理一云云、顕二尊形事相一即理故、現当二世益在也、念⑥レ想則世間悉地方便教相也、有

為法也、出世則無想絶待観也、

神明者一切衆生羅網之瓔珞之鏡是也、明云《ハ》二本来明心一也、真如云《ハ》二真如一、故《ヲ》則天照太神正向二南州一給、神心無レ隔処云々、般若云二如意宝珠一也、

日　真心⑦如レ鏡亦如二家主一、忌心如レ影⑧、又如二客人一、水澄月宿、鏡清影顕、教家三身具足、形者応身体、影浮

神　（鏡）

月　者化身相、空観者法身理、是天神作制也、心⑨鏡、心性不動仮立中名己泯三千仮立空称雖レ已而存二仮立仮号一、上天解除《ノ》祝詞色即是空、空即是色、念念《ハ》

一切諸罪性皆如如是、罪性本来空、顚倒因縁忘心起、三世之中無所得、

⑩大日本者大八洲也、大日孁貴治国也、八葉花台也、金剛胎蔵諸会也、大日宮世界国土也、凡世界自レ本本覚也、

自レ本無明也、本又法界也、本是本仏也、本者法然道理也、

⑪大梵王宮遷造之心御柱、名二天御量柱《ノ》一《ト》、一名二天御柱《ニハク》《ノ》一《ト》、一名二斉柱《（ママ）ト》一、昔《ハ》天地去《テタ》未レ遠、故以二天御柱《ノ》一挙二於天上一也、凡此御柱者天地開闢之本基、諸神自己之惣体也、

大日霎貴宝座、法界率都婆、文殊三昧形独古、亦本来清浄不生不滅周遍法界一心柱是也、竜神守護給、不動明王栗柄也、⑫尚書⑬曰、惟天地《ハ》万物父母、惟人《ハ》万物之霊《ナリ》、注曰、生之謂父母者《トハ》霊神也、

建⑭長七年九月十三日　実忠写之、

禰宜正四位上度会神主常良拝写、

〔校異注〕

①冒頭部（「公主以下至二南浮橋一禊之」まで）は、弘安八年（一二八五）に度会行忠撰『伊勢二所太神宮神名秘書』に「三月上巳祓発云、漢代三月上巳日、百官於二東流水辺一禊飲、自レ魏以後只用二三日一不レ用二上巳一、周禊云、周礼女巫祓二除疾病一、禊潔、故於二水上一潔除、鄭国俗、三月桃花水下之時、以二上巳一、秦洧二水之上執二蘭葉一招レ魂続レ魄祓二除不祥一矣、後漢有二郭虞一、三月上巳、産二三女一不レ育、俗大忌、至二其日一諱出二東流水之上一祈禳矣、晋三月三日、洛中公王已下至二南浮橋一禊矣」（神宮文庫所蔵、貞治二年〈一三六三〉書写本『度会神道大成』前編所収。同文は『大元神一秘書』にも引く）と、傍点の部分が増補せられているものの、ほぼ同文が引かれており、本書の引用にかかるものと考えられる。「三月上巳祓発云」とある書名も「漢朝祓起在二三月三日上巳一」を略したものであろう。この条は『後漢書』、志第四、礼儀、また、『初学記』、巻四、三月三日第六の条からの引用、抜粋である。

②「一書曰、天照坐太神現二化権之姿一応同二衆生一、垂レ跡二閻浮一請二府璽於魔王一伊舎那天、実類之孫大己貴神是也、一名第六天魔王也、施二降化之神力一、外顕下異二仏教一之儀約上、内為二仏法之神兵一」とあるのは、『中臣祓記解』に「甞天地開闢之初、神宝日出之時、法界法身心王大日……現二化権之姿一、垂二跡閻浮提一、請二府璽於魔王一、施二降化之神力一、……忝大神外顕二異レ仏生威実執教之儀式一（訓解本には「外顕下異二仏教一之儀式上」とある）、内為下護二仏法一之神兵上」とあるのと、ほぼ同

じである。この「一書」については明らかでないが、やはり鎌倉初期に成立した『神祇講式』にも「凡従㆓鉾滴㆒成㆑嶋、当初吾国大海之底有㆓大日如来之印文㆒、此仏法流布之瑞相也、第六天魔王為㆓障礙㆒、仏法欲㆑令㆑無㆓国土㆒之時、天照太神請㆓神璽於魔王㆒、天地開闢以降、記文取意八百万神達、外顕㆘異㆓仏教㆒之儀式㆖、内為㆘護㆓仏法㆒之神兵㆖」と引かれており、かなり広く伝えられていた説であった。この第六天魔王伝説は、無住が弘長年中（一二六一～六四）に、伊勢に参詣した際、社官から仏法を忌、僧侶を社殿に近づけないことの理由として語られており、伊勢参宮と神宮法楽を正当化させるための偽作である。

③底本國學院黒川本「太」、蓬左文庫本「大」に作る。

④以下の文は、『天地霊覚秘書』に「伊勢両宮者、胎金両部諸尊、大空阿字本性、本来清浄妙理、周遍法界物体也、所以、有為不浄実執、無為清浄本源也、故天照太神、則不㆑起㆓仏見法見㆒、万慮降伏与無心相応、無㆓着想㆒、故以㆓無相鏡㆒顕㆓妙体㆒、是表㆓大空之徳㆒、万法蔭歴顕」とあるのに類似する。上記の一文は、『神祇譜伝図記』になると「夫天照太神与㆓豊受大神㆒、則無上之宗神、而尊無㆑与㆑二、故異㆓於天下諸社㆒、是則天地精明之本源也、無相無為之大祖也、故不㆑起㆓仏見法見㆒、以㆓無相鏡㆒表㆓妙体㆒也」と簡略化されていることに注意すべきであろう。

⑤「著」、蓬本「着」に作る。

⑥『天地霊覚秘書』に「念相ハ是方便教也、絶待ハ則無相観也、念相則世間悉地方便教、有為法也、出世則無想観也」とあるのと同文。

⑦「太」、蓬本「大」に作る。

⑧「云々」、蓬本「云」とある。

⑨神宮文庫本『天地霊覚秘書』に「一説云、宝鏡者大智慧也、中道妙体也、心鏡也」との書き込みがあり、「心性不動……存二仮立仮号一」を引用する。

⑩以下の一文、『天地霊覚秘書』『中臣祓訓解』にも同文を引く。『類聚神祇本源』本朝造化篇には、『天地霊覚秘書』から同文を引用している。

⑪以下の文、『天地霊覚秘書』に「心御柱者天地開闢之本基、諸自已之本体也、是則大日如来宝座、法界体、文殊三昧耶形、独古形也、本来清浄、不生不滅、周遍法界、唯一心柱是也、竜神常奉二防護一、栗柄明王所化也云々、」とあるところと、きわめて類似する。

⑫「也」、蓬本脱す。

⑬以下の「尚書」からの引用部分は、『伊勢二所太神宮神名秘書』にも、「天照太神一座……尚書曰、惟天地万物父母、惟人万物之霊、注曰、生レ之謂二父母一、霊神也、天地所レ生惟人為レ貴、周易曰、有二天地一後有二万物一、万物後有二君臣一、君臣後有二上下一、後有二礼義一」と引く。

⑭以下の奥書、蓬本にはなし。

「漢朝祓起在三月三日上巳」は、建長七年（一二五五）に、当時五禰宜度会惟房の養子となっていた実忠によって書写され、のち度会常良に伝写されている。その内容は、中国における三月三日上巳の禊祓習俗を述べ、両部神道の諸文献より伊勢両宮に関わる諸説を類聚したもので、著作物というよりは、度会祠官の手によって建長七年以前の鎌倉前期に、両部神道書の諸説を覚書風に記したものといえる。同書は『中臣祓訓解』『記解』および『天地霊覚秘書』との類似文が多くみられ、伊勢神道書著作にあたり、参考の資料としたものであろう。

とくに、伊勢神道書において主張される伊勢両宮を清浄の本源とし、心御柱を天地開闢の本基とする考えは、右の両部神道の伝書にみられるところで、伊勢神道はこれを継承したにすぎないともいえよう。しかも、ここには両部神道説がほとんどを占め、伊勢神道における独自の説は見出すことができない。伊勢神道はこのような両部神道の諸説に基づいて成立していったのであり、この時期は度会氏一族が積極的に両部神道を受用していたのである。それは、両部神道説は伊勢内外の両宮を並立に扱い、両部不二説を唱えているからにほかならない。平安期までは内宮天照大神が外宮に対し完全に優位を保っていた。これを内外宮同格とした考え方は両部神道説に始まる。外宮度会氏は、まず外宮を内宮と同格並立させるための方便として両部神道を吸収していく。度会氏にとって両部神道が成立していたことは、自家の神道説を創作するにあたって、大いに価値があったことはいうまでもない。

三　『中臣祓訓解』と『宝志和尚伝』

両部神道に関する最初期の著述として知られている『中臣祓訓解』『記解』が、鎌倉時代初期か、それ以前の成立であることは、ほぼ確定するに至っている。『訓解』版本・無窮会神習文庫本には「建久二年三月六日書写畢」、『記解』本には「建保五年四月八日」の書写歴をもち、鎌倉初期には書写が行われている。

同書は密教に托して神道の中臣祓を注釈したものだが、とりわけ両部神道の立場を鮮明にし、伊勢神宮との関係を述べていることが特徴といえる。以下は天理図書館吉田文庫本『中臣祓記解』（『神道大系　古典註釈編　中臣祓註釈』）により引用した。

・伊勢太神宮詫曰、天平年中実相真如之日輪ハ、掃二無明煩悩之雲一ヲ、日輪、則天照皇太神、月輪、則豊受皇太神、両部不二也、胎蔵界大日教令輪身、不動、方宮形云々、金剛界大日教令輪身、降三世、円宮形云々、

右は行基菩薩が東大寺建立に際して大神宮に勅使として差遣され、天照大神から託宣を受けており、日輪を内宮天照大神、月輪を外宮豊受大神にあて、両部不二を説く。この伝承は、以降の『両宮形文深釈』『通海参詣記』『源平盛衰記』『東大寺八幡験記』『元亨釈書』の諸書にも引かれるようになる。しかも、内外両宮だけでなく、瀬織津比咩神、速開都比咩神、伊吹戸主神をそれぞれ、内宮の別宮荒祭宮、滝原宮、並宮、外宮別宮多賀宮にあてている。

・瀬織津比咩神　伊弉那諾尊所化神、名二八十枉日神一是也、天照太神荒魂、号二荒祭宮一、除二悪事一神也、随荒天子、焔魔法王所化也、

・速開都比咩神　伊弉那美尊所生神也、水門神也、二柱座《マシマス》、一名二速秋津日子神一、天照太神別宮、号二滝原一、竜宮天子所化、難陀竜王妹、速秋津比売神、天照太神別宮、号二並宮一、五道大神所化、消二滅一切悪事一所也、五道大神、

・伊吹戸主神　伊弉那諾尊所化神、名二神直日神、大直日神一也、豊受宮荒魂、号二多賀宮一以二善悪不二之心智一、諸事垂二広大慈悲一給、聞直見直給神也、高山天子、大山府君所化也、泰山府君、

右は、同じく両部神道の伝書『天地霊覚秘書』に、次のように記されている。

阿字大空妙体、大日霎貴、胎蔵界、大日如来也、

・天照大神（日天子／高天原治）
・相殿神　・天児屋・太玉命　・地蔵　・観音十一と
・御戸神　・天手力男神・国手力男神　・不動明王　・栗柄明王
・第一荒魂荒祭神　・八十柱（枉）日神・瀬織津比姫（ママ）神　・随荒天子　・焔魔法王所化也
・豊受大神（月天子／宇宙治）　別体、阿字鑁字也、金剛界大日如来也、（天下王）

・相殿神三柱　・天津彦々火瓊々杵尊　阿弥陀　・天児屋命　太玉命　・降三世　阿弥陀也　・地蔵　・不空羂索

・第一荒魂高宮　・神直日　大直日神　・気吹戸主神也　・高山天子　大山府君所化也

・酒殿神　・豊宇賀売命天女　此御門神者金剛界弁才天坐也　弁才天所化也　毗沙門天皇形也　酒殿神者胎蔵界弁才天坐也　天女形也

・神殿顕坐御体文形　・内宮胎蔵界曼荼羅所表也　・外宮金剛界曼荼羅所表也

この『天地霊覚秘書』(8)は、その奥書によると、弘安九年（一二八六）に神祇官において度会行忠に伝授されている。当時、宮廷神祇官にまで深く両部神道が浸透していたことを示す貴重な史料である。その成立は、先の「漢朝祓起在三月三日上巳」に引かれていることからして、鎌倉中期以前にまで遡りうるものである。

右の『中臣祓訓解』『記解』『天地霊覚秘書』にみられる内外両宮の両部思想の基となった伝書に、金沢文庫本『天照大神儀軌』（『宝志和尚伝』）、『天照大神儀軌解』がある。『天照大神儀軌』は一名、『宝志和尚伝』ともいい、宝志和尚によって伝えられたものという。宝志和尚は宋の僧にて、つねに神異の業を行い、長承三年（一一三四）ごろ成立の『打聞集』をはじめ、『宇治拾遺物語』巻九、『高僧伝』巻十、『神僧伝』巻四、『景徳伝灯録』巻二十七に語られており、平安末期にはかなり知られた人物であった。それが鎌倉時代になると両部神道と結びつき、その創始者に仮託されるようになっていく。

その金沢文庫本『天照大神儀軌』（『宝志和尚伝』）の冒頭には、

尋《レハ》㆓上位㆒者、華蔵世界《ノ》毗盧舎那、色界初禅《ノ》梵衆天也《ナリ》、即身《ノ》長《ケ》半踰繕那寿《テ》一劫《ナリ》、中素以来《モトヨリ》有㆓大王守護《ノ》誓㆒、故《ニ》名《ク》㆓照皇天㆒、故《ニ》本朝《ニ》名《テ》天照皇大神《アマテルスヘオホンカミ》宮《ト》申《ス》也、又奉㆑名㆓大日遍照尊《ト》㆒、故《ニ》加《ルナリ》㆓天照《ノ》字㆒也、雖㆑然随㆑所此国　短《ミシカクノ》御寿量十万五千歳也、此《ノ》間《ニ》有㆓千《ノ》王㆒可㆓守《ヘシ》護㆒、誓願《ノ》其後《ニ》慈尊出㆑世、傾《イテ》代我《ヲ》天《ニ》可㆑上《ル》給《フ》、以《テ》㆓宿縁《ノ》深重㆒、必導《ス》給《フ》、不信衆生《ヲ》吾力《ラ》不《ラレヲハ》㆑及《ハ》、壊劫《ノ》時《ニ》必《ス》現《ノ》㆓我《カ》本身《ヲ》㆒、乗《テ》㆓掌《ノ》上《ニ》㆒可㆑量㆓色界初禅《ニ》㆒、然後慈尊三会暁令㆓値遇《セ》㆒、有《リ》㆓十一王子㆒、以為《テス》㆓仕者㆒、第一名《ヲ》二随荒天子一《ト》、閻羅法王所化也、此《ニハ》言《ヘリ》二荒祭《アラマツリノ》宮一《ト》、第二名二竜宮天子一、難陀竜王也、此《ニハ》名《ク》二滝原《タキノ》宮一《ト》、第三名《ク》二水神天子一、抜難陀竜王也、此《ニハ》言《フ》二滝祭《タキマツリ》一《ト》、第四名二月夜《ノ》宮一《ト》、天宮也、第五名二月読《ヨミノ》宮一、地官也、第六名二伊象《ノ》宮一《ト》、又名《ク》二伊雑《ノ》宮一、司命神也、第七名《ク》二伊忍天子一、此《ニハ》名《ク》二伊佐奈岐一、司禄神也、第八《ハ》名《ク》二高山天子一、此《ニハ》名《ク》二高宮一、泰山府君也、第九《ハ》名二並《ナラフノ》宮一、五道大神也、並《ニ》五所《ノ》神也、第十名二風《ノ》宮一、風伯神也、第十一《ヲ》名《ク》二興玉《ヲキタマ》一《ト》、水神也、又水宮也、此《ノ》十一天子、各有《リ》二四百万億眷属一、彼《ノ》天衆《ノ》所《ニ》有《リ》二小天衆一也、略《テ》レ之《ヲ》四十四所祭《ツル》レ之《ヲ》、

と述べて両部曼荼羅思想を展開する。また、『宝志和尚口伝』には「天照太神者日輪、豊受太神者月輪也、七所別宮者七星也、如二四礼一九星也、加二天照大神一給時、泰山府君十二冥官也」と述べられており、これら両宮の儀軌思想は『中臣祓訓解』『記解』に影響をもたらしている。

さらに、この伊勢両宮に関する儀軌は曼荼羅に図式化されて金沢文庫に現存する。右端に「上人作云々、以二空躰房本一写レ之」とあり、胎蔵界に模して、中台に金胎両部の天照大神を安置し、その周囲に諸別宮を配している形態で、種子の下に「滝原難陀竜王也、所望叶神也」「並宮五道大神慈悲大神」などとあって、先の十一王子の儀軌と一致する。(9)

このように諸別宮をも諸仏菩薩と合わせることは、慈円の文書にも「又大神宮に滝原とか申候社をハ、大神宮の魂《アラタマ》と申候て、不動明王にておはしますなるに候」（『鎌倉遺文』三四一四号、慈円自筆、専修寺文書）とあり、遅くとも鎌倉時代初期には成立していたと推定できる。しかも、この神祇曼荼羅は、興教大師覚鑁上人の作と伝えられている。

覚鑁の新資料として、櫛田良洪は金沢文庫の神祇曼荼羅とともに、覚鑁臨終の際の本尊、五蔵曼荼羅、月輪曼荼羅を紹介した。(10)臨終の本尊が事実、覚鑁に関わる曼荼羅であるとすれば、同じく覚鑁の作と称して金沢文庫に伝えられた神祇曼荼羅も、これを覚鑁作と認める余地はあるように思われる。これを認めれば、覚鑁の没した康治二年（一一四三）以前の成立となる。たとえ覚鑁ではないとしても『宝志和尚伝』や『中臣祓訓解』および『記解』の成立時期

から考えあわせて、鎌倉初期以前まで伊勢両宮の曼荼羅成立を遡らせることは可能である。

四　園城寺との関係

つぎに両部神道伝書の成立年代を明らかにしてみたい。その伝書として『中臣祓訓解』の一本と『宝志和尚伝』は、共に園城寺に伝えられていた。その奥書を抄出すると、以下のとおりである。

（一）『訓解』版本
本云、建久二年三月六日書写畢、
本奥書云、祭主永親玄孫園城寺住僧証禅、百光坊律師戻暹之室伝之、件証禅者、富小路祭主永伝也云云、
（二）『訓解』無窮会神習文庫本
本云、建久二年三月六日書写畢、本奥之祭主永矜玄孫薗城寺住僧常寂院証禅、従二百光坊律師慶暹之室一伝之、証禅者富小路祭主永伝男也、
（三）『宝志儀軌相伝事』
宝志和尚伝
長寛二年五月廿一日、於二二条烏丸宿所一写之、
抑此本云《ハク》祭主承頼朝臣之玄孫薗城寺住僧謬禅ト云モノ、百光房律師慶暹室ヨリ伝云々、件本以修行之間、不慮之外伝受之云々、是可レ然事歟、為二氏法師一之故也、為二聖朝安穏万民豊楽一書之、不レ蒙二宣旨一者不レ可レ修之、穴賢々々、若王孫弁一人申請修行耳、又仏法王法天下不レ安剋勤修、此本園令《（ママ）》レ書二付詞一也、

此本《ハ》一切経一筆《ニ》可二書写一大願《ヲ》発《テ》令《ム》二奏聞一、住稲荷自聖人之子薩摩次郎以被レ伝之、仍相伝写畢、

写本云、

弘安元年十月十一日書写之畢、　　仏子覚禅

（一）（二）は『訓解』の諸本、（三）は櫛田良洪によって紹介された金沢文庫所蔵、明忍劔阿自筆の表題「宝志儀軌相伝事」とある一帖[11]、その奥書は（一）（二）とほぼ同じ内容を記載する。

（一）の祭主「永親」は、（二）には「永矜」、（三）は「承頼」と記されている。祭主のなかで「承」を冠する人名はなく、「永」を冠するのに「永頼」「永輔」がおり、この「永頼」が正しい人名で（一）（二）（三）ともに誤写があると思われる。永頼は正暦二年（九九一）から長保三年（一〇〇一）まで祭主に補任されている。ちなみに（二）の「富小路祭主永伝」とあるのは、「永輔」のことであろうか。永輔は長暦三年（一〇三九）から治暦四年（一〇六八）まで祭主に補任されている。

祭主永頼の玄孫、園城寺住僧証禅（（三）に「謬禅」とあるのは誤りである）が百光房律師慶暹（（一）に「戻暹」とあるのは誤りである）の室に伝えられてきた本（（一）（二）は『訓解』、（三）は「宝志儀軌」すなわち『宝志和尚伝』）を伝領したという意の奥書から、両部神道の貴重な二書が、ともに園城寺の住房に伝来していたことになる。

証禅については、『寺門伝記補録』第十六に、

已講証禅　百光坊

証禅　大納言師頼之子、平等院大僧正弟子也、保延四年二月二十六日、受二三部大法職位於禅仁法印一、已講撰二大師集並門徒集一、合為二百巻一、行二于世一、今則亡焉、平治元年二月八日帰寂、年五十有一、

とあり源師頼の子としており、祭主永頼の玄孫永輔の男とするのは誤伝であろうか。再考を要するが、ともかく平治

元年（一一五九）以前の平安末期に両部神道の伝書は著作され園城寺内に伝わっていたことだけは認めてもよさそうである。しかも『宝志和尚伝』は、長寛二年（一一六四）都にもたらされ書写されている。

百光房慶暹については『寺門伝記補録』第十五に、

前律師慶暹　百光坊

慶暹　正三位神祇伯輔親子、僧都明肇入室弟子、已講慶耀之師也、顕密兼学、探二二宗微奥一、又好二詠歌一、補二本寺別当一、至二前律師一、長暦元年十二月十五日受二三部大法職於唐坊法橋行円一、暹常修二阿字観一禅座、左右必懸二墨書阿字一、一日入観之間、墨字変成二金字一、康平七年四月二十四日示寂、年七十有二、

とある。慶暹の時代、平安中期まで両部神道の成立を遡らすことは困難であるが、慶暹が神道の家に出自した人物であったため、これに仮託されたのであろう。二書が伝来した百光坊は内供奉鴻誉により精舎四間四面の建物が創られ、唐房とともに根本七房の一つに数えられている。

園城寺には神祇伯家に系類を通じる子弟が出入し、神道灌頂も早くから成立していたようである。『園城寺伝記』五之六には、

故神道灌頂者、以二行円一為二元祖一、大都《ヲ、ヨツ》、日本以二両部一為二所成胎蔵一是始也、所以者何、天照太神者胎蔵界大日、万物納説法一如也、籠二七百余尊一為二一法一、金剛界者種子三味耶形也、種子造孕胎蔵也、伊弉諾伊弉冊、胎蔵金剛両部顕二陰陽之道一、誰卑之哉、

と両部神道説が述べられている。また、『溪嵐拾葉集』第六には、

尋云、神明《ノ》灌頂《ト》者本説何事哉《ソ》、答、神明《ノ》相伝付二真言重重習一有之、所謂一者宝誌和尚皇太神宮義記一巻有之、以二内外両宮一為二両部《ノ》大日一以二七所《ノ》別当(宮)一為二蘇悉《ノ》地大日一云《ヘリ》、口伝《ニ》別有之云々、次聖徳太子《ノ》神明記、行基菩薩神明《ノ》

記、弘法大師《ノ》神明《ノ》秘決、慈覚大師《ノ》神明秘決、已上此秘決等中《ニ》神明灌頂《ノ》秘事有之、口伝云々、

とあり、神道灌頂については『天照大神儀軌』（『宝志和尚伝』）が最も重視された文献であり、鎌倉末期までに高僧に仮託された多くの伝書が成立する。また、『寺門伝記補録』第十五、行円の項には、「昔日吾大師伝二神道一、智証一流、今尚秘二于神家一、円相二承之一、専伝二神道灌頂一、円後有二錦織僧正一、深達二此道一亦盛之」と述べ、神道灌頂を行円から錦織僧正行観に伝えている。行観についても、同書に「又伝二大師法流一専修二神道一、常著二浄衣一不二暫離一レ身、行住坐臥、威儀済々、道俗帰仰如《シ》三流《ノ》入《ルガ》二于海一」と、浄衣を着して行法が行われている。行円は永承二年（一〇四七）に没していて、これをそのまま信用すれば平安中期に神道灌頂、両部神道説が成立していたことになる。しかし、平安中期成立説を傍証できる他の史料はなく、この説を積極的に押し進めることはできない。行観の所作についても、これを信用することはできず、のち平安末期に現れる本覚院公顕の事例あたりから、信頼がおけるようになる。

園城寺には神祇伯家や大中臣氏など神道の家筋に系類を通じた僧侶が多く、第三十五世長吏となり、のち天台座主ともなる公顕もその一人であった。公顕は花山天皇四代の孫にして、安芸権守顕康の子、神祇伯顕広王の弟で、後白河院御灌頂師となり、また鎌倉に二度までも下向して南御堂・永福寺供養の導師を務めるなど、公武に芳契厚く「顕密ノ明匠」といわれた。

『沙石集』によれば、公顕は日本国中の大小諸神の御名を書き（『園城寺伝記』にも同様の説話を載せており、ここには「日本国中大小神祇三千余座」とある。延喜式神名帳所載の神名であろう）、毎朝一間の帳にこれを勧請し、浄衣を着し幣を持ち、礼拝をしていた。それは偏に和光の方便を仰いで往生を願ったもので、神道の勝れて尊きことを悟ったのであった。公顕が「本覚院」「本覚房」と称しているのは、天台本覚を伝える一流に属していたためであり、彼は本高述下のうちの、迹下たる神に出離を祈誓したのも、述下の神こそが翻って本来の覚性の顕現した姿と認めたからに

ほかならない。

この天台本覚の思想は、両部神道、とりわけ『中臣祓訓解』『記解』に影響を与えている。天台本覚は、その初期には秘授口伝として個々に伝授されて平安中期末ごろから伝えられ、平安末期に文献化が始まったとされるが、(12)『中臣祓訓解』『記解』をはじめとする両部神道伝書の成立も、文献化の時期にあたる平安末期と合致している。両部神道もまた、口伝伝授から文献化を辿って伊勢神道へと引き継がれていくことになる。

五　奥伊勢の吉津仙宮院と『三角柏伝記』

伊勢両宮を中心とした両部神道を生み出した発生源は、伊勢の南方の地である吉津仙宮院であったと推定される。この仙宮院に伝来したと思われる『三角柏伝記』は『中臣祓訓解』、とりわけ『記解』の末文として引用され、『伊勢太神宮瑞柏仙宮秘文』の母体にもなっており、初期の両部神道の文献として重要と思われるが、これまで紹介されていないため、ここにその全文を掲げておく。

三角柏伝記

三角柏　謂二三角一者瑞也、亦曰美頭、古語曰、瑞者富饒也、

件柏者、志摩国吉津庄堺、土具嶋内、山中生二木上一也、長三尺弘五寸

吉津御厨四至　東限土具艮、南限混海路、西限錦緹毗、北限伊勢峯、

（朱）嘉応公判云①

○右件所者、以昔行基菩薩御建立、公家御祈禱所、大峯東禅仙宮寺所レ摂別院庄円（園）也、而今本家大臣殿禅師御

（朱）本縁文義云

房、為二本寺長史（吏）兼二別院検校一、柏（相）伝領掌、既経二四十余年一也、子細見二于本券譲状等一也、○爰本領主行基大

僧正請二南天竺婆羅門僧正菩提幷北天竺僧仏哲一、改二造当院鎮守伊勢二所皇太神宮社一、御園殖二三角柏一従(願カ)南天竺移二
神国一也、以二去天平九年十二月十七日一、為レ奉二大神宮一始二心経会一致二其御祭之勤一、神主従五位上人成奉仕也、件神主者度会神主
小事之末孫、四門氏上也、同庄中務従二位祭主右大臣大中臣朝臣清麿、以二宝亀四年十二月十八日一、改二当庄旧榊一奉レ立二大神
宮鳥居一、又同吉津院主大法師最澄伝教大師、以二弘仁四年六月十五日一、為レ奉二太神宮一始二蓮花会一備二進供祭物一
也、次院主大僧都空海興(弘)法大師為レ奉二太神宮一、以二承和三年二月八日一始二大仁王会一、以二嘉祥二年九月十七日一、
同院主大法師円仁慈覚大師為レ奉二大神宮一始二鎮守会一、自爾以降、毎年三時祭、湯貴御饌幷諸別宮以二三角柏一奉
祀者也、亦御遊夜、斎内親王、幣帛使、宮人等、賜二直会一、于レ時酒立女一人持二柏盛一神酒《ミキヲ》給焉、因レ茲号二
酒垂柏《サカタルカシハ》一也、凡皇御孫尊高天原之日小宮《タカアマノハラノヒノワカミヤニ》座《マシマス》事《コト》始《ハシメシ》賜《タマフ》天都御膳《アマツミケ》黒白大神酒、長御膳神酒、遠御膳神酒、度二
奉御饗瑞柏《タテマツルミツノカシハ》一、其本縁也《コトノモトナリ》云々、故号二三角柏《ミツノカシハ》一、亦号二長柏一也、
②(朱)伝記云
。承和三年丙辰二月八日、大仁王会次、東禅仙宮寺院主大僧都、授二吉津御厨執行神主河継一給伝記曰、神是天
然不動之理、即法性身也、故以二虚空神一為二実相一、名二大元尊神一、所レ現曰二照皇天一、故為レ日為レ月永懸而不レ落、
為レ神為レ皇常以而不変矣、為二衆生業一、起《タテ》二樹于宝基須弥磐境《イハサカヒニ》一而照二三界一、利二万品一、故曰二遍照尊一、亦曰二大日
霊(雲)尊一矣、豊葦原中津国降居《アマクタリマシテ》、点二其名一、談二其形一、名二天照坐二所皇大神一、是中道法身、常住不変、金剛不
壊体、遍照智性、火不レ焼水不レ朽、無為無漏、無垢清浄、白浄光明、周二遍法界一、而遊二心法界一、是諸仏光明、
神通力不可思儀(議)、言語道断徳用也、故神者一気始、生化無也、仏者覚儀、僧者浄也、聖者無為者也、凡者有為
者也、凡天神地祇一切諸仏、惣三千即一本覚如来、皆悉一体無二也、毘盧遮那者法身如来、盧舎那者報身如来、
諸仏者応身如来也、三諦三身、即中為二法身一、即空為二報身一、即仮為二応身一、三智、一切智、照レ空、道性(種カ)智照
レ仮、一切情智照レ中、三身三智亦在二一心一、故一体無二差別一、是神一妙也、是皇天徳也、故則伊勢両宮者諸神之

最貴、異二于天下諸社一者也、大方《ヲヨソ》神在《マシマス》二三等一、所謂一本覚《ハ》、伊勢大神宮是也、本来清浄理性、常住不変妙体也、名二大元尊神一、境界風不二動転一、心海湛然、無二波浪一、宝体一心外無二別法一、名二本覚一也、二不覚《ハ》、出雲荒振神《イツモノアラフルカミノ》類《タクヒ》也、遠離二一乗理法一、不レ出二四悪四洲一、(不脱)見二仏法僧一、(不脱)聞二諸仏梵音一、失二心神一、無明悪鬼類神、是実迷神名為《テス》二不覚一也、三始覚《ハシカク》、石清水広(田脱)社類也、流転之後、依二仏説経教一、無明眠覚《サメテ》、本覚理帰《ニカヘル》、是為《ヲス》二始覚一、亦名二実語(悟)神一也、惣始覚成道者、成仏《ノ》外遮也、匪二本覚本初之元神一也、念《ヲモヘ》心是神明之主《タリ》也、万事者一心作《サナリ》也、神主人々須《メ》《ヘシ》下清浄一為上先、不レ預二穢悪事一、鎮《ニ》専二謹慎之誡一、宜レ致二如在之礼一矣、

鬼者不レ害《カイセ》レ徳、神者不レ傷《ヤフラ》レ道《ヲ》、念レ悪則修羅争戦、念レ善則天人普会、念レ邪則賊魔競発、念レ正則慧日長明得之、謂二之六念一、用之、謂二之六神通一、国家以二賞罰一為レ宗、仏家以二慈悲一為レ本、神道以二清浄一為レ先、在家以二正直一為レ人、思之思之焉、

于レ時、吉津執行神主河継伝云、③夫性浄円明月、内証雖レ不レ闇、必侍(待)二師教一開二発内薫聖智法一、故為二本有庄厳一為二垂跡納受一、妙覚心地祭文一通授之、吾願以二此妙業一崇二彼神威一、抽二忠天地一、敬二祭一人一、栄及二後裔一誉流二末葉一矣、

(頭注)「大宝四季、大峯大行事小角記、幷金剛智竜樹尺文亦同也、内宮地曼荼羅、外宮天曼荼羅、」

同神主伝記云、内宮天照坐大日孁貴、名曰二日天子一、外宮天照坐豊受皇大神、名曰二月天子一、胎金両部尊王、天地万像大元坐也、故内外両宮宝殿前後居坐、陽《ハ》治レ外、陰《ハ》治レ内其縁也、記曰、陽陰和合、治二天下政事一、故天子不レ能二独治一、天下遣二此人一佐治之、故在二皇后一、因レ茲天子者皇后太子也、天子所レ生、皇后所レ成也、因称、皇帝謂二地徳一、合《ヒトシク》二天地一応神受命名二天子一、皇有《タモツ》二至徳《ヲ》一之定名也、故子曰経二緯天地一智周八方徳、合《カナヒテ》二神霊一、故禅《ヲ》為二皇徳一合二於天地一、故禅《ニ》為レ帝、故曰《申》二皇帝一矣、天下四方国人夫等《アメノシタヨモノクニノオホムタカラ、ハ》、是神人皇帝《スヘラキノモ、》百寮《ツカサヒト》也、

故　班　幣《コトサラニアカテテマヒナヒヲ》、以遍《アマネク》二群神一、屈レ僧《シテ》以《ヲ》祈《イノルコトシ》二三宝一、惟《コレ》天地変通之応、生化嘉瑞之願《ネカヒナリ》、崇《アカメテ》上天四徳利《ノ》下地五行義《(ママ)》皇伏義皇帝之封《ホウ》、故神孔子者道化之一気、乃無中之有也、尺氏以二虚神一謂二実相一、其不レ壊為レ義、肆《カルカユヘニ》則伊勢両宮水火元神、天地大宗也、
孔聖之教、宜存《ク》二攸《トコロヲ》済一焉、蓋天地開闢首《ハシメ》、水気之中、有二清濁一、変化為二陰陽一、々々変化生二天地一人也、故神
故曰二照皇天一、以二無相一為レ体、以二無住一為レ本、降二伏一切悪法一以二清浄一為《シタマフナリ》二出世雄《オウ》一矣、感二真気一者《モノハ》為二清浄一、感二邪気一者為二不浄一、善住《ヨリハ》二此心一即神明道徳也、正垂《ニ》二宝車一、直至《ニ》二本居一焉、

丙辰歳二月八日、神主河継記云、奉二上二所両宮一、唐本金剛般若経各一巻、金字般若心経各一巻、黄金各二斤、幣紙各十二帖、柏各十二枚、

太神宮御使金烏唱、

若有《テ》二諸衆生一、知《シラム》二此法教《ノヲ》一者《ハ》、世人応《ノトヘシ》二供養《ヲ》一、猶如《ヲシ》レ敬《カ》二制底《セイテイ》一、

御返事　真然僧正

一生補所菩薩、住《シ》二仏地三昧道《ニ》一、離《シ》二於造作《ヲ》一、知《テ》二世間《ノ》相住業地《ヲ》一、堅住《セリ》二仏地《ニ》一、

是高野山秘文云々、以二金烏一為二守護神一云々、記云、高野山奥院　大師御入定所、一双烏鳥、元者大師今三月アキ(在坐天)可レ有二御入定一之日、一双烏鳥来鳴云、若有二諸衆生一知二此法教一者、世人応二供養一、猶如レ敬二制底一云々、真然僧正聞食《テ》、伊勢太神宮御使、如レ此来申之由被二申入一、于レ時大師御返事云、一生補処菩薩、住二仏地三昧道一、離二於造作一、仏捨、業道住二於仏地一云々、

帰参奏二此由一捍(押カ)返天至二于三会暁一、可レ為二当山守護一之由、承二神宣一、又参二詣奥院一常住云々、彼鳥者非レ啻也、

鳥天鳥足瓜金色眼青云々、

天平十年七月七日、行基大僧正依二豊受太神御託宣一、南天竺二金仏像奉レ居二伊世神風霊地一、奉レ始二心経会一三七日、

其後立レ地守二滝本一、名号二立石明神一也、河継牙笏一双賜之、拝敬祭矣、件牙笏者、元北天竺神器也云々、僧仏（書写畢）
仏哲（ママ）渡之、

　本記云、

此文者、嘉応二年庚寅九月十五日、御薗司出対、祭主右大臣大中臣朝清麿（臣脱）書写行文云々、
于レ時外宮一禰宜正四位上貞綱書写、在判云々、西河原一本也、

　永仁六年正月八日、書写之、禰宜正四位上度会神主

『三角柏伝記』は静嘉堂文庫所蔵の一本（「宮島本」「温故堂文庫」の朱印捺す）にて、『神祇秘記』『麗気制作抄』等と合綴になっている。右の祖本は真福寺文庫所蔵の『瑞相伝記』（内題「三角柏伝記」）であり、その最終丁継目には暁帰の梵字名についで「書写畢」とあって暁帰の筆になる。同文庫所蔵の『高庫蔵等秘抄』も「執筆沙弥暁帰」とある。暁帰の俗名は度会実相、延文から貞和年間にかけてほかに『神風伊勢宝基珍図天口事書』『伊勢二所太神宮神名秘書』『御鎮座本紀』『類聚神祇本源』の書写を行っている。

右の奥書によると、嘉応二年（一一七〇）外宮一禰宜度会貞綱（長寛元年〈一一六三〉から寿永元年〈一一八二〉まで一禰宜補任）によって書写され、永仁六年（一二九八）正四位上度会神主（行忠か常良のいずれかが該当するであろう）に伝えられており、両部神道は早くから度会氏に伝来していたようである。

先の『中臣祓訓解』、『記解』および『宝志和尚伝』は平安末期の成立と推測されるが、『三角柏伝記』も嘉応二年に書写されたとすれば、二書に相応して平安末期には成立していたことになる。まず、この点の是非について検討を加えていくことにする。

『三角柏伝記』はその前半に仙宮院の由来を述べるが、『仙宮秘文』も年号の上に天皇名の加上がみられるが、ほぼ

『三角柏伝記』の破線部①から②の前まで同文である。鈴木義一の研究[13]によれば、『仙宮秘文』は仁治年間（一二四〇～四三）から文永年間（一二六四～七五）に至る鎌倉中期の成立になったものであろうといわれている。仁治年間という上限年代の論証については、その裏付けが弱いが、およそ鎌倉中期成立とする点に異論はない。『仙宮秘文』撰作にあたり、『三角柏伝記』をそのまま引文したことは認められよう。

ついで『中臣祓訓解』『記解』との関係をみてみると、『訓解』本は本文につづいて、『性霊集』の一文と『三角柏伝記』②破線部を引く。『記解』本は巻末に、「本記曰、承和三年二月八日、於㆓大峯東禅仙宮寺㆒、為㆑奉㆓法楽伊勢太神宮㆒大仁王会之便、吉津御厨執行神主河継奉㆑遇㆓院主大僧都㆒、於㆓鎮守法宮㆒窃㆓得之㆒、爾時給㆓大日定印㆒、即転曰」について③破線部を引き、仙宮院院主空海から「以㆓密教㆒被㆓勘載㆒祓注本一巻被㆑授之」と中臣祓の注釈書が伝授されたことを述べ、河継の父、後河がこれを記し、延長二年（九二四）晨晴、建保五年（一二一七）康房、建長七年（一二五五）実忠へと伝写され、常良に伝えられた書写歴を記載し、このあと、『三角柏伝記』破線部①と②を、同文のまま載せている。

久保田収は「承和二年二月九日、空海が大仁王会を始めたといふのは、中臣祓訓解の奥に記されてゐるところであつて、仙宮秘文のこの記事は、中臣祓訓解にもとづくのか、またはその伝承に従つたのか、いづれにしても中臣祓訓解と仙宮秘文の間に密接な関係があるであらう」[14]と述べられているが、これは『訓解』に基づいて『仙宮秘文』が成立したのではなく、『訓解』『記解』と『仙宮秘文』は共に『三角柏伝記』に基づいて著作されており、この両本は兄弟関係にあった。ただし、『三角柏伝記』破線部①を引いた『記解』は、建保五年「康房記之云々」とあることから、度会康房によって追記されたものである。

『三角柏伝記』が遅くとも鎌倉初期に成立していたことは、慈円の家集『拾玉集』第五に、建暦二年（一二一二）

秋の荒木田氏良ら「三首六輩之祝言」の中に、同様の伝承が書かれていることから、明らかである。

神宮之中、礼奠之間、為二永例一、有二長柏一、謂二之三角柏一、使柏《件》者、志摩国吉津島堺内在二山中一生二木上一也、吉津島風土記曰、昔行基菩薩請二南天竺波羅門僧正、天竺僧仏哲一、植二三角柏一、為二太神宮御薗一、天平九年十二月十七日、致二御祭之勤一也、其後、伝教大師、慈覚大師、続以修行之、各以法楽之、

とあって、行基・最澄・空海・円仁らの高僧が仙宮院の院主となり、神宮の奉為に法会を厳修していたという伝承は、平安末期ごろには神宮を中心とした仏教僧の間に、高僧に托して成立していたようである。とくに傍点部は『三角柏伝記』の冒頭部とほぼ同文であって、これら園城寺と仙宮院につながりをもつ両部神道の伝書は、平安末期まで遡らせても差し支えないように思われる。

また荒木田忠仲の『建久三年皇太神宮年中行事』「（七月）四日、風日祈宮神態柏流神事」の項には「私注、波羅門僧正自二天竺一柏ヲ取テ、七月四日是ヲ水ニ流」とあって、瑞柏の来由が、早くも建久三年（一一九二）の段階において、内宮祠官にも流伝していたことは右の傍証になる。

このほか、巻末の高野山奥の院の二羽烏の伝承は、平安末から鎌倉中期にかけて成立（その下限は「弘長三年（一二六三）十一月十三日於二高野山五室智恵門院坊一書写畢」とある）した『高野山順礼記』にみえ、通海『大神宮参詣記』にも、

カ、リケレハ保延年中ニ、神宮訴訟ニ依テ禰宜神官皆都へ上リシカハ、前ニ立テ神宮ノ烏悉ク京へ登テ、瑞相ヲ顕シケリ、其時ニ高野ノ奥《ノ》院ニ侍ルニツノ烏太神宮ニ参リテ、鳥居ニ祗候セリト注セリ、然レハ大日如来ヨリ真言伝法ノ血脈廿四五代天照大神ヨリ授給フレハ、秘密甚深ノ法施ヲ以テ、大日垂跡ノ御前ニテ法味ニ貢《カサ》リ奉ラン事、争納受ナカラン、然レハ建治三年丁丑正月ヨリ、弘法大師ノ御流ヲウクル東寺ノ智徳ヲ撰テ、当宮ニ御祈アリ、

其宸筆ノ御告文ニモ、其垂跡ヲ尋レハ、則大日孁貴ト号シ、其内証ヲ謂ハ則蓋シ大日如来也、

とあって、保延年中（一一三五～四一）に神宮の訴訟に際し高野山奥の院の烏が大神宮に向かった伝承を載せていて、平安末期には高野山との関係が認められ、鎌倉時代になると、広くその説が流布していたようである。

このほかに『中臣祓訓解』版本の末に「血脉云、波羅杵第牙笏神主河継授賜者也云云」、無窮会神習文庫本に「血脉云、波心杵丼笏神主河継《カケイ》授賜者也」とあるのは、一体何を意味しているか、これまでは明らかではなかったが、『三角柏伝記』の出現により、その巻末から、度会河継に伝えられた牙笏は北天竺の神器にして、僧仏哲の将来品であるという伝承に由来する。『訓解』のこの記事も、『三角柏伝記』に基づくものといえよう。

以上を総合すると、『三角柏伝記』は平安末期の成立と考えてよく、伊勢を中心とした両部神道成立の過程を知る上で、貴重な文献であるといえる。両部神道によって綴られた『訓解』、『記解』は空海から度会氏代々に受け継がれていく形になっており、初期の両部神道に対しては、度会氏が特別の関係を保っていた。また『三角柏伝記』は、空海から吉津御厨の度会河継に授けた「伝記」によって構成されており、早い時期から度会氏は両部神道に関わっている。それは、もともと仙宮院の建立していた吉津御厨が、経済的関係において度会氏が口入神主になっていたことによる。

この「大峯東禅仙宮寺」は行基の建立になり（『仙宮秘文』には大宝四年〈七〇四〉修行者の開創と伝える）、天平九年（七三七）に心経会が催され、行基は天竺の菩提、仏哲に頼んで南天竺から瑞柏を移し祭を厳修したという。以降、最澄・空海・円仁らの高僧が仙宮院の院主となって大神宮のために法会を厳修、神宮の三時祭の由貴大御饌供進に吉津嶋の瑞柏を用いること、などの来歴を記している。

仙宮院（東仙宮院、吉津院）は三重県度会郡南島町（吉津村）大字河内宮山に鎮座する仙宮神社の旧神宮寺であり、

吉津御厨の内に所在した。吉津御厨は東は土具島《とく》（「土貢」・「外具」・「度遇」とも書き、今の度会郡南島町大字東宮にあてる）を限り、この地からは「志摩国ノ土貢《トウグ》ヨリ今猶忌物《ナヲイミモノ》ヲ貢ス、其中ニ三角柏アリ」（『神事随筆』）と三角柏を神宮に貢進していた。南は熊野灘に面し、西は度会郡紀勢町の錦、北は伊勢の峯である藤坂峠に限られたうちで、外宮度会氏が口入神主となり、平安末期（嘉応年間）には「本家大臣殿禅師御房」が「本寺長吏」として領掌していたという。

「本寺長吏」については、前の第一章において仙宮院と関係深い『中臣祓訓解』が園城寺の一坊に伝えられたこと、『仙宮秘文』には「建二立大和国大峯東仙宮院一」とあって、仙宮院は大和国大峯修験との関連が推測でき、歴代の園城寺長吏には大峯葛城行者にして熊野三山検校職に補任される例の多いこと、寺門園城寺は顕・密・修験の三宗兼学が重視され一派に遍していないこと、などの理由によって園城寺長吏によって管掌された寺院であったと推定した。[15]三井修験道は聖護院開祖、二十六世長吏増誉から隆盛を遂げ、園城寺長吏が熊野三山検校職を兼帯する初例を開き、「是以吾山独稟二役氏正統一三山検校不レ交二他門一、寺門連綿受之、盛二伝此宗一、寺門已以二顕密修験三道一、鼎立護二持聖朝一、利二楽国家一」（『寺門伝記補録』第十八）と主張されるような一派を形成するに至る。仙宮院と修験とのつながりは無視できず、このような観点を加えると、園城寺長吏と関連づけることに、さして反対の材料は見当たらないと指摘した。

『三角柏伝記』は平安末期、嘉応年間ごろの成立とすれば、この「今」も嘉応のこととなり、園城寺三十二世長吏、関白藤原忠通の子、覚忠が該当する。彼は仁安三年（一一六八）から一〇年にわたり長吏に補任されており、その出自から「大臣殿」と称されていておかしくない人物である。この吉津御厨は神宮領でありながら、別に本家を仰ぎ、さらに七条院領三十五所の一所として後鳥羽院の母、藤原殖子の伝領するところとなり、安貞二年（一二二八）には修明門院に譲られている。

おわりに

奥伊勢の仙宮院を中心に平安末期から盛んになっていった両部神道は一宗一派に覆われることなく、高僧に托してその伝書が成立した。宝志和尚をはじめ、空海の『中臣祓訓解』『記解』、のちには行基の『大和葛城宝山記』、慈覚大師円仁の『仙宮秘文』などである。伊勢両宮は一宗の鎮守ではなく、『渓嵐拾葉集』「一、伊勢太神宮不レ云二本地一事」と題して、「一説云、太神宮本地者日神也。然而彼国《ノ》風《ハ》総以《テ》天照太神《ノ》本地《ト》云事《ヲ》不レ云也」とあるように超越して存在した。この点に、初期における伊勢両部神道の特質がある。

初期の両部神道は、吉津御厨の地理的、経済的関係を媒介として結びついた度会氏によって、平安末から鎌倉中期までの間に徐々に伊勢神道のなかに吸収されていった。

さらに鎌倉中期には通海ら醍醐寺・東寺の真言系僧侶が活躍し、両部神道は伊勢神道の成立と相応して興隆し、三輪流神道などに引き継がれていく。真言・律宗系寺院の隆盛の前に、園城寺との関係は痕跡を残すことなく消え去り、わずかに両部神道伝書の奥書から、園城寺とのかかわりが推定できるのみである。

西田長男は拙論を受けて晩年の論考において、「『中臣祓訓（記）解』や金沢文庫本『外宮・内宮万タラ』のごときいわゆる両部神道の伝書が遅くとも鎌倉時代初期に成立していたと推定されることは、神道史の書き換えにすらつながるすこぶる重要な発見である(16)」と述べられているが、新史料を呈示して論じてきたように、鎌倉初期よりもさらに遡って平安末期に両部神道の成立期を求めることが可能である。

荒唐無稽な伝承にせよ、行基・最澄・空海・円仁らの高僧が、大神宮の奉為に法会を修したという伝承の成立こそ、当時の仏教中心の神仏関係を転換する出来事であったに相違ない。神道は平安末から鎌倉期にかけて確実に覚醒した新たな時代を迎えるに至る。

註

（1）岡田莊司（a）「『中臣祓訓解』及び『記解』の伝本」（『神道及び神道史』二七号、昭和五十一年。改訂して本書第一部第一章）、同（b）「中世初期神道思想の形成―『中臣祓訓解』『記解』を中心に―」（『日本思想史学』一〇号、昭和五十三年。本書第一部第二章）、同（c）「『伊勢宝基本記』の成立―度会神道成立の一齣―」（『神道史研究』二八巻四号、昭和五十五年。改訂して本書第二部第一章）。

（2）宮地直一「鎌倉及び室町時代に於ける神道説の発達」（『神祇史綱要』明治書院、大正八年）。

（3）宮地直一『神道史』中巻（理想社、昭和三十四年。のち『宮地直一論集　第六巻　神道史Ⅱ』蒼洋社、昭和六十年）。

（4）清原貞雄『神道史』（厚生閣書店、昭和七年）。

（5）村岡典嗣『神道史』（創文社、昭和三十一年）。

（6）久保田収「両部神道の成立と発展」（『中世神道の研究』神道史学会、昭和三十四年。初出、昭和三十年）。

（7）『大神宮叢書　度会神道大成　前編』（神宮司庁、昭和三十二年）所収、「皇字沙汰文」永仁五年（一二九七）四月十一日豊受皇太神宮神主注進状。

（8）『真福寺善本目録』に「鎌倉時代末期乃至皇家中興時代写本」とある。真福寺本のほか、真福寺本を書写した神宮文庫蔵、享保十七年藤原尚綱本、また「于時寛文四甲辰暦三月中旬、伊勢祠官松田氏　尹清判」とある高野山真別所本がある。次の奥書は神宮文庫本を底本に、高野山真別所本による校異を付した。

本記云、弘安九年二月十五日、奉レ遇（過イ）二明師於神祇官一、（寺脱イ）学得之、（久イ）後四月八日行法、七月七日灌頂已畢、写大日印即神祇冥道廿八宿召請印呪、口伝、五宝（各一分）、五薬（同）、五香（同）、錦（八寸）、綾（同）、鏡（八寸）、置檀也、以二五味一供二進之一、天童降臨験者也、

弥重　在判

弟子　判

同十一年四月廿七日、自二外宮三禰宜行忠神主之許一、申請之、同日終為レ功了、

権禰宜　度会神主雅見　判

（9）櫛田良洪「鎌倉時代の金沢称名寺と両部神道との交渉」（『大正大学学報』二七号、昭和十二年）、および同『真言密教成立過程の研究』（山喜房仏書林、昭和三十九年）二九八頁に図を収める。
（10）櫛田良洪『続真言密教成立過程の研究』（山喜房仏書林、昭和五十四年）付録「覚鑁の新資料――金沢文庫本」。
（11）櫛田良洪、前掲註（9）著書。「宝志儀軌相伝事」の閲覧にあたり、神奈川県立金沢文庫の配慮を得た。
（12）田村芳朗「天台本覚思想概説」（『日本思想大系　天台本覚論』岩波書店、昭和四十八年）。
（13）鈴木義一「『仙宮秘文』の研究」（『神道学』三三・三四号、昭和三十七年。のち萩原龍夫編『民衆宗教史叢書　伊勢信仰Ⅰ』雄山閣、昭和六十年）。
（14）久保田収「伊勢神道の形成」（『中世神道の研究』神道史学会、昭和三十四年。初出、昭和三十三年）。
（15）岡田荘司、前掲註（1）（a）論文。
（16）西田長男「神道五部書の述作年代」（『神道及び神道史』三五号、昭和五十五年）。

〔付記〕　本章は、『中臣祓記解』をはじめとした両部神道書の発生源として、奥伊勢の吉津仙宮院に焦点を合わせ、「漢朝祓起在三月三日上巳」「三角柏伝記」を紹介して、書誌的考察を進めた。昭和の過去の論考であるが、その後の中世神道学説史のなかで、一部に批判はあるものの、引用されつづけているため、ここに収めた。真言密教との関係については、『三角柏伝記』に収める「高野山秘文」が、東密中院流の秘説を集成した『高野山秘記』との類似を指摘されている（伊藤聡「外宮高倉山浄土考―伊勢神宮における弘法大師信仰―」『中世天照大神信仰の研究』法蔵館、平成二十三年）。なお、真福寺本『天照皇太神儀軌』『三角柏伝記』『天地霊覚秘書』などの両部神道書は、『真福寺善本叢刊　中世日本紀集』（臨川書店、平成十一年）に影印版・翻刻が収録された。

付録　中世前期神道文献関係年表

		古典籍の伝来		両部・伊勢神道書の伝来		関連事項	
永治2年	1142	某人，大江本『日本書紀』を書写	図書寮本奥書				
保元3年	1158	藤原通憲(信西)，これ以前に『日本紀鈔』を撰述	國學院本				
平治元年	1159			園城寺証禅，寂 これ以前『中臣祓訓解』『天照大神儀軌』『天照大神儀軌解』等相伝か	『中臣祓訓解』奥書ほか		
長寛元年	1163					伊勢太神宮と熊野権現とが同体であるか否か諸道勘文提出	『長寛勘文』
3年	1165					顕広王，神祇伯に任ず	『顕広王記』
仁安2年	1167					勝命(藤原親重)著『古今序注』に「神代七代天神七代，此外地神五代也」とある	『古今序注』
3年	1168			明経博士中原師元・師尚等勘文に「伊勢太神者日本国太祖之大社也，天照太神以降皇統相続，異姓不交」とある	『大元神一秘書』		
嘉応2年	1170			外宮度会貞綱書写『三角柏伝記(瑞柏伝記)』(このころ吉津仙宮院で園城寺僧により成立か)	『瑞柏伝記』奥書		
承安5年	1175					春日社神主時盛・執行正預大中臣延遠，後白河院に注進す	『春日御社本縁注進文』
安元元年	1177					園城寺長吏本覚院公顕(神祇伯顕広王弟)，神明により出離解脱をめざす	『沙石集』

養和元年	1181			大中臣能親書状に「天照大神鎮座以来千百余歳，皇御孫尊垂跡之後六百余年」云々	『吾妻鏡』		
寿永3年	1184			源頼朝，年来の御祈禱師度会光親に公私御祈禱『中臣祓記解』を所持	『中臣祓記解』奥書	崇徳院廟正遷宮	『吉記』
建久2年	1191			『中臣祓訓解』書写	神習文庫本・版本奥書		
3年	1192					崇徳院廟，粟田宮と号す 内蔵使の祭使差遣	『師守記』
元久2年	1205	卜部兼直，中原師員本『日本書紀』を書写	穂久邇本奥書				
承元3年	1209			慈円『慈鎮和尚夢想記』記す	『慈鎮和尚夢想記』		
建暦2年	1212					慈円「日吉百首」著す 「まことには神そ仏の道しるへ跡をたるとはなにゆへかいふ」	『拾玉集』2308
3年	1213			解脱房貞慶(1155～)寂，このころ，『神祇講式』撰ヵ			
建保2年	1214			『伊勢宝基本記』成立か 荒木田氏良書写	『宝基本記』奥書		
3年	1215			伊勢流祓最古の本 『中臣祓注抄』書写	『中臣祓注抄』奥書	田中宗清『宮寺縁事抄』を集成	『宮寺縁事抄』
貞応2年	1223					三輪上人慶円(1140～)寂 大神神社神宮寺の平等寺中興	
〃	〃					山王神道書『耀天記』成立	『耀天記』奥書
嘉禄元年	1225	卜部兼直『古語拾遺』書写	嘉禄本奥書				

		古典籍の伝来		両部・伊勢神道書の伝来		関連事項	
嘉禄２年	1226	卜部兼直，長倫本『古語拾遺』を読合書写・点校	嘉禄本奥書				
安貞２年	1228	卜部兼頼『旧事本紀』を書写・点校 卜部兼頼『日本書紀』を点校	兼永本奥書 内閣本奥書				
貞永元年	1232	卜部兼頼『旧事本紀』を書写，他本と校合	兼永本奥書				
文暦元年～２年	1234～35					春日社家により『古社記』成立	紙背に文暦元年具注暦
嘉禎２年	1236	某人『日本書紀』神代巻を書写	國學院本(鴨脚本)奥書				
暦仁元年	1238	寛英『古語拾遺』を書写	暦仁本奥書				
仁治元～建治元年	1240～75			『瑞柏鎮守仙宮秘文』成立か	『遷宮秘文』奥書		
宝治元年	1247					鶴岡八幡宮敷地内に後鳥羽院御霊を祀る今宮建立	『吾妻鏡』
建長７年	1255			『漢朝祓起在三月三日上巳』を度会実忠書写(のち常良写)	『漢朝祓起』奥書		
弘長年間	1261～63			無住，伊勢参詣 神宮祠官の両部思想を説明	『沙石集』		
弘長３年	1263	藤原通雅『古事記』中巻を書写	真福寺本奥書				
文永３年	1266	大中臣定世『古事記』上・下巻を書写	真福寺本奥書	度会憲継，内宮一禰宜延季本『宝基本記』書写	『宝基本記』奥書	『三輪流神道灌頂私記』(長谷寺蔵)を法印幸円(叡尊弟子)書写す	
５年	1268	卜部兼文『古事記』中巻を書写・点校	真福寺本奥書				
６年	1269	大中臣定世『古事記』を閲覧	真福寺本奥書				

7年	1270	卜部兼文『旧事本紀』に基づき諸神の要文を抄出	兼永本奥書				
〃	〃	卜部兼文「建御名方神御事抄」抄す	『古事記上巻抄』				
10年	1273	卜部兼文，大殿御本の下賜を受け『古事記』中巻を校合	真福寺本奥書				
〃	〃	卜部兼文，大殿御本を返却後，「草薙劔」裏書を『古事記』に註記	『古事記裏書』				
11年	1274	このころ，卜部兼文，一条実経らと日本書紀講読会を開催	『釈日本紀』など				
建治3年	1277			度会行忠『宝基本記』書写，祭主定世卿本と比校	『宝基本記』奥書		
4年	1278	卜部兼文『古事記』を再点校	真福寺本奥書	度会常良『中臣祓義解』書写	『中臣祓義解』奥書		
弘安3年	1280			度会行忠『天口事書』書写	『天口事書』奥書		
4年	1281	一条殿(家経ヵ)，卜部兼方本『古事記』中巻を書写・校合	真福寺本奥書				
5年	1282	大中臣定世，一条殿本『古事記』を書写	真福寺本奥書	度会貞尚本『倭代希有記(御饌殿本記)』書写	『倭代希有記』奥書		
6年	1283					無住『沙石集』成る	
8年	1285			度会行忠『伊勢二所太神宮神名秘書』関白鷹司兼平の命により撰進。のち亀山上皇に奏覧	『神名秘書』奥書		
9年	1286	卜部兼方『日本書紀』神代巻を書写，裏書加筆	弘安本奥書	度会行忠『天地霊覚秘書』を神祇官にて学び，行法・灌頂を受ける	『天地霊覚秘書』奥書		

		古典籍の伝来		両部・伊勢神道書の伝来		関連事項	
弘安9年	1286	これ以後，卜部兼方撰『釈日本紀』成立		このころ，通海『太神宮参詣記』成立	『太神宮参詣記』		
10年	1287			真福寺本『伊勢二所皇太神御鎮座伝記』成立か。軸に度会行忠自筆あり	真福寺本『御鎮座伝記』		
正応3年	1290	卜部兼方『日本書紀』巻21～23を書写（欠本分）	穂久邇本奥書			『八幡宇佐御託宣集』成立（正応3～正和2年）	
6年	1293	卜部兼方『日本書紀』を抄写，首書を加筆	内閣本奥書				
〃	〃	卜部兼方『旧事本紀』を点校	山田本奥書				
永仁2年	1294	卜部兼方『日本書紀』を再抄写	内閣本奥書				
4～5年	1296			皇字沙汰文事件起きる。外宮神主「豊受皇太神宮」と書す	『皇字沙汰文』		
5年	1297	卜部兼方，清原家本をもって『日本書紀』巻19～30を点校	穂久邇本・内閣本奥書				
正安元～2年	1299			度会行忠『古老口実伝』著す	『古老口実伝』奥書		
〃	〃			『神皇実録』書写	『神皇実録』奥書		
正安年間	1299～1301					『八幡愚童訓』成立（乙類は延慶2～文保2年に成る）	
正安3年	1301	神祇伯資通王『日本書紀』神代巻を書写・伝授	丹鶴本奥書				
〃	〃	神祇伯資通王（一説に卜部兼方）『釈日本紀』を書写・点校⇒これ以前，卜部兼方撰『釈日本紀』成立	前田本奥書				

4年	1302	卜部兼方『日本書紀』全30巻の目録を採取	内閣本奥書				
乾元2年	1303	卜部兼夏『日本書紀』神代巻(乾元本)を書写・点校	乾元本奥書				
嘉元2年	1304	蓮恵(卜部兼方),『日本書紀』を再抄写	内閣本奥書				
〃	〃	卜部兼夏『私記』等に鑑みて,『日本書紀』神代巻〔乾元本〕に加点・神名を抄出	乾元本奥書				
〃	〃	道恵『日本書紀』神代巻を書写	丹鶴本奥書				
4年	1306	卜部兼夏『古語拾遺』の目録を採取	嘉禄本裏書				
〃	〃	称名寺釼阿,神祇伯資緒王本『日本書紀』神代巻を書写	丹鶴本奥書				

第四章　私祈禱の成立

——伊勢流祓の形成過程——

はじめに

平安中期ごろから宮廷の内外において、主に私的祈禱を中心に活躍する陰陽師の動向を子細に検討していくと、そこから神道の特質が浮かび上がってくる(1)。

神道には古くは神職が個人のために祈願・祈禱を行うことはほとんどなく、穢れとの関連から祓を主とした個人祈禱はもっぱら陰陽師の管掌となっていた。神職の扱った祭祀は、公的な公共性の強い祭りであり、神社は国家や地域社会の共同信仰の場であった。神社に所属した神職は奉仕する大神にのみ仕え、個人の依頼により神職が出張祭典(外祭《がいさい》)することはなかった。神職の活動範囲に制限があったことが、陰陽師の活動を容易にし、神祇祭祀の一部までも陰陽師が分掌していくことになっていった。

このように私祈禱・個人祈願は陰陽師の活動によって、貴族から庶民へ、中央から地方へと拡大・流布していくが、これが神道信仰のなかに入ってくるのは平安末期以降、伊勢口入神主ら、のちの御師につながる御祈禱師の活動に求められる。

本章では、祓信仰の展開、とりわけ陰陽師の祓（陰陽祓）、天台密教の祓（仏家祓）から伊勢流祓への形成過程を通して、神道にはこれまでみられなかった私祈禱の成立を考察していく。

一　神祇祓から陰陽祓・仏家祓へ

中臣祓は『延喜祝詞式』に収める大祓詞を母胎とし、宣読の形式を、私的に人々が折々の必要に応じて唱読するために、奏申の形式に改めたものであるといわれている。中臣祓詞の現存する最古の文は、永久四年（一一一六）三善為康の自序があり、その後増補された『朝野群載』のなかに、「中臣祭文」と題して収められている。

岡田米夫は、この時期に大祓詞から転化した中臣祓詞を陰陽師が読んでいること、『朝野群載』所載の祓文を「祭文」と称し、同書に載せる他の祭文も「陰陽道或は漢風祭祀の祈願文で、古来の祝詞とは区別さるべき今様のもの」であること、七瀬祓・河臨祓・百度祓・千度祓の諸祓をいちはやく陰陽師が行っていること、などの点から「かうした諸祓の唱詞が、大祓式のときの大祓詞でなく、陰陽師がそれに一部改変を加へた今様の祓詞」[2]であるという理解をしている。一般には岡田米夫も含めて、陰陽師によって大祓詞を私的の中臣祓に改変したというのが共通した見方になっている。

宣《の》る形式の大祓詞から申す形式の中臣祭文への推移については、先学宮地直一が「中臣祭文の辞の如きは、必ずしも大祓詞の変形とも一定し難く、又延喜式以降の発生にかかるとも決し難いのではあるまいか」[3]と疑問を投げかけ、また西田長男も「そこには推移があるのでなく、並行関係において成立してきたともせられなくはないのである」と論じられたが、その論証は省かれ、「いずれにしても、因果は例によって糾纏《きゅうてん》していて、これら両者の前後の関係は容易に決め難いといってよかろう(4)」と述べて、明確な判断を避けている。岡田も指摘するように、『朝野群載』の中臣祭文は、祭文という性格からして陰陽道的色彩の濃いものと推定されているが、中臣祭文は同書の巻六、「神祇官」の項に入っていることは、これまで注目されてこなかった。陰陽師の改変になることだけが強調されてきたが、宮地・西田の説くように、そう簡単ではなく、「神祇官」の項に収められていることから考えて、奏申形式の中臣祭文も神祇官で用いられていた可能性は強い。しかも、中臣祭文に独自にある結びの句は、「祓戸乃八百万乃御神達波佐乎志加乃御耳遠振立天聞食世止申」という奏上体になっており、ここに八百万神に対して奏申していることは、神祇側の作になるもので、中臣祓の内容をみたところでは、陰陽師や仏家の介在は認められない。

神祇官において、大祓詞とともに中臣祓が並行して用いられていたことは、次の史料からも明らかにできよう。十二世紀初頭、大江匡房撰になる『江家次第』第六、「(平野)同臨時祭儀」の条に、

次宮主奉㆓仕祓詞㆒、到㆓祓清之処㆒以㆓人形㆒令㆑吻給、到㆓中臣祓八張取割之処㆒、解㆑縄給、畢宮主退出、

とあり、同じく石清水臨時祭の条に「次宮主申㆓祓詞㆒」とある。この臨時祭に先立ち、天皇のための御祓が神祇官の宮主によって奉仕され「祓詞」が奏される。この「祓詞」が中臣祓であることは、後世の編纂物ではあるが、卜部氏奉仕の祭祀口伝を集めた『宮主秘事口伝』に明記されている。石清水臨時祭にあたり、宮主が参内しての作法に「次宮主読㆓中臣祓㆒」とあり、平野臨時祭も「次第如㆓八幡臨時祭㆒也」とある。このほか、北野・祇園臨時祭および、三月三日御灯御祓にも中臣祓が読まれている。したがって、十二世紀初頭に奏申形式の中臣祓が宮主によって使われていたことは確かであり、これを石清水臨時祭の成立した天禄二年（九七一）、平野臨時祭の成立した寛和元年（九八五）ごろの十世紀末まで遡らせることができる。さらにいえば、『儀式』賀茂祭儀の条にある宮主の読む「祓詞」も中臣祓とすれば、その成立は貞観以前まで遡ることになる。したがって、大祓の成立する時期までは不可能としても、

宮主の台頭してくる九世紀中葉を中臣祓文への改変の時期とみなすことは強ち誤りとはいえない。

とにかく、天皇個人のための御祓作法のなかに、神祇官宮主の手によって大祓詞を改変した神祇祓が完成し、取り入れられたとみられる。この宮廷神祇官の中臣祓は、地方の国衙祭祀[5]と神宮[6]・神社にも伝えられていった。

中臣祓は陰陽寮の天文博士弘賢（安倍広賢カ）の言にも、「中臣祓、為レ禦二異国敵一、春日大明神作給也」とあり、金剛寿院覚尋面受の記である「良祐本口決」には、「以二陰陽師一令レ読二本朝中臣祓文一」（「六字河臨法」）とあるように、陰陽道・仏家側でも神祇の中臣祓であることを認めており、神祇のなかから生まれてきたことは確実である。この神祇の中臣祓は、十一世紀以降、個人祈禱を専掌していく陰陽師によって受容され、庶民信仰のなかに深く浸透していった。

陰陽道祓の早い例は、『貞信公記』延喜十二年（九一二）三月十四日の「河臨解除」、同二十年六月九日の「三元河臨」などの記事があるが、より明確に陰陽師の介在を示したのは、『河海抄』所引、応和三年（九六三）七月二十一日の『村上天皇御記』に、賀茂保憲が七瀬祓を行っており、この時期の前後に編纂された『新儀式』にも臨河御禊の規定が示されていて、遅くとも十世紀半ばには陰陽祓が国家公的の行事として執行されている。その詳細は『親信卿記』天禄三年十二月十日条にある。その日の河臨御禊には、等身の人形と五寸の木・鉄・錫の三種人形各七枚が用いられていて、七瀬祓における人形の使用例を認めることができる。

しかし、この段階では中臣祓が陰陽師に受容されていたかどうかは不明である。その初見は『師記』永保元年（一〇八一）正月九日条に、「今日依レ為二吉日一、欲レ参二平野吉方、北野、賀茂、幷鞍馬一、招二陰陽師実行一令レ読二中臣祓一」とある例が早い。これ以前には、『紫式部日記』[7]寛弘五年（一〇〇八）八月の中宮御産の条に、「おんやうしとて、世にあるかきりめしあつめて、やをよろつの神も、みゝふりたてぬはあらしとみえきこゆ」とある記事によって、陰陽師が中臣祓を用いていたことが確認できる。それは中臣祭文の結句にある「八百万乃神達……御耳遠振立天聞食」という文を前提にした書き様であって、十一世紀初頭には、神祇の中臣祓を陰陽師が用い、安産祈禱に奏申していたと考えられる。

神祇の中臣祓は、成立後の早い時期に神祇官宮主と近い関係にあった陰陽師によって陰陽祓に受容されていったのであろう。陰陽祓は平安中期以降、もっぱら個人祈願の安産祈禱や病気祈願の呪法として隆盛をみることになる。その後、『山槐記』久寿二年（一一五五）正月二十一日条「以㆓陰陽師二人㆒行㆓百度祓㆒、依㆓目病㆒也」とあり、平安末期になると度数祓の出現をみ、『顕広王記』長寛三年（一一六五）六月五日条、「今日百座祓申㆓不浄之由㆒、陰陽季倫」とあって、神祇伯の家においても祓は陰陽師が預かっている。ついで『山槐記』治承二年（一一七八）十月十日条では、高倉天皇中宮徳子の御産にあたり陰陽師一〇人が「千度御祓」を奉仕している。祓は陰陽師の管掌であり、平安末期までの間に個人祈禱のため神職が参加した事例は見出すことはできない。

六月・十二月の大祓にあわせて、貴族個人の宅でも陰陽師を招いて家祓が行われているが、これは俗世間の人々を対象とした現世信仰に基づくもので、陰陽師を通して民間に流布していったが、出家者に対しては用いられることはなかった[8]。

陰陽祓と、この影響を受けて成立する仏家祓（「六字河臨法」）の作法の概要は、『阿婆縛抄』第八十六に収める「六字河臨法」に詳しい[9]。「六字河臨法」は台密谷流系の仏家祓の次第を載せるが、これには、陰陽師の意見が随所にみえ、これ以前に成立していた陰陽道の河臨祓・七瀬祓の作法を知る上からも貴重である。それによると、仏家祓の「六字河臨法」は、呪詛反逆（陰陽道の河臨祓も宮内庁書陵部所蔵『陰陽道祭用物帳』に「呪詛祓ト云ハ、河臨ノ祓也」とあって、呪詛の祓としている）・病事・産婦のための修法であり、六字は六観音をいい、六字経を読誦するもので、仏教の六字法と陰陽道の河臨祓が習合した形式である。『行林』にある「長久四年（一〇四三）決云、六字幷河臨時」とか、「六字河臨法」の最末に私記として収めた「六字幷河臨記　勝林口決也」（勝林院長宴の口決、永保元年入滅）などとあるのは、習合初期の書き方を残している。

この修法は、慈覚大師円仁が唐から将来し、その門徒に伝えられたが、一時中絶し、のち木寺の喜勝内供から阿弥陀房静真に受法し、静真は檀越伊予守知章に対し修法している。ついで康平七年（一〇六四）勝林院長宴の修法をはじめ十二世紀初頭までの修法があげられている。康平七年の修法を指して「是此法濫觴歟」との記載があることから、河臨法は十一世紀中ごろの成立と考えて誤りはなかろう。

河臨法は船二艘を双べて道場とし、それは主に大井川・桂川・淀川の河川にて執り行われた。大井川は大堰川・葛野川ともいい、桂川の上流、淀川は桂川の下流にあたる。陰陽道の七瀬祓が賀茂川の川合から二条大路末までの七瀬を中心にしていたことと異なる点である。川筋七ヵ所を点定して、一町ごとに竹が立てられるが、これも七瀬祓に似せたものである。「六字河臨法」に収める「大原記」（「康平七年大原日記」は長宴、「教王日記大原」は長宴の弟子賢暹の作、この何れに当たるか、また別本かは不詳）には、河川七瀬の上流・下流のどちらから始めるかについて、「可レ尋二世間七瀬之禊作法一也、私案、自レ下至レ上是可歟云云」と陰陽七瀬祓に従って、下流から登るのを可としている。ついで、「国随云、七瀬祓、本是一人所作也、従二下瀬一始之、末代以二七人一被レ行レ之云々」と陰陽頭安倍国随の説を載せて、七瀬祓は古く一人の所作であったものが、後世には七人が遣わされるようになったこと、下の瀬から始まることを記しているが、この点はすでに十一世紀初頭の陰陽祓に基づいて行われている(10)。

七瀬祓・河臨法はともに撫物として御衣が遣わされるが、これは檀主の身代わりの意味であって、『行林』に「檀主来臨時、不レ可レ具レ之、不レ来者可レ具也」とあるように檀主来臨の場合は、御衣は携えていく必要はなかった。修法が終ると、七瀬祓の例からみても御衣は再び檀主の許に戻されたことであろう。

修法には、多種の用具が準備されるが、なかでも重要なのは、祓という性格から、「禊具七具散米・人形・解縄・菅抜」の部分である。折敷のなかの三つの小土器の上に、散米・人形・解縄がそれぞれ置かれる。これが七瀬分七具準備される。散米（打蒔）は大殿祭・大嘗祭御禊にも行われ、古い神祇祓と共通する作法である。人形は長さ四～五寸、鉄・藁の人形が各瀬七枚、あわせて四九枚用意される。紙で作られることもあり、目鼻を墨にて書き入れた。『行林』によると、鉄人形・蘗《きはだ》人形・藁人形各七枚とあり、これは陰陽七瀬祓に用いられる三種人形（鉄人形と蘗人形、それにもと脯人形から鹿皮人形→藁人形へと転じた三種の人形をいい、上に蘗、中に藁、下に鉄の人形を結び合わせたもの）と同類の人形であって、寛喜三年（一二三一）の御産修法の河臨法にも、三種人形を図示して用いられており、[11]陰陽祓に起源をもつ三種人形が仏家祓にも流用されている。解縄は紙を捻って作ったもので、すでに神祇祓にもみえている所作である。菅抜は茅輪ともいい、六月祓にもみえる。藤原忠通の『法性寺関白御集』六月祓詩には、「未レ知二何物一号二菅抜一結レ草如レ輪令二首蒙一」とあるように、草の輪型を首から体に抜いて解除する。[12]『行林』には「菅抜事、陰陽家無二本文一只是此国旧習耳」とあって、陰陽道には由来せず、わが国古来の習俗であるという。菅抜も元来は神祇祓に発すると思われるが、これらの祓具は、直接には陰陽祓からの受容であると思われる。

さて、六字河臨法は六字経法読誦ののち、六日目の夜より祓を中心とした河臨法が修される。中臣祓読誦以降の祓所作の式次第は次のとおりである。

『阿娑縛抄』

中臣祓誦之、五反若三反、此間、同時吹レ螺、振二錫杖・金剛鈴一、撃二大鼓・鉦鼓等一、惣転レ経誦レ呪、高声可レ励レ之、如レ此乱声之間、解二々縄一、摩二人形一、以二茅輪一菅脱等事訖、切二茅輪一、相二加人形等一、入二流水一、此時同時可レ止二乱

声㆒、菅抜事、中臣祓読ム、伴僧可㆑勤㆑之歟、其後ゝ供養等如㆑常、

『行林』

次護摩了後、助修一人読中臣祓、一人令㆓解縄㆒本記云、解功縄、中臣祓畢ムママニ伴僧四人誦㆓六字呪㆒振鈴、四人亦誦呪振錫杖、四人吹㆑螺、一人無間打磬誦呪、檀越応シテ㆓発響ニ㆒即取㆓鉄等人形各七枚ヲ㆒、取合テ摩テ㆓自身ニ㆒人形ニ吹㆓繋息㆒置之、即有㆓一人㆒、茅ノ一枚ヲ被㆓壇越ニ㆒、如㆓六月礼㆒、後サマニ越ヨ、然後以㆓散米㆒散㆓人形ノ上ニ㆒、即解縄・菅抜・人形ヲ投㆓入河中㆒、已上面授説也、

護摩ののち一人の僧（または陰陽師）は中臣祓を数反読み、法螺・錫杖・金剛鈴・大鼓が鳴るなかを、縄を解き、人形を檀主の身につけ息をかけ、菅抜をくぐり、散米を人形にかけた上で、祓具の人形・解縄・菅抜を川に投げ入れる。中臣祓を唱する役は、修法中へ陰陽師を招く場合と、伴僧のなかから一人選ばれることとがあった。台密谷流の伝では、両説が存し定まってはいない（『行林』）。おそらく、陰陽祓から派生した六字河臨法成立の初期には、陰陽師が中臣祓を読む役を務めたと思われるが、それが順次僧侶に移っていったのであろう。

中世に生まれてくる伊勢流と吉田流の祓に比べて、陰陽祓・仏家祓は『朝野群載』所収の中臣祭文に近く、ほとんど改変はされていない。仏家の河臨法が陰陽師を招いて行う祓であったことは、陰陽祓と仏家祓の中臣祓は同文であったとみてよい。祓文は本朝の祓をそのまま流用したのであって、そこに独自性はなく、後述のとおり、中臣祓を唱読ののち行われる散供の頌文に陰陽・仏家両流の特質がある。

平安時代に中臣祓を主に用いたのは、陰陽師と陰陽祓を受容した一部の仏家の僧たちであった。ところが平安末期から鎌倉期に入るころになると、伊勢神宮周辺の神職層を中心に祓が新たな展開を遂げることになる。伊勢流祓の形成過程については、次節に改めて論じることにしたい。

二　伊勢権禰宜層と私祈禱

伊勢の神宮には、私幣禁断の法が厳しく伝えられてきた。（『皇太神宮儀式帳』『延喜伊勢大神宮式』）。『太神宮諸雑事記』第一によると、安和二年（九六九）源高明の配流に際して家人大中臣仲理が大神宮へ謀反成就の祈禱を捧げた条に引く、同年三月二十九日太政官符に「伊勢太神宮司等、最是自レ非二公家御祈禱一之外、輒不レ可レ致二臣下之祈禱一矣」[13]とあり、私祈禱・私奉幣は認められなかったが、安和の例のように禁を犯して密かに私祈禱をすることが始まってくる。

十一世紀以降、主に神宮経済は律令経済の崩壊に伴って改革を余儀なくされ、「私」の介在が認められるようになる。例えば『太神宮諸雑事記』長久四年（一〇四三）条によると、祭主大中臣永輔は仮殿遷宮について「不レ上二奏於公家一之天、以二私物一奉二仕御修理一、兼又新古両宮色々用途物等毛不二申請一之天、祭主宮司共所レ充二用私物等一也」とあって遷宮修理と用途物は祭主らの私財によってなされている。これは、神宮の中に「私」の性格が含まれてくる要素を醸成する要因ともなった。

十二世紀に入ると、永久二年（一一一四）伊勢公卿勅使に選ばれた藤原宗成は一家長でもあった源俊明に参拝作法を問いただし、宗成の「可レ奉二私幣一歟」との質問に「全不レ可レ然、只能奉レ祈二公家一之後、心中所レ思、一旦祈申許也」と答えていて、私幣はあくまで禁じられていたが私の祈願は内々認めている。宗成は豊受宮における参拝作法について、宸筆宣命を読み、四拝、拍手ののち「此次申二私祈一」したことを記している[14]。また、藤原頼長も大神宮をはじめ諸社へ宝物を献じ、「是密々事也」[15]と書いている。このように密かに私幣を奉り、私の祈願が行われるようになったが、これらは祈願者側の一方的な信心の営みであって、神宮内部の神職が積極的に携わることはほとんどみられない。神と人との間に立って、私祈禱・個人祈願を扱い、神社の外へその活動の場所を求めて伸長してくるのは、十一世紀後半以降、急激に増加する伊勢の権禰宜層であった。

権禰宜の人数は、永久二年には「近代権禰宜員数頗増[16]」と記されているように、十一世紀末から十二世紀初頭に増えつづけ、百数十人を伍するに至った。この時期は神宮経済の中心であった神戸・神田から中世神宮領の基盤をなす御厨・御薗の寄進・設定へと展開を遂げ、とりわけ権禰宜が積極的に関与して東国御厨を建立していった。そこで、その推移については、先学の論考に基づいて、その概要を記すことにしたい[17]。

権禰宜補任の増員の理由には、臨時の遷宮神事への奉仕介添のための参加もあったが、その多くは祭主の働きかけによる経済的・名誉的な関係に起因すると考えられる。その一は、神郡内で活躍する田堵層を権禰宜とすることにより、神宮経済の安定を図ったこと、その二は、正禰宜の世襲固定化が進んだため、これに預らない荒木田・度会一族支流の不満を解消することを目的としたもので、一族の名誉の希求に基づいている。権禰宜層の台頭と東国への発展を示す好例は、稲木大夫荒木田延能とその子延明の動静を窺うことによって知ることができよう。応徳元・二年（一〇八四・八五）ごろ、稲木大夫と称した権禰宜従五位上荒木田延能は、松阪から伊勢へ向かう伊勢街道の途中、櫛田川を渡り、祓川にかかる手前、稲木に居住し、川合荘田三町の作田をもち「五代相伝作手[18]」といわれた稲木村の有力者であった。神宮近辺の神郡内に居住していた荒木田・度会一族は農業生活を営み、名田の権利を守るため、ときには非法な行動をも手段として行いつつ、その勢力の拡張に努めていた。働き盛りの延能はこのとき二十九歳、その後の動静は明らかでなく、長治元年（一一〇四）三禰宜となり、天永三年（一一一二）に没している。それから一〇年後、保安三年（一一二二）三月、延能の子息、刀禰神主延明が中心となり、稲木村の住人を募って東寺領大国荘の流失荘田の押領を企てている。[19] 一〇八〇年代から四〇年以上にわたった延能・延明父子二代の農業経営は伊勢神郡内の稲木村を拠点としていたが、その後は、新開地を東国に求め、口入神主として御厨の設立に関与するようになる。

大治五年（一一三〇）、下総の相馬御厨の開発領主、平経繁（千葉常重）は延明（仮名荒木田正富）を口入神主として神宮に寄進、延明は口入料の半分を割いて内宮一禰宜荒木田元親に進めている。[20] このほか、東国における権禰宜層の動きが確認できるのは、康治二年（一一四三）下野国梁田御厨は開発領主足利家綱が権禰宜荒木田利光を口入神主として神宮に寄進していること、天養年間（一一四四〜四五）ごろ、相模国大庭御厨は権禰宜荒木田師光が口入神主に預かっていること、永万元年（一一六五）下総国葛西御厨には「御郷内在地権禰宜光富」[21] という人物の居住が確認できることが挙げられる。葛西御厨はもと皇大神宮（内宮）領に属していたことから、ここに署名する光富は、荒木田光富と推定でき、先の相馬御厨の口入神主であった荒木田正富（稲木大夫延明）との関係も窺うことができる。また、権禰宜ではないが、大庭御厨では同じころ（天養二年）伊介神社祝荒木田彦松ら神人八人が乱行を受けており、荒木田一族の庶流層は東国に下向し、在地の社の祝になっている。

ところで、東国に居住していた伊勢権禰宜層と開発領主との関係については、その残存している文書のほとんどが経済的諸関係を記しており、私祈禱の成立と最も密接なかかわりをもつ宗教的活動の事例は残されていない。開発領主との師檀関係が結ばれ、御厨が建立される背景には、必ずや伊勢権禰宜層の祈禱活動があったと考えるが、その実態を把握することは不可能に近い。わずかに、久安二年（一一四六）の千葉常胤寄進状のなかに、「常重依二内心之祈念一、大治年之比、貢二進太神宮御領一之日、相二副調度文書等一、永令レ附二属仮名荒木田正富一先畢」[22] とあり、常胤の父常重が荒木田延明を通して神宮に相馬御厨を寄進した理由は、「内心之祈念」のためであったという。神宮と領主との間に立つ口入神主は、領主の求めに応じて私的祈願を行っていたことは想像するに難くない。天養二年大庭御厨において源義朝の濫行により、神人らの死傷事件が起こり、公家・神宮側は口入神主権禰宜荒木田師光に命じて、犯人を召し進め、大神宮の例に任せて「祓清、致二供祭勤一」べきことを伝えた(23)。死傷による穢を恐れ、御厨内の祓を命じたものだが、このほかにも、領主の希望に応じて私幣・私祈禱の媒介者の役目を果たしていたものと思われる。その具体的活動は鎌倉殿源頼朝の御祈禱師から顕著になってくる。

治承四年（一一八〇）七月、源頼朝挙兵にあたり、筑前国住吉社の祠官佐伯昌長と神宮祠官の後胤永江蔵人大中臣頼隆が初参して、「各募二神職一之間、為レ被レ仰二御祈禱事一、令レ聴二門下伺候一給(24)」と戦勝祈願のため神職の従軍を許している。頼隆は相模の波多野義常のもとに身を寄せており、波多野一族はこののちも大中臣・荒木田氏ら神宮祠官との婚姻関係を結んでいる(25)。翌月の山木焼打ちに際して、「為二明日合戦無為一、被レ始二行御祈禱一、住吉小大夫昌長奉二天曹地府祭一、武衛自取二御鏡一授二昌長一給云々、永江蔵人頼隆勤二一千度御祓一云々(26)」と、佐伯昌長は天曹地府祭、大中臣頼隆は千度祓を奉仕している。天曹地府祭は陰陽道祭祀であり、撫物として願主は鏡を遣すことになっており、頼朝も鏡を昌長に渡している。また頼隆の務めた千度祓は、先述のとおり、百度祓・千度祓の度数祓がこれまで陰陽師によって行われており、これも陰陽祓の系統に属した祓祈禱であろう。平安末期まで、もっぱら陰陽師が扱っていた祭祀や祓・祈禱を、神職が預かっている点は、大いに注目すべき事実である。神職がなぜ陰陽道祭祀を受容したのか。先行論文(27)では、頼朝と祈禱師との関係を論じ、私祈禱について触れた論考はいくつかみられるが、陰陽師の私祈禱から神職の私祈禱へと、その展開を指摘したのは管見の限りでは知るところがない。

頼朝の御祈禱師として有名な人物は、外宮権禰宜度会光親と光倫（『吾妻鏡』にある生倫は同一人物とみられる）とである。光親は頼朝の「年来御祈禱師」であり、頼朝は「公私御祈禱」のために武蔵国大河土御厨を寄進している(28)。光倫は相鹿二郎大夫（会賀次郎大夫）と号しているところから、伊勢国多気郡、櫛田川の流域右岸に位置する相鹿《おうが》（逢鹿）の出身であろう。頼朝から祈禱すべき願書を賜わり、養和元年（一一八一）十月伊勢より鎌倉へ到着、神宮との連絡役となり、元暦元年（一一八四）五月三日に安房国東条御厨を給付されている。[29] その寄進状の文言には「奉二為朝家安穏一、為レ成二就私願一」とあり、先の大河土御厨寄進状と同じく、公祈禱＝朝家安穏祈願とともに私祈禱＝私願成就のことが記録されるようになる。翌年には寄進を受けた東条御厨の庤（神明社）に光倫は参籠し、頼朝のために祈禱を行っている。[30] 庤はカンダチと訓み、神官が籠る神館に通じ、神宮に貢納する供御物を一時収納したところであり、宗教活動の拠点ともなっていた。古くは伊賀神戸に「神戸庤禰宜」が置かれ、近くは大庭御厨内に庤があったことが記されており、[31] 庤は口入神主ら荒木田・度会権禰宜層の活動の場であった。光倫も東条御厨の庤に参籠・居住するとともに、その子孫（会賀氏）は東条の地に土着し、神明社の神主を継承してきた。[32]

鎌倉初期、頼朝の時代から明確な神職による私祈禱の活動が認められるようになる。その私祈禱成立の背景に陰陽師の祓祈禱の所作が影響していたことは、伊勢流祓の作法を検討することによって明らかとなろう。

三　伊勢流祓の形成

伊勢流祓の最古の祓本は、建保三年（一二一五）書写歴をもつ神宮文庫所蔵『中臣祓注抄』[33]である。これ以前に成立した『中臣祓訓解』もあるが、この方は伊勢流祓本というより、これに至る過渡的な両部神道の伝書といえる。『中臣祓注抄』については、短文ながら宮地直一の簡明な解題があるので、必要な限り掲出しておく。[34]

　今回複製せられたる「中臣祓注」一冊は、神宮文庫の所蔵に係り、縦八寸四分余、横五寸六分余、楮紙、袋綴、墨附すべて十二枚より成る冊子本である。その内容より察するに、伊勢流の系統に属するものかと思はれる。

奥書の中に「本云建保三年（順徳天皇）六月一日」とあるによれば、当時何人かゞ此書の原本（若しくは写）を書写して居たのを、更に何人かゞ「貞治五年（後村上天皇、正平二十一年）九月廿三日」書写の功を遂げたものである。故に原書の成つたのは少くとも建保三年以前であらねばならぬ。而してかゝる古注は、今日まで、未だ他に発見せられてゐない所である。

本書の内容は三部より成る。第一部は「中臣祓」と題して、本文第一葉より第四葉表に至るもの、第二部は「大中臣祭文」と題して、第四葉裏より第七葉裏に至るもの、第三部は「中臣祓本」と題して、第七葉裏より第十一葉表に至るもの是である。全部を通じて濃厚に見られるのは、陰陽道と両部習合との思想で、未だ十分なる体系化を経てゐないが、とにかく、之が注解の基本となつてゐる。

と記されている。『中臣祓注抄』（外題「中臣祓住抄（ママ）」、内題に「中臣祓注」とある）には、冒頭の「大中臣祭文」と最末の「中臣祓本」の二首の中臣祓が収録されている。前者は祓唱読ののち再拝、散供があり「急々如律令」の呪文が読み上げられることから陰陽道の影響が強い。つづいて第二部のなかに「南斗北斗三台玉女、乃至内外竈神降来就座、急々如律令」とあるのは、『阿婆縛抄』に陰陽道の説（陰陽頭安倍国随と陰陽生重盛）として、中臣祓読誦ののち「大奴佐」（大麻）を振る所作があり、このとき、呪文の「南斗北斗三台玉女、左青竜右白虎前朱雀後玄武前後翼輔、急々如律令」が読まれることと類似しており、『中臣祓注抄』の前半部（第一・二部）は、両部神道の注釈と陰陽祓の受容が顕著にみられる。

最後の第三部「中臣祓本」は、

今年乃其月乃其日乃今時以、祓所八百万神達乃広前ニ姓名可申恐美恐美毛申左久詞依事用之、依之以二大中臣祭文一祓清留状乎、平久安久聞食土申、

の文で始まり、中臣祓本文ののち、

退申、神ハ一滴ヲ四海仁満テ、一粒於五嶽仁等スル通力在、今所レ献礼奠清浄トナリ照納受シ天、一切眷属諸神ニ施給天、
所在ノ罪咎ヲハ如二潮沫一、如二春雪一消失給ト謹啓、

という句で結んでいる。この部分についても宮地直一は解題のなかで、

第三部の題「中臣祓本」は思ふに、「中臣祓」として読誦する際には、此の形式によるを普通とするの意であらう。之を証するものは、本書標題「中臣祓注」の下に「本云〇中略同奥ニ中臣祓在之」とあることで、即ち、初めに中臣祓の主なる語に注解を施し、終に実用の中臣祓を記しありとの意であらう。察するに序詞の分注「姓名可申」とあるは、御祈禱師自身の名であり、次の「詞依事用之」は、此の処に檀家の需により、それ〳〵祈願の趣旨を述べたものである。要するに、此の第三部は、当時の御祈禱師が檀家の需に応じて祈願するに使用したものである。因に云ふ、この序詞并に「退申」を含めたる祓本の形式は、この時代より長くこの地の師職家に伝承使用せられた。それは南北朝より徳川期に至る間に多く世に出でたる神宮家并に師職家の祓本や神拝記にこの詞が載せられ居るに見るも、之を明かにし得るのである。

という明快な見解を示されている。先の序詞にある「詞依レ事用之」[35]は、願主祈願の趣旨である私祈禱の内容を述べたものである。さらに最末の「退申」して読む一文は、近世の神拝式にもみえる「啓上《もうしあげ》」という部分であり、鎌倉初期には伊勢流祓が成立していたことを証している。

つぎに同書に収める二種の中臣祓と、これに先行する『朝野群載』の中臣祭文、伊勢流祓完成期の『氏経卿記録』[36]所収、鎌倉末期「常良卿自筆本」を転写した中臣祓の、上記四種の中臣祓の主な相違箇所を掲げることにする。

表1は、『大祓詞』「天之磐座放」を『朝野群載』中臣祭文は「天乃磐戸遠押開天」に改めているが、『中臣祓注抄』の二種の祓本には、「天磐門（戸）押開」とあって、神祇祓から陰陽祓に流用されていった中臣祭文に近い。ところが、

鎌倉後期の常良本になると、『大祓詞』と中臣祭文を両用した「天磐座押放天磐戸ヲ押開」に変形しており、以降の伊勢流祓は、これを踏襲している。鎌倉初期の伊勢流「中臣祓本」は、その意味で過渡的祓の形式といえよう。

(2)(3)(4)は、『大祓詞』『朝野群載』中臣祭文の「祓給清給」から鎌倉時代以降に出てくる「祓申清申」という、他力祓から自力祓への転換を示している。『氏経卿記録』『諸祓集』の定型化した伊勢流祓は「祓申清申」に定められていったが、『中臣祓注抄』の段階では、未だ定まってはおらず、「祓給清申」といった中間的な書き方になっている。

(5)は『朝野群載』の「佐乎志加乃御耳遠振立天」、『中臣祓注抄』の大中臣祓祭文にある「棹鹿八耳振立」の句が、以後の伊勢流祓では除かれており、吉田神道の中臣祓において復活することになる。伊勢流祓の特徴は、「常良卿自筆本」中臣祓の傍注に「草鹿八御耳振立テ、於㆓当家㆒此言無之」とあるごとく、この句を読まないことが伊勢祠官の間に伝えられていた。

表1　各中臣祓・中臣祭文の相違点

	中臣祭文（『朝野群載』所収）	（第一部）大中臣祭文（『中臣祓注抄』所収）	（第三部）中臣祓本（『中臣祓注抄』所収）	常良本中臣祓（『氏経卿記録』『諸祓集』所収）
(1)	天乃磐戸遠押開天	天盤（ママ）門押開	天磐戸押開	天磐座押放天磐戸ヲ押開
(2)	罪止云罪咎止云咎波不有止	諸罪云罪不在物祓申清申事	罪咎不在ト	罪云罪不有者止祓申清申事於
(3)	残乃罪波不有止祓給清給不事遠	遺罪不在物祓申事	遺罪咎ハ不在祓給清申ス事於	残乃罪者不在者曽止祓申清申事於
(4)	遺罪止云罪咎止「云」咎ハ不有止祓給此清女給事遠	罪云罪咎云咎不在物祓申清申事	罪云罪咎ト云咎ハ不在ト祓給ヒ清給フ事ヲ	罪止云罪咎云咎者不在者曽与祓申清申事於
(5)	祓戸乃八百万乃御神達波佐乎志加乃御耳遠振立天聞食世止申	祓戸八百万神達併棹鹿八耳振立聞食申	八百万ノ神達平久安久聞食ト申	祓所八百万神達平久安久聞食云

以上のように、『中臣祓注抄』二種の祓本のうち、前者（「大中臣祭文」）は『朝野群載』所載の中臣祭文に近く、陰陽祓の系譜に属する内容と推定できるのに対して、後者（「中臣祓本」）は、鎌倉後期の常良本に近く伊勢流祓の特徴を備えていることが指摘できよう。したがって、『中臣祓注抄』は、陰陽祓と伊勢流祓の二本が列記された形になっており、鎌倉初期における伊勢祠官の陰陽祓受容の立場をよく伝えたものといえよう。

伊勢流祓本の初期の形式は『中臣祓注抄』によって明らかになったが、では伊勢流祓の所作・作法の具体的内容は何か。これに関しては、時代を少し降って鎌倉末期の伝書が存している。神宮文庫所蔵、久邇宮家本「御祓本」[37]は明応五年（一四九六）荒木田守晨《もりあさ》が、外祖父氏経自筆本を書写したものであるが、このなかに常良（常昌）の書き置いたという部分がある。

(イ)一八足次第

高一尺二寸、上長一尺二寸、広八寸、上ノ四方ニ端ヲ置ク、足ノ下ニ切組木広サ一寸四方、八ノ足広サ七分、両方ノ喬ニ四宛可レ立之、

(ロ)一御幣八本、串ノ長六寸許〈用竹〉、方寸紙二重、麻二スチ、長サ三寸許、是ヲ挟ム、八足ノ前ノ端ノ上ニ可レ立、

人形八枚〈目・眉・鼻・口・ヘソ・ヲン〉、右ノ下ニ解縄〈左縄〉、二置〈長サ一寸五分〉、人形ハム子ニ人形ト書〈セイ二寸許〉、

(ハ)一散供〈黒米、銭切〉、〈紙〉小土器一宛ニ入テ、人形ヲハ御幣ノ上左、解縄ヲハ御幣ノ下右、

(ニ)一致二大事祈禱一時者、御幣ノ本《コト》ニ、次米餅一坏宛〈小器〉、洗米一坏宛〈白米〉、置之、

(ホ)一十置木《トクラキ》作次第〈用檜〉、長一尺二寸、広三分方ナリ、十スチスクニ削テ、中ヲ結合テ、八足ノ上ニ立サマニ置之、十置木ト名之、

(ヘ)一八クラ木、長サ八寸、方十置木ニ同、結合テ、八足下右ニ立サマニ置之、名二八置木一、

(ト)一鬼病ヲ祈禱ノ様、人形以㆓黄皮㆒四枚、以㆓桃木四枚㆒作之、其外ハ同前、

(チ)一散供清ムル呪

唵多米〻〻〻娑婆賀

散供之呪

唵毘波久〻〻〻娑婆賀

散供ウツス呪

東方皆急者、五方上下空唵毘田〻〻娑婆賀

(リ)一祓勤仕次第

度数事畢テ後呪在、人形八ヲハ八方ニアテ罪咎ヲ此人形ニ念《子キ》ヲホセテ泥《トロ》ノ海エ放ツ様ヲ可㆑思、八人形ヲハ、東西南北四角艮巽坤乾此方ノ守護神也、八大竜王ト名之、

(ヌ)一解縄解様

解縄ヲ右手ニ取テ索目ノ一方ヲ口ニクワヘテ可㆑解、呪曰、

如㆓艫縄解放㆒如㆓舳縄解放㆒大海原ヱ伊吹気放ツ、吽《ウン》〻此具礼、〻〻〻具礼、皆大礼《カイタイレイ》、再拝、〻〻、

(ル)一一切成就之祓

謹請、再拝〻〻、

煩悩無塵《キワメテキタナキヲタマリナケレハ》煩悩不在《キタナキハアラシ》内外玉明清浄《ウチトタマカキキヨシキヨシト》申ス、

月水ノ祈禱ノ時ハ、御幣鱗形ニ作之、紙ノサキヲワラス、祓勤仕ノ仁、色ノ狩衣ヲ不㆑帯、白ヲ用、祓ノ時以出言ヲ不㆑云、無言、

(ヲ)一産祈禱時ノ次第、御幣ハサム様、紙ノサキヲイロコカタニ作テ、五分ハカリ破ル、人形ニ帯ヲセス、祓勤仕ノ仁、不㆓着座㆒蹲踞、衣裳ノヒモヲトイテ、祓ノ言ニ、高天原ニ神下坐ト可㆑申、

謹請、再拝〻〻、

高天原《ノ》神《ニ》下《クタリ》給《テ》、心底開《ム子ノソコヲヒラク》在《リ》㆑箱《コ》、慮〻《ウツケ》心《テム子ノ》内ニ坐ス、為《ル》㆓慮慮㆒心《ロノ》開《テ》㆑箱《ヲ》三之宅《ヲ》出《テ》帰《ル》㆓大和《ノ》国《ニ》㆒、

本云此日記者、常昌卿被㆓書置㆒也、

于時明徳四年癸酉八月廿七日、書写畢、権禰宜匡興、

亦応永三年丙子十二月十九日、書改之、

度会常良（常昌）は正応五年（一二九二）豊受大神宮八禰宜に補せられ、次第転任して正和五年（一三一六）一禰宜となり、以来二四年間務めている[(38)]。したがって本書の原本が書かれたのは鎌倉末期のころとなる。常良は神道の学識深く、祓本を筆写し、『中臣祓訓解』の異本である『中臣祓記解』の伝本を書写するなど中臣祓研究にも尽力し、伊勢流祓の完成に重要な役割を果たしたと思われる。

右の本と同じ内容を含む祓の伝書、「諸祓集」「元長修祓記」「大宮司聞書」（以上、『大祓詞註釈大成』上巻所収）、神宮文庫本・度会元長筆写の「御祓本」断簡などが、室町期に入ってからも盛んに筆写されている。しかも常良本から以降は大きな変化はみられず、伊勢流祓の形式は遅くとも鎌倉末期には完成している。

右に掲げられた祈禱の内容には、(ト)鬼病祈禱（世間病の祓）、(ル)月水祈禱、(ヲ)産祈禱があげられている。鬼神に取りつかれた不思議な病気を体外へ祓う祭法は、赤痢病祭をはじめとして陰陽道の祭祀に多い。このときには、陰陽祓・仏家祓にも用いられた蕖の人形と桃木の人形に目・鼻・眉・口が描かれ、胸には「人形」と書かれる。月水と産祈禱は『延喜式』以降厳しく規制されてくる女性の穢である赤不浄・白不浄を祓うことで、この方も以前まではもっぱら

陰陽師が管掌していた。

祓具の人形・解縄・紙銭切は陰陽祓にも用いられている。また、度数祓ののち呪文があり、八つの人形を用い、東西南北艮巽坤乾の八方、八大竜王にあてて罪咎を祓う。ここにも陰陽道の影響を強く感じる。

伊勢流祓の特色は、中臣祓文の唱読につづく呪文にある。陰陽祓は「急々如律令」、仏家祓は陀羅尼、伊勢流祓にも(チ)散供の呪が三種収められている。『行林』には「人形入魂呪」があるが、伊勢流の伝書にも「人形開眼呪」「人形八神呪」「人形物云呪」「人形飲食呪」なるものがあって、陰陽祓とともに仏家密教祓の陀羅尼呪の影響も顕著である。これは、伊勢神道の思想に両部神道の橋渡しが大きかったことを考慮すれば納得のいくところである。[39] 先述の「啓上」の呪とともに、(ヌ)解縄を解くときの呪、(ル)一切成就祓、(ヲ)産祈禱のときの呪は、他流にはみられない独自性をもっている。とくに一切成就祓[40]は、度数祓における略祓として盛んに用いられた。

近世の文献[41]によると、千度祓の次第は、最初中臣祓一遍、次に数祓といって一切成就祓の「煩悩無塵、煩悩不在、内外玉明清浄申」の句を繰り返し唱え、最後に中臣祓一遍ののち、啓上の文を唱える。度数祓は百度・千度・万度と時代が降るごとに、その回数は増えてゆく。元来、陰陽師の勤仕した度数祓は、何人かの陰陽師が中臣祓を合同でその度数分唱読したものであったが、伊勢流になると、必ずしも中臣祓を度数分読んだわけではなく、略祓が生まれてくる。一切成就祓は略祓の一例であって、近世には中臣祓を最初と最後の二度唱えるのみで、この間に一切成就祓の句が何度も繰り返される。しかも一切成就祓の句は一遍が一〇回分の効用があったとするもので、千度祓の場合、短文の句を一〇〇回唱読すればよかった。

一切成就祓とは、一切の成就を祈願するための祓であって、その内容は個人祈願にあるといってよい。そもそも祓とは、罪穢を払うことを目的として行われてきたのだが、平安中期以降の七瀬祓や度数祓など陰陽師の扱う祓には、檀主の祈願を込めることがみられるようになる。つまり、祓が祈禱・祈願の性格に移ってくるわけであり、先の大中臣頼隆による戦勝祈願のための千度祓もこの例に洩れない。伊勢流祓の病気・月水・産の祈禱は、鬼気と穢の除去を行うもので、陰陽師・仏家の私祈禱に基づいている。新たに伊勢流祓を組織するにあたって、神道には出張祭典の私祈禱はなかったため、陰陽師・仏家の私祈禱を受容するほかなかったのである。頼朝のための私祈禱において神職が用いた二種の祭法が、ともに陰陽師の伝えていた祭祀であったことは、何よりも右のことを証明していよう。

一切成就祓は略祓として盛んに用いられ、伊勢流祓のなかで重要な役割を果たしてきた。とくに一切成就祓は、これまでの鬼気・穢を取り除く限られた祈禱から、その名のとおり、すべてにわたって個人祈願を成就できる祓祈禱となり、神道の私祈禱の中核として伊勢流祓の特色を有してきた。

右に述べたように個人祈願・私祈禱は、祓にその出自が求められる。個人にふりかかる罪穢や災を祓う所作を伝えてきたのは陰陽師であり、その影響を受けて、伊勢の下級神職層によって私祈禱が開始される。そして、『中臣祓注抄』最末に収める初期の伊勢流祓および以降の祓本にみえるように、願主の祈願の要望に応じて「詞依レ事用之」とあるように、その内容は、穢中心の祓から幅広い祈願内容に拡大され、祓から祈禱の性格を強くもっていった。

平安末期ごろの領主と口入神主との間の、御厨を通しての経済的関係から、それ以降は願主個人と御祈禱師（御師）との宗教的師檀関係に重点が移っていく。鎌倉期に完成した伊勢流祓は、室町期に入ると、願主のための祈禱札である御祓の大麻を願主のもとに送るようになってくる。その初見は、康永二年（一三四三）に「地頭御方へ恒例御きたう千度祓の箱ハ慥ニ進上仕候」（「檜垣兵庫家文書」）とある千度祓の箱に納めたもので、後世の神宮大麻の起源にあたり、それは千度祓を中心に行われてきた。

さて、伊勢流祓の形成期、鎌倉前期は同時に伊勢神道の思想形成期でもあった。公家社会をはじめとした一部の知識人に波及していった伊勢神道と地方の武士階層、そして農村の有力層を対象に広がりをみせる伊勢流祓の私祈禱とは、まったく別個の存在であり、一見その整合性はないように思われる。しかし、前者は両部神道、後者は陰陽祓・仏家祓の影響を直接受けて発展を遂げており、その成立背景をも同じくしていることから、そこには相互補完の関係によって形成されてきたとみるのが妥当であろう。これまで「私」の側面を強調してきたが、それだけでは伊勢流祓の全体像は捉えられない。中世の大神宮信仰発展の要因の一つに、国主神・国家の鎮守神としての性格が大きな意味をもっており、単に個人を対象とした現世利益の私祈禱という形もみられるが、伊勢という特質から考えて、「公私」の祈願のため私祈禱が始まったことも一面では指摘できる。源頼朝をはじめとする武士階層はこの意識を強くもっており、個人が兵乱や蒙古襲来の国難において、国家の安全を祈願する公的祈禱が含められていて、伊勢神道の思想展開と無関係とは言い切れないことを付言しておきたい。

おわりに

鎌倉前期における伊勢流祓の成立、それは神道における私祈禱の成立でもあった。その成立の経緯としては、①神祇祓→伊勢流祓、②神祇祓→陰陽祓→伊勢流祓、③神祇祓→陰陽祓→仏家祓→伊勢流祓、の三つの形成過程を想定することができる。神道には大きく分類して、氏神型神社と勧請型（崇敬祈願型）神社の二つの系統があげられ、前者は地域や祀る人々が限定された閉鎖的な共同祭祀、後者は神仏習合の色彩が強く個人祈願が信仰の核になっている。古い系統に属する氏神型神社信仰には神職の神社外における信仰活動、とりわけ個人祭祀・私祈禱は存せず、新たに個人祈願を受容し編成していくためには、すでに私祈禱の所作を完成させ、民間にも流布しつつあった陰陽祓・仏家祓の所作を流用することが有効であった。したがって、伊勢流祓は②③の陰陽祓・仏家祓の影響を受けて生まれてきたものと考えられる。

中世前期という神道思想の覚醒期を迎えて、伊勢の神職層は一旦陰陽師と仏家に渡った中臣祓を、再び神道側に取り込み、神道史上はじめて教化活動が積極的に行われる。中世後期には伊勢流祓とともに、中臣祓は吉田神道のなかにも受け継がれ、神道の中心思想に位置づけられるようになる。

註

（1）岡田莊司「陰陽道祭祀の成立と展開」（村山修一ほか編『陰陽道叢書』第一巻古代、名著出版、平成三年。初出、昭和五十九年、のち『平安時代の国家と祭祀』続群書類従完成会、平成六年）。

（2）岡田米夫「大祓祝詞から中臣祓詞への変化」（岡田米夫先生遺稿刊行会編『岡田米夫先生神道論集』私家版、昭和五十六年。初出、昭和三十七年）。

（3）宮地直一『三国取上之祓の研究』（明治書院、昭和九年）。

（4）西田長男「仏家神道の成立―罪の観念を通路として―」（『日本神道史研究』第一巻総論編、講談社、昭和五十三年。初出、昭和十五年）。

（5）若狭彦神社所蔵『詔戸次第』（乾元二年〈一三〇三〉書写）によると、若狭国における一宮以下の朔幣行事にあたり、物社において中臣祓の読申が行われている。岡田莊司「中世国衙祭祀と一宮・物社―若狭彦神社「詔戸次第」を中心に―」（『平安時代の国家と祭祀』続群書類従完成会、平成六年。初出、昭和五十二年）。

（6）『建久三年皇太神宮年中行事』六月十六日条には、「次御巫内人祓勤仕、神主等各中臣祓祭文読、其後件榊枝河流、手洗後如レ元帰居」とある。

（7）『群書類従』十八、日記部。

（8）『兵範記』仁平三年（一一五三）六月二十九日条に、「陰陽師周憲、御祓物菅抜等、政所別調進之、女院無二御祓一之、御遁世以後例也」とある。

(9)『大日本仏教全書』三八巻。ほぼ同文の条を「六字河臨法」と題して『続群書類従』第二六輯上に収める。このほか、仁平四年（一一五四）静然撰の『行林』第二十二（『大正新修大蔵経』七六巻）、『覚禅鈔』（『大日本仏教全書』四六巻）、文永年間（一二六四～七五）承澄撰の『諸法要略抄』（『続群書類従』第二五輯下）、叡山文庫所蔵、寛喜三年（一二三一）『六字河臨日記』にも、「六字河臨法」の作法次第が載せられている。

(10)『権記』寛弘四年（一〇〇七）十一月二十日条に、「七瀬祓有二感応一、則光栄朝臣以下七人許送二消息一、以二申刻一令レ祓」、『御堂関白記』長和元年（一〇一二）三月十四日条には、「辰時出レ河、以二七人陰陽師一、従二一条末一到二川合瀬一解除」とある。また、『兵範記』保元三年（一一五八）四月十四日条の「参内、勤二仕七瀬御祓一、御撫物御衣等被レ置レ並二大盤所前一、使七人参会、行事蔵人盛信示二案内一、次使一々参進、取二御衣一各進発、下官依二上臈一向二一条末一了、於二東流一修二御祓一、帰参進二御衣一退出了」とあることから、上位の者が下瀬に行くことになっていた。

(11) 叡山文庫本『六字河臨日記』（大倉精神文化研究所影写本による）。

(12)『阿婆縛抄』にも「谷記云、……一人以二茅◎《輪カ》一繁二檀越身一、従二身下一抜出之」とある。

(13)『神道大系　神宮編一』所収「太神宮諸雑事記」（神道大系編纂会、昭和五十四年）。

(14)『中右記』永久二年（一一一四）正月十六日条。

(15)『台記』久安四年（一一四八）六月十八日条。

(16)『中右記』永久二年（一一一四）正月十四日条。同書永久二年二月三日別記条によると、内宮権任の四・五位三九人、六位二五人、外宮権任の五位四三人、六位三一人、あわせて一三八人を数える。

(17) 西垣晴次「律令体制の解体と伊勢神宮」（『史潮』五六号、昭和三十年）、同「中世神宮領の構造」（『古代・中世の社会と民俗文化』弘文堂、昭和五十一年）、河合正治「伊勢神宮と武家社会」（『中世武家社会の研究』吉川弘文館、昭和四十八年。初出、昭和二十八年）、萩原龍夫「伊勢信仰の発展と祭祀組織」（『中世祭祀組織の研究』増補版、吉川弘文館、昭和五十年）、梅田義彦「関東八州における大神宮領とその遺跡」（『伊勢神宮の史的研究』雄山閣出版、昭和四十八年。初出、昭和八～十三年）、棚橋光男「中世伊勢神宮領の形成」（『中世成立期の法と国家』塙書房、昭和五十八年。初出、昭和五十年）、岡田清一「中世相馬御厨に関する覚え書」（『我孫子市史研究』二号、昭和五十二年。のち『相馬氏の成立と発展』戎光祥出版、平成二十七年）、同「房総の伊勢神宮領」（川村優編『論集 房総史研究』名著出版、昭和五十七年）など。

(18)『平安遺文』一二三八号、「東寺領伊勢国大国荘政所日記」、同一二三九号、応徳二年（一〇八五）六月九日「太神宮検非違使新家俊晴解」。
(19)『平安遺文』一九五九号・一九六〇号、保安三年（一一二二）三月十一日「伊勢国大国荘専当解」。
(20)『平安遺文』二一六一〜六三号、大治五年（一一三〇）六月十一日「下総権介平経繁私領寄進状案」。
(21)『平安遺文』二三五五号、永万元年（一一六五）三月二十一日「占部安光所紛失状案」。
(22)『平安遺文』二五八六号、久安二年（一一四六）八月十日「下総国平常胤寄進状」。
(23)『平安遺文』二五四四号、天養二年（一一四五）二月三日「官宣旨案」、同二五四五号、天養二年二月十四日「祭主下文案」、同二五四六号、天養二年二月十七日「伊勢大神宮司符案」、同二五四七号、天養二年二月二十八日「伊勢大神宮司庁宣案」。
(24)『吾妻鏡』治承四年（一一八〇）七月二十三日条。
(25)『続群書類従』六輯下「荒木系図」。
(26)『吾妻鏡』治承四年（一一八〇）八月十六日条。
(27)岡田米夫「源頼朝の奉幣祈禱と御師との関係を通して見たる――王朝時代より武家時代への転換期に於ける神宮の社会史的考察」（神宮皇學館史学会『史学会会報』九号、昭和八年）、萩原龍夫、前掲註(17)論文、河合正治、前掲註(17)論文。
(28)『吾妻鏡』元暦元年（一一八四）正月三日条。
(29)『吾妻鏡』養和元年（一一八一）十月二十日、元暦元年（一一八四）五月三日条。
(30)『吾妻鏡』文治元年（一一八五）十一月二十四日条。
(31)『吾妻鏡』養和元年（一一八一）七月八日条。
(32)梅田義彦、前掲註(17)著書に引く斎藤夏之助撰『安房志』に「東条西村に滝口庤明神と称する社あり、其神主は会賀氏也」とある。旧東条御厨内、安房郡天津小湊町天津鎮座の天津神明神社では、二〇年ごとに鳥居の立替の行事があり、これを「御遷宮」と称している。代々の宮司家である岡野氏は度会氏出自の会賀《おうが》氏の末裔と伝えられている。
(33)『神宮古典籍影印叢刊3　神宮儀式 中臣祓』（八木書店、昭和五十八年）、宮地直一・山本信哉・河野省三編『大祓詞註釈大成』上巻（内外書籍、昭和十六年。復刻版、名著出版、昭和五十六年）所収。
(34)神宮文庫複製本『中臣祓注抄』宮地直一解説（神宮司庁、昭和八年）。

(35) 『大神宮叢書　神宮参拝記大成』(神宮司庁編、吉川弘文館、復刻版、昭和五十一年)所収「禰宜貞根神主両宮神拝式」「宇治土公貞時両宮神拝式」。

(36) 神宮文庫所蔵。前掲註(33)『神宮古典籍影印叢刊3　神宮儀式 中臣祓』所収。

(37) 前掲註(33)『神宮古典籍影印叢刊3　神宮儀式 中臣祓』所収、影印版に拠った。『神道大系　古典註釈編 中臣祓註釈』(神道大系編纂会、昭和六十年)に収録。

(38) 神宮祠官勤王顕彰会編『建武の中興と神宮祠官の勤王』(東洋社、昭和十年)所収の「檜垣常昌卿の御事歴」「檜垣常昌卿史料」。

(39) 伊勢両部神道の拠点は吉津御厨内の仙宮院であった。ここには『中臣祓訓解』『記解』と『中臣祓義解』が伝えられ、伊勢神道の成立に影響を与えるとともに、伊勢流祓のなかにも密教の陀羅尼が受容されていた。『訓解』にある『金剛界礼懺文』の清浄偈は、「本来清浄呪」(『天地霊覚秘書』)ともいい、伊勢流祓の呪文として用いられている。この点からも仏説・両部神道の系統をも吸収していたことが窺える。

(40) 近世には仏教を排する立場を鮮明にし、「煩悩無塵、煩悩不在」が「極汚濃事毛滞留無者汚者不在」に改められている。谷省吾「一切成就祓の本文と伝来」(皇學館大学史料編纂所報『史料』六三・六四合併号、昭和五十八年。のち『祭祀と思想―神道の祈り―』国書刊行会、昭和六十年)。

(41) 前掲註(35)『大神宮叢書　神宮参拝記大成』所収「宮川日記」。

〔付記〕　本章は発表から四〇年近くが経過しており、その後の研究では、渡部真弓「中臣祓と日本仏教」(『神道と日本仏教』ぺりかん社、平成三年。初出、平成元年)、岡田莊司「中臣祓信仰について」(『神道古典研究』一〇号、神道大系編纂会、平成元年)、宇代貴文「六字河臨法の修法次第・作法について」(『天台学報』六一号、令和元年)がある。また、伊勢流祓の中世以後の展開については、岡田莊司『神道大系　古典註釈編　中臣祓註釈』「解題」(神道大系編纂会、昭和六十年)、鈴木英之「伊勢流祓考―中世における祓の特色―」(『早稲田大学大学院文学研究科紀要』四八輯第一分冊、平成十五年)、大東敬明「鎌倉・南北朝時代における中臣祓注釈―『中臣祓注抄』と称名寺聖教『大中臣祭文』との比較から―」(伊藤聡編『中世神話と神祇・神道世界』竹林舎、平成二十三年)、同「『天都宮事太祝詞』翻刻・解題」「『天津祝詞』翻刻・解題」(『真福寺善本叢刊〈第三期〉神道篇　神道古典』臨川書店、令和元年)などがある。

第五章　『神祇講式』の基礎的考察

はじめに

平安時代中期以降、仏教では講会に行う儀式の式次第と仏を讃えて読み上げる表白文を記した講式が作られる。永観の『往生講式』、源信の『六道講式』をはじめ、鎌倉時代に入ると、仏教復興を目指した高僧により数多くの講式が制作された。仏教系講式の成立と相応して、神仏習合の展開と関わって、神祇系講式の制作も盛んに行われるようになる。思い出すままに、その講式名を列挙すると、『神祇講式』、『八幡講式』、『春日権現講式』、『熱田講式』、『談山講式』、『熊野権現講式』、『天神講式』、『稲荷明神講式』、『荷田講式』、『山王講式』、『丹生講式』、『(四所) 明神講式』、『猿投講式』、『清滝権現講式』、『諏訪大明神講式』、『白山講式』、近世では『東照宮講式』等々である。

神祇系講式は、中世前期の神仏思想を理解する上で重要であり、なかでも、その講式文の内容から照らして、『神祇講式』の文献的価値は高いと推測されるが、成立年代・撰作者について確定した説が未だ立てられていない。

本章では、『神祇講式』の成立年代と撰作者を中心に基礎的な考察を進めていく。

一　『神祇講式』の諸本

『神祇講式』の成立年代・撰作者について触れた論文は少なく、大山公淳は、伝弘法大師著作の神道書の第九番目に「神祇講式　一巻」を掲げ、高野山大学図書館、金剛三昧院寄託本、享禄四年霜月の写本を紹介されている。[1] その写本の最末には別筆にて大師御作祓を載せ、「これによると今の祓文が大師作であるやうにも見られる」とされ、「要するに本書も大師の真作とは考へられず、前本（「雨宝童子啓白文」）と同じく室町初期の作かもしれぬ」と述べられた。このほか、『修験道辞典』（東京堂出版、昭和六十一年）の「神祇講式」の項目には、「撰者は不明だが、室町時代末期の成立とされている。（由谷）」と記すが、その根拠については明示されていない。『神祇講式』の古写本には、鎌倉時代まで遡る諸本が存在するので、鎌倉時代までその成立期が遡ることは確定していると考えてよいだろう。

そこで管見に触れた鎌倉時代に書写された『神祇講式』の古写本を中心にここに列記する。

（A）宮内庁書陵部所蔵、伏見宮本「神祇講私記断簡」（後欠）、鎌倉末期ごろの書写本。「神祇講私記」の書名があり、冒頭部のみが遺されている。

　神祇講私記　　先惣礼

我此道場如帝珠　十方三宝影現中

我身影現三宝前　頭面接足帰命礼

　　三礼　如常

慎敬白下豊葦原中国開闢、天神伊弉諾伊弉冉、天照太神、天児屋□□□□（根等尊神）、国家鎮守諸社崇廟、和光同塵利益衆生者、梵釈龍天、護法善神等上而言、伏以釈尊出世、雖レ無（ママ）二済度於西天一、我等衆生已漏二彼機一、神明利生雖レ施二化儀於東土一、不二信敬一者、何預二其恵一、可レ勤也、可レ敬也、凡自二鉾滴一成レ嶋之当初、吾国大海之底有二大日□□□（如来之）□□□□□（印文此仏法）流布之瑞相也、第六天魔王為レ障二㝵仏法一、欲レ令レ無二国土一之時、天照太神請二神璽於魔王一、天地開闢（記文取意）以降、八百（後欠）

（B）大須観音・真福寺文庫所蔵、「神祇講私記」（後欠）、宮内庁伏見宮本と同じく、鎌倉末期ごろの書写と推定されている。前半部の三分の一にあたる「八相成道利物終、当得」までで終り、「菩提願望宜満」以下を欠く。『真福寺善本叢刊〈第三期〉神道篇第一巻　神道古典』（臨川書店、令和元年）に本文翻刻が収録されている。

（C）醍醐寺三宝院所蔵、「神祇講私記」（巻末の書名による。所蔵番号二一五―一六。「醍醐寺聖教類目録」の史料名は「神祇講式」）一巻（前欠）。冒頭部を欠き、「瑞相也、第六天魔王」から始まる。鎌倉後期、弘安九年（一二八六）の書写本。重奥書「于時、文永戊辰中□上旬記之云々」とあるので、文永五年（一二六八）か、それ以前の書写本に基づいている。書写年代が確認できる最古本である。その巻末は、次のとおり。

追加　奥書曰

日本国神祇三千一百三十二社（以下略）

重奥書云、仏者出迦毘羅城（以下略）

文永戊辰中□上旬記之云々

私云、以二所次一、講二此式一、所レ祈二禱天下静謐、国土安穏一也、次祈二方々諸壇越一者也、

弘安九年正月三日　権長吏法眼晴弥（花押）

以上の右三本が鎌倉期に遡る『神祇講式』であるが、これらはそれぞれ完本ではない。（A）宮内庁本は冒頭部の

み、（B）真福寺文庫本は前半部のみ、（C）醍醐寺本は冒頭部を欠き、後半部を遺す。（C）醍醐寺本の奥書により、弘安、さらには文永年間には同書が遅くとも制作されていたことになる。従来あった室町期撰作説は成り立たない。

このほか、室町期以降の書写本・版本を列記する。

（D）高野山金剛三昧院所蔵、貞享五年（一六八八）書写の巻子本一巻。表題に「神祇講式　高野山南谷　持明院常在」、巻末に「神祇講式　行教和尚之作云々」とある。奥書によると数本を集めて校合したと記す。高野山関係では、このほか多数の写本を所蔵しており、これについては未調査。

（E）天理図書館所蔵、「命禄三年」（天文十一年〈一五四二〉）下総国香取郡・証海書写本「神祇講式」巻子本一巻。

（F）天理図書館所蔵、吉田文庫本の表紙に「神祇講私記」（前欠）、巻尾にも「神祇講私記」とある。永正年間（一五〇四～二一）の巻子本一巻。前半部を欠き、欠損箇所が多く、新補の裏打ちが施されている。昭和五十年（一九七五）に天理図書館において本書を拝見したところ、虫食いが多く、巻物を開くことは困難と思いあきらめたのであった。その後の閲覧では、新たな裏打ちを付して補修されていた。最末の奥書の部分を閲覧し、これにより「神祇講式」の撰者が解脱房貞慶であることを確認できた。その奥書は次のとおり。

右此式者、南都興福寺学侶解脱上人之御作也、

但後笠置寺上人

于時、永正十二年乙亥八月十五日　　ヒカンの　　結願ニ之ヲ

永正十九年　　書写□也、

（G）長谷寺所蔵、近世末期書写本「神祇講式」。奥書に享保二十年（一七三五）「法印神真」書写、文政三年（一八

二〇）「豊山留学憲誉」写校の記がある。『神道大系　真言神道下』、『大神神社史料　三輪流神道篇』、『松尾大社史料集　典籍篇二』の底本となる。

（H）西大寺所蔵、巻子一巻、表紙題簽に「神祇講私記　解脱上人作」とある。江戸期の写本。奥書は次のとおり。

右此式者、笠置寺解脱上人貞慶之製作也、始興福寺住居之時、為二春日大明神法楽一有二製作一云々、

（I）金沢文庫所蔵、延享三年（一七四六）本（所蔵番号二五二―七）。巻首に「神祇講」とある巻子本一巻。その奥書は次のとおり。

延享三年丙寅歳正月廿三日書畢、

右雖二悪筆一廿五才疫払ノタメニ、廿二日ヨリ廿三日迄、襲書之了、（花押）

金沢文庫には、右の一本のほかに、同じく巻首に「神祇講」とあり、巻尾に「延享五戊辰龍開歳十八日欽書之、恵山（花押）」とある巻子本一巻（所蔵番号二五二―八）がある。「金沢文庫現存神道関係資料総目録」[2]には、一九二・一九三番の二点に右の「神祇講」を掲げて、筆写の時代を「鎌倉」とするが、これは共に、江戸期の延享三・五年の書写になるものである。同書には、一九四番に「鎌倉」期の「粘葉」装「神祇講式」が掲出されているが未見。また、別に天保四年（一八三三）大宝院高禅書写の巻子本一巻がある。

（J）鈴鹿三七（吉田家家司の分家）旧蔵、版本「神祇講式」（古活字版）。これを西田長男宅において昭和五十三年ごろ拝見した。版本の上包には「昭和十一年七月中五獲」「徳川初期刊か」とあり、近世初頭の版本。折本の天地二二センチ、ヨコ（一折）八センチ、全長三〇三センチ。全二〇折、一折四行、一行一七字。朱筆にて送り仮名、墨字にて読みを部分部分に付す。

版本には古活字版の鈴鹿本のほか、吉田家にも木版本が伝来してきた（現在、天理図書館吉田文庫所蔵）。これをは

じめて紹介したのは小島鉦作である。「序でを以て披露したいのは、神道側の制作にかかる講式のことである。それは京都吉田家（神道管領長上）であって、同家旧蔵にかかる『神祇講式』のことである。これは室町時代末期の板本で、折本一帖である。内容は頗る特色があり、吉田家も独自の立場から、神社と神道の興隆のために、講式を活用したと思われることである」とあり、その注記に、「私は昭和十一年にこの書を披見し、これを影写したが、現在は天理図書館に収蔵され、『吉田文庫神道書目録』一七八頁に見えている(3)」とある。天理図書館の『吉田文庫　神道書目録』に見える「神祇講式　折一冊　室町時代末期板」とあるのが、それである。折本の天地二三・五センチ、ヨコ（一折）七センチ、全長二八三センチ。全二〇折、一折四行、一行一七字。末尾に「神識」の墨字あり。鈴鹿本・天理吉田本の二本の字句の内容は近似するが、鈴鹿本は正字の「神祇」、天理吉田本は「神祇」とあるなど、字型は異なる。版本の二種が、吉田・鈴鹿の両家に伝来してきたことは注目に値する。このほか叡山文庫の池田史宗蔵書にも、版本「神祇講式」を収蔵する。折本の天地二四センチ、ヨコ（一折）七センチ、全一八・五折。

『神祇講式』は室町末期以降、寺院外にも伝播していった。とくに吉田神道側に伝えられ、版本が制作され、修験道の側にも伝来して、修験の神祇崇拝に用いられた(4)。当山派修験の常用する経典を集成した観弘編『修験常用集』（文政八年刊）には「神祇講式(5)」が収載されている。また、萩原龍夫(6)が紹介した静岡市日向の禰宜家内野氏所蔵の、天正十八年（一五九〇）に「カモノ助」が「サルワカ」に伝授した全文カタカナ書き本「神祇講式」（前欠）がある。地方村落まで深く浸透、伝授されていたことがわかる。

右のとおり、諸本は数多く、伝来の系統図が明らかにできるほどの大きな違いは認められなかった。諸本の最末にある「安養知足仏土、随願而往詣霊山補陀落宝刹、任志而生在」の二三字が醍醐寺本には見えないのが、大きな違いといえる。全体としていえば、鎌倉期の醍醐寺本が撰作初期の形式を遺し、室町末期以降の版本などには、若干の字句の改訂・増補が認められるものの、大異の部分はないといってもいい。

二　『神祇講式』撰作者の検討

『神祇講式』の撰作者について、空海・行教とする伝もあるが、最も信憑性の高いのは解脱房貞慶である。先の伝本のうち、（F）天理図書館吉田文庫本には「右此式者南都興福寺学侶解脱上人之御作也、但後笠置寺上人」、（H）西大寺本には「右此式者、笠置寺解脱上人貞慶之製作也、始興福寺住居之時、為㆓春日大明神法楽㆒有㆓製作㆒云々」とある妥当性について考究する。

1　書名

一般には「神祇講式」（金沢文庫本は「神祇講」とある）の名称で通用しているが、別に「神祇講私記」の書名がある。鎌倉期の（A）宮内庁本・（B）真福寺文庫本の冒頭には、ともに「神祇講私記」とあり、（C）醍醐寺本の巻尾にも「神祇講私記」とある。奥書に貞慶作と明記する（F）天理吉田文庫本の表紙と巻尾、（H）西大寺本の表紙には「神祇講私記」とあるので、鎌倉期の書名は「神祇講私記」と書かれていた可能性が高い。

『神祇講式』は『神祇講私記』と、書名は異なるが内容は小異を除いて、ほぼ一致する。『神祇講式』には字句内容が大きく異なる別系統の写本は存在していない(7)。むしろ「神祇講私記」と書かれている諸本に、古い原形を辿ることが可能である。本章では、通用している「神祇講式」の表記を、以下用いる。

2 偈文・伽陀

『神祇講式』は、「先物礼」ののち、七字四軀の偈文が唱えられる。

（A本）我此道場如帝珠　十方三宝影現中　我身影現三宝前　頭面接足帰命礼

（B本）我此道場如帝珠　十方諸仏影現□　我身影現諸仏前　頭面摂足帰命礼

（諸本）我此道場如帝珠　十方諸神影現中　我身影現神祇前　頭面接足帰命礼

右の鎌倉期の写本にある第二句の「三宝」「諸仏」は、室町期以降の諸本には「諸神」、第三句の「三宝」「諸仏」は「神祇」に改められている。慈円が承元三年（一二〇九）に起草した神祇系の『山王講式（地主権現講式）』には、(8)

我此道場如帝珠　十方諸仏影現中　我身影現諸仏前　頭面摂足帰命礼

とあり、貞慶の「弥勒講式伽陀」(9)にも、（B）本と同文を載せる。神祇系の東大寺図書館所蔵『八幡講式』（嘉吉三年〈一四四三〉、賢慶本）にも同文を掲げる。醍醐寺三宝院所蔵『清滝権現講式』(10)には、

我此道場如帝珠　十方三宝影現中　我身影現三宝前　頭面接足帰命礼

とあり、（A）と同文である。また、十三世紀前半、承久の乱後に成立した『荷田講式』(11)の冒頭には、

□□道場如帝珠　和光同塵影現中　我身影現今対面　頭面接足帰命礼

と類似文がある。(12)右に掲げた数々の伽陀文の源流としては、貞慶・慈円撰述の伽陀あたりまで遡ることができよう。

（B）真福寺文庫本の「仏」の傍注に「神」、「諸仏」の傍注に「神祇」と小字で書き入れられているのは、鎌倉後期ごろに、変化していった形跡と考えられよう。

七字四句の偈文につづいて、（G）長谷寺本・（J）版本には「南無日本国中大小神祇本地法身諸仏菩薩心中諸願決

定円満」とあり、第一の伽陀の最後にも同文の名号を掲げる。（Ｉ）金沢文庫本には「南無日本国中大小神祇本地法身諸仏菩薩生々世々値遇頂戴」と名号があるが、鎌倉期の書写本、貞慶本（Ｆ・Ｈ）にはこの記載がない。後の増補の部分かと思われる。

表白文に入り、「第一讃諸神本地」、「第二述垂迹利益」、「第三廻向発願」の讃嘆の旨趣が述べられる。表白文・第一の末には、本地の徳を讃える伽陀が唱えられる。

本躰盧舎那　久遠成正覚　為度衆生故　示現大明神

第二の末には、神徳を讃える伽陀が唱えられる。

諸仏救世者　住於大神通　為悦衆生故　現無量神力

第三の末には、回向の頌が唱えられる。

願以此功徳　普及於一切　我等与衆生　皆共成仏道

以上のうち、第一の伽陀は『麗気記・天照皇大神宮鎮座次第』、『撰集抄』巻一、第二にも収められている[13]。また、第二の伽陀は法華経の如来神力品、第二十一、第三の伽陀は、法華経の化城喩品、第七、に基づいている。とくに第三の伽陀は諸々の講式に引かれ、中世の板碑（青梅市の塩船観音寺の永仁四年弥陀種子板碑など）にも刻まれていて、広く伝播している[14]。

3　天照大神と天児屋根尊

『神祇講式』は表白文に入り、「慎敬白豊葦原中国開闢　天神伊弉諾伊弉□（冉）、天照太神、天児屋根尊神、国家鎮守諸社崇廟」とある。ここに天照大神とともに天児屋根尊が挙げられていることに注意しなければならない。この二神による約諾により藤原氏の摂関体制を擁護する見解が、藤原氏（九条家）出身の慈円著作『愚管抄』第三に「天照大神アマノコヤネノ春日ノ大明神ニ同侍二殿内一能為二防護一ト御一諾ヲハリニシカバ、臣家ニテ王ヲタスケタテマツルベキ期イタリテ」と語られている。こうした二神約諾伝承が遅くとも院政期の『扶桑略記』寛治七年（一〇九三）八月二十二日条に「山階寺大衆献二上奏状一、其詞云」として記録されている。(15) とりわけ藤原氏の氏寺興福寺と氏神春日社とに関わって、「右謹検二旧記一、当社者、霊異掲焉之処、鎮護国家之砌也、我大日本国者、依二天照大神勅一天児屋根命之扶持力也、是以上衛二王室一、下撫二民家一、……就レ中大織冠建二立釈迦像一、淡海公草二創興福寺一者、為下盛二王室一全中社稷上也、自レ爾以降、代々帝王皇后皆出二此氏一、春日明神守二護興福寺一、興福寺扶二持春日明神一、云レ寺云レ社、処一代同、社愁即寺愁也」とあることが、山階寺（興福寺）の僧侶に伝来している。

『神祇講式』の撰者に比定される貞慶（一一五五〜一二一三）は藤原氏南家、信西（通憲）の孫、少納言貞憲の子として生まれる。解脱房・笠置上人とも。法相宗の学僧。八歳のとき、南都に下り、十一歳で受戒。興福寺では叔父覚憲に師事し、研鑽に励み、建久四年（一一九三）笠置山に隠棲するまでの、前半生三〇年を興福寺を中心に活動している。天児屋根尊は、貞慶にとっても、家が藤原氏一族であり祖神であること、興福寺の鎮守春日社の第三殿の祭神であることから重視する。貞慶の著作と確認できる「別願講式（春日講式）」（「弥勒如来感応抄」第一）にも、「沙門ム敬白、盡虚空界一切三宝、殊大恩教主釈迦牟尼如来、兜率天上弥勒慈尊、天照大神、春日大神、仏法護持八部冥衆而言」とあり、伊勢と春日の二神を掲げている。貞慶と伊勢との関係は、建久五年八月、伊勢内宮に参詣し、天照大神を感得し（『笠置寺縁起』）、翌六年四月には、重源の二宮法楽のために参宮して導師を務めている（『東大寺衆徒伊勢参詣記』）。また、貞慶が大神宮に奉った大般若経が祭主大中臣氏の氏寺である蓮台寺に納められていた。(16) 建久七年「笠置寺法華八講勧進帳」（「弥勒如来感応抄」第一）にも「奉為　伊勢大神宮」とある。貞慶の神祇信仰には、伊勢と春日が中枢の位置を占めている。

4　大日の印文と魔王伝説

表白文（総論）には、「凡自二鉾滴一成レ嶋、当初、吾国大海之底有二大日如来之印文一、仏法流布之瑞相也、第六天魔王為レ障二礙仏法一、欲レ令レ無二国土一之時、天照大神請二神璽於魔王一、天地開闢記文取意以降、八万神達、外顕下異二仏教一之儀式上、内為下護二仏法一之神兵、搆二善巧於内外一、救二黎民於我国一也」とあり、新たな開闢神話として、海底より大日如来の印文が出現すること、天照大神が第六天魔王と契約して神璽を請け取り、仏法擁護の立場にあることが語られ、表面上は伊勢神宮が仏法禁忌の根拠ともされてきた。第六天は天上界の欲界（他化自在天）で、魔矢・天魔・魔道ともいい、ここに住した魔王が眷属を率いて人間界において仏道を妨げることに基づいている。また、表白文（第一）にも、「海底印文可レ思可レ貴也」とある。右の文中「天地開闢」に注して「記文取意」とあるのは、魔王伝説に関わる開闢神話・国譲り伝説の「記文」が別に存在していたことになる。

『神祇講式』は貞慶の作の可能性が高いが、ほぼ同時期ごろに成立する『中臣祓訓解』にも「所為嘗天地開闢之初、神宝日出之時、法界法身心王大日……現二権化之姿一、垂二跡閻浮提一、請二府璽於魔王一、施二降化之神力一、神光神使駅二於八荒一、慈悲慈檄領二於十方一以降、忝大神、外顕下異二仏教一之儀式上、内為下護二仏法一之神兵上、雖二内外詞異一、同二化度方便一」と類似した内容が記されているが、『訓解』の方には大日の印文伝説は確認できない。しかし、無住の著作になる『沙石集』第一の冒頭「太神宮御事」には、「去弘長年中、太神宮へ詣テ侍シニ、或社官ノ語シハ、当社ニ三宝ノ御名ヲ忌、御殿近クハ僧ナドモ詣デヌ事ハ、昔此国未ダナカリケル時、大海ノ底ニ大日ノ印文アリケルニヨリ、太神宮御鉾指下テサグリ給ケル、其鉾ノ滴、露ノ如ク也ケル時、第六天魔王遥ニ見テ、此滴国ト成テ、仏法流布シ、人倫生死ヲ出ベキ相アリトテ、失ハン為ニ下ダリケルヲ、太神宮、魔王ニ会給テ、ワレ三宝ノ名ヲモイハジ、我身ニモ近ヅケジ、トク〳〵帰リ上給ヘト、誘ヘ給ケレバ帰ニケリ……外ニハ仏法ヲ憂キ事ニシ、内ニハ深ク三宝ヲ守リ給フ事ニテ御座マス故ニ、我国ノ仏法、偏ニ太神宮ノ御守護ニヨレリ、……都ハ大海ノ底ノ大日ノ印文ヨリ事起リテ、内宮外宮ハ両部ノ大日トコソ習伝ヘテ侍ベシ」とある。三書には傍線部のとおり共通項がある。伊勢祠官の口から語られているとおり、神宮内部にも、大日印文と魔王伝説がセットになった新たな仏法擁護に関する開闢神話が深く浸透していたことが確認でき、そこには伊勢との関係の深かった貞慶ら鎌倉初期の高僧たちの姿が浮上してくる。

魔王伝説と貞慶との関係を、謡曲「第六天」や『太平記』を素材に、本格的に研究を進めたのは細川涼一である。細川は伊勢参宮を「事実」としつつも、「貞慶に関する説話はいづれも鎌倉時代後期のものであり、貞慶に関する伝記的事実として確定することはできない(17)」とするが、『神祇講式』を貞慶作とするならば、大日印文と魔王伝説を記録した開闢神話としては、現存する記録ではこれが最も古い成立に属し、細川の想定は確固たるものとなる。

前項「天照大神と天児屋根尊」にも触れたが、『笠置寺縁起』によると、建久五年八月三日の般若台院六角堂の「上棟也、彼堂供養之前日、伊勢太神宮御参詣之処、親於二内宮神前一、忝 御神御姿 御感得云々、則六角堂内陣御厨子御奉納也」とあり、貞慶は伊勢参宮を遂げたあと、笠置寺六角堂の内陣に伊勢大神の厨子を納置する。この六角堂供養に際して、悪魔は「競望」したが神明の託宣により覚め、魔障は退散して、貞慶の供養は成就したという。細川は般若台六角堂に勧請された伊勢の神の前に現れた悪魔・魔障を第六天魔王に充てている。魔王は天照大神の神威をうけて退散する。伊勢に関わる魔王伝説は貞慶の参宮、大神の勧請、霊夢の感得などの中から形成されており、『神祇講式』などに伝承される魔王開闢神話も、貞慶本人も含めて、貞慶の側近くから採録されたものであろう。

5　諸宗の僧侶と神祇

表白文（第一）には、「行教和尚誦二般若於宇佐宮一、三尊忽現二忍辱之袂一、仲算大徳講二心経於那智滝一、千手新顕二懇念之前一、以知、諸社瑞籬、則厳浄仏土也」とある。行教については、石清水八幡の創始者として著名であり、『南都大安寺塔中院縁起』（石清水文書之五、宮寺縁事抄第十三）に、「右当院者寺僧行教入唐帰朝次、参二筑紫豊前国宇佐宮一一夏九旬之間罷籠、転二読大般若経一……和尚緑衫衣袖上尺迦三尊顕現」とあるのが参考となろう。仲算については、平安中期の興福寺僧で、内外典に通じ、論義に長じていたが、僧官を望まず、「安和二年、於二熊野山那智瀧下一講二般若心経一、忽現二千手千眼之像一」（『元亨釈書』巻四、仲算伝）と見える。

表白文（第二）には、「依レ之遍照金剛伝二密教於和国一、丹生明神与二其地一、伝教大師弘二顕宗於台嶺一、日吉山王守二其法一、加之華厳金陵床上、善神擁護之風静扇、三性五重窓前、春日和光之影亦潔、金剛蔵王者、仮雖レ隠二泥洹双樹之春煙一、遥出二日域南山之秋空一、自然湧出生身、誓護二慈氏之教一、熊野権現者暫辞二東土西方之宝刹一、垂二化儀於牟婁郡一、鎮留二東域扶桑之金殿一、契二引接於極楽界一、諸社誓護如レ此」とある。空海と丹生明神、最澄と日吉山王権現、華厳、法相、蔵王、熊野の諸信仰が紹介される。金剛蔵王は慈氏（弥勒）信仰の霊場であり、藤原道長をはじめ多くの貴族が参詣したが、貞慶が籠居する笠置山も、弥勒下山の霊山として信仰され、弥勒＝蔵王（金峯）信仰の中心地とされ、都に近い笠置は、金峯詣の代行地とされていて[18]、貞慶には蔵王信仰が強く意識されていたことが背景にあろう。

貞慶が法然門下を糾弾する目的で、元久二年（一二〇五）に起草されたとされる『興福寺奏状』の九条のうちの第五には、

第五、背二霊神一失、念仏之輩、永別二神明一、不レ論二権化実類一、不レ憚二宗廟大社一、若恃二神明一、必堕二魔界一云々、

於二実類鬼神一者、置而不レ論、至二権化垂跡一者、既是大聖也、上代高僧皆以帰敬、彼伝教参二宇佐宮一、参二春日(香春カ)社一、各有二奇特之瑞相一、智証詣二熊野山一、講二新羅神一、深祈二門葉之繁昌一、行教和尚袈裟之上三尊宿レ影、弘法大師画図中八幡顕レ質、是皆不レ及二法然一之人歟、可レ堕二魔界一之僧歟、就レ中行教和尚備(帰カ)二大安寺一造二二階楼一、上階安二八幡御体一、下階持二一切経論一、神明若不レ足レ拝者、如何安二聖体於法門之上一哉、末世沙門猶敬二君臣一、況於二霊神一哉、

如レ此麁言、尤何レ被二停廃一

とある。ここには最澄・円珍・空海・行教ら上代の高僧と神祇との関係が語られ、彼らが法然に及ばない僧ではないことを強調している。この奏状の文句と考えには共通項が認められ、神祇崇敬の高僧の存在を重視する立場は貞慶の理解と一致する。

6　仏法と王法、神と法

表白文（第一）には、「興法利生悲願慇重、為下弘二仏法一兼護中王法上、仮出二法性都一、月移二秋津嶋之隅一、暫改二報身境一、華薫二豊葦原之邦一」とある。

表白文（第二）には、「況於二神国一哉、国者神之可レ興国也、生者神之可レ度之生也、神与レ祇契約無レ惑、王与レ臣安全不レ変、助レ王助レ国之恵、是厚護レ法護レ仁之誓亦深」とある。平安末期の王法・仏法相依論が高潮するなかで、仏法を弘め、あわせて王法を擁護する存在として、神仏関係による神祇が浮上する。それは、王権を助け、国家を助ける護持論を掲げ、表白文の最末には「殊者金輪聖主宝祚延長」、すなわち天皇＝王権の永続性への主張、祈念へとつながる。

また、表白文（第二）に、「神者依レ法霊徳長命也、法者依レ神利生掲焉也」とあるのは、世に著名な『御成敗式目』

第一条の神人相依論にもつながってくる。貞慶の執筆した「法花転読発願」[19]には「法ハ依レ人弘マリ、人ハ依レ法度」とあるのにも関係する。また、鎌倉中期以前成立の「神祇講秘式」（醍醐寺には「神祇講式」と同名の別本がある。『弘法大師全集』第十四、所収の「神祇通用之祭文」とほぼ同文）には「神者為二人之父母一、人者為二神之子孫一、神独不レ貴、必待二人之法施一増二威光一、人独不レ楽、蒙二諸神之護持一成二悉地一」とある。

時期は少々降るが、正和元年（一三一四）の「鶴岡宮前読法華経一千部願文」（『本朝文集』第六十九）に「神依二法力一垂二擁護一、法以二神応一増二威徳一、真俗道交、内外潜通者歟」とあるのに通じている。[20]

7　春日権現と当社権現

表白文（第二）には、「是則権者実者随レ所応レ機、為レ主為レ伴、互通互助、殊当社権現者、慈悲万行之名称、朝家無双之霊神也」とある。

（F）吉田文庫本は「当社」の下に「神名随所」、（D）高野山本・（J）版本は「当社権現者」の下に「随所」とある。また、表白文（第三）の神名列記のあと、「当社権現」のところに、吉田文庫本は「当社神名随所権現」、金沢文庫本は「当社某甲権現大明神、権現」と記されている。とすると、この『神祇講式』は、のちの諸本では「神名随所」の神祇各々、諸社の神祇に対応できるように、用いられたことになろう。ところが、本書撰作の当初においては、特定の権現であった。その権現が「慈悲万行之名称、朝家無双之霊神」とあるのは、春日権現にほかならない。この『神祇講式』は撰作の当初には、春日の神拝礼用の春日権現を中心とした講式として制作されている。春日の神と特別の信仰を持っていた高僧としては、貞慶の名が最初に思いつく。[21]

貞慶の「別願講式（春日講式）」（「弥勒如来感応抄」第一）には、

我朝宗廟大社之霊神、亦則諸仏菩薩之権化也、上古以来世挙云々、就中至二春日大神一者、承平年中託宣、自称二慈悲万行菩薩一、……彼金剛蔵王為三日蔵上人示二金峰浄土一遂岳二加被一、上詣二兜率内院一下見二閻魔王界等一也、

とあり、「春日大明神発願文」(22)には、

爰葦原中国者、本是神国也、彼宗廟大社之霊神、多是諸仏菩薩之権化也、……其中春日大明神者、本朝開闢之濫觴、仏法護持之上首、後葉久弥二一天一、誓約殊重二吾宗一、総別機縁有レ超二余社一、仏子自二幼稚当初一至二隠遁之今一、付レ真付レ俗云レ名云レ利、慈悲眸前仰二加護一三十余年……総顧レ之者、釈尊広大之恩徳、近謂レ之者、権現掲焉之方便也、凡国土勝絶之地、仏法流布之砌者、先仏出世之時、皆有レ寺有レ法、善神守レ之僧徒住レ之、其地其法、其神其人、一一因縁、追レ旧至レ今、和光同塵結縁之初、豈只今生乎、……但如二承平年中託宣一者、自称二慈悲万行菩薩一、

とある発願文の趣旨は、貞慶が兜率上生を期し、その実現まで、春日権現の冥告を仰ぐことを明らかにする。貞慶と春日明神との関係は、興福寺在住、修行の時代からのことであったと推定されるが、笠置寺に籠居し、ここの般若台に春日神祠を創建する建久七年以降も、伊勢とともに春日明神の神祇への傾斜を強くしていった。

日本の神を権社神、実社神の二類に分ける考えが中世に始まるが、その起源が先の貞慶の『興福寺奏状』の権化（垂迹神）、実類（鬼神）にあるとされるが、右の『神祇講式』の権者・実者も同じ考えに基づいており、貞慶がその主唱者であったことになる。

8　諸神祇

表白文（第三）には、「次奉献天神七代、地神五代、殊別天照豊受両大神宮、八幡三所、賀茂下上、松尾、平野、

稲荷、春日、大原野、大神、石上、大和、広瀬、龍田、住吉、日吉、梅宮、吉田、広田、祇園、北野、丹生、貴布禰、関東鎮守、二所権現、三島宮、惣金峯、熊野、白山、新羅等、普天率土有勢無勢大小神祇、殊当社権現、（以下略）」

とある。

「天神七代、地神五代」の前者について、記紀は「神世七代」、後者については記述がない。牟禮仁によると、仁安二年（一一六七）成立の『古今序注』に「已上謂之神世七代、天神七代、此外地神五代也」、嘉応年間（一一六九～七〇）成立の『簾中抄』上に「神世十二代、天神七代、地神五代」とあるのが早い例という(23)。以後、諸書に散見するが、『神祇講式』が貞慶撰作とすると、これも早い例の一つになる。

つぎには伊勢両宮以下の神社を列記する。伊勢以下、貴布禰までの各社は、朝廷の定めた「二十二社」の順序で記録されている。ここで、問題となるのが、最初の伊勢の「天照豊受両大神宮」の記述内容である。二宮に分けて、「大神宮」を冠する事例は必ずしも多くはない。

ここで想起されるのは、貞慶が晩年を過ごした海住山寺の神名帳がある。貞慶没の四年後の建保五年（一二一七）正月に「故上人御房御筆蹟」である。「神名帳一通」と「牛王本一通」（建暦三年貞慶起請文）が「本堂内陣」に納め置かれた(24)。この「神名帳一通」とは、「海住山寺修正神名帳」(25)をいい、展覧図録には「貞慶が海住山寺においておこなった修正会の際に読みあげられた神名帳である。勧請された神々の名を記す。筆跡から貞慶自筆と認められる。振仮名も同筆(26)」と解説されている。

海住山寺修正神名帳

天照《アマテル》太神宮　豊受《トヨウ□》□□□　石清水《イワシミツノ》八幡大菩薩　賀茂上下大明神　松尾大明神　平野大明神　稲荷大明神　春日大明神　日禅大神宮　黒玄太神宮　平岡《ヲカ》大明神　鹿嶋大明神　梶取《カトリ》大明神　三輪大明神

龍田大明神　住吉大明神　熊野三所権現　金峯山金剛蔵王　勝手大明神　子守大明神　三十八所大明神　白山権現　日吉七社大明神　南宮大明神　貴舟大明神　祇薗御霊　北野天満天神　鏡作大明神　熱田大明神　雨師大明神　当所鎮守白石大明神　二所御霊　遠巓大明神　鹿背《カセ》大明神　梅宮大明神　葛木《カツラキノ》一言主大明神　滝蔵権現　広田大明神　高田大明神　柞野杜《ハヽソノモリノ》大明神　布留大明神　水分大明神　火雷天神

椿下《ツハキモト》大明神　木辛《コカラシ》大明神　広川大明神　月読《ツキヨミ》大明神　竈《カマトノ》大菩薩　阿蘇《ソ》大明神　日光大明神

天一、太伯、牛頭天王、武当天神、虵毒気神王、太歳八神、護僧伽藍十八善神、日本国中王城鎮守六十余州大小神祇、

これにより、貞慶の神祇観の大要が理解できるが、ここで注目されるのは、冒頭の伊勢両宮の部分である。「天照太神宮　豊受□□□」とあり、□の三字について、『鎌倉遺文』の編者は「大明神ヵ」と推定しているが、これは「天照太神宮」との対応関係から言えば、「豊受太神宮」と書かれていたと考えられる。貞慶自筆とされる「神名帳」の伊勢両宮の記述（用字）は、講式文にある「天照豊受両大神宮」の記述と共通している。「大神宮」は貞慶作には「太神宮」とあった可能性が高い。この自筆の神名帳と『神祇講式』の伊勢の用字法の類似は、『神祇講式』の貞慶撰作説を強化するものである。

つづいて「関東鎮守、二所権現、三島宮」の部分も、作者・成立時期を推測する手がかりとして重要である。東国関東の二所権現とは、伊豆山（走湯）権現、箱根権現の二所をいい、これに伊豆一宮の三島社を加えて、文治四年（一一八八）正月、源頼朝が参詣し、以後、建久元年、二年にも参詣、将軍実朝も頼朝の先例に倣い、元久元年（一二〇四）以降、八回参詣している。二所詣は鎌倉幕府の主要行事ともなった。『御成敗式目』の制定にあたり、書かれ

た貞永元年（一二三二）起請文には、

梵天帝釈四大天王、惣日本国中六十余州大小神祇、別伊豆・筥根両所権現、三島大明神、八幡大菩薩、天満大自在天、部類眷属、神罰冥罰於各可二罷蒙一也、仍起請如レ件、

とある神名が列記されており、幕府が重視した神祇の名称が理解できるが、この「別」して掲げた神名と、『神祇講式』の「関東鎮守」は共通している。遠い東国の幕府志向の神祇と『神祇講式』の神名が一致しているのは何故か。

貞慶の撰作を前提にして考えると、貞慶と東国との関係は、元久元年に「笠置解脱上人」貞慶の使者が鎌倉に遣わされ、笠置寺礼堂建立の奉加を申し出、将軍家（実朝）から砂金以下が送られた。のち無事に礼堂が再建されると貞慶は再び鎌倉へ御礼の使者を遣わしている(27)。「関東鎮守」が特記されたのも、このような幕府との特別の関係によるところであろう。成立年代も笠置寺籠居中の、元久元年から『興福寺奏状』が起草された元久二年、さらに海住山寺へ移住する承元元年までの、このころの可能性が高い。

おわりに

日本国中の神祇は、大日如来を中心とする法身諸仏菩薩が仏法を擁護するために神明の身となって現れたもので、『神祇講式』の所作により、神護冥助を仰ぐことを願っている。それは、表白文（第一）の「励二志於神冥一、亦従二神道一帰二仏道一之方便也」という、神祇への崇敬がそのまま仏法の帰依への道であり、表白文（第三）の最末では、「依二権現神力一知二今生寿限一、蒙二当社擁護一識二順次生所一、安養知足仏土、随レ願而往二詣霊山補陀落宝刹一、任レ志而生在」という文句を掲げている。

『神祇講式』は第3・4・5・7・8項で触れたように、ほぼ貞慶の撰作と確定してよい。(F)天理図書館吉田文庫本の奥書「右此式者、南都興福寺学侶解脱上人之御作也、但後笠置寺上人」と(H)西大寺本の奥書「右此式者、笠置寺解脱上人貞慶之製作也、始興福寺住居之時、為二春日大明神法楽一有二製作一云々」との信憑性は高い。ただし、「興福寺学侶」「興福寺住居」時代の前半生に書かれたものではなかろう。興福寺擁護神である春日明神との関係から推測されたのであろうが、第7項の関東鎮守の挿入や、貞慶の神祇思想の高まりとの関係でいえば、撰作年代は笠置寺籠居中の元久年間(一二〇四〜〇六)前後とすべきであろう。

貞慶は建久三年(一一九二)笠置寺に隠棲し、三十代後半から五十代前半まで弥勒の兜率天に上生することを期した弥勒信仰を重んじ、晩年の承元元年(一二〇七)には補陀落山海住山寺を再興して、観音を祈請し、西方浄土の初門たる補陀落に託生しようとしており、建暦三年(一二一三)五十九歳で入滅した。彼の信仰の中枢は弥勒・弥陀・観音に帰依し[28]、これを擁護する神祇の存在を高く意識した。貞慶の講式の起草・著作は、弥勒・観音信仰を中心に、建久三年の『発心講式』、同七年に『弥勒講式』、『地蔵講式』、『欣求霊山講式』を、建仁元年(一二〇一)には、『観音講式』二種、『弥勒講式』、『法華法識』、承元三年の『薬師講式』[29]など、数多く述作されており、こうした仏教系講式の著述とあわせて、神祇の中の笠置寺鎮守である春日明神に焦点をあわせた講式が撰作された。

鎌倉初期には、貞慶ら旧仏教系の高僧を中心に、「神国」「神道」の語が多用されるようになる。『神祇講式』もまた、その影響を受けており、貞慶著述の願文においても、「仏子受二生於神国一、解二形於釈門一、……爰尋二吾朝之濫觴一者、皆為二天照大神之開闢一……是以塔婆是世尊之墳墓也、般若是神道之上味也[30]」とあるように、貞慶の周辺から積極的な神祇意識が明確化し、「神国」「神道」論が浮上することになるが、すでに「基礎的考察」の範囲を逸脱しつつあるので、本章は終りとしたい。

以上の考察により、鎌倉初期の神仏関係・思想を知る重要文献として、従来の『中臣祓訓解』とともに、新たに貞慶撰作の『神祇講式』を加えることができた。

追　記――『神祇講式』貞慶撰作説のその後

本章前記の拙論とほぼ同時期に発表された佐藤真人の貞慶撰作説は、中世思想史研究の上で重要な成果であり、拙論を補強する内容であった[31]。ただし、佐藤は貞慶撰作の時期を、（H）西大寺本・（F）天理吉田文庫本の奥書の記載を重視して、建久三年（一一九二）興福寺を離れる以前に撰作されたとする。

本章拙論、貞慶撰作の理由の一つは、神祇への発願廻向の講式文のなかで、「殊別、天照・豊受両大神宮、（二十一社の社名）関東鎮守、二所権現・三島宮」とあるところは、晩年、貞慶が住んだ海住山寺所蔵、自筆「修正神名帳」に同神名（「天照太大神宮・豊受□□□」とある伊勢神宮の二宮表記は珍しい）があること、また貞慶と鎌倉殿源実朝との交流に関係した二所三島詣の東国関東鎮守にも配慮していることなどが根拠となっている。貞慶が入寂した建暦三年（一二一三）から遠くない時期の撰作と考えている。貞慶撰作ではない場合でも、春日権現を奉賛した講式文の内容から、貞慶後継の南都僧である可能性は高く、貞慶が入寂した建暦三年から（C）醍醐寺本奥書に見える書写年代の文永五年（一二六八）までの、鎌倉時代前期から中期の間に撰作されたことは確定してよいと考える[32]。

拙論と佐藤真人の貞慶撰作説に対して、講式研究者であるニールス・グュルベルクは貞慶撰作の講式文とは違いがあると論じ、厳しい批判がある[33]。また、『神祇講式』を中心に研究されている星優也もニールス・グュルベルクと同じく、貞慶撰作説を否定している[34]。

なお、ニールス・グュルベルクは『神祇講式』の成立を真福寺本『熱田講式』三段式成立の後とするが[35]、これは星が論じているとおり、『神祇講式』の後に、南北朝期以降『熱田講式』が成立したものであろう[36]。星の著書は、『神祇講式』に記された思想・文化が、中世後期の村落の神楽や修験道に展開していくことを明らかにしており、中世後期の神道研究に新しい視点を導入している。また、星は文保年間（一三一七〜一九）に成立した『正法輪蔵』に収める「文保太子伝」において「爰解脱上人ノ筆ニ云ク」として、『神祇講式』が引かれていることを論じ、鎌倉後期には確実に「解脱上人」貞慶の筆によって『神祇講式』が作られていたことを明らかにされたことは大きな成果となっている[37]。

最新の研究では、阿部泰郎は『神祇講式』について[38]、「日本国の神祇を全て網羅して道場に勧請し、諸国の神祇全てに通用する汎用的な講式という、画期的な儀礼テクストを、果たして貞慶その人が自ら作りだしたのかどうか、それは、思想史のうえでもきわめて重要な課題」とされ、「諸国のあらゆる神々の本地垂迹とその縁起を明らかにするその詞章が、「解脱上人」すなわち貞慶の草するところであると古くから認識されていたこと」、「しかし、これが果たして貞慶その人の作に成るものであるか」見解が分かれていることを指摘された。その上で、阿部は「『神祇講式』の全体には、改めて読めば、その至るところに貞慶の独自の思想に根ざした詞が布置され」、「解脱房貞慶の生涯をかけた仏法への求道と発菩提心の希求は、その意図を『神祇講式』に託して、この世界全ての仏神諸天、冥の三界万霊に対しての法施と廻向として、全国万民が祭儀を介して倶《とも》に祈る誦唱の声を通じて、この日本の国土の至るところに響きわたった」ことを論じられた。

ここに阿部泰郎によって貞慶撰作説が強く支持されたことで、『神祇講式』の論議は新たな研究段階に入るとともに、中世初期における神仏関係論は解脱房貞慶の存在を抜きにして語ることはできなくなったといえよう。

註

（1）大山公淳『神仏交渉史』（高野山大学、昭和十九年）。
（2）『金沢文庫の中世神道資料』（神奈川県立金沢文庫、平成八年）。
（3）小島鉦作「稲荷明神講式と荷田講式」（『朱』二八号、昭和五十九年）。
（4）宮家準「修験道の神祭」（『修験道儀礼の研究』春秋社、昭和四十六年。初出、昭和四十年）。
（5）『日本大蔵経』四十六巻、修験道章疏一。
（6）萩原龍夫「山村にとどまる神祇講式と田遊び詞章」（『神々と村落』弘文堂、昭和五十三年）。
（7）本章の対象とした「神祇講式」「神祇講私記」以外の、類似した書名である「神祇講秘式」が高野山等に所蔵されている。同文の内容は醍醐寺にも「神祇講式」（所蔵番号二〇七―四五）の書名で、「弘法大師作」「謹啓白天神地祇而言、夫有体者含心識、有心者皆具仏性、々々遍法界而不二也（以下略）」で始まる短文がある。これと、流布本の『神祇講式』とは一致する字句はほとんどない。
（8）醍醐寺三宝院所蔵、表題「山王講式」、内題に「地主権現講式」とある。寛政六年（一七九四）書写本、巻末に「写本云、承元三年秋八月第六日、聊以草之、西山愚老―記、慈鎮和尚御草、云々」とある。その表白文は「敬白常住三宝山王七社、地主権現、王子眷属等、而言、竊以吾大日本国者、是神国也」で始まる。
（9）宗性編「弥勒如来感応抄」（『東大寺宗性上人の研究並史料』下巻、日本学術振興会、昭和三十五年）。
（10）醍醐寺三宝院所蔵、「清滝権現講式」一巻。至徳二年（一三八五）通海僧正自筆本の書写本。
（11）岡田莊司「『荷田講式』にみる中世神祇の諸相」（『朱』四〇号、平成九年）。
（12）類似文には、劔阿自筆『諸経伽陀要文集』下巻（『金沢文庫資料全書』七巻、歌謡・声明篇、昭和五十九年）の「舎利（講式伽陀）」に「我此道場如帝珠　如来舎利影現中　我身影現在其前　頭面接足帰命礼」とある。『金沢文庫資料全書』七巻所収の「往生講伽陀」に「我此道場如帝珠　弥陀諸聖影現中　我身影現諸仏前　頭面摂足帰命礼」、「大師講伽陀」に「我此道場如帝珠　十方三宝影現中　我身影現三宝前　頭面摂足帰命礼」とある。
（13）乾克己「金沢文庫の〝伽陀〟小考」（『金沢文庫研究』二六九号、平成元年）。
（14）川勝政太郎『偈頌』（歴史考古学研究会編、言叢社、昭和五十九年）。

（15）早川庄八「長元四年の斎王託宣事件をめぐって」（『日本古代官僚制の研究』岩波書店、昭和六十一年。初出、昭和五十九年）、藤森馨「二神約諾神話淵源考」「二神約諾神話の展開」（ともに『古代の天皇祭祀と神宮祭祀』吉川弘文館、平成二十九年。初出、平成十七年・二十年）。

（16）度会郡南勢町五ヶ所浦正泉寺所蔵、大般若経奥書に「建保二年十二月二十八日、以蓮台寺之本校合畢、件本解脱房貞慶被進神宮云々」とある（牟禮仁『中世神道説形成論考』「中世神道文献関係年表」皇學館大学出版部、平成十二年）。大般若経奉納と、建久六年の法楽導師勤仕とは確認できるが、『笠置寺縁起』（『大日本仏教全書』八十三巻）の建久五年八月三日の般若台院六角堂の上棟供養の前日、伊勢に参詣し内宮神前で大神の御姿を感得したとする記事や、正治元年（一一九九）病中、霊夢を感じて伊勢参宮したと伝える『春日権現験記』についての信憑性は不詳だが、貞慶により数度にわたる伊勢参詣が行われたとみられる。

（17）細川涼一「第六天魔王と解脱房貞慶―謡曲「第六天」と伊勢参宮説話―」（『逸脱の日本中世〈狂気・倒錯・魔の世界〉』ＪＩＣＣ出版局、平成五年。初出、平成三年）、伊藤聡「第六天魔王説の成立――国土創造神話の中世的変容」（『日本文学』四四巻七号、平成七年。のち『中世天照大神信仰の研究』法蔵館、平成二十三年）、阿部泰郎「魔王との契約――第六天魔王神話の文脈」（『中世日本の王権神話』名古屋大学出版会、令和二年。初出、平成十八年）。

（18）平岡定海『日本弥勒浄土思想展開史の研究』（『東大寺宗性上人の研究並史料』下巻、日本学術振興会、昭和三十五年）。

（19）高橋秀栄「笠置上人貞慶に関する新出資料四種」（『金沢文庫研究』二八六号、平成三年）。

（20）牟禮仁「神人相依論の系譜」（『中世神道説形成論考』皇學館大学出版部、平成十二年。初出、平成十年）。

（21）久保田収「貞慶の信仰」（『神道史の研究』皇學館大学出版部、昭和四十八年。初出、昭和三十五年）、竹居明男「解脱上人貞慶と春日信仰」（『日本古代仏教の文化史』吉川弘文館、平成十年。初出、昭和五十五年）、上妻又四郎「貞慶と神祇信仰」（『寺子屋語学文化研究所論叢』二号、昭和五十八年）、藤本文雄「解脱上人貞慶と春日信仰」（『天台学報』二七号、昭和六十年）、松田淳一「貞慶の笠置寺再興とその宗教思想」「貞慶『春日権現講式』の儀礼世界」（ともに『神仏と儀礼の中世』法蔵館、平成二十三年。初出、平成二十二年、平成十六年）。

（22）『日本大蔵経』三十三巻、法相宗章疏二、「解脱上人小章集」。

（23）牟禮仁「卜部氏神道説の形成」（『中世神道説形成論考』皇學館大学出版部、平成十二年。初出、平成八年）。

（24）『鎌倉遺文』二二八一号、海住山寺文書「神名帳・牛玉本安置状」。

(25)『鎌倉遺文』一二八二号、海住山寺文書「海住山寺修正神名帳」。
(26)『特別陳列　海住山寺の美術』(奈良国立博物館、昭和五十九年)。
(27)『吾妻鏡』元久元年四月十日、十一月七日条。
(28)田中久夫「著作者略伝」(『日本思想大系　鎌倉旧仏教』岩波書店、昭和四十六年)。
(29)西山厚「講式から見た貞慶の信仰―『観音講式』を中心に―」(中世寺院史研究会編『中世寺院史の研究』下巻、法蔵館、昭和六十三年)。
(30)『鎌倉遺文』一〇一二号、建久九年十一月「笠置寺貞慶願文」(東大寺所蔵「讃仏乗抄」八)。
(31)佐藤真人「貞慶『神祇講式』と中世神道説」(『東洋の思想と宗教』一八号、平成十三年)。
(32)岡田莊司「『神祇講私記』解題」(『真福寺善本叢刊〈第三期〉神道篇第一巻　神道古典』臨川書店、令和元年)。同書には真福寺本の影印版と翻刻が掲載された。
(33)ニールス・グュルベルク「講式の歴史の中の神祇講式と三段『神祇講式』の成立」(『早稲田大学法学会百周年記念論文集』第五巻、人文篇、令和四年)。
(34)星優也「序章　研究史の整理と本書の位置(補記)」(『中世神祇講式の文化史』法蔵館、令和五年)。
(35)ニールス・グュルベルク、前掲註(33)論文。
(36)星優也、前掲註(34)著書、「熱田神と魔界廻向―真福寺蔵『熱田講式』をめぐって―」(『中世神祇講式の文化史』法蔵館、令和五年)。
(37)星優也「解脱上人・神冥・太子伝―文保太子伝と『神祇講式』―」(『中世神祇講式の文化史』法蔵館、令和五年。初出、令和三年)。
(38)阿部泰郎「終章　貞慶の記憶とその遺産」(阿部泰郎・楠淳證編『解脱房貞慶の世界――『観世音菩薩感応抄』を読み解く』法蔵館、令和六年)。

第二部　中世神道の展開

——伊勢神道から吉田神道へ——

第一章　伊勢神道書成立史考

――「神道五部書」「神蔵十二巻秘書」――

はじめに

伊勢神道の根本典籍とされてきた、『天照坐伊勢二所皇太神宮御鎮座次第記』（略称『御鎮座次第記』）、『伊勢二所皇御大神御鎮座伝記』（略称『御鎮座伝記』）、『豊受皇太神御鎮座本紀』（略称『御鎮座本紀』）、『造伊勢二所太神宮宝基本記』（略称『伊勢宝基本記』）、『倭姫命世記』の五書は、総称して「神道五部書」という。この「神道五部書」が成立していったと推定されている中世前期にはその書名は用いられていない。鎌倉後期の永仁年間（一二九三～九九）ごろから、五部書のうち、『御鎮座次第記』『御鎮座伝記』『御鎮座本紀』の三書を指して、「神宮三部書」と呼ばれて尊重されてきたが、これに『伊勢宝基本記』『倭姫命世記』の二書を加えて、「神道五部書」と呼称されるようになるのは、近世前期のことであった。それは寛文年間（一六六一～七三）における山崎闇斎と度会延佳との対話・研究のなかで生まれたと推定されている。(1)

数々の伊勢神道書のなかで、とくにこの五部の書が選定された理由は、大神宮の鎮座伝承が載せられ、当時の時代思潮である仏教との習合説が比較的薄く、神道の独自的主張が強調されていることに、近世的視点から評価が与えら

れた。本章では、『伊勢宝基本記』を中心に、伊勢神道書成立の一齣を論じることにしたい。(2)

一　伊勢神道書研究史

柳田國男は國學院大學に迎えられ、大学院の神道講座を担当されたとき、柳田研究室と同室の西田長男に対して、「神道五部書」は読めば読むほど難解な本であると語っていたという。「神道五部書」の内容は、五部それぞれに違いがあり、その書承関係も複雑で、成立年代についても確定することができない状態を、柳田の言葉が裏づけている。「神道五部書」の本格的な文献研究は、近世前期の吉見幸和により始められ、偽書説が定着する。吉見幸和は『五部書説弁』を著し、「神道五部書」の成立年代を「治承以後永仁以前」の鎌倉時代に求め、「後人の古人に託して偽作」され、それが『両宮神官軋轢の結果』であると論じた。(3) 岡田米夫は、度会行忠撰の『伊勢二所太神宮神名秘書』に「神道五部書」の書名が引かれてくることから、文永・弘安年間（一二六四〜七五・一二七八〜八八）を成立年代とし、直接には「文永弘安の国難を中心とする日本精神の発揚」と『日本書紀』『古事記』等の古典研究の勃興によって、「自主的、神道的精神の喚起された時代」であることをあげられ、その背景には、平安末期以後の「国民の宗教的要求及びこれに伴ふ神宮の宗教的信仰」と「真言両部の習合的信仰」の展開が無視できないことを明らかにされた。また、伊勢神道の唱道者について、「主体になつたものは外宮の度会神主であつて、内宮の神主は殆どこれに関係してをらない」と論じ、外宮神主度会行忠を中心人物と推定した。(4) その後、岡田米夫は「神道五部書」すべての撰作者に度会行忠を想定している。(5)

戦後の神道研究の停滞期にあって、久保田収は積極的に伊勢神道論を展開している。(6) 久保田は「神道五部書」が外宮度会氏のみの撰作ではないとする立場から、外宮神主の内宮側への対抗意識や、外宮祭神の優位を主張するために成立したものではないとし、その中心思想は大神宮の恒久性と国家の永遠性、および祭祀厳修を重視しているところにあるとする。そして、その成立年代を、鎌倉初期の『伊勢宝基本記』に始まり、文永・弘安期にかけて『倭姫命世記』と『御鎮座伝記』『御鎮座本紀』『御鎮座次第記』の「神宮三部書」が度会行忠の手によって成立したと論ぜられた。

この久保田説は昭和三十年代以降、伊勢神道研究の主流的地位を築いてきたが、その後、鎌田純一は「神宮三部書」の文治元年（一一八五）度会高倫書写の奥書を通して、成立年代を鎌倉前期まで遡らせ[7]、また田中卓は平安時代撰作説を主張[8]しており、伊勢神道研究の中心に置かれてきた「神道五部書」の成立年代に関して、諸説見解の違いがみられる。

二　『伊勢宝基本記』の成立

『造伊勢二所太神宮宝基本記』（略して「伊勢宝基本記」）は『皇字沙汰文』（永仁四年〈一二九六〉八月十六日豊受太神宮神主注進状）に「伊勢宝基本記」とあるのが、書名の初見である。

本書の前半は、垂仁天皇二十五年、天照大神の伊勢鎮座と同二十六年の託宣、雄略天皇二十二年、等由気皇太神の山田原への遷座など、内外両宮の鎮座とその後の遷宮について、『日本書紀』『太神宮諸雑事記』に基づいて記し、後半は心御柱、磐根、宝蔵、棟文形、鞭懸、千木、千木片挟、堅魚木、鳥居、瑞垣・玉垣・荒垣、榊、御船代・御樋代、屋形文錦御衣、神鏡等、殿舎・神宝の解説にあてている。度会行忠撰『古老口実伝』の「可レ存二祠官一古書」の一つに「殿舎本縁事、宝基本記等」と見える。本書は神宮殿舎の名称・由来等が記録され、神宮祠官が重視した祭祀の中心にある式年遷宮・仮殿遷宮を強く意識して書かれている。

本書は『倭姫命世記』や「神宮三部書」とはいささか性格を異にしており、内宮と外宮とを比較的公平に扱っていて、「神道五部書」のうちで最も早く撰作されたと推定されている。

度会氏に関しては、遷宮記事において、天武天皇条から元明天皇条までは、内宮荒木田氏の撰述になる『太神宮諸雑事記』に拠っているものの、それ以前については、度会氏独自の偽作伝承が組み込まれている。景行天皇御代の仮殿遷宮にあたり「伊己呂比命、乙若子命、大物忌大阿礼命奉頂正体」とあり、荒木田氏の人物に混ざって度会氏の乙若子命が加えられている。また、継体天皇条の「等由気皇太神宮」仮殿遷宮に際して、度会氏の「神主飛鳥、小事」供奉のこと、欽明天皇条に「豊受宮仮殿宮子内親王供奉」とある宮子は、度会氏の「大神主小事女」（『二所太神宮例文』伊勢斎内親王条）となっており、これらの部分は度会氏側の偽作・加筆の可能性が残されている。

神宮文庫蔵、度会延佳校本の奥書には、「本云、二所太神宮宝基本図儀説秘府、本図酒殿」とあり、『伊勢宝基本記』とともに、もとは殿舎・神宝の図絵を記した『二所太神宮宝基本図儀説秘府』が伝えられていたと推定されているが、その伝来は不詳である。なお「本図酒殿」の注記は、当時、この図絵が酒殿に収納されていたことを示している。(9)

現存の最古本は、国立歴史民俗博物館所蔵、田中譲旧蔵本である。紙背に「徳治二年十二月十九日」の日付の消息を収め（年号の四文字は異筆）、徳治二年（一三〇七）の年紀が見えることから、それ以後の鎌倉末期ごろの書写本と考えられる。近世には京都・梅宮神社の神職橋本経亮の所持するところとなり、田中教忠へと伝えられた。『神道大系』本の底本となる。また、『大神宮叢書』本は国立歴史民俗博物館本（田中本）を転写した慶応二年（一八六六）祭主大中臣教忠本（神宮文庫蔵、一門五三九八号）を底本とする。

前田尊経閣文庫本は室町初期ごろの書写本。『新訂増補 国史大系』本の底本となる。前田本は長い間、前田綱紀が家臣を遣わして調査させた「称名寺書物之覚」に書き上げられている「伊勢宝基記　作人ナシ　七枚全一巻」のことと信じられてきたが、金沢文庫から近時（平成八年〈一九九六〉）、『伊勢宝基本記』の抄出本（紙数七枚）が発見され、この新出本が「覚」の記載本と考えられることから、前田本は金沢文庫本ではないことが判明した。(10)

歴民博本・前田本の奥書によると、

①天慶五年（九四二）九月、荒木田行真が書写。
②建保二年（一二一四）九月、荒木田氏良が書写。
③文永三年（一二六六）九月、荒木田延季本を度会憲継が書写し、この度会憲継自筆本は度会常主に伝えられる。
④建治三年（一二七七）九月、度会行忠が書写。
⑤永仁四年（一二九六）十二月、荒木田経顕が「惣官御自筆本」（祭主大中臣定世本）を書写。

この⑤は、定世自筆本を書写していることから、建治三年の度会行忠の書写のあと、永仁四年以前に、大中臣定世が書写していることになる。このことは別系統の神宮文庫蔵度会延佳校本（一門七八六号）奥書によると、①②③④の書写歴につづいて、「祭主定世卿本、同比校畢」とあり、祭主定世自筆本との校訂が行われ、これが延慶三年（一三一〇）三月に内宮権禰宜の荒木田某へと伝えられた。本書は荒木田氏―度会氏―荒木田氏へと、内宮・外宮・内宮へと伝来が転々としたことになる。

久保田収(11)は、奥書の②以降を信憑性のある部分とし、その内容がとくに外宮側に有利には書かれていないことから、内宮荒木田氏により、建保二年以前の鎌倉初期に撰作されたと推定した。その後、平泉隆房(12)は、荒木田成良撰『建久元年内宮遷宮記』の伝来過程が、荒木田氏良・延季父子の手を経て、度会憲継に伝わったことを明らかにし、『伊勢宝基本記』も同じ伝来過程を辿ることから、奥書の②以降の荒木田氏から度会氏への伝来を信憑できるものとして、久保田説を補強する結果となった。しかし、度会氏撰作説も未だ残されている。度会氏撰作とすると、③の度会氏四門の内宮大内人の職にある度会憲継の書写から信憑性が増してくる。『伊勢宝基本記』は遷宮記録とその殿舎の解説であり、遷宮を強く意識した内容になっているが、ちょうど、書写されている文永三年は内宮式年遷宮の年にあたり、二年後には外宮式年遷宮が予定されている。(13) ①②の奥書に、荒木田氏へ伝来していたとするのは、永仁の皇字論争に際して、最も早く撰作され、内外両宮に対して比較的公平に扱われている『伊勢宝基本記』を、内宮荒木田氏が撰述したものであると主張する目的で、書き加えられたとも考えられる。もし、鎌倉初期、荒木田氏の撰作説を採るとすると、永仁年間に度会行忠による加筆・増補が行われたということになる。

三　成立年代とその背景

伊勢神道説は、成立の初期において古来より神宮に伝わる古縁起・古伝承を基に、仏家の末法終末観を超克する過程で生み出された両部神道の影響から両宮を並立させ、内宮を日天の火性、外宮を月天の水性とし、神宮の恒久性と国家の永遠性を主張する内容に高められている。神道説撰述に際しては、国史書の『日本書紀』をはじめ『古語拾遺』『先代旧事本紀』など、また神宮関係の『延暦儀式帳』『太神宮諸雑事記』などに依拠して書かれているが、さらにはその成立の背景に、平安末期ごろから形成される両部神道の影響が少なくない。

両部神道の最初期の著作である『中臣祓訓解』は、建久二年（一一九一）以前の平安末期に園城寺および大神宮の法楽寺院であった仙宮院に関係した僧侶によって撰作されたと推測される。とくに伊勢大神宮の周辺には、内外両宮を仏教的理解により論じた伊勢両部神道が早くから展開しており、仙宮院はその拠点の道場であった。仙宮院の置かれていた志摩国吉津御厨は、外宮度会氏が関係していた地域であり、『中臣祓訓解』は度会行忠に伝えられた。また、その異本である『中臣祓記解』は、建保五年（一二一七）に一禰宜度会光忠の子光親（源頼朝の祈禱師）本を度会康房が書写しており、度会氏の「最極秘本」となり、度会常良（常昌）へと伝えられた(14)。

「神道五部書」成立の上限年代は、『中臣祓訓解』との書承関係を考えれば、同書の成立する平安末・鎌倉初期以後となる。その下限年代は弘安八年（一二八五）度会行忠撰作の『伊勢二所太神宮神名秘書』と永仁の皇字論争があげられる。『神名秘書』の本文と裏書には『御鎮座伝記』『御鎮座本紀』『倭姫命世記』が引かれており、これ以前の建治三年（一二七七）と弘安三年とに、行忠はそれぞれ『伊勢宝基本記』と『天口事書』とを書写しており、弘安年間段階で「神道五部書」のうち、『御鎮座次第記』を除いた四書を書写・所持していたことになる。

五部書のなかで、最も早く撰作されたとみられる『伊勢宝基本記』には、とくに『中臣祓訓解』の影響が強く反映されている。次に掲げる垂仁天皇二十六年の大神の託宣は、『伊勢宝基本記』のうちで最も知られている文句である。

人乃天下之神物奈利、須レ掌二静謐一志、心乃神明之主他利、莫レ傷二心神一礼、神垂以二祈禱一為レ先、冥加以二正直一為レ本須、任二其本誓一皆令レ得二大道一者、天下和順、日月精明、風雨以レ時、国豊民安、故神人守二混沌之始一、屏二仏法之息一、置二高台之上一、崇二祭神祇一、住二無レ弐之心一、奉レ祈二朝廷一、則天地与二竜図運長一、日月與二鳳暦一徳遥、海内泰平、民間殷富、各念、祭レ神礼以二清浄一為レ先、以二真信一為レ宗、……鎮専二謹慎之誠一、宜レ致二如在之礼一、……故沈二生死長夜闇一、吟二根国底国一、

右の傍線部は、『中臣祓訓解』の「惟吾国神国也、神道初呈二天津祝詞一也、天孫者国主也、諸神区施二賞罰験威一、肆君臣崇重奉二幣帛一、黎下遵行致二斎祭一、因レ茲竜図運長、鳳暦徳遥、海内太平、民間殷富矣」とある一文をはじめ、

数ヵ所の文に基づいて作られている。また、『倭姫命世記』の冒頭部にある「天地開闢之初、神宝日出之時、御饌都神与二大日孁貴一、予結二幽契一、永治二天下一、言寿宣、肆或為レ月為レ日、永懸而不レ落、或為レ神為レ皇、常以無レ窮」は、『中臣祓訓解』の「所為嘗天地開闢之初、神宝日出之時」と「神是天然不動之理、即法性身也、故以二虚空神一為二実相一、名二大元尊神一、所レ現曰二照皇天一、為レ日為レ月、永懸而不レ落、為レ神為レ皇、常以而不レ変矣」とある部分に基づいている。このほか、『中臣祓訓解』に載せる「実相真如之日輪、明二生死長夜之闇一、本有常住之月輪、掃二無明煩悩之雲一、日輪則天照皇大神、月輪則豊受皇大神、両部不二也」の内外両宮両部論や、「天御中主神、照皇天子、御気津神、号二豊受太神一也」の外宮天御中主神同体説は、「神道五部書」の諸書に、その思想が盛り込まれていて、伊勢の両部神道によって成立した『中臣祓訓解』『中臣祓記解』が伊勢神道説に吸収されている。

伊勢の両部神道を起点として成立する『伊勢宝基本記』は、内宮は日天、五行のなかの火性とし、外宮は月天、五行のなかの水性とし、両宮を並立して捉えている。『中臣祓訓解』の日輪・月輪論は、『伊勢宝基本記』の「棟文形事」条に「皇太神宮者、日天図形、六合之中、心体独存、任二天真一、故明白也、五行中火性、五色中白色、故以二白銅一奉レ飾レ之、豊受宮者、月天形、八洲之中、平等円満之心体縁、五行中水性、五色中赤色、故以二金銅一奉レ飾レ之、黄金、種智円明義也」とある部分に通じる。久保田説のとおり、確かに外宮を優越させた内容にはなっていない。内外両宮を並立・対比させている点に特徴がある。しかし、伊勢神道説が成立する初期の段階では、外宮側からみれば、内宮天照大神優勢のあり方を押さえ、両部不二の思想を借りて、内外両宮並立へと位置づけることが可能になったのである。

『中臣祓訓解』は平安期の陰陽師や仏家に受容されていった中臣祓の注釈であり、『伊勢宝基本記』にも「大麻、解二除不浄妄執一、為レ住二清浄本源一也、故謂、鎮護神国之境、福智円満之国、遷二魔縁於鉄際一、撥二穢悪於他界一、己身清浄義、蓋滅レ罪生レ善神呪也、故謂レ祓、神代上曰、逐之、此云二波羅賦一也」とあり、祓の効用が説かれている。鎌倉前期の伊勢神道形成期は、同時に伊勢祠官による伊勢流祓の形成期でもあった。中臣祓による私的祈願の祓は、鎌倉幕府の周辺や東国の御厨を拠点にしながら、地方の武士・農民層に広く流布していった。こうした中臣祓を用いて発展する大神宮信仰と、特定の神宮祠官のなかで起こった伊勢神道説とは無関係ではありえない。

伊勢と東国とのつながりは深く、新たに成立する幕府政権に集う御家人たちの精神基盤は土着の基層信仰である神祇世界にあった。当然、神宮祠官たちは、新しい息吹を受けて秩序を模索しようとする。大隅和雄は「神道論の作者達は、神話や神社の縁起の中に見える天地の生成の説へと溯って行くことによって、自己の立てようとする神道説の優位を主張し、天地生成の根元と関連させることで、神道説を権威づけようとした」、「そこから国土、国家、神々と人間等の問題をとらえようとする方向が一般となったのである[15]」と論じられている。それが『倭姫命世記』の冒頭などに記された、古代神話の書き換えにつながる天地開闢論である。神話の再解釈・再構築を図ることで、国家・神宮の永遠性が表現されることになり、国家論も主張されてくる。『伊勢宝基本記』の「心御柱」条には、

心御柱、一名忌柱、一名天御柱、一名天御量柱、是則一気之起、天地之形、陰陽之原、万物之体也、故皇帝之命、国家之固、富物代、千炑(秋)万歳無㆑動、下都磐根大宮広敷立、称辞定奉焉、

とある。また、『倭姫命世記』には、「天照太神波、日月止共志天、寓内仁照臨給倍利、豊受太神波、天地止共志天、国家於守幸給倍利」とあり、さらに同書には、

大日本国者神国奈利、依㆓神明之加被㆒弖、得㆓国家之安全㆒、依㆓国家之尊崇㆒天、増㆓神明之霊威㆒須、肆爾祭㆑神之礼、以㆓神主・祝部㆒為㆓其斎主㆒止、因㆑茲利弖、大若子命、弟若子命、同侍㆓殿内㆒天、善為㆓防護㆒、奉㆑祈㆓国家㆒礼羅波、

宝祚之隆、当㆘与㆓天壌㆒無㆖㆑窮矣、

とあり、「御成敗式目」第一条の神人関係を国家との関係に塗り替えている。こうした神明と国家との関係は、寛元

四年（一二四六）に石清水八幡宮に捧げた「後嵯峨上皇願文[16]」に見える「神道者因二王道之尊崇一而添レ力、王道者憑二神道之照鑒一増レ明者歟」とある神道・王道相依論に共通した考えであり、それは仏法・王法相依論に代わるべき存在として浮上する。

神国・国家論とともに、もう一つ、神職奉仕の立場から謹慎の心、正直が強調される。先の『伊勢宝基本記』に載せる「人乃天下之神物奈利」の著名な託宣と、『倭姫命世記』の倭姫命が大神から受けた託宣に代表される。

> 心神則天地之本基、身体則五行之化生奈利、肆元レ元入二元初一、本レ本任二本心一与、神垂以二祈禱一為レ先、冥加以二正直一為レ本利、夫尊レ天事レ地、崇レ神敬レ祖、則不レ絶二宗廟一、経二綸天業一、又屏二仏法息一奉レ再二拝神祇一礼、日月廻二四洲一、雖レ照二六合一、須レ照二正直頂一止、

右は本書のなかで最も重んぜられた文句として、神道精神の基本に据えられることになる。『中臣祓訓解』から『伊勢宝基本記』を経て、『倭姫命世記』では神道思想の形を整えてくる。さらに、鎌倉後期には「神宮三部書」が加わる。数ある伊勢神道書のうちで、「神道五部書」に重点を置く伊勢神道研究は、近世的意識が混入しているとの批判も想定できるが、これら典籍は永仁年間の「皇」字論争を背景とした行忠の視点に立脚した伊勢神道の核心部分であった。

四　「神蔵十二巻秘書」

「神宮三部書」の『御鎮座次第記』『御鎮座伝記』『御鎮座本紀』の奥書には、共通して文治元年（一一八五）四月二十一日の外宮仮殿遷宮のときに外宮一禰宜光忠書写本を禰宜度会高倫が書写したことの記載がある。三書はともに、

奥書によると度会行忠の曽祖父延行が所持し、西河原家に伝えられ、行忠が書写している。曽祖父以来の伝来は信憑性が少ないが、これら三書の成立過程は類似しており、『伊勢宝基本記』『倭姫命世記』とは成立・伝来を異にする。内容からみても、「神宮三部書」と二書とは違いが認められる。

鎌倉後期には「神宮儀式」をはじめ神宮伝来の六書とともに、行忠によって、『伊勢宝基本記』『倭姫命世記』『神祇譜伝図記』に「神宮三部書」を加えた「神蔵十二巻秘書」が伊勢神道書の核となって秘書化されていった。[17]『御鎮座伝記』真福寺本（行忠自筆に推定）の巻末には、「文治元年記」の一文が引かれており、「神道五部書」を含む十二巻が神宮の御倉に秘蔵されてきたと伝える。

文治元年記云、内外両宮御倉蔵二神祇本記上下・宝基本記・大田命訓伝各一巻、代々本系等一、于レ時、有二子細一而奉レ蔵二調御倉神体仮櫃一也、光晴神主奉行也、謂守護神坐白蛇、形在レ鰭、出現之時、神宮一禰宜有レ事、云々、又御正印銘銅尺一隻、別櫃納之也、代々儀式本系等、同正印櫃内仁加納也、云々、飛鳥記、神体仮櫃内納之云々、

都合十二巻、

太神宮神祇本記上下　　宝基本記上下

大田命訓伝　飛鳥記各一巻　六十未満以前不レ及二披見一云々、

神宮儀式　　年中行事

氏本系　　神郡神田帳

神戸本記　　祓本記但、不レ載二本目録一也、

右巻末の「文治元年記」は、見返しに記された「文治勘録文」のことで、本書が「神蔵十二巻秘書」のうちの「最極秘書」であるとする。

「神蔵十二巻秘書」の伝来について、「文治元年記」によると、当時、内宮・外宮の御倉に「神祇本記上下・宝基本記・大田命訓伝各一巻・代々本系等」が所蔵されていた。文治元年のころ、事情があり、これら秘書を「調御倉神体仮櫃」に納めたという。この守護神は白虵で鰭があり、出現のときには、一禰宜に「事」（怪異）があると伝えてきた。「文治元年記」にある「代々本系等」とは、その下にある「代々儀式本系等」をいい、「神宮儀式」「年中行事」「氏本系」以下の六書を指している。これら六書については、神宮内に鎌倉初期以前から収蔵されてきたものであろう。この六書を除いた伊勢神道書（傍線部）は、のち行忠によって、六書の書名が書き加えられた可能性は強い。

外宮一禰宜禁忌伝承に関しては、行忠撰の『古老口実伝』（神宮文庫本）にも記録がある。

一、調御倉白虵在レ鰭出現事、一禰宜怪異也、

一、一禰宜者、雖レ為二仮曽女一、酒殿与調御倉以北、大楠方江不二出入一者也、是一禰宜退二出禁忌方一也、前官一禰宜後見等退出道也、寿永・建長・弘安有二子細一哉、

右の伝承には信憑性がある。ここに「寿永」の年号をあげ、「子細」のあったことを記している。文治元年の前年が寿永三年（元暦元年）にあたり、寿永年間に怪異があり、一禰宜禁忌が出来上がっていった。この時期の寿永二年五月から文治二年九月まで、外宮一禰宜を務めたのは度会光忠である。

神宮文庫本『御鎮座伝記』（一門一〇八三〇号）の奥書には、

文治元年四月廿一日

正殿仮殿遷宮之時、以二外宮一禰宜光忠本一書写畢、于レ時、禰宜度会高倫写之判

（「文治元年記云」以下、中略）

建久二年三月廿五日、令二伝得一、　禰宜　判

永仁三年乙未九月十一日、書写訖、　禰宜正四位上度会神主行忠

とある。文治元年の外宮仮殿遷宮のとき、一禰宜光忠本をもって四禰宜高倫が書写し、建久書写を経て、永仁三年（一二九五）には、行忠が書写したと伝える。先の真福寺本（行忠自筆本）と永仁三年書写の神宮文庫本の「文治元年記」とでは、表2のとおり、「神蔵十二巻秘書」の書名に少しの異同がある。

表2は弘安十年（一二八七）前後成立の真福寺本（行忠自筆）と永仁三年行忠書写歴をもつ神宮文庫本の、二種の「文治元年記」記載の「神蔵十二巻秘書」を対比して掲げた。一二巻の数量に変わりはないが、弘安から永仁までの八年間に、真福寺本は「宝基本記　上」「宝基本記　下」の二巻を数えるが、神宮文庫本は「宝基本記」を一巻とし、新たに「次第記」を加えて、合わせて一二巻としている。神宮文庫本「文治元年記」に、最後に成立したと推定される『御鎮座次第記』の書名を記していることは、真福寺本より後の最後に『御鎮座次第記』が書かれたことになる。久保田収は真福寺本の方は早くに行忠の手元から離れたのであり、その書名の違いは時間差を示しているとされる。(18)

行忠の『古老口実伝』には「神蔵十二巻秘書」とは別に、「飛鳥記　大宗秘符　大和葛城宝山記神祇部　心御柱秘記　神皇実録」の五書を「神宮秘記数百巻内最極書、二世利益要」と呼んで掲げており、これには「豊受皇太神」の鎮座・由来を記録した外宮祠官の根本秘書である「飛鳥記」（『豊受大神宮御鎮座次第記』）を唯一あげている。先の行忠の加筆と推定される「神蔵十二巻秘書」六書のうちで、「飛鳥記」は「神体仮櫃」に納められる特別扱いの書籍であった。また「神皇実録」は、のちに卜部兼倶が吉田神道の創成にあたって重視した書物である。数ある伊勢神道書のうちで、「神道五部書」に重点を置く伊勢神道研究は、近世的意識が混入しているとの批判もあるが、「神蔵十二巻秘書」と『古老口実伝』の「最極書」とは、行忠の視点に立脚した伊勢神道書の核心部分であった。

調御倉に神書が収納されていたことは、永仁三・四年、「皇」字論争と関わって、外宮祠官側から強調されること

になる。この論争において、外宮神主側は外宮の社名を「豊受皇太神宮」と「皇」の字を用いることの正当性を、「飛鳥本記、倭姫皇女世記、伊勢宝基本記」などを典拠に主張するが、内宮神主側は、その典拠とされる伝書を提出しないことに不信をもつ。外宮側は、

表2　「神蔵十二巻秘書」比較

真福寺文庫本	神宮文庫本	備考
(1)太神宮神祇本記・上	(1)太神宮神祇本記・上	『神祇譜伝図記』
(2)太神宮神祇本記・下	(2)太神宮神祇本記・下	『倭姫命世記』
(3)宝基本記・上	(3)宝基本記	『伊勢宝基本記』
(4)宝基本記・下		『宝基本図儀説秘府』カ
(5)大田命訓伝	(4)大田命訓伝	『御鎮座伝記』神記第一
	(5)次第記	『御鎮座次第記』神記第二
(6)飛鳥記	(6)飛鳥記	『御鎮座本紀』
(7)神宮儀式	(7)神宮儀式	
(8)年中行事	(8)年中行事	
(9)氏本系	(9)氏本系	
(10)神郡神田帳	(10)神郡神田帳	
(11)神戸本記	(11)神戸本記	
(12)祓本記	(12)祓本記	

神代已下往昔古書等、依レ載二最極之深秘一、輒不レ及二広覧一、争渡二内宮方一哉、神宮第一之旧典、朝家無双之奥儀也、雖レ為二祠官一、非二其仁一兮不レ披二見之一儀、雖レ為二氏人一、非二其器一兮猥不レ授レ之、因レ茲納二于神庫一、奉レ比二神宝一、顕露之条、為レ神為レ君有レ恐有レ憚、不レ可レ不レ秘乎、

と述べて、他見不許の書であるとの理由から提出を拒否する。「皇」字論争の進行の過程で、行忠によって着々と秘書化が進められていたことが想定できる。これらの書が神宝に比類され、「神庫」に納められていることを主張するあたりは「文治元年記」追記との関連性が指摘できる。

調御倉の祭神は、『御鎮座本紀』に「御倉神稲霊豊宇賀能売命・宇賀能美多麻神・保食神、尊形一床坐、以二白竜一為二守護神一也、凡王子八柱同座給也」とある。また、『伊勢二所太神宮神名秘書』には、内宮について「御倉神　素戔嗚尊子、宇賀之御魂神是也、一名専女也、亦号二白狐一也」、外宮について「調御倉神　宇賀能美多麻神、三狐神是也、霊形尊形座」とあ

る。山本ひろ子は「「西北」＝戌亥（乾）を已れの棲とし、記紀に登場する食物の神・ウカノミタマと習合し、白竜・白蛇形と化す尊。これこそ、宇賀神（また宇賀弁才天）と呼ばれる福徳の尊にほかならない[19]」と述べ、神書の聖性が増幅していったことを指摘する。寿永以降の調御倉にまつわる守護神伝承・異変説話は、行忠による神書の秘書化の「場」としては、格好の神秘の場所であったといえる。

調御倉の白蛇守護神説話、一禰宜の禁忌伝承とともに、一禰宜の就任・相続に応じて、政印と外宮伝来の重要書類が重視されてきた。政印とは、神宮関係文書に押捺する公印であり、内宮政印・外宮御印・大神宮司印が存した。外宮の政印である「豊受宮印」は貞観五年（八六三）に頒下され、主に外宮のみが関わる文書に押捺された[20]。外宮政印の保管は、一禰宜（執印長官）が取り扱い、一禰宜の就任に際して、この授受が行われた。政印は鋳銅製で、内宮政印の場合「御印一面、銅筥一口、銅尺一隻、納朱漆箱一合[21]」が下されており、外宮政印も同様の構成と考えられる。調御倉には、政印を納めた銅筥と銅尺が朱漆箱（韓櫃）に納められ、さらに別櫃のなかに納められたが、この「正印櫃」に「神宮儀式」以下の重要書類が納められ、一禰宜によって管理された。とりわけ「飛鳥記」は外宮秘書として「神体仮櫃」に納められる特別の扱いを受けた。

以上のとおり、弘安から永仁年間の鎌倉後期において、度会行忠によって、のちに「神道五部書」として命名される伊勢神道書の主要は集成、秘書化された。

五　『倭姫命世記』と「神宮三部書」

以下、『伊勢宝基本記』以外の「神道五部書」四書の内容・諸本は次のとおり。

1 『倭姫命世記』（「太神宮神祇本紀」下）

書名 「倭姫皇女世記」（『皇字沙汰文』永仁四年〈一二九六〉八月十六日豊受太神宮神主注進状）ともいう。『皇字沙汰文』の一部と推定されている永仁五年十月の年紀をもつ「二宮禰宜等訴論外宮目安条々」には、「太神宮神祇本記上云、号神祇譜伝図記」、「同下巻曰、号倭姫命世紀」とあるので、「太神宮神祇本記」の上巻は『神祇譜伝図記』、その下巻は『倭姫命世記』とされる。本書の巻末に見える「太神宮本紀下」の記載は、このことを意味している。『伊勢二所太神宮神名秘書』が本書の初見となる。その文中には「神宮神祇本記下曰、倭姫命世記曰」、「太神宮神祇本記下曰、倭姫世記曰」、「倭姫世記曰」、「倭姫命世記曰、神宮本記下」など、随所に引用されており、行忠が本書を重視していたことがわかる。

内容 天地開闢から始まり、天孫降臨、日向三代、神武天皇の創業、崇神天皇の事績が記され、つづいて天照大神御遷幸の次第が詳しく語られる。崇神天皇の御代、皇女豊鋤入姫命が御杖代となり、天照大神は笠縫邑に奉遷、このあと但波の吉佐宮をはじめ、紀伊国、吉備国など、各地を巡幸する。同天皇五十八年、倭姫命が御杖代となり、伊賀国、近江国、美濃国、尾張国を経て、伊勢国の各地に遷幸ののち、垂仁天皇二十六年、五十鈴河上に鎮座したと伝える。ついで御贄処の奉献、神堺の設定、伊雑宮の創祀、真名鶴伝承について、懸税、忌詞、祓法、三節祭のこと、雄略天皇御代の止由気大神の遷座、大佐佐命を二所太神宮大神主職とすること、外宮先祭のことなどが記され、神服織社、磯宮、神衣祭のこと、最末には内外両宮附属の諸社祭神と由緒とが列記されている。

冒頭には「天地開闢之初、神宝日出之時、御饌都神与二大日孁貴一、予結二幽契一、永治二天下一、言寿宣」とあり、外宮祭神の地位を高める文句が記されている。この部分は、のちの「神宮三部書」に影響を与えており、「神宮三部書」

に展開する外宮祭神論の前段階にあたる。

度会氏に関しては、天孫降臨に際して、天牟羅雲命は太玉串を取り、三十二神の前後に相従い、高千穂峯に降られたとある。また、垂仁天皇十四年、伊勢国の桑名野代宮に遷幸したとき、度会氏の遠祖である国造の大若子命（一名、大幡主命）が国内の風俗を奏し、弟乙若子命も仕えたと記す。同天皇二十六年の五十鈴河上鎮座の年にも、大幡主命の事績が多く語られ、「神国造兼大神主」に定められ、ついで雄略天皇御代、止由気皇太神の遷座にあたり、大佐佐命が「二所太神宮大神主職」となる。こうした荒木田氏に対抗し、度会氏に有利な祖神伝承は、『神宮雑例集』（建仁二年〈一二〇二〉から承元四年〈一二一〇〉の間に大宮司家により編纂された）に収める、いわゆる「大同本記」が、平安末期ごろまでには偽作[22]されており、これを基に、誇張した論が展開される。

諸本　中世まで遡る古写本は存在しない。『新訂増補 国史大系』本、『大神宮叢書』本、『神道大系』本は、ともに神宮文庫蔵、弘化三年（一八四六）御巫清直筆の上賀茂社岡本保可本の影写本（一門一〇八一六号）を底本とする。この御巫本は『神宮古典籍影印叢刊8』に写真掲載されている。上賀茂社岡本保可本は応永二十五年（一四一八）の奥書をもつ、『倭姫命世記』の古写本の形を伝えるものとして貴重である。

本書の巻末には「于レ時、大神主飛鳥孫、御気書写之、神護慶（景）雲二年二月七日、禰宜五月麻呂撰集之」と記す。度会氏二門始祖飛鳥の子孫、御気が書写し、神護景雲二年（七六八）に度会氏四門始祖小事の子孫、五月麻呂が「撰集」したと伝える。

奥書によると、①大治四年（一一二九）十二月度会雅晴が書写し、②「丁卯歳五月」（元中四＝嘉慶元〈一三八七〉）度会章尚が書写し、③応永二十五年五月、④応永二十七年六月の書写歴をもつ。一貫して度会氏によって伝来、所持してきた形をとる。

もともと『倭姫命世記』と対になっていた『神祇譜伝図記』は、その文中に「卜家神代抄」との注記が見えることから、西田長男は卜部兼文が文永七年（一二七〇）六月に『旧事本紀』より抄出した「建御名方神御事抄」がそれにあたるとして、『神祇譜伝図記』成立の上限を文永七年以後に求め、下限は『伊勢二所太神宮神名秘書』に引かれる弘安八年（一二八五）とした。そして『神祇譜伝図記』と兄弟関係にある『倭姫命世記』もそれと相前後して撰作されたと推定する。(23)西田説に対して、久保田収(24)は度会行忠の撰述の可能性を示唆され、その時期をさらに絞って、行忠が『伊勢宝基本記』を書写する建治三年（一二七七）九月から、『天口事書』撰述の弘安三年までの間に成立したと論じられた。

2　『伊勢二所皇御大神御鎮座伝記』（「大田命訓伝」「神記第二」）

書名　「大田命訓伝」「大田命伝記」といい、俗に「上代本紀」ともいう。また、「神記第二」とも呼ぶ。「神宮三部書」の一つ。神蔵十二巻のうちの「最極秘書」。弘安八年度会行忠撰『伊勢二所太神宮神名秘書』の裏書に「大田命神記」の書名を記すのを初見とする。

内容　猿田彦大神の託宣を冒頭に掲げ、三種神器、天孫降臨、崇神天皇御代における笠縫邑への遷座、倭姫命による伊勢への奉遷と猿田彦大神の後裔大田命の先導による五十鈴河上への鎮座、内宮の祭神を列記する。ついで豊受皇太神について論じ、外宮の祭神を列記する。つづいて両宮の神徳、神鏡のこと、御井神社の由緒等について解説する。

内宮神・外宮神を「天地大祖天照皇太神、天御中主神」といい、二神ともに天孫降臨の主宰神・皇祖神として登場する。また、「豊受皇太神一座、天地開闢初、於二高天原一成神也」とあり、天照大神と「御饌都神、天御中主尊」との間で幽契が結ばれたことが『倭姫命世記』に基づいて記されている。後半には、『伊勢宝基本記』に載せられて著名な、天照大神の「人乃天下之神物也」で始まる正直論の託宣が、本書には倭姫命が「皇太神并止由気皇太神」から受けた託宣として載せられている。

度会氏に関しては、冒頭に「神主部天村雲命之孫、大若子弟若子命等也、物忌等天見通命之孫、宇多大弁禰奈大阿礼命等也」とあり、神主部は度会氏、物忌には荒木田氏の祖神をあげる。本書は雄略天皇二十二年、斎内親王・神主部らが受けた神宣を「大神主大佐々・前大神主彦和志理・無位神主御倉・大物忌酒目・押刀女等」が秘蔵し、継体天皇の御代「乙乃古命二男神主飛鳥」が伝え記したとある。本書の伝来に関係した五人のうち、前三人は度会氏、後二人は荒木田氏の人物であり、『御鎮座本紀』と同じく、度会氏二門の飛鳥の撰録であると伝えるが、後世の仮託である。

諸本　最古本は真福寺文庫所蔵、鎌倉後期の巻子本、軸木には「行忠之」と記した墨書がある（『真福寺善本目録』）。『新訂増補　国史大系』の凡例には、「その見返の文字は花押に拠るにまさに度会行忠の筆にして」とあり、度会行忠の自筆本であると推定されている。『新訂増補　国史大系』本・『神道大系』本の底本となる。『真福寺善本叢刊　伊勢神道集』写真版・翻刻を収める。

『大神宮叢書』本は神宮文庫蔵の南北朝期の古写本（一門七五八号）を底本とする。『神宮古典籍影印叢刊8』には、その写真版を収録する。

神宮文庫本（一門一〇八三〇号）の奥書によると、①文治元年（一一八五）四月に外宮一禰宜光忠本を度会高倫が書写し、②建久二年（一一九一）三月に禰宜（行忠の祖父延行）に伝えられ、③永仁三年度会行忠が書写している。『御鎮座次第記』『御鎮座本紀』と同じ伝来過程であるが、ともに①②の奥書には疑問が残る。

3 『豊受皇太神御鎮座本紀』（「飛鳥記」）

書名 「飛鳥記」「飛鳥本記」「大神主飛鳥記」ともいう。『伊勢二所太神宮神名秘書』の裏書に「大神主飛鳥記」「飛鳥記」を引くのを初見とする。「神宮三部書」の一つ。『御鎮座伝記』の真福寺文庫本奥書に見える「文治元年記」によると、「飛鳥記」は調御倉の神体仮櫃のうちに秘蔵された特別の扱いであった。また、度会行忠は『古老口実伝』において「神宮秘記数百巻内最極秘書」の一つに「飛鳥記」があげられており、同書は「豊受皇太神」に関する秘蔵の書籍とされる。

内容 豊受皇太神の鎮座の由来を中心に語られることから、外宮祠官が最も重要視した書籍。天地初発のとき、天御中主神、またの名、豊受皇太神が天照大神とともに皇孫に三種の神財を授け、天孫降臨することに始まり、天照大神の伊勢への遷座、雄略天皇御代、豊受皇太神が但波より伊勢の山田原に鎮座する諸伝を記し、ついで摂末社、神楽、神宝、荷前、神地、神供料、御井水、日別朝夕大御饌、祭禁令、両宮尊位、御形文、心御柱、天平賀のこと等が述べられている。

度会氏に関しては、『倭姫命世記』に同じく、大佐々命が「二所皇太神之大神主職」となり、奉仕したと伝えるほか、巻末には「于レ時、大佐々命、乙乃古命、蒙二勅宣一奉仕、己酉歳、乙乃古命二男大神主飛鳥記之」とあり、『御鎮座伝記』と同じく度会氏二門の飛鳥に仮託されている。

諸本 最古の写本は神宮文庫所蔵（一門七七五号）、延文元年（一三五六）沙弥暁帰（俗名、度会実相）が書写し、貞治六年（一三六七）行忠自筆本をもって校合したもの。『新訂増補 国史大系』本、『大神宮叢書』本、『神道大系』本の底本となる。『大神宮叢書』本の解説によると、本書のほか、神宮文庫所蔵の『御鎮座次第記』『御鎮座伝記』も度会実相の筆になるものと推定されているが、真福寺所蔵の『三角柏伝記』『高庫蔵等秘抄』に見える暁帰の筆跡・書風とは明らかに異なる。『神宮古典籍影印叢刊８』に写真版を収録する。

本書の伝来は、奥書によると、①文治元年四月、外宮一禰宜光忠本を度会高倫が書写し、②度会延行に伝えられ、③「乙未歳」（永仁三年）に度会神主（延行の曽孫、行忠）が書写している。前記のとおり、①②の信憑性は薄い。

4　『天照坐伊勢二所皇太神宮御鎮座次第記』（「神記第二」）

書名　巻末に阿波羅波命が筆録したと伝えるところから、一名を「阿波羅波記」「阿波羅波命伝」という。神宮文庫本の巻首裏端書には「神記第二阿波羅波秘書十二巻内」とある。『御鎮座伝記』を「神記第一」と呼ぶのに対して、本書を「神記第二」ともいう。本書の奥書には、「於二正案三通一者、神記一二、飛鳥記、別宮秘蔵之、判」とあり、『御鎮座伝記』『御鎮座本紀』とともに、「神宮三部書」と呼ばれ、重要視された。これら三書を度会行忠は六十歳以前披見不可の書として秘蔵してきたと主張する。

内容　伊勢内外両宮の鎮座と、両宮の相殿および別宮荒祭宮・多賀宮の由来について記す。すなわち「天照坐皇太神一座」「相殿神二座」「荒祭宮一座」「天照坐由気皇太神一座」「相殿神三座」「多賀宮一座」の六項の条を立てている。

『伊勢宝基本記』を除いた四書には、内宮天照大神と外宮豊受大神とが幽契を結び天下を治め、三種の神財を皇孫に授け、天孫降臨へと展開する内容が共通して載録されている。外宮神は亦の名を天御中主神といい、内宮神と外宮神の「二柱御大神」は皇孫「瓊々杵尊之大祖」といわれ、外宮神は皇祖神へと昇華する。また、「天照坐止由気皇太神」の項には、「古語曰、大海之中有二一物一、浮形如二葦牙一、其中神人化生、号二天御中主神一、亦名二国常立尊一、亦曰二大元神一故号二豊葦原中国一、亦因以曰二天照止由気皇太神一也、与二大日孁貴天照太神一、予結二幽契一、永治二天上天下一給也」とある。外宮神の天御中主神同体論とともに、国常立尊同体論が記されているところに本書の特色がある。『御鎮座伝記』『御鎮座本紀』を踏まえた、「神宮三部書」と「神道五部書」における最後に完成した書であると考えられる。

度会氏に関しては、文中に度会氏祖神の大若子命、大佐々命の伝が語られ、その巻末には、もちろん仮託であるが、筆録者が明記されている。上段には、阿波羅（良）波命・乃々古命・乙乃古命の外宮度会氏三人、下段には荒木田押刀・赤冠薬の内宮荒木田氏二人の名前が見える。乃々古命、乙乃古命は阿波羅（良）波命の子。乙乃古命から度会氏一門爾波、二門飛鳥、三門水通、四門小事に分かれる。荒木田系統の人物は『伊勢天照皇太神宮禰宜譜図帳』によると、天見通命の後裔である「押刀酒目児」と「赤冠薬押刀児」の父子にあたり、雄略朝から宣化朝ごろの禰宜とされる。

本書には外宮祭神について「止由気皇太神」と皇字が書き込まれており、これは永仁の皇字論争において「皇」字が加筆されたか、この時期に相前後して撰作されたものであろう。外宮度会氏と内宮荒木田氏の双方の協力によって筆録されたことを主張するための度会氏側の偽作の意図が濃厚である。

諸本　現存する最古本は、神宮文庫蔵（一門七四七号）、南北朝期の写本。『新訂増補 国史大系』本、『大神宮叢書』本、『神道大系』本は、ともにこれを底本とする。『神宮古典籍影印叢刊8』には、写真版が収録されている。奥書によると、①文治元年度会光忠書写本を度会高倫が書写し、②度会行忠の祖父延行に相伝され、③度会行忠が書写する。しかし、この①②の信憑性には疑問が残る。

註

（1）　久保田収は外宮祠官度会氏の「延佳において五部書といふ形が定められるにいたつた」（「神道五部書と伊勢神道の経典」『中世神道の研究』神道史学会、昭和三十四年。初出、昭和三十年）と述べて、「神道五部書」の呼称が近世に始まることを明らかにした。さらに谷省吾は、その名称は山崎闇斎の言い出したこととされ（「『垂加翁書籍目録』とその意義」『史料』五四・五五合併号、昭和五十七年）、田中卓は、寛文九年（一六六九）に度会延佳は『倭姫命世記』を入手し、延佳と山崎闇斎との対話の間で、伊勢の書を吟味し、五部の書を選定して「神道五部書」の呼称が生まれたと推測する（『神道大系　論説編　伊勢神道上』「解題・神道五部書について」神道大系編纂会、平成五年）。

（2）　主要な伊勢神道研究は、久保田収『中世神道の研究』（神道史学会、昭和三十四年）、高橋美由紀『伊勢神道の成立と展開』（大明堂、平成六年。増補版、ぺりかん社、平成二十二年）、鎌田純一『中世伊勢神道の研究』（続群書類従完成会、平成十年）、牟禮仁『中世神道説形成論考』（皇學館大学出版部、平成十二年）、平泉隆房『中世伊勢神宮史の研究』（吉川弘文館、平成十八年）、伊藤聡『中世天照大神信仰の研究』法藏館、平成二十三年）など。

（3）　吉見幸和「五部書説弁」（『大神宮叢書　度会神道大成 後編』昭和三十年）。

（4）　岡田米夫「伊勢神道」（『神道大辞典』平凡社、昭和十二年）。

（5）　岡田米夫『群書解題』一、神祇部・中（続群書類従完成会、昭和三十七年）。

（6）　久保田収「伊勢神道書の成立」（『中世神道の研究』神道史学会、昭和三十四年。初出、昭和三十三年）。

（7）　鎌田純一「伊勢神道書の成立―神道五部書の成立時期を中心として―」（『中世伊勢神道の研究』続群書類従完成会、平成十年）。

（8）『神道大系　論説編　伊勢神道上』「解題・神道五部書について」（神道大系編纂会、平成五年）。

（9）　前掲註（8）「解題・神道五部書について」。

（10）　前田尊経閣文庫における調査に際し、太田晶二郎との質疑・対話のなかで判明した。岡田荘司「『伊勢宝基本記』の成立」（『神道史研究』二八巻四号、昭和五十五年）、同「新出の『伊勢宝基本記抄』」（『大倉山論集』四一輯、平成九年）、太田晶二郎「宝基本記について」（『太田晶二郎著作集』第二冊、吉川弘文館、平成三年。初出、昭和五十七年）。

（11）　久保田収、前掲註（6）著書。

（12）　平泉隆房「伊勢神道成立の背景」（『皇學館論叢』二一巻四号、昭和六十三年。のち前掲註（2）著書）。

（13）　岡田荘司「『伊勢宝基本記』の成立」（『神道史研究』二八巻四号、昭和五十五年）。

（14）　岡田荘司「『中臣祓訓解』及び『記解』の伝本」（『神道及び神道史』二七号、昭和五十一年。改訂して本書第一部第一章）。

（15）　大隅和雄「中世神道論の思想史的位置」（『日本思想大系　中世神道論』岩波書店、昭和五十二年）。

(16)『鎌倉遺文』六七〇三号、『黄葉記』寛元四年(一二四六)五月二十五日条。
(17)岡田莊司「『御鎮座伝記』奥書所収の「文治元年記」について」(『大倉山論集』四五輯、平成十二年)。
(18)久保田収、前掲註(1)論文。
(19)山本ひろ子「至高者たち―中世神学へ向けて―」(山折哲雄編『日本の神』第一、平凡社、平成七年)。
(20)小倉慈司「八―九世紀の伊勢神宮史料に関する一考察―内宮政印と大神宮司印をめぐって―」(國學院大學日本文化研究所編『大中臣祭主藤波家の研究』続群書類従完成会、平成十二年)。
(21)『神宮雑例集』巻二、第九政印事、内宮政印事。『神宮典略』中巻、二十一。大西源一「神宮の三印」(『大神宮史要』平凡社、昭和三十五年)。『豊受太神宮年中行事今式』『外宮子良館祭奠式』によると、正月元日、一禰宜の座の前に、御倉にある御政印韓櫃を取り出し、政印の判を捺す儀式が行われた。中西正幸「神宮長官の就任儀式」(國學院大學日本文化研究所編『大中臣祭主藤波家の研究』続群書類従完成会、平成十二年)。
(22)小倉慈司「『大同本記』の虚構性―度会建郡記事をめぐって―」(『史学論叢』一二、平成五年)。
(23)西田長男「度会神道成立の一班―新出の『神祇譜伝図記』に沿って―」(『日本神道史研究』第四巻、講談社、昭和五十四年。初出、昭和三十年)。西田説に対して伴五十嗣郎は、『神祇譜伝図記』に注記のある「卜家神代抄」は、のちの追記の可能性を指摘されており、上限年代を文永七年(一二七〇)とする根拠は弱い(伴五十嗣郎編『神道資料叢刊一　神祇譜伝図記』皇學館大学神道研究所、昭和六十三年)。
(24)久保田収、前掲註(1)論文。

第二章　真福寺本『伊勢二所皇御大神御鎮座伝記』（「大田命訓伝」）の伝来

はじめに

大須観音・真福寺文庫には、数多くの神祇関係書籍が収蔵されてきた[1]。そのうち、伊勢神道書は鎌倉後期・南北朝期書写と推定される写本が多く、その質の高さからも注目されている。

とりわけ、「神道五部書」の一つとされる『伊勢二所皇御大神御鎮座伝記』（巻頭書名、『御鎮座伝記』と略称。「大田命訓伝」〈表紙外題、巻末書名〉、「神記」〈巻末書名の前一行・朱筆〉、「神記第二」〈表紙外題、巻頭書名の下・朱筆〉。以下、本書という）について重要な発見があった。すでに黒板勝美により度会行忠（一二三六〜〇五）の自筆本と推定されてきたが、今回の調査により、行忠真筆であることが確定的となった[2]。

一　語りかける軸木墨書「行忠之」

昭和初期、黒板勝美は真福寺本の本書が度会行忠自筆本であることを指摘された[3]。

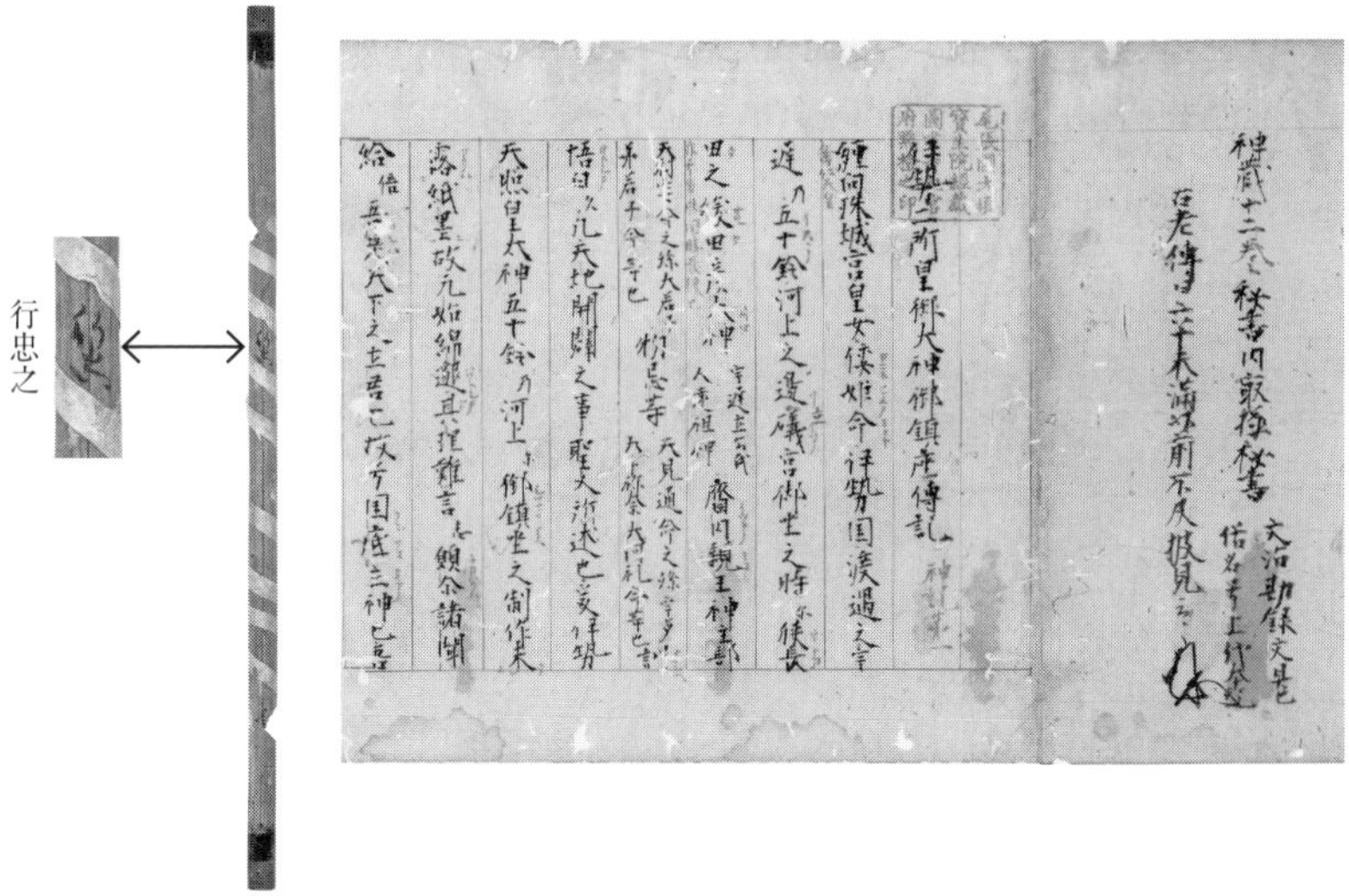

図4　真福寺本『伊勢二所皇御大神御鎮座伝記』見返し・巻首・軸木（「行忠之」自署）
（大須観音宝生院〈真福寺〉所蔵）

軸木に「行忠之」と墨書あり、本書は即ち神道五部書の一部にして、しかも御鎮座伝記の現存最古の写本なり、見返しの花押は何人なるや詳かならざるも、或は軸の墨書に見ゆる行忠にあらざるやと推定せらる。

また、『新訂増補　国史大系』第七巻、神道五部書の凡例（「昭和十年十一月　黒板勝美識」とある）においても、

その見返の文字は花押に拠るにまさに度会行忠の筆にして、又軸木の中程に「行忠之」と墨書せり。

とある。二〇年前（昭和の末年）、この墨書を確認したいと思い、大須観音を訪ね、本書を閲覧させていただいたが、肝心な部分の軸木は本紙と糊付けされ、その署名を確認することはできなかった。そして、『真福寺善本叢刊』第二期への収録にあたり、虫損の甚だしい本書の修補が進められ、軸木を本紙から分離することになった。

平成十七年（二〇〇五）六月三日、私は阿部泰郎氏のお誘いをいただき、京都市の典籍修補の作業場にいた。目を凝らして、軸木をもとめたが、巻首から展示されており、九《メートル》先の巻尾の軸木の部分は、すぐには確認できなかった。逸る気

持ちを抑えつつ、軸木に至ると、確かに小さな「行忠」の字が読み取れた。「ありました」、二人は顔を見合わせ安堵した気持ちになった。軸木にある「行忠之」の署名を見た、あの感動は今も忘れられない。

軸木の長さ三〇・〇センチ、太さ直径一・〇センチ。天地に朱の漆塗り。合わせ軸を螺旋状に白紙で貼り付ける。軸頭より一・〇センチから一二・一センチまでの、わずか一・一センチの間隔に、「行忠」の字とその左下に白紙を避けるように「之」字を確認することができる（図4参照）。この結果、幻の行忠署名の文字が、数十年ぶりに軸木から現れた。

軸木に記入された「行忠之」の確認により、本書の筆録者、当初の所持者は度会行忠であることが確認され、伊勢の神道五部書の一つの成立期が確定できたことになる。「行忠之」は、さまざまに語りかけてくる。

本書は本文首葉巻頭に「伊勢二所皇御大神御鎮座伝記」とあり、その下に朱筆で「神記第二」とある。表紙外題には「大田命訓伝一巻」、その右と下には細字で、「神記一　彦和志理命」、「二所大神宮第一秘書也」とあり、本文と同筆と思われる。その下に異筆で函番号「第六十五合」と記されている。巻尾の裏に異筆で「大田命訓伝」とある。

本書は全体にわたって、同一人物による一筆書きであり、修補の形跡はなく、行忠執筆当時の原装と考えられる。軸木に記された行忠の署名は、本書が自身の執筆にかかり、行忠所持の祖本であったと推定される。

本書の見返しには、

神蔵十二巻秘書内最極秘書文治勘録文具也、俗名号上代本紀、

古老伝曰、六十未満以前不レ及二披見一云々、（花押）

とあり、六十歳未満披見不可を示す重要な事項が書き込まれ、花押も行忠とされる。

本書異筆の部分は、外題下の函番号、巻末裏の「大田命訓伝」の五字、そして巻末の追記である「別記云」三字の三ヵ所に限られている。これ以外の表紙、見返し、本文、「別記云」以後の追記は一筆、さらに朱による傍注加筆の

部分も同筆と推定される。したがって本書は行忠執筆当時の情報が多く含まれており、伊勢神道研究史の座標軸に据えることが可能になった。

二　本書の成立時期

本書の成立年代について、考察の手がかりとなるのは、巻末の「別記云」以後の追記部分である。「大田命訓伝」本文につづく巻末追記には、①「月夜見命一座　荒魂命一座」以下の一文と②「文治元年記」とが引かれている。[4]

追記①「月夜見命一座　荒魂命一座」の項目は、神宮月読神の祟りの由来を、「太神宮禰宜最世記云」と「徳雄雑記云」の二書から記録している。①の前半「太神宮禰宜最世記云」には、『続日本紀』宝亀三年（七七二）八月甲寅条、『日本三代実録』貞観九年（八六七）八月二日戊辰条の国史の抄録と独自文とに基づいている。追記は本文と同筆であり、行忠は本文執筆と同時に追記したものであろう。

本書に引く「徳雄雑記」は、内宮祠官荒木田徳雄の記録であり、徳雄は貞観十七年から延喜五年（九〇五）まで内宮禰宜職を務めている。「太神宮禰宜最世記」は荒木田最世の記録であり、最世は延長元年（九二三）から天慶四年（九四一）まで内宮禰宜職を務めている。西田長男は「『徳雄雑記』というのは、その名よりしても、『神宮雑事』、『神宮雑記』とも呼ばれた『諸雑事記』のことかと思われるが、現存のどの伝本にも上の一文は見えない。しかし、これなども、やはり『諸雑事記』の一異本より出た逸文と考えてよいのではあるまいか」[5]と述べて、『太神宮諸雑事記』の異本という見解を示されている。「太神宮禰宜最世記」も同類系と思われ、両書はともに荒木田禰宜家に伝来した最世・徳雄の記録であった。行忠は内宮荒木田氏の書籍までも丹念に蒐集していたことになる。

本書の初見は、弘安八年（一二八五）行忠が撰上し、同十年以降これに増補・修訂を加えた『伊勢二所太神宮神名秘書』に「裏書云、窃検二神宮本記幷大田命神記一、大神主飛鳥記」とある。「大田命神記」の書名は、『御鎮座伝記』の別名「大田命訓伝」と「神記」の称をつなげた書名となっている。また、『神名秘書』の月読宮の裏書に「神記奥書曰、太神宮禰宜最世記云」以下の文が引かれている（「于レ時、禰宜徳雄奉遷行事、宮司有範供奉」まで引く。「徳雄雑記云」の記載はない）。「神記」は『御鎮座伝記』の別名であり、行忠は修訂に際して、「太神宮禰宜最世記」を直接引くのではなく、本書追記からの引用であることは、「神記奥書」を含む本書が、『神名秘書』修訂本作成にあたり、行忠の手許にあり、『神名秘書』修訂前に撰作されていたことになる。

本書と成立期が近い関係にある『神名秘書』の成立については、同書奥書の二本が手がかりとなる。

〔a神宮文庫・度会行忠本〕

弘安八年十二月三日、蒙二博陸侯之厳命一撰進之処、快然之由、被レ下二御教書一、弾正大弼葉行奉、

還補以後、重検二旧記一加二執捨一也、

六十未満以前、不レ披二見秘記一之間、有レ所レ秘也、

〔b神宮文庫・度会家行本〕

抑此神名帳行忠神主撰之、禅林寺殿《亀山法皇》御治世之時、内々　奏覧預二　叡感一云々、

『神名秘書』（a・b）本奥書には重要な記事が見える。a本は、貞治四年（一三六五）に前祭主大中臣親世が大中臣時世に命じて、行忠自筆本を書写させた神宮文庫本である。b本は、正和五年（一三一六）度会家行の書写本を祖本とする神宮文庫本（元禄八年〈一六九五〉黒瀬益弘奉納本）である。

a本によると、『神名秘書』の著者・編者は度会行忠であること、「博陸侯」すなわち時の関白鷹司兼平の「厳命」

を受けて編集され、弘安八年の成立であること、「禅林寺殿」亀山上皇に奏覧されていること、などが明らかとなる。b本によると、行忠が三禰宜還補（弘安十年七月二日）以後に『神名秘書』は修訂されており、この点に関して、久保田収は「還補以後」と書かれていることから、修訂は「弘安十年七月より余り年月をへだてないころであつたに違ひない」(6)と論じられた。『神名秘書』修訂本の成立を行忠還補後とすると、本書は弘安十年七月二日以前の撰作でなければならない。

三　在京期の行忠と京都朝廷

行忠が外宮三禰宜を解職されたのは、弘安六年（一二八三）七月二十九日のことである。内宮遷宮に用いる御杣山の材木は枯渇の危機にあった。行忠は外宮三禰宜でありながら、造内宮作所の職にあり、用材調達の方法を他山より求めることを申し出たが許可されず、院の評定により、弘安六年七月二十九日に罪を得て三禰宜を解任された(7)。行忠が三禰宜に還補されたのは、四年後の弘安十年七月二日であり、二十七日「外宮禰宜行忠還任官符請印也」（『勘仲記』）とある。この間、公職を離れ、在京して朝廷周辺で活動し、両部神道を吸収し、伊勢神道の思想的整備を進めていくことになる。

弘安九年二月十五日、行忠は都の神祇官において両部神道書『天地霊覚秘書』を学び、同じ年四月八日行法を受け、七月七日灌頂を授与された(8)。秘伝の行忠所持本『天地霊覚秘書』は、こののち、弘安十一年四月度会雅見が写している。『神名秘書』修訂本は書名の明記はないが、各所に『天地霊覚秘書』が引かれている。

行忠の在京期間の詳細は明らかではないが、関白鷹司兼平の命を承けて、弘安八年十二月『神名秘書』の奏進は、上洛中のことであるとの指摘がある。そして弘安九年二月には、神祇官において『天地霊覚秘書』の伝授を受けていることから、この前後の弘安八・九年の時期、伊勢を離れ京都に滞在していたことは確実である。

弘安十年の外宮正遷宮を前にした七月、行忠は亀山上皇の院宣により三禰宜に還補される。これには兼平の命による『神名秘書』奏進の功績が指摘されている(9)。行忠は大覚寺統の人脈に属し、関白兼平と祭主定世の後押しとにより、復職が叶えられた。行忠の復職後の翌八月には、鷹司兼平が失脚して関白職を退き、二条師忠が関白に就任する。新関白師忠と大中臣隆蔭の息隆直とは、「彼隆直・関白無レ双二知音一」(10)といわれ、翌正応元年（一二八八）の伏見天皇大嘗祭の寿詞奏を務めた祭主定世に替えて、その十二月には隆直が補任される。これには二条師忠の後押しがあったとされる。

こうした摂関・祭主をめぐる政争は今回がはじめてではなかった。鎌倉後期の皇統は、後嵯峨上皇崩御後、不安定な状況を呈することになる。蒙古の来襲の危機を迎えつつあった文永十一年（一二七四）一月、亀山天皇は皇子（世仁）に譲位して、後嵯峨院政を継承し「治天の君」となる。後宇多天皇は、三月に即位され、十一月には大嘗祭が執り行われる。大嘗祭斎行の前月、対馬・博多に蒙古軍が襲来（文永の役）するという「国難」に遭遇していた。

この年六月二十日に九条忠家（道家の孫）が摂政を解任される。摂関家は仁治三年（一二四二）以後、近衛・九条のほか、二条・一条・鷹司の五摂家が交替で就任するようになる。忠家は前年文永十年、亀山天皇のもとで関白となり、後宇多天皇践祚ののちは摂政に移る。ところが忠家は「大嘗会故実無二御存知一」（『勘仲記』文永十一年六月二十一日条）との理由により、摂政を解任され、新摂政に一条家経が就任する。

後宇多天皇大嘗祭を目前にした同年十一月十八日、大嘗祭辰日節会に読み上げる天神寿詞文を祭主大中臣為継が知らなかったため解任され、文応元年（一二六〇）亀山天皇大嘗祭を奉仕した経験のある大中臣隆蔭が再任される。このとき、卜部兼文は自らの勘草にかかる「隆蔭卿注進之状」（『宮主秘事口伝』）を執筆して、為継の罷免に導いた。隆蔭の妻は卜部兼頼の女であり、隆蔭と兼文とは義兄弟の関係にあった。隆蔭の祭主再任には、兼文を通して時の摂政一条家経の意向が働いたと推測される(11)。

文永十一年の文永の役を前後して、朝廷の重職にある摂政と祭主の解任劇は、ともに大嘗祭が関係していた。解任を機に、一条家では家経の父実経と弟実家とともに、卜部兼文を師とする日本紀の勉強会が開始される。この講義の問答録を基に、卜部兼方によって編修されたのが『釈日本紀』である。

図5　藤原五摂家系図

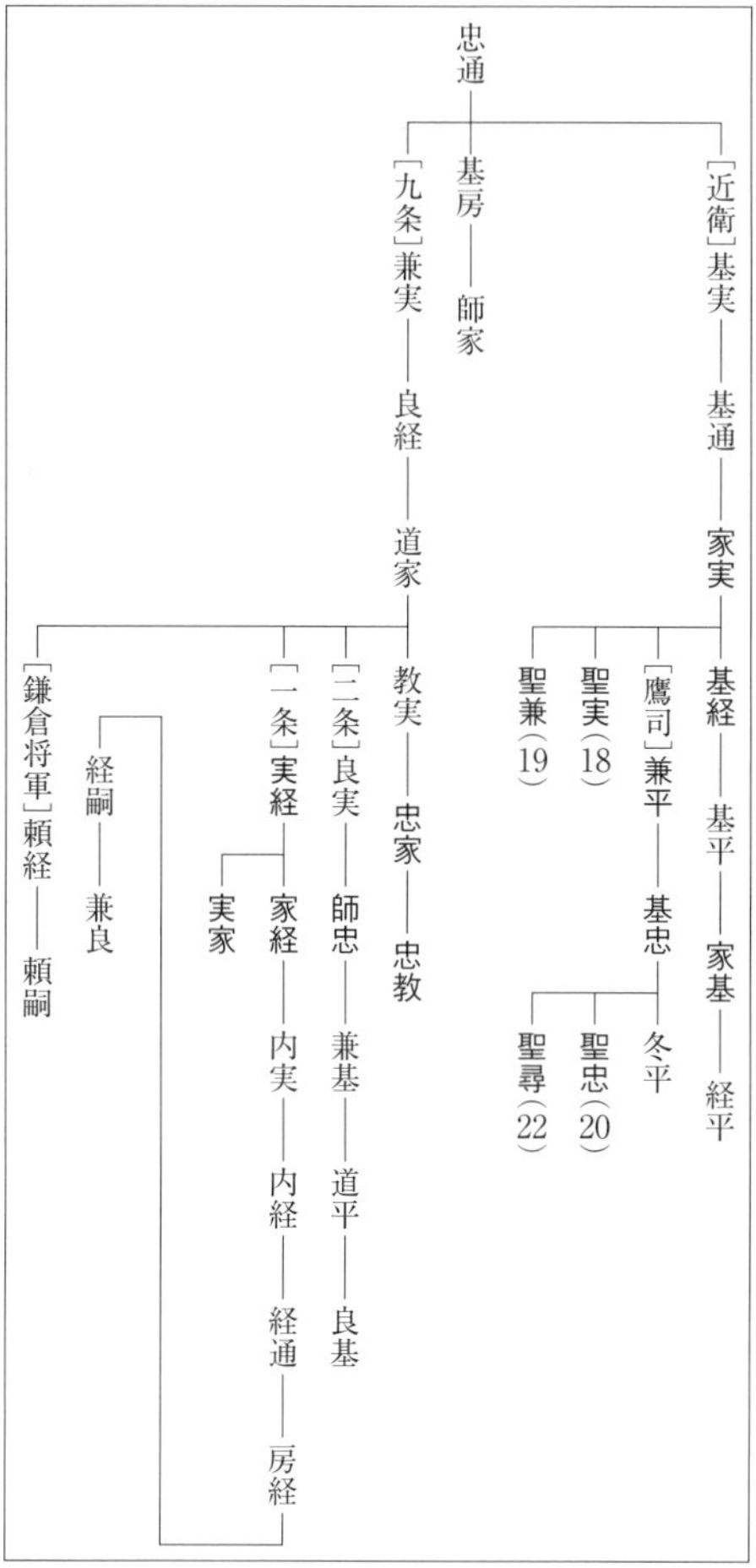

註　ゴシックは本章に出てくる人名、（数字）は東大寺東南院院主の代数。

図6　平野流卜部氏・岩出流大中臣氏関係系図

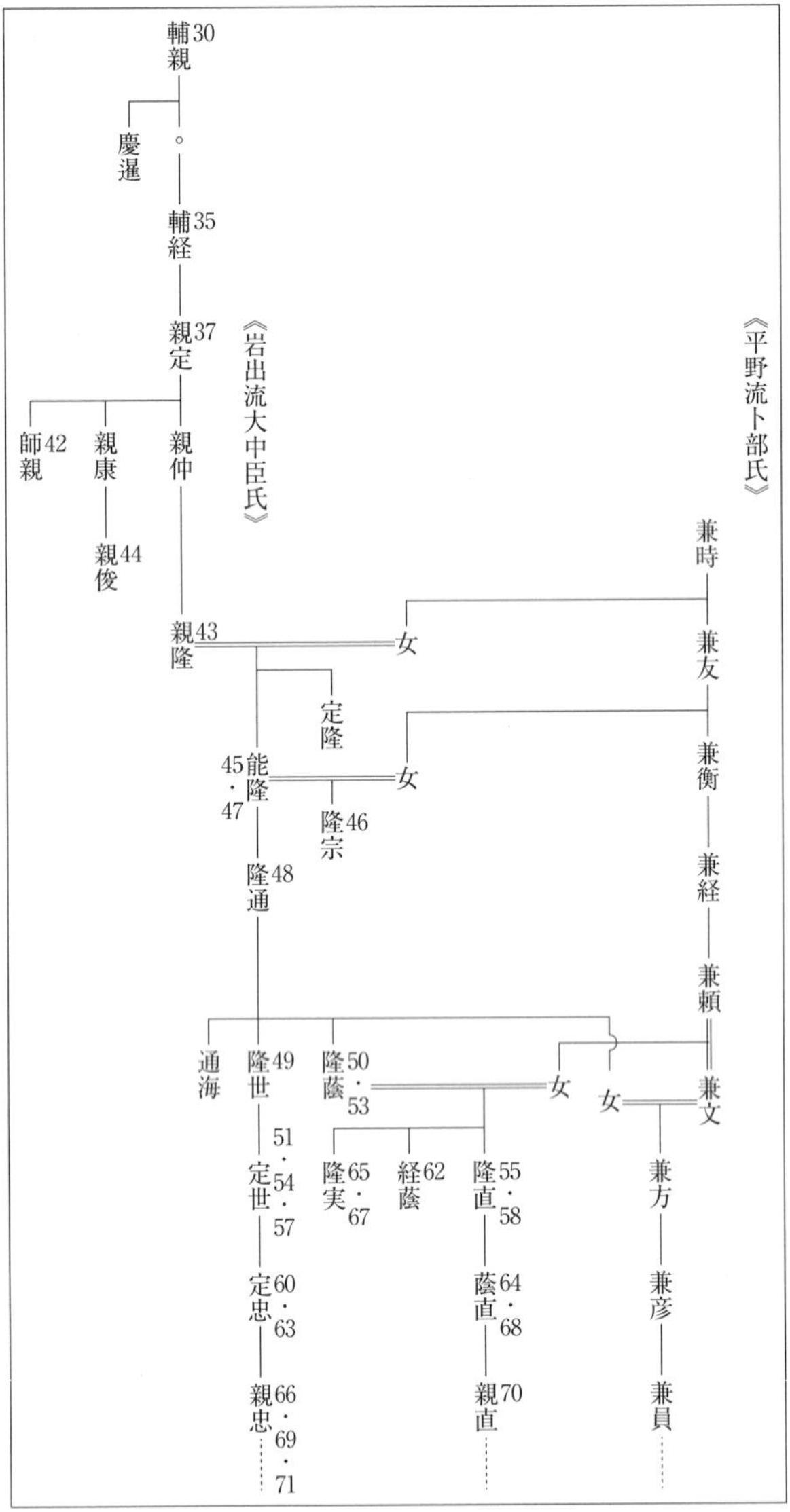

註　数字は神宮祭主代数。

大覚寺統による亀山上皇の治天と後宇多天皇の在位は弘安十年十月まで、一三年に及んだ。この間、摂関に九条忠家・一条家経のあと、建治元年（一二七五）以降、弘安十年まで鷹司兼平が引き継いだ。兼平は近衛家実の第四子、鷹司家の始祖にあたり、後深草・亀山天皇の建長四年（一二五二）から弘長元年（一二六一）まで摂政・関白を務めた経験をもつ。

摂関の一条家は神祇に関する学問研鑽に余念がなかったが、摂関鷹司家も『古事記』中巻を伝来してきた。同書中巻は「鴨院文庫」に収蔵されていた珍籍である。鴨院は藤原摂関家の邸宅をいい、藤原氏の近衛家伝来の文庫であった。このころは「大殿御本」と呼ばれる鷹司兼平が伝来していた。文永十年に、卜部兼文は大殿（鷹司兼平）と雑談に及び、「大殿御本」（鴨院文庫本）を借用・校合した。鴨院文庫は近衛流の家実・兼経に伝来し、そのあとは、弟兼平が文庫の管理者であったと推測される(12)。

四　月読宮顚倒事件と摂関鷹司家

本書『御鎮座伝記』の成立は、『神名秘書』初校本・修訂本との関係からいえば、弘安十年（一二八七）七月二日以前である。さらに、その時期を確定できる重要な情報が、追記①「月夜見命一座　荒魂命一座」の項に組み込まれている。

神宮月読神の祟りの由来を追記に書き込む必要性が生じたのは弘安十年一月のことであった。同月二十四日、月読宮が落雷・大風により顚倒した。二十七日の内人・物忌らの注進によると、西方の騎馬用御馬の足が損傷したという。この事態に先例勘申を求め、軒廊御卜・仗議・院評定が行われた。三月十五日には院（亀山上皇）において月読宮修造が諮られ勅定があった。ところが四月二十日以降、状況が変わる。月読宮神体の騎馬御馬の足の損傷とされていたのは誤りで、実際は月読宮荒魂の御体であるとされた。この事態は「希代之珍事」（『勘仲記』同日条）であった。月読宮荒魂の神体問題は、九条忠教（六月五日）・関白鷹司兼平・近衛家基（六月十六日）に勅問が下され、その対応に意見が求められた。朝廷内では亀山上皇・関白兼平・祭主定世（五月二十六日入京）を中心に、半年間にわたる情報の収集と協議が重ねられ、八月十一日月読宮立柱・上棟祭が斎行された（以上、『勘仲記』による）。

本書追記①「月夜見命一座　荒魂命一座」は、月夜見命とともに、荒魂命に関する事項の記載がある。このことは、本書の制作と追記の記載が、月読宮荒魂神の神体問題が発覚した四月二十日以後のこととされよう。それも行忠三禰宜還補の七月二日以前であることから、弘安十年前半期の四月から七月までの、わずか数ヵ月間に限定できる。

この時期、行忠は在京していた可能性が高い。行忠は摂関鷹司兼平の依頼を受け『神名秘書』を撰作し、亀山上皇に奉った。本書の撰述も、兼平との関係が想定される。本書見返しにある六十未満披見不可は、典籍を進呈する人物に合わせて書き込まれたとみることができる。弘安十年に六十歳になる人物は兼平が該当する。『伊勢神名秘書』は行忠から兼平へ進上されたが、本書も兼平に進呈するために書かれ、兼平の年齢に合わせて六十未満披見不可が記されたのであろう。兼平は、行忠から秘書化された本書を披見できると認められた特別の存在であった(13)。

弘安十年の前半期に月読荒魂神の神体問題に関する情報提供で、鷹司兼平と特別の関係がもたれたであろう。六月三十日祭主定世は正四位下に昇叙され、七月二日行忠は還補され、その功績が認知された。こののち、同年九月十五日の第三十二回外宮式年遷宮が斎行されたが、この大祭に間に合わせた特別の措置であった。祭主定世と大覚寺統につながる兼平を核とした人脈に依拠している。

本書真福寺本は伊勢ではなく、行忠の在京中に制作されたことになろう。真福寺に所蔵されてきた鎌倉後期・南北朝期書写の伊勢神道書の伝来について、これまで伊勢からの直接の流入ルートが諸説注目されてきた。しかし、近世以後の諸書に引かれる指摘には俗説が少なくない（天野信景『塩尻』など(14)）。そこで浮上してくるのが、伊勢以外の外部からの流入説である。本書は行忠の京都滞在中に制作され、そのまま行忠の在京中に手を離れたという想定である。

軸木に記された「行忠之」の墨書は、本書の素性の正しさを証明しており、制作当時の原本を贈呈した相手、また、月読宮顚倒事件に関わる①の追記の情報を共有する必要があった対象は限られてくる。その行く先の最も可能性が高いのは、摂関鷹司家であり、兼平の手元に持ち込まれたのではないか。

新たに阿部泰郎によって紹介された真福寺所蔵『摂嶺院授与記』[15]は、東大寺東南院門主聖尋（摂嶺院）と、その後嗣、東南院聖珍の伝法灌頂に関する記録である。聖尋は鷹司基忠の息、聖忠の実弟で東大寺別当、東南院門主を務めた。本紙の紙背には、度会家行著『瑚璉集』が記されている。伊勢神道書と鷹司家および鷹司家出身の東大寺東南院僧侶との関連が、真福寺資料の調査のなかから明らかになりつつある。國學院大學21世紀ＣＯＥプログラム第二回総合シンポジウム「中世神仏文化の点と線――真福寺の神道書と伊勢神道」においても、真福寺神祇書の流入ルートの有力な一つに南都の東大寺東南院の存在が論議された[16]。

鎌倉後期において、鷹司家の人物で東大寺東南院の院主を務めたのは、『東南院務次第』[17]によると、第十八聖実、第十九聖兼、第二十聖忠、第二十二聖尋の四名がいる。『尊卑分脈』によると、近衛家実の息、鷹司兼平弟の聖実は東大寺東南院に入り、「入唐不ㇾ帰朝ㇾ」とある。弟聖兼も聖実の資として東南院に入り、東大寺別当・醍醐寺座主などを務め、永仁元年（一二九三）九月入滅する。また、兼平の孫・基忠の息、聖忠（文保三年〈一三一九〉入滅）・聖尋が東南院に入り、東大寺別当・東寺一長者を務めた。鷹司家出身の聖実・聖兼・聖忠・聖尋が代々管領したのが東大寺東南院である。阿部泰郎の指摘によると、「歴代の鷹司家出身の門跡の許には、聖教とは別に、神祇書もまた鷹司家からもたらされ、預託されていた可能性がある。聖珍の代となっても外宮祀官とのつながりが維持され、家行の著作が東南院にもたらされていたことは、『瑚璉集』の反古を用いて『摂嶺院（聖尋）授与記』が写された事実をもって証されるところであった[18]」とされた。本書も行忠から摂関兼平の手に渡り、鷹司家一門との関係の深い南都東南院に預けられ、他の神祇書とともに、最終的には名古屋真福寺へ伝来するところとなったものであろう。東南院は伊勢・八幡・春日三神の「三社託宣」の発祥地として伝承されており、当院は南都における神祇思想の学問所の性格をもっていた。

おわりに

本書真福寺本は軸木にある度会「行忠之」の出現によって、行忠の執筆・所持が確定され、兼平六十歳のときに贈られた可能性は高く、伊勢神道最極の「神蔵十二秘書」の一書とされた。『伊勢宝基本記』以来受け継がれてきた、本書の「人乃天下之神物也、莫レ傷二心神一、神垂以二祈禱一為レ先、冥加以二正直一為レ本、任二其本心一」は、伊勢神道の真髄として、「心神」と正直・清浄・斎戒重視による個人の心の営み、信心の思想覚醒が確立し、近世の神道信仰まで大きな影響を与えた。その核心に『中臣祓訓解』注釈に示された祓信仰の存在があげられる。現存する『中臣祓訓解』の注釈部分には、少なからず行忠の加筆があったものと推定できるが、これらは行忠によって両部神道から伊勢神道へと組み立てられ、秘書化のもとで再編されていった。

註

(1)　阿部泰郎「『伊勢神道集』総説」（阿部泰郎・山崎誠編『真福寺善本叢刊　第二期8　伊勢神道集』臨川書店、平成十七年。のち『中世日本の宗教テクスト体系』名古屋大学出版会、平成二十五年）、同編『真福寺大須文庫神祇書図録』（名古屋大学比較人文学研究年報二〇〇五年別冊、平成十七年）。
(2)　前掲註(1)『真福寺善本叢刊　伊勢神道集』、『御鎮座伝記』の影印版全文・翻刻・解題を収める。
(3)　黒板勝美編『真福寺善本目録』本輯・続輯（昭和十年）。

（4）岡田莊司「『御鎮座伝記』奥書所収の「文治元年記」について」（『大倉山論集』四五輯、平成十二年）、同「神道五部書」（皆川完一・山本信吉編『国史大系書目解題』下巻、吉川弘文館、平成十三年。本書第二部第一章）。
（5）西田長男「伊勢の神宮と行基の神仏同体説」（『日本神道史研究』第四巻、講談社、昭和五十三年。初出、昭和三十四年）。
（6）久保田収「伊勢神道の形成」（『中世神道の研究』神道史学会、昭和三十四年。初出、昭和三十三年）。
（7）平泉隆房「鎌倉中期の遷宮とその問題点―弘安正応年間を中心として―」（『中世伊勢神宮史の研究』吉川弘文館、平成十八年。初出、平成十年）。
（8）牟禮仁「度会行忠と仏法」（『中世神道説形成論考』皇學館大学出版部、平成十二年。初出、平成九・十年）。
（9）平泉隆房、前掲註(7)論文。
（10）『伏見天皇宸記』正応二年（一二八九）二月四日条、平泉隆房、前掲註(7)論文。
（11）岡田莊司「中世の大中臣祭主家」（藤波家文書研究会編『大中臣祭主藤波家の歴史』続群書類従完成会、平成五年）。
（12）岡田莊司「大中臣祭主家と伊勢神道書―大中臣定世の古事記書写を通路として―」（國學院大學日本文化研究所編『大中臣祭主藤波家の研究』続群書類従完成会、平成十二年）。
（13）岡田莊司「伊勢神道書と『古事記』の伝来」（『愛知県史　別編　文化財4　典籍』愛知県史編さん委員会、平成二十七年）。
（14）伊藤聡「真福寺本『類聚神祇本源』について」（『真福寺善本叢刊　類聚神祇本源』臨川書店、平成十六年）。
（15）阿部泰郎「付録『摂嶺院授与記』について」（前掲註(14)『真福寺善本叢刊　類聚神祇本源』）。
（16）國學院大學21世紀COEプログラム第二回総合シンポジウム「中世神仏文化の点と線――真福寺の神道書と伊勢神道」（平成十七年十二月三日）が開催され、阿部泰郎の基調講演のあと、岡田莊司・伊藤聡・原克昭・牟禮仁・福島金治の発題、批評者に上島享・平泉隆房が加わり討議が交わされた（『神道宗教』二〇二号、第五九回学術大会号、平成十八年）。
（17）『大日本仏教全書　東大寺叢書第二』（鈴木学術財団編、昭和四十八年）。
（18）阿部泰郎、前掲註(1)論文。

第三章　卜部氏の典籍研究とその伝来

はじめに

卜部氏は神祇官の役職を務め、室町後期には兼倶が唯一宗源神道（卜部神道・吉田神道）を創唱し、神祇道家として絶大な勢力を誇っていたことは、よく知られている。その神道説、学問研究の基礎となったのが、中世における典籍研究と日本紀の家としての立場であった。以下では、平野流卜部氏の兼文・兼方から吉田流卜部氏の兼倶まで、二〇〇年間の経緯の概略を辿ってみる。(1)

一　日本紀の家・前史

神祇官の卜部は、十世紀以前まで、壱岐卜部（伊岐宿禰）・対馬卜部（直宿禰）が優勢であったが、十一世紀初頭に伊豆出身の卜部平麻呂の曽孫兼延が神祇官の次官（大副）に昇り、亀卜道宗家の地位を確立する。「家業」の成立である。ついで兼延の孫兼親・兼国からは、平野卜部氏、吉田卜部氏の二流に分かれ、以後はその子孫が卜部氏の氏長者をほぼ交互に継承する。平安・鎌倉期には、兼倶以降にみられるような平野・吉田両流対立の構図は認められない。(2)

鎌倉初期になると、平野・吉田両流卜部氏は、特定の公卿との関係をもち、神祇有職に関する諮問に応じる機会が多くなり、公家社会における神祇故実の家の存在感が増してゆく。ここに神祇有職の学問的裏付けとなる古典重視の立場が生まれてくる。このころから、仏家の僧侶たちが、神祇を重視し、「神道」「神国」への意識・思想が昂められていったことは、より一層、卜部氏を奮起させる社会環境が整えられていった。

平安末期以後、神祇官の長官（伯）は花山源氏の王氏（のちの白川家）一流に継承され、卜部氏はその家人として、神祇伯の王氏就任の儀礼（初任吉書）に際して家司の役を果たしてきた。ところが、貞応三年（一二二四）資宗王の伯就任儀礼において、両流の兼直・兼頼はともに家司就任を辞退する。この異例の事態、拒否宣言により、卜部氏は自立化の方向に進み、神祇官に独自の地位を築くことになる。その翌年（嘉禎元年〈一二三五〉）には、吉田流の兼直は『古語拾遺』を書写し、平野流の兼頼も翌々年（嘉禎二年）八幡宮のことについての注進に、日本紀をはじめとする古典を典拠とした論を述べている。また、安貞二年（一二二八）以降、『先代旧事本紀』『日本書紀』『文徳実録』『日本三代実録』などの書写校合を精力的に行っており、兼直・兼頼の代になると、「家業」の亀卜道の家、神祇故実の家に加えて、古典の家として「家学」の成立へとつながる。後世、兼倶は兼直を「家学」確立の功労者として高い評価を与えている。

二　平野卜部兼文・兼方の家学への研鑽

蒙古来襲の緊迫した時期を迎えつつあった文永十一年（一二七四）一月、亀山天皇は皇子（世仁）に譲位して、後嵯峨院政を継承し「治天の君」となる。践祚された後宇多天皇は、三月に即位、十一月には大嘗祭が執り行われる。

大嘗祭斎行の前月、対馬・博多に蒙古軍が襲来（文永の役）するという「国難」に遭遇していた。

この年、後宇多天皇の大嘗祭に際して起こった二つの人事の解任のことがある。その一は、同年六月二十日に九条忠家（道家の孫）が摂政を解任される。摂関家は仁治三年（一二四二）以後、近衛・九条のほか、二条・一条・鷹司の五摂家が交替で就任するようになる。忠家は文永十年亀山天皇のもとで関白となり、後宇多天皇践祚ののちは摂政となる。ところが『勘仲記』文永十一年六月二十一日条によると、「新摂政殿御慶申可レ為二廿七日一云々、前摂政殿去夜御内密令レ帰二九条一給云々、大嘗会故実無二御存知一之間、俄被レ仰二合関東一、及二改易之沙汰一由、有二閭説一云々」とある。大嘗祭の故実を知らなかったという理由により、忠家は摂政を解任され、新摂政に一条家経が就任する。この事件を契機に、一条家では家経の父実経と弟実家とともに、卜部兼文を師とする日本紀の勉強会が開始される。この講義の問答録を基に、兼方によって編修されたのが、のちに完成する『釈日本紀』である。

その二は、祭主大中臣為継の解任である。大嘗祭の辰日節会には祭主により天神寿詞を奏上する重儀が行われるが、大嘗祭目前の同じ年十一月十八日、為継は寿詞文を知らなかったために解任され、文応元年（一二六〇）亀山天皇大嘗祭を奉仕した経験のある大中臣隆蔭が再任される。これには卜部兼文の援助があった。兼文は自らの勘草にかかる「隆蔭卿注進之状」を執筆して、罷免を成功させた（『宮主秘事口伝』）。隆蔭の妻は兼頼の女であり、隆蔭と兼文とは義兄弟の関係にあった。隆蔭の祭主再任には、兼文を通して時の摂政一条家経の助力があったと推測される。[3]

先の摂政の九条家から一条家への交替には、大嘗祭の故実に習熟していた卜部兼文の指南・助勢があったと考えられる。摂政・祭主の解任劇は一条家・平野卜部氏・岩出流大中臣氏の連係が成功したものであり、後宇多天皇大嘗祭を契機に、日本紀への関心が高まった。これ以降、大嘗祭の斎行ごとに摂関の祭儀作法の伝習が重んじられ、その根源を求めて日本紀の神代巻を学ぶことが例となり、神祇の家である卜部氏の地位が重視される。日本紀研究は公家社会のなかに公認され、国史書から神書へと、その評価が変わり、次第に神代巻重視の傾向が強くなる。

この時期の活躍は平野流の兼文・兼方が中心であった。平野流は兼頼のあと、吉田流の兼直の子兼文（『宮主秘事口伝』に引く兼文宿禰記に「親父兼直宿禰」と見える）が養子となる。兼文は文永七年、神事に関する数々の抄出文を作成（卜部兼永本『先代旧事本紀』巻三奥書）しているが、その一つの「石上神宮御事抄」には、「兼文案之」と自説を開陳するほか、「先師之説」と述べて、布都御魂について養父兼頼の説を掲げており、古典を論拠にした神祇の学問が、すでに兼頼・兼文の間に出来上がりつつあった。同八年には兼文は『丹生祝氏文』（『丹生明神籍文』）に加点した（『高野山正智院文書』）。

そして文永十一年の摂政解任以後に始まる日本紀の勉強会は、その研究に拍車がかかり、兼文の子息兼方を後継者に、その学問は継承され、弘安本（兼方自筆本）「日本書紀神代巻」が書写される。兼方はさらに「弘安九年（一二八六）春比、重加二裏書一了」と、裏書を書き加えるが、これなどが『釈日本紀』に採録されており、『釈日本紀』の成立は、弘安九年以降の、前田尊経閣本の奥書に見える正安三年（一三〇一）以前までとされている。兼文・兼方の二代の活躍により、平野流をして日本紀の家が確定することになる。それは、『太平記』巻二十五にも、兼方の孫兼員について、その家を「日本記ノ家」と呼んでおり、広く知れ渡っていた。だが、日本紀の家が平野流だとしても、同流のみに独占されたものではなかった。吉田流でも兼夏が、乾元二年（一三〇三）に「日本書紀神代巻」を書写（乾元本）し、兼豊・兼熈へと引き継がれている。伯王氏の資緒王も弘安三年七月に後深草天皇の東宮熈仁親王（のちの伏見天皇）に日本紀を進講しており（『春能深山路』）、資緒王以来の「累家之秘説」が資通王・資継王へと継承されている。(4)

三　真福寺本『古事記』祖本の伝来

名古屋の大須観音・真福寺文庫に所蔵されてきた『古事記』（真福寺本・応安本）は、応安四（一三七一）・同五年に僧賢瑜によって書写された現存最古の写本である。

この応安本『古事記』の祖本は、初めから上・中・下の三巻が揃っていたわけではない。上・下巻と中巻とは、別々に伝来してきたものである。上・下巻の伝来は下巻奥書によると、文永三年（一二六六）二月中旬、岩出流祭主家嫡系である神祇官の次官（権大副）大中臣定世が、上・下巻を書写し、同六年九月「於灯下、一見畢」、建治四年（一二七八）二月「又一見畢」とあり、ついで、定世の孫親忠に伝えられているので、鎌倉後期には定世から子・孫の定忠、親忠へと、大中臣氏に伝えられた。このあと、「吉田大納言定房卿」の所望により、大中臣親忠本を借り請け、「家若《君カ》御命」（度会家行）によって書写され、さらに一本を書写して手許に止めた。(5)

応安本中巻奥書の書写歴によると、『古事記』は入手困難な書籍とされていた。

（a）中巻は諸家に収蔵されず、「鴨院文庫」に所蔵することが知られていた。ところが、権大納言・右近衛大将藤原（花山院）通雅は、思いがけなく別本を入手し、弘長三年（一二六三）五月二十七日、自身で校し、所持の本とした。

（b）文永五年十月十七日、通議陰士（正四位下）卜部兼文は「幕府之本」（近衛大将藤原通雅本）を書写し、校点を加える。

（c）文永十年二月、正議大夫（正四位上）卜部兼文は「大殿」（鷹司兼平）の「御本」（鴨院文庫本）を借用、校合する。

再び卜部兼文は校訂を加える。このときに用いられたのが「鴨院文庫」本であった。中巻は伝来が少なく、「鴨院文庫」本は珍籍とされてきた。鴨院は藤原摂関家の邸宅をいい、その文庫は藤原氏の近衛家が伝来してきたが、このころは「大殿御本」と呼ばれ、摂関家の鷹司兼平が所蔵していた。卜部兼文は、「大殿」（鷹司兼平）との面会・雑談に及び、中巻の不審について申し出、菅原良頼を通じて「御本」（兼平所持本・鴨院文庫本）を借用、校合した。

（d）弘安四年（一二八一）五月六日、卜部兼文から子息兼方に伝えられた兼方本を書写・校合する。

（e）弘安五年九月一日、祭主大中臣定世は「一条殿御本」を書写する。

右奥書の（e）では「一条殿御本」を書写しているので、（d）の書写人は摂関家の一条家経と推定される。ここに弘安五年、大中臣定世は、中巻を入手し、『古事記』の完本を揃えることができた。この中巻を含めた完本は、大中臣定世―定忠―親忠へと伝わり、下巻奥書に記された度会家行の一族に所持され、これが賢瑜によって書写され、真福寺文庫応安本となる。

近世の写本である卜部系『古事記』諸本の直接の祖本とされるのは卜部兼永筆本（鈴鹿本）であるが、この卜部系統本の祖本にあたるのが、兼文・兼方本にまで遡ると考えられている(6)。真福寺応安本『古事記』は誤写が少なくないが、兼永筆本と比較することにより、精度の高い校訂本が作られてきた。それは鎌倉期に始まる卜部氏の兼文・兼方をはじめ、その子孫による『古事記』の書写・校合へと研鑽の日々があったことによる。

四　平野流から吉田流卜部氏へ

卜部氏による『日本書紀』の書写は、鎌倉時代前期、吉田卜部氏の兼直、平野卜部氏の兼頼から奥書に確認できる（穂久邇文庫本）。平野流は兼頼のあと、吉田流の兼直の子兼文が養子となり（『宮主秘事口伝』）、兼文から子息兼方に師説・秘伝が伝授され、先に触れたように、兼方は弘安九年（一二八六）「日本書紀神代巻」に裏書を書き加え、弘安本（兼方本・京都国立博物館蔵）が成立する。一方、吉田流兼直の曽孫兼夏も乾元二年（一三〇三）に「日本書紀神代巻」を書写し、乾元本（兼夏本・天理図書館蔵）が完成する。弘安兼方本につづいて、兼夏は一部分であるが、あえて兼方本の異本を作成し、吉田流の家学確立を目指している。

ともに国宝に指定されている「日本書紀神代巻」の、弘安本（兼方自筆本）は平野流に、乾元本（兼夏自筆本）は吉田流に伝来し、ある時期から二本とも吉田流が所持してきた。

弘安兼方本・巻二の奥書によると、暦応四年（一三四一）四月、兼方の孫兼員は花園上皇の前で講読を行っている。兼方・兼彦・兼員へと伝えられたのであろう。その七年後の貞和三年（一三四七）十一月には、「正儀大夫卜（花押）」とある人物が、二人の子息に「秘説」を伝授している。これまで国史大系本『日本書紀』巻二奥書に見える貞和三年の伝授では、この人物について吉田流の兼夏とし、兼応・兼豊に伝授したものとされてきた。この奥書により、暦応から貞和の七年の間に、卜部氏の秘本である弘安本が、平野流の手を離れ吉田流へ移譲されたことになる。これに対して、批判の目を向けられたのが赤松俊秀である。(7) 赤松は奥書本文の書風から判断して「兼員の自筆」であると断定している。ついで、小野田光雄も兼員説を妥当とされ、二人の子息を兼員の子の兼前・兼繁の兄弟にあてている。(8)

図7　平野流・吉田流卜部系譜

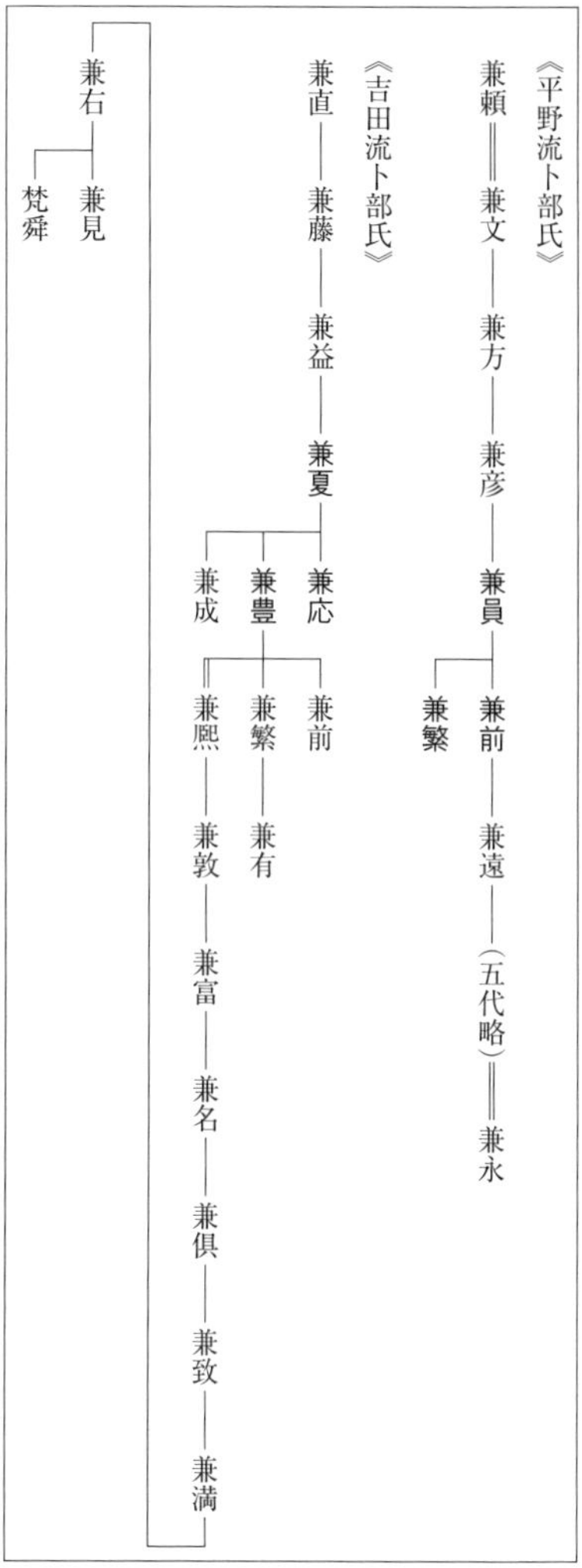

註　ゴシックは本章に出てくる人名。

弘安本奥書は平野流の兼員につづいて、吉田流の兼熙の筆蹟で書かれている。ここに平野流から吉田流に移譲されたことになるが、これには問題がある。

〔乾元兼夏本・巻一奥書〕

永徳元年十一月三十日、以㆓家之秘説㆒、授㆓嫡男兼敦㆒訖、

正四位上行神祇権大副卜部朝臣（花押）

〔弘安兼方本・巻二奥書〕

永徳元年十二月廿一日、以㆓累家之秘説㆒、授㆓嫡男兼敦㆒畢、

正議大夫祠部員外郎（花押）

弘安本にはつづいて、永徳三年（一三八三）の「重校了」、至徳三年の「校合新写了」とあり、「家乃風代々に吹こみ雲井より　月位乃かけをふむかな」との歌が書き込まれている。ともに兼煕の筆蹟と鑑定される。

兼煕は、兼豊の子息、神祇官の大副、吉田社祠官となる。兼煕は永徳元年十一月から十二月にかけて、子息兼敦に秘説伝授を行ったが、そのときのテキストは、右にあるとおり、巻一は乾元本、巻二は弘安本を用いたことになる。小野田の指摘するとおり、もともと乾元本の巻二にあった兼煕奥書を切り取り、弘安本へ貼り継いだものと判断され、兼敦への伝授は、吉田流累代の秘本である乾元本に基づいて、巻一・巻二を通して行われたことになり、この方が自然であろう。その上で小野田説では、兼煕の最後の奥書のある至徳三年（一三八六）の時期には、弘安本は平野流から吉田流に移譲されたと考えられている。しかし、兼煕に弘安本が移譲されていたとするならば、わざわざ乾元本奥書を弘安本に貼り替える必要はない。自身の筆蹟で弘安本の奥に書き加えることは、いくらでも存生中にできた筈である。少なくとも、吉田流への弘安本移譲は、兼煕の没する応永九年（一四〇二）以後としなければならない。弘安本の兼煕奥書につづいては、天文二年（一五三三）の兼右の修補記があるので、吉田流への譲渡は兼倶の時代まで降る可能性も残されている。平野流の弘安本が南北朝期に吉田流の手に渡ったとする通説は考え直さなければならない。

しかし、弘安本の吉田流への移譲が相当に遅れたとしても、兼煕の時代に吉田流が平野流を凌駕していったことは確かといえる。応安七年（一三七四）、兼煕をはじめ両流卜部が連署して、朝臣の姓を賜ることを申請し、翌年、宿禰を朝臣に改め、用いることが認められた。至徳三年には、兼煕は従三位に叙せられる。卜部氏から出るはじめての公卿であった。兼煕は昇階を喜び、吉田流家学の伝統を歌とし、乾元本奥書とした。前述のとおり後に、これが弘安本に貼り継がれる。昇階の喜びの歌は、吉田流に伝来してきた家の本である乾元本に書き込まれるのが自然である。

兼煕は彼の日記『吉田家日次記』応安四年十二月二十五日条に、「於二当家一者、当時只一身、公家・武家預二顧問一、氏之面目猶有二其恐一、雖レ然所レ憑者、尊神之冥恩、所レ仰者、累祖之書籍也」と述べ、家の地位向上を謳歌するとともに、その拠り所は家に伝来した書籍をあげている。永徳三年八月、後円融上皇より「日本紀自二他家一不レ可二注進一事」の仰せを蒙り、伯王氏の業定王もこれを支持している。兼煕を指して「神道之元老」と呼ばれているのも、両流卜部氏における優劣がはっきりした証拠である。中世後期の堂上公家に連なる兼煕の時代は、吉田卜部氏の地位が固まった時期にあたる。

五　卜部兼煕の諸本校合

熱田神宮本『日本書紀』巻九、奥書には、熱田本の祖本に関わる重要な識語が記載されている。[9] それによると、応安五年（一三七二）十月二十一日、「子孫之証本」に備えるため、「従四位上行中務権大輔卜部宿禰」（兼豊とする説もあるが、兼煕）が卜部氏当家に伝わる「累家之秘点」を書写したという。ついで翌六年正月、「左京権大夫卜兼煕」は校合を行った。

熱田本祖本は、吉田卜部氏の子孫に伝えるための「証本」である卜部兼煕本に基づいており、いわゆる卜部本の系統にあたる。兼煕は二十代に入った応安年間から、積極的に累家の書籍継承に取り組むようになる。

熱田本のほかに、南北朝時代の同時期の写本では、兼煕・兼敦父子によって書写された永徳兼敦本・応永以前兼煕本の、二種の写本が天理図書館に収蔵されている。

天理図書館蔵『日本書紀神代巻』袋綴装、二冊の上冊奥書には、永徳元年（一三八一）十月二十一日、兼煕の子息

兼敦が「累家秘本」を書写し、同年十一月（黄鐘）三日、兼煕はこれに点を加え校合した。弘安兼夏本に近い関係をもつト部兼敦本で、渋包表紙の右下に「長仰」の墨書があることから長仰本とも呼ばれる。

もう一つの天理図書館蔵『日本書紀神代巻』上巻は、巻子装一軸で、巻初に「兼煕」（その一部が確認できる）の自署があり、兼煕自筆本とみられている。応永十二年（一四〇五）十二月二十六日、ト部兼煕の子息兼敦は伊勢参宮進発の路次において兼煕本を読み進めた。ここには兼敦のあと、弟兼富の子兼名の名が記されている。

南北朝時代から室町時代初期にかけて、兼豊・兼煕・兼敦は綿密な書写・校合に努めてきた。吉田流では代々、累代の秘籍とされた乾元兼夏本を所持していたほか、弘安兼方本の転写本も入手していたであろう。兼煕は熱田本祖本（応安本、現存せず）、永徳書写兼敦本（兼煕校合本・長仰本）、応永以前書写兼煕本（兼敦読進本）などを書写し、子息兼敦へ家説伝授をすすめた。その神代巻の兼煕写本については、弘安兼方本、乾元兼夏本につづく南北朝時代の古写本であり、これらト部本の祖本二書は、累代の秘説として常に意識して書写された。兼煕の書写・校合したト部本は、のち近世に流布するト部諸本の祖本に位置している。また、巻三以後の各巻は、南北朝時代以前の諸本が少ないことから、古写本として貴重である。兼煕の写本に、字句の完全一致する諸本が少ないことは、兼煕の校合・校訂にかける日々の研鑽の努力の結果といえよう。

六　一条家と秘説の伝授

ト部氏と一条家との交流は、鎌倉期は平野流が中心であったが、南北朝期以後は、吉田流の台頭とともに、吉田流ト部氏と一条家との関係が生まれてくる。暦応元年（一三三八）の光明天皇大嘗祭に際して、関白一条経通に対して吉田流の兼豊が指南に預かっている（『宮主秘事口伝』）。つづく経通の息経嗣が兼熈より秘説伝授を受けていたことは、一条兼良の著『桃花蕊葉』の「本朝本書事」日本紀の条に「故殿（兼良の父経嗣のこと）受㆓吉田神主卜部兼熈卿説㆒給、自爾以来、当家相伝之」とある。その時期は、経嗣の日記『荒暦』によると応永三年（一三九六）十一月に日本紀読合が行われ、翌年四月には秘説が伝授された（天理図書館所蔵兼右自写本、日本書紀巻三十奥書に引く「一条殿御本」）。吉田流の秘説は一条家の経嗣から子息兼良に伝えられるが、吉田流では兼熈のあと子息兼敦もすぐに没し（応永十五年）、その後嗣に兼敦の弟兼富が選ばれたが、家学の伝授を十分に受けていなかった。そこで兼良から兼富に対して返し伝授を受けることになり、兼良は「今又以㆑此帰之、於㆓汝家㆒、蓋天理之当然也」（乾元本巻一、奥書）と記している。

これらの秘説を知ることはできないが、例えば兼敦自筆の『日本紀神代巻秘抄』（天理図書館所蔵）は神代巻の簡単な注釈書であり、秘説の覚書ノートの一つと考えられる。その内容は『釈日本紀』と類似する部分が多く、吉田流の秘説といっても、『釈日本紀』をはじめとする平野流の兼文・兼方の影響から免れることはできなかった。

七　吉田兼倶の秘伝伝授

中世末期、兼倶の時代に卜部氏発展の完成期を迎える。兼倶は応仁の乱後の世相混乱のなか、卜部氏五〇〇年の家業と二〇〇年以上の日本紀家学の伝統に基づいて、新たな神道説を唱える。家学の神道の枠にはとらわれず、仏・儒・道の三教にも精通し、博学の才をもってその理論大成に努め、一方では公武社会のなかに政治的力量を発揮し、組織・体制を固めていった（本書第二部第四章）。

兼倶は文明年間（一四六九〜八七）の初期ごろから、神道説伝授の組織化を図り、神道界の首長であることを誇示し、「中臣祓」と「日本書紀神代巻」に基づく講釈が開始される（表3参照）。兼倶は応仁の乱後、「稽古」して、文明九年に「日本紀事等」を講釈した。その内容は「仏教・儒教為二神道之根元一趣等、令二演説一、誠驚レ耳也」（『晴富宿禰記』文明十年二月二十五日条）とあるとおり、仏教・儒教の根本に神道があることを説いており、兼倶の得意とした三教根本枝葉花実説の表明にほかならない。文明九年の講釈は、受講者景徐周麟の聞書（天理図書館所蔵、前講の「神代聞書」、後講は文明十三年「神書聞塵」）[10]が残されており、以後の講釈でも数多くの聞書が作られている。唯一の兼倶自筆の「神代巻抄」も、兼倶が月舟寿桂の需めに応じて講釈した際の月舟聞書を書写したもので、兼倶の筆で「此聞書当流之師説、一言一句無二違却一」と記している。どうも兼倶は自身の神代巻注釈書を持っていなかったようである。

出　　典
天理本「相承秘抄」
〃
〃
〃
〃
「雅久宿禰記」
天理本「神代聞書」
「兼致朝臣記」
彰考館蔵「神道切紙祓八ヶ大事」，天理本「解除八箇秘伝之」
「兼致朝臣記」
両足院本(無題)
天理本・兼右筆「雑記」
〃
「親長卿記」「宣胤卿記」
「宣胤卿記」
「実隆公記」
「宣胤卿記」，天理本「護身神法諸事相伝記」
叡山文庫真如蔵「中臣祓抄」，同「中臣解除聞書」，西教寺蔵「中臣祓聞書」，慶応義塾本「日本紀聞書」
天理本「神書聞塵」
「壬生家文書」六
天理本「御集筆」十五・二十一巻
天理本「御集筆」十二巻，同「相承秘抄」
「兼致朝臣記」
天理本「中臣祓聴書」
天理本「祓聞書」
天理本「相承秘抄」
天理本「御集筆」九巻
顕海本「中臣祓抄」，両足院蔵「中臣祓聞書」
天理本月舟寿桂聞書「中臣祓抄」
天理本「最要中臣祓」
大守良爾氏所蔵文書
「宣胤卿記」
天理本兼倶自筆「日本書紀神代巻抄」
「詩学大成抄」

表3　兼倶，中臣祓・日本書紀神代巻伝授一覧

年　月　日	事　項	伝授・聞書者
文明3(1471)12.26	解除呪文・重位口決ヲ伝授	資益王
4(1472)5.	〃	海住山高清
〃 6.8	〃	二条持通
〃 8.1	〃	柳原資綱
5(1473)正.24	〃	白川忠富
8(1476)9.4	中臣祓ヲ講	小槻雅久
9(1477)4.28 ～9.23	日本書紀ヲ講	景徐周麟
〃 10.2	中臣祓ヲ伝授	景茝西堂
10(1478)3.5	祓八ヶ大事ヲ伝授	賀茂在盛
〃 3.24	中臣祓ヲ講	賀茂在盛・景茝西堂・卜部兼緒
12(1480)4.5	日本書紀ヲ講(北野)	小槻雅久
〃 4.26	〃	〃
〃 8.28	〃	太守
〃 10.21 ～11.14	日本書紀御進講	後土御門天皇
〃 11.26	中臣祓ヲ伝授	〃
13(1481)1.11	中臣祓御談義	〃
〃 3.25	中臣祓ヲ伝授	勝仁親王(のちの後柏原天皇)
〃 4.下旬	日本書紀・中臣祓ヲ講(叡山東塔南谷栄光坊)	祐舜
〃 5.27 ～6.23	日本書紀ヲ講	景徐周麟
14(1482)7.	日本書紀ヲ講	日野富子
15(1483)6.1	三種大祓ヲ伝授	卜部兼致・兼邦
〃 11.1	祓三ヶ大事ヲ伝授	卜部兼昭
18(1486)10.18 ～11.13	日本書紀ヲ講	二条持通
延徳2(1490)7.2	中臣祓ヲ講(禅昌院)	景徐周麟
3(1491)3.30	中臣祓ヲ講	
〃 4.3	太祓太事ヲ伝授(斎場所)	
〃 4.10	天供太祓ヲ伝授	白川忠富
明応3(1494)11.26	中臣祓ヲ講(東山吉田)	
4(1495)4.23	中臣祓ヲ講	月舟寿桂
明応年間(1492～1501)	最要中臣祓ヲ伝授	高呈大徳
文亀元(1501)5.1	最要祓ヲ伝授	一条冬良
〃 暮	日本書紀ヲ講	雲門庵寿崇
文亀年間(1501～04)頃	〃	月舟寿桂
〃	〃	惟高妙安

そこで、最も善本と認めた月舟本を借りて写し、自分の手控えの本とした(11)。

兼倶の日本紀研究は一条兼良の『日本書紀纂疏』(12)、および清原博士家、桃源瑞仙・横川景三・景徐周麟ら五山叢林の禅僧との学問交流の成果に基づいている。講釈の大筋は、一条兼良の『纂疏』の影響を受け、文明九年聞書には「禅閤御抄」「纂疏」などと題して引かれており、兼良が没した文明十三年以降の聞書には、『纂疏』引用の明記は少なくなるが、それでもその影響から免れることはできなかった。当然兼倶には、兼良が展開する説は、兼熙から一条家へ伝授された吉田流の秘説が基本になっているとの確信もあって、堂々と受容することができた。五〇〇年来の学者といわれた最長老一条兼良へ対する最高の敬意でもあった。

兼倶の日本紀研究は、子息の兼致、平野家へ養子に入る兼永、清原家の養子へ入る宣賢と孫の兼右に受け継がれ、吉田神道の学問の核心を形作った。

註

(1) 岡田荘司「吉田卜部氏の成立」「吉田卜部氏の発展」（ともに『平安時代の国家と祭祀』続群書類従完成会、平成六年。初出、昭和五十八・五十九年）、同『兼倶本・宣賢本日本書紀神代巻抄』「解題」（続群書類従完成会、昭和五十九年〈『吉田叢書』第五編、吉田神社編〉）。

(2) 岡田荘司「吉田・平野の相論」、佐藤真人「翻刻「卜部兼永支状之写」」（ともに『神道大系月報』四七、神道大系編纂会、昭和六十年）。

(3) 岡田荘司「中世の大中臣祭主家」（藤波家文書研究会編『大中臣祭主藤波家の歴史』続群書類従完成会、平成五年）。

(4) 岡田荘司「神祇伯王家と日本書紀」（『神道大系月報』五〇、神道大系編纂会、昭和六十年）。

(5) 岡田荘司「大中臣祭主家と伊勢神道書―大中臣定世の古事記書写を通路として―」（國學院大學日本文化研究所編『大中臣祭主藤波家の研究』続群書類従完成会、平成十二年）、同「伊勢神道書と『古事記』の伝来」（愛知県史編さん委員会編『愛知県史　別編　文化財4　典籍』愛知県史編さん委員会、平成二十七年）。

(6)西田長男『卜部兼永筆本　古事記』「解題」(勉誠社、昭和五十六年)。
(7)赤松俊秀『国宝卜部兼方自筆　日本書紀神代巻』研究篇(法蔵館、昭和四十六年)。
(8)小野田光雄「釈日本紀の成立と流転」(『古事記　釈日本紀　風土記ノ文献学的研究』続群書類従完成会、平成八年。初出、昭和六十一年)。
(9)近藤喜博「熱田本日本書紀について」(『神道学』二号、昭和二十九年)、鎌田純一「熱田本日本書紀について」(『神道史研究』七巻六号、昭和三十四年)、岡田莊司「熱田神宮蔵『日本書紀』と和歌懐紙」(前掲註(5)『愛知県史　別編　文化財4　典籍』)、熱田神宮編『熱田本日本書紀』(八木書店、平成二十九年)。
(10)『神道大系　古典註釈編四　日本書紀註釈下』(神道大系編纂会、昭和六十三年)。
(11)前掲註(1)『兼倶本・宣賢本日本書紀神代巻抄』「解題」。
(12)岡田莊司「吉田兼倶の日本書紀研究―兼倶書写『日本書紀纂疏』改訂本―」(『國學院雑誌』八二巻一一号、昭和五十六年)。

〔付記〕　近年の卜部氏日本紀研究の成果として、原克昭「『日本書紀』進講史・断章―「日本紀の家」盛衰記―」(『中世日本紀論考―註釈の思想史―』法蔵館、平成二十四年。初出、平成十七〜二十年)、京都国立博物館編『国宝吉田本日本書紀』(勉誠出版、平成二十六年)、天理大学附属天理図書館編『日本書紀　乾元本』(天理大学出版部、平成二十七年)、遠藤慶太「熱田本『日本書紀』の書誌」(『熱田本日本書紀』第三冊、熱田神宮編、八木書店、平成二十九年)、斎藤英喜「『釈日本紀』、『日本書紀纂疏』から『神書聞塵』へ―中世における〈注釈知〉の系譜をもとめて―」(山下久夫・斎藤英喜編『日本書紀1300年史を問う』思文閣出版、令和二年)、斎藤英喜『読み替えられた日本書紀』(角川選書、令和二年)など。

第四章　吉田兼倶と吉田神道・斎場所〈再考〉

はじめに

吉田兼倶によって創出された吉田神道は、卜部氏に伝来した神祇知識を基礎に、仏教・儒教・道教・陰陽道などを取り込み、秘事・呪術に覆われた「新神道」ともいうべき神道の祭式と思想の体系を構築した。さらにその霊場である斎場所を創設し、古代以来の朝廷祭祀の枠組みを超えて、公家・武家世界へ浸透していった。古代以降、不文の律、不文の法とされてきた天皇祭祀権に関わる事項が大きく変容していった時期が、応仁・文明年間（一四六七〜八七）の十五世紀後半にあたる。兼倶は吉田斎場所を「日本最上神祇斎場」の霊場に拡大していくことで、天皇祭祀権の一元化を促進することを試みた。(1)

吉田神道の研究は、江見清風・宮地直一(2)に始まる。とくに、形成期について江見は、文明十六年斎場所大元宮の創建（実は再建）と神道説の確立（『唯一神道名法要集』『神道大意』など）をもって、その成立とした。江見の信仰施設と神道教説を一体的に理解している点は卓見であったが、その後、久保田収・西田長男・萩原龍夫・福山敏男(3)によって文明初期までその成立が遡ることが明らかにされ、出村勝明(4)・伊藤聡(5)の研究によって文明初期成立説が補強されてきた。

こうした先学の研究に依拠しつつ、兼倶によって創作された吉田神道と全国の神々を勧請した斎場所の成立と遷座について、これまで所在不明であった『兼致朝臣記』文明十六年十一月二十三・二十四日条の史料を新たに加えて考察を再考する。

一　吉田神道成立以前

初期吉田神道の形成については、兼倶個人による発想と強い個性に基づくところが少なくない。吉田神道成立以前、文明年間（一四六九〜八七）以前における兼倶の動向は神祇官人としての活動に終始している。

兼倶の出身である卜部氏は神祇官の亀卜を専掌とし、神祇有職に通じ、神道古典を家学として成長した。卜部氏は二流に分かれ、平野社・吉田社の社司となり、その氏長者は、神祇官の次官（大副）を兼ね、神祇の家職を継承した(6)。南北朝期に入ると、兼倶の四代前兼煕は、公家・武家の「顧問」(7)に預かり、三位に叙せられ、公卿に列し、その地位の向上がみられた。

永享五年（一四三三）には、後小松上皇崩御に際し、諒闇の対応について協議が決まらず、神祇伯雅業王、祭主大中臣清忠、吉田神主兼富（兼倶の祖父）の三名の私宅で籤を引いた。吉田家が神祇の三家のうちの一家に認定されている(8)。

兼倶は、永享七年兼名の子として生まれる。文安四年（一四四七）九月、伊勢神嘗祭幣帛使「従五位上行神祇権少副卜部朝臣兼敏」（兼敏は兼倶の改名以前）(9)、宝徳元年（一四四九）五月の軒廊御卜では、父兼名、兄兼香とともに、宮主の職で奉仕している(10)。同年十二月にも、吉田社に関した軒廊御卜の儀において、父兼名の後ろを通過する際、礼節

のない作法があったことが、中原康富の日記に記されている。(11)

寛正六年（一四六五）八月の石清水放生会に際して、将軍足利義政・日野富子夫妻の参詣について、「御台御着帯也、於二御見物一者不レ苦之間、吉田神主兼敏注二申之一云々」(12)とある。兼倶と義政夫妻との親密な関係が構築されはじめた。そして、同年十一月二十三日若公（義尚）が誕生する。義尚の誕生は、母日野富子により義政将軍後継の希望が生まれ、応仁の乱の原因ともなったとされる。

寛正六年十二月、後土御門天皇即位、翌年（文正元年〈一四六六〉）十二月十八日大嘗会が執り行われた。中世末期の中絶前最後の大嘗会であった。この執行に卜部として兼倶は中心的役割を果たし、古代以来の伝統に則った奉仕が行われた。

文正元年、大嘗会に先立つ十一月十五日「今日、抜穂使進二発江州坂田郡一、物行事兼倶朝臣乗二四方輿一、御使兼種宿禰、兼照宿禰等騎馬云々、任二永徳例一、先参二室町殿一云々、直下向」(13)と、兼倶は「物行事」として悠紀国近江へ下向、抜穂使には兼種（平野家）、兼照（吉田家、兼倶の兄弟）があたり、兼倶はそれを統括した。世相困難な折に、大嘗会を無事終え、神祇の家卜部氏の面目躍如たるものがあった。ここまでの兼倶の人生は、古代以来の神祇祭祀の正統な継承者であったといえる。応仁元年（一四六七）兼倶は、正四位上（文明四年、従三位に昇階）・神祇権大副・侍従であった。

応仁に入ると京都は戦乱状態に入り、公家・武家は入り混じり、動乱の時代を迎えた。応仁元年六月、兼倶自邸である「近衛町ノ吉田神主ノ宅」（『応仁記』）に強盗が入り、放火したことをきっかけに京中が大火となる。翌応仁二年七月四日には、畠山・大内・一色ら西軍の軍勢が火を放ち、吉田社が焼失する（『大乗院日記目録』）。このとき、吉田では住人たちが「吉田衆十余人被レ打」（『山科家礼記』）と殺害された。兼倶は動転し、「昨日、吉田神主逐電、今度之儀、余失㆓面目㆒之由候とて[14]」と、その所在は不明となったが、二日後「吉田神主、昨朝上意ニテ、召被㆑返候也[15]」とあるとおり、生存が確認された。応仁の動乱のなかで、自邸と先祖以来神職奉仕の場であった吉田社とを失い、相当の衝撃を受けた様子が窺える。

兼倶の人生のうち、応仁元年の三十二歳まで、大嘗会をはじめ、神祇官の職掌に従事してきた日々は、社会的環境は厳しさが増しつつも、一応順調に推移してきたといえる。これが応仁動乱の巻き添えに遭い、状況は一変した。伊藤聡は「この過去からの断絶が寧ろ兼倶の新しい神道説を構想させる契機となった[16]」と指摘されている。こののち、吉田神道が立ち上がる状況をみれば、応仁以前と文明以後とでは、兼倶の行動に違いがみられ、この指摘は、よく了解できるところである。

古代以来、衰微しながらも斎行されつづけてきた主要な律令祭祀の、祈年祭（応仁元年追行、以後中絶）、月次祭（応仁元年中断）、新嘗祭（寛正四年斎行、以後中絶）の諸祭と、平安祭祀制の二十二社奉幣（宝徳元年斎行、以後中絶）が、十五世紀中期を境に中絶する。

神祇祭祀を担当する役職にあった神祇権大副兼倶は、戦乱が理由とはいえ、国家的祭祀の中断を余儀なくされた。その後、文明年間における兼倶の動向をみると、吉田神道成立に向けての諸活動は確認できるが、朝廷祭祀復興への意欲は感じられない。結局、卜部の作法である御体御卜を伴う秘事と連動した祭儀である月次祭・神今食と中世朝廷祭祀の核ともなってきた二十二社奉幣制は再興されることなく、兼倶の眼前で終焉を迎えることになる。

二　「宗源神道誓紙」と秘伝伝授

吉田神道の成立、神道説伝授の要綱を確認できる初見は、久保田収が昭和三十年代前半に紹介された北野天満宮所蔵『日本紀正義』（寛永十七年〈一六四〇〉書写、冊子本一冊）である。同書は吉田家に伝来した『日本書紀神代巻』をはじめ諸説の秘伝を類聚したもので、その巻末には文明二年（一四七〇）二月の日付のある「宗源神道誓紙」が収録されている。[17]

宗源神道誓紙

一、宗源神道者、卜部正統之伝授也、口決切紙之正義、曽不レ可二他伝一事、
右、子孫者、既当二於其人一、自二壮年一殊可二練習一者也、至二他人一者、究二機之実否一、測二志之同異一、可レ有二許容一者乎、
一、諸社祠官神主不レ可二伝授一事、
右、深極二本社之縁起一、専守二内外之式法一、至二其行跡分明之輩一者、非二制止之限一者乎、
一、於二僧侶一者、全不レ可二相伝一事、
右、顕密二宗殊行二神道一、両部習合神道是也、非二吾国開闢宗源神道一也、雖レ為下極二自宗之奥蔵一守二法中之戒律一之沙門上、全不レ可二伝授一者也、
一、神道伝授時物忌事、
右、死穢者三十日、以二一月循環之数一也、着レ服者有二軽重一、以二五等之親一也、忌二死穢一者、神代之遺法也、

着レ服者、礼儀以来之法令也、故宗源神道伝授時、忌レ穢不レ忌レ服者也、

一、不レ懸二木綿一而不レ可レ詣二神社一事、

右、木綿者、日蔭糸准レ之、斎服者、大忌・小忌之通称也、雖レ不レ着二身服一、懸二木綿一則斎服也、神宣曰、不レ懸二木綿一者、天如レ無二日月一、地如レ不レ載二万物一也、

右、五条堅相守而可レ受二口決切紙一者也、慎而莫レ怱レ之、

文明二年二月十三日　　正四位上行神祇権大副兼侍従卜部朝臣兼倶

すでに久保田収によって明らかにされているように、兼倶自筆本『唯一神道名法要集』に載せられている「唯一神道制戒」八ヵ条のうち、前半の五ヵ条は「宗源神道誓紙」の内容に類似している。兼倶は吉田神道初期の段階では、卜部流唯一相承の神道を「唯一神道」とはいわず「宗源神道」と呼んでいたことがわかる。また、僧侶への伝授について、「一、於二僧侶一者、全不レ可二相伝一事」が「唯一神道制戒」になると、「一、於二僧侶一者、輙不レ可二相伝一事」に改められ、諸社祠官神主の条項と同じく「非二制止之限一者乎」との文句を入れて僧侶への伝授を緩和している。これは禅僧を中心に僧侶の関心が深くなっていったことに対応し、変更したものである。「宗源神道誓紙」と「唯一神道制戒」の比較によって、前者が後者に先行する内容であることは確定的である。

文明二年、兼倶は三十六歳。「宗源神道誓紙」第一条にある「卜部正統之伝授」をすべき第一の人物は兼倶自身であり、「子孫者、既当二於其人一、自二壮年一殊可二練習一者也」の条項は、兼倶自身が壮年の域に入り、強く後継へ神道説伝授を意識したことによろう。新たに神道説を創作していくにあたり、自身の神道説を「宗源神道」と称え、「誓紙」を記してその創設を誓ったと考えられる。まさに、吉田神道成立の出発点となる記念すべき「誓紙」であったといえる。

右に記された「口決切紙」伝授の具体例は、天理図書館所蔵「相承秘抄」(18)に収録され、兼雄により兼倶自筆と鑑せられている。西田長男(19)によって紹介された文明三年～五年、秘伝書案文の翻刻は、初期吉田神道成立の事例として重要な成果となっている。

兼倶は初期の段階では、卜部流唯一相承の神道を「宗源神道」と呼んでいる。右の五ヵ条は主に神道伝授について述べたもので、第一条に「口決切紙之正義、曽不レ可二他伝一事」とか、その最後には「五条堅相守而可レ受二口決切紙一者也」とあって、「口決切紙」すなわち切紙伝授が行われていたことになる。

文明三年十二月から五年正月までの間に五名に七通の秘伝口決が伝授されている。このことは「宗源神道誓紙」に記された「口決切紙」が現実に存在していたことを示す有力な証左となろう。

（一）文明三年十二月二十六日〔「相承秘抄」裏書〕

「神祇権大副兼侍従卜部朝臣兼倶」→「伯二位資益王」宛（解除呪文「悪神乃障㝵於万里乃外仁祓、善神乃擁護於一墎乃内仁治与持」・重位口決）

（二）文明四年五月　日〔「相承秘抄」〕

「神祇権大副兼侍従卜部朝臣兼倶」→「勘解由小路前中納言清」（海住山高清）宛（解除呪文・重位口決）

（三）文明四年六月八日〔「相承秘抄」裏書〕

「正四位上行神祇権大副兼侍従卜部朝臣兼倶」→「二条大閤」（前関白二条持通）宛（解除呪文・重位口決）

（四）文明四年八月一日〔「相承秘抄」（二）の秘伝と同様の形式〕

（兼倶）→「柳原大納言資綱卿」宛（解除呪文・重位口決）

（五）文明五年正月二十四日〔「相承秘抄」裏書（一）の秘伝と同様の形式〕

（兼倶）→「白河民部卿忠富」宛（解除呪文・重位口決）

（六）文明五年正月二十四日〔「相承秘抄」〕

「従三位卜部朝臣兼倶」→「白河戸部」（忠富）宛（六神秘決・沐浴口決）

以上の伝授の受者は、前関白二条持通・権大納言柳原資綱・前権中納言海住山高清・神祇伯資益王・民部卿白川忠富ら、公家の人々を対象としていた。兼倶は当初、神主・僧侶への伝授は考えていなかったようである。「宗源神道誓紙」の第二・第三条には、伝授を制限する趣旨が盛られている。神社と神職への対応、とくに宗源宣旨の発行は、文明十四年以降のことであり、兼倶はもっぱら公家社会にどのように地歩を築いていくかに関心があったといえる。(20)

この七通の伝授に加えて、「九神沐浴」の伝授一通がある。

（七）文明五年四月一日〔「身曽喜大事」〕(21)

「従二位卜部朝臣兼倶」（従三位の誤りか）→「伯二品」（資益王）宛（九神沐浴）

以上によって、「解除」（祓）に関する呪文の秘伝が、文明の初期には成立しており、吉田神道独自の偽作の経典も揃いつつあった。そのことを証明したのが出村勝明である。(22) 出村は天理図書館所蔵、吉田文庫「神明三元五大伝神妙経」を紹介され、その奥書に「自二文明五年九月五日一毎日百巻奉レ読二誦之一、至二明応二年十一月廿一日一不退勤行之、已上廿一ヶ年之間、及二百万巻一者也、毎日亦百巻余読了、忽及二度々一蒙感応之□□也」とあることから、神経の読誦が文明五年九月には開始されており、これ以前に「神明三元五大伝神妙経」が成立していたことを明らかにした。

本経の冒頭は、「妙哉是吾国常立尊、亦曰二天御中主尊一、是則為二空虚神霊一、無名之名、無相之相、故亦曰二太元尊神一」とある。吉田神道の中心霊場である斎場所大元宮の主祭神・太元尊神に関する説明は、当初の神道説成立時から伊勢神道の『神皇実録』を引き継いだ内容となっており、文明五年までには主要な事項は出揃うことになる。

三　斎場所の創設と文明五年の斎場所

応仁の兼倶自邸焼失と吉田社の焼失および殺害事件との遭遇は、これを克服する活力として秘事と呪術に覆われた吉田神道創始の原動力となった。文明二年（一四七〇）ごろまでに、神道説の基本は完成し、それと表裏一体の関係をもつ信仰施設の斎場所が、このころ創建されていった。

吉田神道の成立を確認する方法として、神道説・秘伝の形成とその信仰的施設の創建が不可欠であろう。斎場所の初見とされるのが、萩原龍夫・伊藤聡が紹介された文明二年十月十四日、「諏訪上社並社家文書」(23)である。

将軍足利義政は兵乱鎮定を信濃国諏訪社に祈願した。その祈願文（祝詞）の冒頭は、次の文が奏上された。

掛毛畏幾諏方大明神乃広前爾、征夷大将軍准三后従一位源朝臣義政、恐美恐美毛申事乃由波、頻年与利反逆九重仁起利、兵乱四海爾及天、上下驚恐□□愁歎須、

祈願文の文中末には、「正四位上行神祇権大副兼弾正大弼侍従卜朝臣兼倶仁仰天、於二神祇官斎場所一令二啓白一者奈利、此状於大神乃平介久安介久聞食天、求願一一仁成就之、殊爾波、愚息寿命長遠、除病息災之天、夜乃守日乃守爾護幸陪、仍啓白如レ件」とある。諏訪社に捧げた祈願文によると、同社への祈願のほかに、義政の命を承けた兼倶により「神祇官斎場所」において祈禱が行われたとある。この祈願文に類似した祝詞文が、その二年後の文明四年七月十一日、摂津国多田院鳴動を鎮めるため、将軍義政は多田院廟に使を遣わし、祈願文を捧げた。(24)ここにも「正四位上行神祇権大副兼侍従卜部朝臣兼倶仁仰天、神祇濃斎場仁於天、所レ令二啓白一奈理」とある。また、「辞別天申久、愚息寿命長遠、除病息災乃為尓別天霊剣乎奉献者奈利」とある。二通の祈願文には、共通して「愚息」足利義尚の延命祈願が加えられてお

り、これには母日野富子の意向が強く反映している。二通の祈願文の作成者は祈禱を担当した吉田兼倶であると断定してよい。

二通の祈願文に記された「神祇官斎場所」と「神祇濃斎場」とは、同じ場所と考えてよいだろう。斎場所設立の当初から、古代からつづく神祇官西側の斎場の後継であることを強く意識していた。「斎場所」「斎場」が乱後において、武家（将軍家）祈禱所とされていることは、吉田神道形成に際して、公家とともに武家（将軍家）が重要な擁護者であった。

『日本紀正義』に収録された「宗源神道誓紙」は、文明二年二月の署記であり、同二年十月に、斎場所の存在が確認できることは、文明二、三年のころは、兼倶邸宅（左京室町、室町殿〈将軍義尚御所〉の南方、武者小路室町付近）に接して斎場所が完成していたことになる。

斎場所の存在が大きく認められるようになるのは文明五年と同十六年の遷座であった。その確実な初見は『親長卿記』文明五年五月一日「吉田三位兼倶卿来、斎場所事申入、被レ成二下勅裁一、自然可レ得二其意一云々、以二幽玄之例一申入歟」の記述である。兼倶は甘露寺親長を訪ね、斎場所の「勅裁」が出され、深淵な世界についての申し入れであることが書かれている。また、同書、文明七年正月二十五日には、関白二条政嗣の任官拝賀にあたり、「件兼倶三位旅店東、近年建二立斎場所一、□諸神、其前立二黒木鳥井一、自二件鳥居内一、令レ出給、先規稀歟」とあり、兼倶邸宅の斎場所の鳥居を出立所とした。文明五、六年ころには、新たに兼倶邸宅の東側に斎場所が建立された。兼倶邸宅・斎場所は『雅久宿禰記』文明八年六月十二日条に、「参二詣吉田斎場所一、室町殿南馬場跡也」とあり、吉田に移転する文明十年前後まで、将軍義尚の室町殿の南方、馬場跡（武者小路室町付近）に所在した。[25]

文明五年、斎場所関係記録

文明五年の斎場所について、次の〔A一〕〔A二〕〔A三〕文書は、「京都御所東山御文庫記録[26]」にも掲載されているが、ここでは後述の『兼致朝臣記』文明十六年十一月二十三日条に収録された、文明五年関係記録を収めた。また〔A四〕〔A五〕文書は「京都御所東山御文庫記録」から引用した（以下、兼倶撰作の偽文書と判断される綸旨については、区別してカッコを付した）。

〔A一〕日本最上神祇斎場者、天神地祇八百万神、六十余州三千一百三十二神、毎日降臨之霊場也、長日神斎料事、任二嘉暦・々応之嘉躅一、以二万雑一芸一役一、宜レ専二神用之興行一、全礼典来歴者、天気如レ此、仍上啓如レ件、

文明五年四月十日　兼顕 右中弁　判

謹々上　侍従三位殿

〔A二〕日本最上神祇斎場者、天神地祇八百万神、六十余州三千一百三十二神、毎日降臨之霊場也、長日神斎料事、任二先例一、以二万雑一芸一役一、可レ被二全神用一、専礼奠者、天気如レ此、仍執達如レ件、

嘉暦二年十月十六日　左中弁　判

謹上　下野権守殿

〔A三〕斎場所長日斎料事、万雑「一芸」一役、古来京中平均之所課也、然近日感神院宮司等、或号二神人一、或称二敷地一、為二宮寺一、可二自専一云々、不道之至也、向後不レ除二諸神領一、不レ謂二諸神宮一、可レ被二全平均之執務一、専神斎之旨、御気色所候也、仍状如レ件、

暦応元年後七月八日　　資明卿　権中納言判

冷泉大副殿

〔A四〕「太閤御書」（朱）

神祇官解状、兼倶卿内々進覧候之間、加二一見一畢、斎場事誠天地諸神降臨之霊場候、殊更　王道開基之来歴、夷賊征伐之根源候歟之間、当時可レ被二興行一之条、相二叶　聖代之佳躅一候歟、且又諸社祭礼等累年懈怠之儀、冥慮難側（測カ）候、為二　公武一一段被レ表二祈謝之趣一候者、早可レ帰二太平之基一候歟、愚意之趣、以二便宜一内々可下令二披露一給上候也、謹言、

三月三日　　御判

広橋大納言殿

〔A五〕「二条太閤御書」（朱）

就二宗源之斎場興行一事、神祇官解状内々加二一見一畢、此事於二吾国一奉二祭天地神霊一本縁候歟、依之　神武之昔年伐二四海之凶悪主一、天下大治給候訖、然乱来、四度官幣諸社祭礼等退転已以及二歴年一候、先代未聞次第候、当時於二彼霊場一被二祈謝一候之条、且者王道之根元、明時之佳躅候哉、此等次第解状　奏覧之次、愚存之趣、内々可下令二披露一給上候哉、謹言、

三月五日　　御判

広橋大納言殿

右の文書のうち、〔A一〕文明五年四月十日、斎場所「勅裁」の綸旨は、斎場の長日神斎料を「万雑一芸一役」か

ら供出することが認められた、兼倶にとって重要文書。破線部「日本最上神祇斎場者、天神地祇八百万神、六十余州三千一百三十二神、毎日降臨之霊場也」とあるのは、天神地祇・式内社の神々が毎日勧請・降臨する霊地とされる、初出の記載である。先の『親長卿記』文明五年五月一日条の「勅裁」綸旨はこれにあたるか。公家を欺く偽文書の制作の成功は、吉田神道を公的性格へ近づける効果をもった。こののち、各種の偽書・偽作が重ねられ、大神宮の神器が吉田山に降臨したとされる延徳密奏事件へとつながっていく。(27)

文明五年四月に出された綸旨の「侍従三位」兼倶への宛所も問題はない。兼倶が吉田神道の宗家であることを自称する「神祇長上」「神道長上」を名乗る確実な初見は、『親長卿記』文明八年八月十三日の賀茂社神体勘申文書に見える「神道長上従三位卜部朝臣兼倶」の署記である。以後、神道説の秘伝には、文明十年「神道長上」（「祓八ヶ大事」）、文明十二年「神祇長上」（「相承秘抄」）、文明十七年「神祇管領勾当」（「神拝作法六根清浄太神宣」）が多く見られるようになる。兼倶が公的官位官職のみを記すのは、文明の前半期までで、文明八年以後の伝授では、位階・官職に加えて「神道長上」「神祇長上」と書き記した。また、切紙伝授には公的官職名は署記せず、「神道長上」「神祇長上」が吉田家当主の正式地位を表す呼称として公認された。

〔A二〕嘉暦二年（一三二七）と〔A三〕暦応元年（一三三八）の「嘉暦・々応之嘉躅」綸旨は、文明五年「勅裁」が出されるにあたり先例として兼倶が用意した、鎌倉後期と南北朝期の年号をもつ偽文書である。兼倶作成の偽文書は少なくないが、そのなかでも、偽作としては早い時期に作成されたものと考えられる。兼倶は神道説の偽書・偽経の撰作に手を染めていくが、これと同時に偽文書の作成にもあたっており、その時期は文明前期以後のことであった。これら〔A一〕～〔A三〕の三文書は、以後の文明十六年遷座においても、先例の綸旨として、活用されることになる。

〔A四〕「太閤御書」、〔A五〕「二条太閤御書」の二通は、〔A一〕文明五年四月「勅裁」綸旨発給の直接の要因となる前関白二条持通文書と推定され、前関白二条持通から宛所は広橋権大納言綱光に出されている。先の切紙伝授によると、文明四年六月、兼倶は前関白持通に伝授しており、以前より持通と広橋綱光とは、ともに兼倶と親交が深かった。年号は確認できないが、文明五年四月の綸旨〔A一〕の前提となるものであることから、文明五年三月三日と五日のものとみてよい。〔A二〕の右中弁は広橋綱光の子息兼顕（『弁官補任』文明五年条）であることから、兼倶の懇願は、兼倶の伝授を受けていた二条持通を経て、広橋綱光→兼顕へと伝えられた。兼倶は「神祇官解状」の書式で差し出しており、当初は神祇官における機能、「神祇権大副」の地位を活用し、吉田神道斎場所の充実を図っている。

〔A四〕「斎場事」、〔A五〕「宗源之斎場興行事」は、先の諏訪社祈願文の「神祇官斎場所」、多田院祈願文の「神祇濃斎場」と同じ場所であり、「神祇斎場」＝斎場所の祈禱霊場の興行を目的に、〔A二〕では斎場所神斎料を「万雑一芸一役」と称して、京の七口に出入りする売買人（「武家奉書」によれば、「京中幷諸口出入売買諸職以下輩、各以諸業上分」とある）[28]から徴収することを認可したものである。「京都御所東山御文庫記録」所収の「勅裁」は、斎場所の創建、神殿建立のためではなく、斎場所興行のための神斎料徴収目的であったことになる。『雅久宿禰記』文明八年六月七日の前条（六日ヵ）に「為二斎場所一、吉田三位、神役諸商売一銭宛沙汰之儀、不レ及二違乱一」とか、翌九年十一月には、万雑一芸一役を課し、斎場の費用に充てることを請願した。神事興行の背景には、文明に入ってからの神事退転がある。『親長卿記』文明九年正月十七日条には、去九日、内侍所鳴動のことがあり、

近日禁中有二怪異一之由風聞、去九日鳴動之外無二其実一事歟、但天無レ口、以レ人言二本文一、莫レ言々々、可レ有二御祈禱事一也、一切無二其儀一、無力事也、神道事、当今御代一向如レ無、神慮難レ計、仍世上十余年一日無二安穏之思一、此上又何様之儀可二出来一哉、不便々々、

とある。当代における宮中神事の退転は、公家社会に大きな不安を醸成していった。そのことが、のち文明九年十一

月日「神道長兼倶言上」(29)において、

神道長兼倶言上

　神祇斎場、万雑一芸一役事

右当場者、為二日本最上之霊社一、天神地神、八百万神、六十余州三千余社、毎日降臨之勝庭也、長日之神事、不退之勤行、異二于他一者哉、然文明五年被レ下二勅裁一、致二神事興行一之処、一廻中西陣忽令二帰伏一、去月二十一日於二内侍所一令レ執二行安鎮祭一之処、廿余日中、皇都悉属二太平一之条、併神慮之令レ然故歟、爰当場神用事、万雑一芸一役京中諸口事、任二先度之御成敗之旨一、為レ被レ成二下諸口之制札一、粗言上如レ件、

　文明九年十一月　日

と「勅裁」による「神祇斎場、万雑一芸一役事」神斎料徴収の意図が、文明の京中動乱、戦乱の鎮定祈願にあったことは明らかである。その前提として、後土御門天皇の御代における神事退転により、文明五年四月の勅裁以来、斎場所において「神事興行」が行われ、西陣が制圧され東西争乱が静謐したこと、先月には宮中内侍所において安鎮祭が斎行され、京中が太平になったことで、再び「万雑一芸一役京中諸口」における「諸口之制札」が下されることを申請した。

『晴富宿禰記』文明十年三月二十九日条の「吉田三位兼倶（兼敏、兼倶のこと）卿送状」によると、吉田の地へ兼倶居住のための費用として、武家の「公方御台」（日野富子）から二万疋の寄進があった。吉田邸宅の建設とともに、斎場所もこのとき、吉田神楽岡の地へ移転したものであろう。先の「神祇斎場、万雑一芸一役」の賦課は、文明九、十年前後の吉田移転、斎場所造営遷座に関係するものと考えられる。

・『宣胤卿記』文明十二年正月四日「次参二吉田社一、当社未レ被レ造、奉二安斎場所一両段再拝、斎場所分又両段再拝」（翌年

正月四日もほぼ同文）

・『宣胤卿記』文明十二年十二月二日「参二詣吉田社一、社頭乱後未レ立、勧二請斎場所一」

文明十二年、宣胤が吉田社へ参詣したとき、吉田の地には吉田社は未造営であったが、斎場所は建てられていた。
『宣胤卿記』文明十三年七月十日、宣胤は吉田墳墓に詣で、「吉田殿」（兼倶）へ書簡を送り、知行地の南に吉田神主側が寺（兼倶子息、僧九江の神龍寺か）を建てたところ、北の辻が近接しており、「北之堺辻」には注して「斎場所ノ南」と記されている。応仁の乱後、吉田社は未完成のままで、同社の神体は斎場所内に納められていた。そのため、藤原氏一族の吉田社参は、斎場所に参詣するほかはなかった。兼倶は、吉田社神体を斎場所に勧請することで、公家へ深く神道説を普及していく効果をもった。

四　文明十六年、斎場所の遷座

現存する吉田神社境内に鎮座する斎場所の建物は、慶長六年（一六〇一）淀君の寄進による創建とされる(30)。それ以前、神楽岡の現社地に現在の結構に近い形式が完成・遷座したのは、文明十六年（一四八四）のことである。

文明十六年斎場所再興の経緯については、昭和十年代、吉田家の調査に入り、貴重な吉田家史料を実見された宮地直一により「霊夢記」が紹介された(31)。

「兼致朝臣御筆」とある「霊夢記」一紙（天理図書館所蔵、吉田文庫六五―二九一）は、文明十六年の斎場所遷座と伊勢両宮遷座の経緯が確認できる。

文明十六年八月廿二日、今暁、霊夢ノ瑞アリ、仮令、兼倶神道行事ノ為ニ、斎場所ニ参スル処ニ、神壇神楽岡ノ上ニアリ、当時斎場所ノ在所、希有ノ思ヲ成テ、高座ヲ見ル処ニ、主上帛御服ニテ女房一人天蓋ヲ差テ供奉ス、件高座ニ着御、其脇ニ素絹ノ衣ヲ着タル法師一人アリ、兼倶謹テ平伏ノ処ニ、件法師語云、我ハ是空海ト云者ナリ、両太神宮忽此山ニ降臨アリ、所以者何ナレハ、天下ノ変化既ニ時到レリ、朝家ノ廃亡スヘキ事、嘆思食ス故ニ王城ノ咫尺ニ降臨アリテ君ヲ守護アラン為ノ由ヲ被二告申一、依之只今　行幸アリテ神道ノ御行法アリ、ワロ□候ヘトノ勅定ソト被レ申ト覚ヲ夢ハ則サヌ、又同月廿六日御台御方ヨリ京極局ヲ以テ、斎場所ヲ先規ノ如ク建立アルヘシ、則現脚十万疋御寄進アリ、此時是夜ノ瑞夢ヲ存合者也、同卅日事始、則夢中ノ在所ニ建立畢、

兼倶の子息兼致により記録された「霊夢記」には、兼倶が見た夢が記されている。それによると、兼倶が斎場所に参詣したところ、天皇は神事の服である帛御服の姿で高座に着くと、空海が現れ、天皇守護のため伊勢大神宮の降臨のことが伝えられた。そこで天皇の行幸があり、神道の行法が営まれ、ここで兼倶は夢から覚めた。こののち、日野富子の寄進により、八月三十日造営始があり、夢に出てきた斎場所を建立した、とある。

夢想には、三点の重要事項が語られている。第一は、伊勢両宮の神楽岡への降臨で、「朝家ノ廃亡」の危機に際して、朝廷・天皇守護の意向を表明したものといえる。第二は、斎場所に天皇行幸があり、天皇による「神道ノ御行法」が行われたこと。朝廷祭祀の多くが終焉を迎えるなか、兼倶は天皇祭祀権を斎場所に吸収させることを目論んでいる。そして第三に、僧侶として著名な空海に託して語られていること。『唯一神道名法要集』には、両部習合神道に関する問答で、最澄・空海らの神道を大師流神道といい、弘法大師の啓白文（「太神宮啓白文」）を引いている。仏教（空海）の仲介を受けることで、伊勢両宮を加えた斎場所の拡大建設の意義が確保された。兼倶は、仏教の存在を薄めたとはいっても、内在する意識のなかでは、仏教の姿が鮮明であり、夢想のなかに際立って空海がいた。

宮地直一は、この第三の空海の関与については論究していない。宮地の著書は戦後、宮地没後の刊行であるが、東

京帝国大学の講義ノート「昭和十六年度　神道史講義案（再稿）」に基づいており、戦時下という時代風潮のなかで、仏教との習合関係に触れることを避けたものであろうか。実証的学問を希求した宮地であっても、東京帝国大学における神道講座の講義では、自主的制限を取らざるをえなかったのだろう。

斎場所は中央に八角神殿の大元宮、伊勢内外両宮、神祇官八神殿、全国式内諸神の神殿舎によって構成され、この造営に財政で協力したのが日野富子である。兼倶は斎場所遷座にあたり、神武天皇・嵯峨天皇の額につづく勅額（後土御門天皇）の揮毫を願い出たのをはじめ、勝仁親王（のちの後柏原天皇）・一条持通・近衛政家と足利義政・義尚に額の染筆を願い、伊勢外宮の「外宮宗」の額には日野富子に願い、公家・武家の祈願所として機能させていく。

兼倶子息、兼致自筆『兼致朝臣記』（西田長男旧蔵）[32]文明十六年十一月二十四日条には、斎場所遷座祭が記されている。これまで、吉田家記録として、最も重要な部分が所在不明であった。それ以外は『神業類要』をはじめ、諸記録に書写されてきたが、この二十三、二十四の両日条は、転写されることはなく、兼致自筆の原本（題簽「文明十六年記」）のみが伝来し、秘蔵されてきた。遷座当日である十一月二十四日条は、

今夜、斎場遷座也、刻限子刻、冬至一陽来復之故也、今日、吉田祭也、早朝於二斎場一此間之斎場也、供二神供一、家君依二
今夜遷座之御取乱一、御不参、予着二斎服一、奉幣、定行朝臣申二詔戸一、兼永・兼冬・定輔等、各参候、次参二宮地山一、
今日、不レ行二直会一、依二忩忙一也、明日可レ行之由、仰二神殿守正春一了、
子刻、遷座也、家君令レ着二斎服一給、予斎服・兼永同・定行朝臣・兼冬・定継、各布斎服等参仕之、次第、大概見レ右、
当日、奉レ洗二諸神殿一、奉レ餝二内陣一之儀、如レ常、両宮御体以下霊宝等、兼日奉二安大元宮一、但今度皆作二新殿一也、

二十四日の当日、吉田祭が斎場で斎行されたが、家君（兼倶）は遷座のことで「御取乱」があり、吉田祭への参列はなかった。この時期、吉田社は再建されておらず、神体は斎場所に仮遷宮していた。この日の吉田祭も「此間之斎

場也」とあるので、斎場所で神事が行われた。その夜、子刻からの遷座祭は、兼倶のほか、予（兼致）・兼致の弟兼永（のち平野家へ）らが奉仕した。事前に伊勢内外宮の「御体」をはじめ、諸神殿の「霊宝」は、大元宮に奉斎されていたが、この日新殿に遷座した。

遷座前日の『兼致朝臣記』文明十六年十一月二十三日条には、文明五年（前掲〔A一〕〜〔A三〕）と下記遷座関係の綸旨が記されている。

文明十六年・斎場所遷座記録（『兼致朝臣記』文明十六年十一月二十三日条）

〔B一〕日本最上神祇斎場者、神明降化之濫觴、下界勧請之根元、神武之草創、吾国之佳躅也、然則奉㆓安神代霊宝㆒、受㆓天照太神詔命㆒、修㆓天児屋根尊大業㆒、誠是神国第一之霊場、本朝無双之斎庭乎、叡慮尤異㆓于他㆒、抑明日遷㆓座新造宮殿㆒之由、被㆓聞食㆒了、殊可㆑被㆑奉㆓天下太平㆒、朝家再興、依　天気、上啓如㆑件、

文明十六年十一月廿三日　権右少弁宣秀

謹上　神祇長上殿

〔B二〕日本最上神祇斎場者、神明降化之濫觴、下界勧請之根元、神武之草創、吾国之佳躅也、然則奉㆓安神代霊宝㆒、受㆓天照太神詔命㆒、修㆓天児屋根尊大業㆒、実是神国第一之霊場、本朝無双之斎庭乎、抑来十一日遷㆓座新造宮殿㆒之由、被㆓聞食㆒畢、殊可㆑被㆓奉行㆒、玉体安穏・国家平定之旨、依　天気執達如㆑件、

嘉暦二年九月八日　左中将俊氏

謹上　神祇長上殿

〔B三〕日本最上神祇斎場者、神明降化之濫觴、下界勧請之根元、神武之草創、吾国之佳躅也、然則奉二安神代霊宝一、受二天照太神詔命一、修二天児屋根尊大業一、誠是神国第一之霊場、本朝無双之斎庭乎、叡慮尤異二于他一、抑来八日遷二座新造宮殿一之由、被二聞食一畢、殊可レ被二奉行一、天下太平、朝家再興者、天気如レ此、仍上啓如レ件、

文明五年十二月二日　右中弁兼顕

謹上　神祇長上

文明十六年の遷座にあたり、〔A一〕文明五年四月十日綸旨と〔A二〕〔A三〕の偽文書が、先例として再提出され、新たに右記のとおり、「日本最上神祇斎場者、……本朝無双之斎庭乎」とある一文の綸旨が、文明十六年遷座に際して作成された。さらに〔B二〕嘉暦二年（一三二七）文書と〔B三〕文明五年十二月文書が偽作されている。〔B三〕文書には、先述のとおり、文明八年以後に使用される「神祇長上」が宛所になっており、偽文書である可能性は高い。

遷座の前日に出された〔B一〕の綸旨は、『兼致朝臣記』同日条によると、兼倶と親交のある民部卿白川忠富から「斎場遷座綸旨事」について、勅許があったことが書状によって伝えられ、忠富は、蔵人権右少弁中御門宣秀に、

斎場鎮座事、被二聞食一之由、一通可レ被レ遣之由、被二仰出一候、恐々謹言、

十一月廿三日　忠富

蔵人権弁殿

と伝えられた。兼倶も中御門中納言宣胤を通して、子息宣秀に一連の文書が届けられた。

〔B一〕綸旨は「宣秀五位蔵人御教書案」にも収録されている。[33]「斎場所遷宮事」には、「日本最上神祇斎場者」以下同文であり、その最後に、

此文章、嵯峨院綸言云云、度々綸旨同レ前、兼倶卿申二入所望一之故也、民部卿奏聞内々被レ仰也、宿帋一重ニ書テ、加二礼帋一、立レ帋如レ例、

とあり、この綸旨発給も兼倶の強い所望によるもので、白川家の民部卿忠富がこれに協力している。吉田家に伝来してきた秘書のうち、最後まで吉田家の手元に秘蔵され、手放すことのなかった史料に、後陽成天皇宸筆「吉田斎場記」がある。

日本最上神祇斎場者、……誠是神国第一之霊場、本朝無双之斎庭乎、慎而莫怠矣、

この一文は、吉田斎場所が最も霊験の高い霊場であることを示した吉田神道の教学に直接関わる重要秘書であり、文明十六年綸旨に基づいている。昭和五十九年（一九八四）、國學院大學図書館に収蔵された。箱書に「嵯峨天皇聖記　後陽成天皇宸翰」とある。ほかに、後陽成天皇筆「三社託宣」、吉田兼倶画像、九江和尚画像など、一括収蔵された。「三社託宣」の箱蓋裏には貼紙にて、

「後陽成院震筆　　慶長二年八月十二日拝領　兼見
右以二兼見卿御記一考之了　兼雄」

とある。慶長二年八月、吉田兼見に「三社託宣」が下賜された。『兼見卿記』の記載（その部分は現存しない）により、吉田兼雄が考定を加えている。「吉田斎場記」も慶長の同時期に下賜されたと考えられる。[34]

乱後になると、二十二社奉幣は中断状態となり、二十二社の一つ吉田社の再建については、五摂家からの再建要望もあったが、未完成のままであった。

・『宣胤卿記』延徳元年（一四八九）正月八日「次吉田社、但社頭、乱以来未レ及レ造畢、神体御二坐斎場所一也」

・『宣胤卿記』永正三年（一五〇六）正月四日「先直於二斎場所傍一着二斎服一、借二用兼永朝臣一、参二詣斎場所一、自二一昨夕一神事也、先奉二拝吉田大明神一、乱来神体斎場所内奉レ安二置太元宮一、両段再拝、呪文等有レ之、先読レ祓、次八神殿、次両宮、次六十余州分巡礼」

右によると、応仁の焼失以後、兼倶晩年の永正まで、吉田社は再建されておらず、その神体は斎場所に奉安されたままであった。兼倶は二十二社の一つ吉田社の復興よりも、斎場所の存在を優先させ、ここに公家の関心を引き付けることを考えた。それが吉田社未造営と神体の大元宮への奉遷であった。藤原氏人が吉田社へ参詣・参拝するとき、斎場所に参詣しなければならなかった。吉田社祭祀を斎場所が吸収したといえよう。このことは兼倶の意図したことであったといえる。右によれば、宣胤は斎場所に入り、大元宮で吉田社神体と大元宮の祭神に参り、（神祇官）八神殿、伊勢内外両宮、全国の諸神の順で巡拝している。藤原氏が核となる公家社会において吉田社参詣は、吉田社神体の斎場所への遷座により、斎場所が新たな信仰儀礼の霊場として機能することになる。

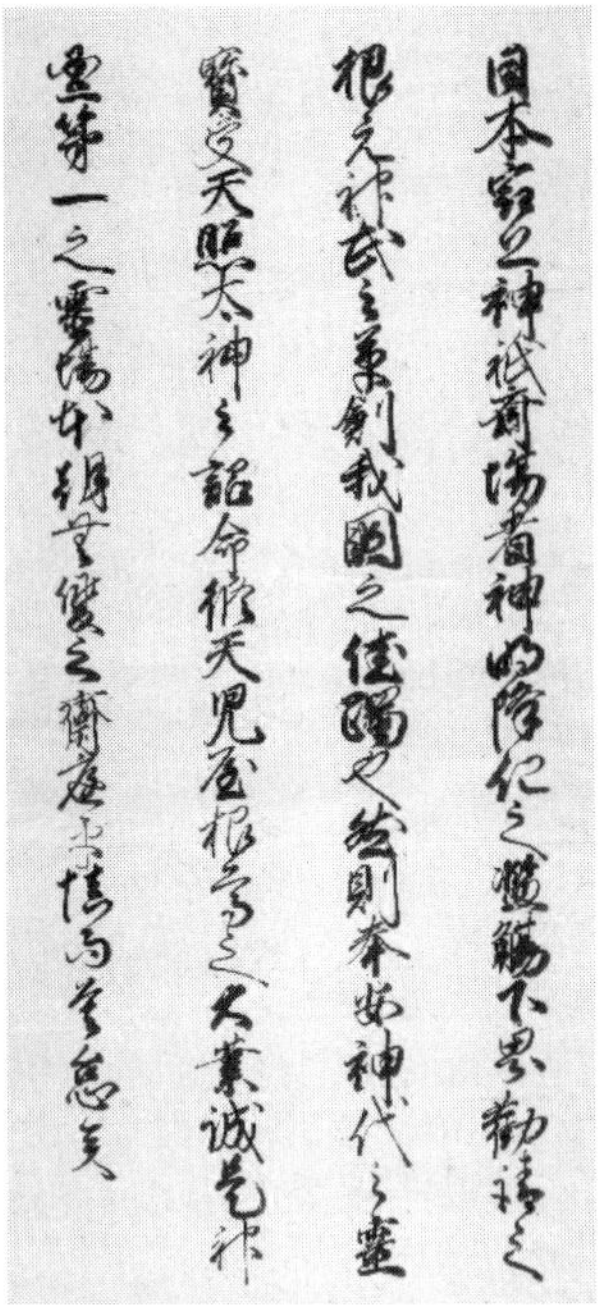
図8　後陽成天皇宸筆・吉田斎場記（國學院大學図書館所蔵）

遷座の翌月、十二月二十五日禁裏で開かれた月次連歌会（『御湯殿の上の日記』）の『何路百韻』には、斎場所遷座に関して、

・山蔭はかや軒　はもある物を　海住山大納言（高清）

・もろやしろにそ　宮はかはれる　権帥（葉室教忠）

・すくなるに　やとすは神の心にて　中院一位（通秀）

とあり、平安期に藤原山蔭によって創建された吉田社に、諸社の神祇が勧請されたことで、正直の心が宿されたことを、公家たちは前向きに捉えている。(35)

おわりに――偽作と秘事の真意

応仁乱後、多くの公事・祭祀は退転した。(36)「日本最上神祇斎場者」で始まる文明五年（一四七三）と同十六年の二種の綸旨は、ともに正規の文書であり、すべての神々の根元霊場として吉田神道を正統化していく根拠となった。とくに全国の神々が毎日勧請・降臨する霊地、「下界勧請之根元」とされたことは、天皇祭祀権の二重構造を超克していく新たな体系の創生にもなった。

吉田神道の全体構造を分析した井上寛司は兼倶の事績について、三点をあげられた。(37)

（a）京都吉田神社における全国三千余社の式内社の祭神を祀る斎場所の建設とそこでの祭事、

（b）「唯一神道」という名の新たな祭祀・儀礼と教義体系の創出、

（c）その代表者たる「神道長上」・「神道管領長上」の名前での「宗源宣旨」・「神道裁許状」の発給による全国の神社・神官の組織化、

このうち（c）の神社・神官の組織化は時期が遅れ、神道裁許状の発給は兼倶以後のことである。宗源宣旨の初見事例は、文明十四年十一月、近江国若一王子権現へ大明神号を奉授した文書、文明十五年五月、近江国高野由岐志呂神へ大明神号を奉授した文書であり、以後、兼倶は十数件発行している。神道裁許状の初見は、兼満の代、大永七年

（一五二七）二月、三河国設楽郡河路村一宮神主宛文書とされる(38)。したがって、兼倶の吉田神道形成期は（a）（b）の二点が柱となってくる。文明の早い時期から創建されていた斎場所には、全国の天神地祇、式内社が祀られてきた。井上寛司は「神社史・宗教史の観点からの研究においても、例えば京都吉田社に全国三千余社の祭神を祀ることの意味が何であったかなどについてはとくに踏み込んだ検討がなされていない(39)」との指摘は重要である。

なぜ全国の神々を一ヵ所に収容する霊場を創作したのか。古代の式内社は祝部等の班幣祭祀が行われ、一堂に諸神勧請祭祀を行う例はない。全官社の神々が毎日降臨という状況は異例である。

古代以来、天皇の直接祭祀は不文の法として制限が加えられてきたが、ここに兼倶の行動は、これらの制限を一掃し、新たな神祇体系が構想されたことになる。夢想のなかで、兼倶が見た、斎場所に行幸し、帛御袍を着て「神道ノ御行法」を務める後土御門天皇の姿は、斎場所が天皇祭祀の代行行為の場となることを兼倶が希求したことにほかならない。

吉田神道では、その祭式において、神降し・神上げの勧請作法を導入し、可視的に神の来臨を感受していった。これらの勧請作法は、寺院の法会や神社の神宮寺など、神仏習合の場で催された修正会・修二会における奉読に由来し、斎場所は毎日勧請・降臨する霊場として登場する。近世・近代になると、勧請作法、神降しは、明治祭式の基本に取り入れられることになる(40)。

斎場所にはすべての根元、太元尊神を祀る大元宮を中心に、全国の神祇が毎日勧請する霊場であるとともに、伊勢内外宮・神祇官八神殿も集合させている。文明十六年の遷座に際して、兼倶は仮名文字の書状を日野富子に送り(41)、「太神宮すいしやくの事ハ、伊勢・内侍所・斎場所、この三ヶ所のほかは、上古よりちやうし《（停止）》のせいたん《（聖断）》をなされたるものなり」と皇祖天照大神の垂迹は、伊勢神宮・宮中の内侍所と斎場所の、三ヵ所のみで、それ以外は停止されていたと明言する。

斎場所は、官社による古代祭祀の継承を意図し、全国の式内社を吸収した上で、伊勢神道を引き継ぎ、兼倶創作の太元尊神を主祭神に据え、この場を天皇祭祀の場として公認させるために、伊勢両宮の降臨をすすめた。そして天正十八年（一五九〇）四月、兼見のとき、斎場所の八神殿が修造され、慶長十四年（一六〇九）以降は、斎場所が神祇官代として伊勢遷宮一社奉幣、由奉幣の発遣場所となり（『兼見卿記』）、兼倶の意図した構想は、近世初頭に至り、ようやく完成をみた。(42) そして斎場所に設けられた吉田の神祇官八神殿は、明治に入り、白川家八神殿、有栖川宮八神殿などとともに、東京に遷座して、宮中神殿に合祀される。(43)

文明十六年の遷座から五年後、延徳元年（一四八九）十月、兼倶は斎場所大元宮の後方、庭上に皇大神宮の神器が出現したことを密奏した（『宣胤卿記』）。翌月、後土御門天皇は神器を叡覧し、「大神宮真実御体」であることを認定した。その綸旨には、

今度天降之神器叡覧之処、大神宮真実御体降臨所無レ疑被二思食一也、早奉レ安二置斎場之太元宮一、可レ被レ致二一天安全、四海泰平、殊朝家再興之懇祈一之由、天気所也、仍上啓如レ件、

十一月廿一日　　左少弁宣秀

謹上　侍従二位殿

とある（『大乗院寺社雑事記』巻九、延徳元年十二月）。このとき出された右の綸旨については偽綸旨の見解も出されていたが、岡野友彦は後土御門天皇仮名消息（桂宮家旧蔵、香川家文書）を紹介され、延徳元年十一月二十一日綸旨が偽綸旨ではないことを証明した。(44) 天皇は神器を拝見し、「兼倶卿家ををこして、神道をおこなゐ候、神慮にあひかなひ候しるしとおほしめし候」と兼倶の事績を評価して、神馬・太刀を贈り、「朝儀再興の祈念」を願った。この岡野の

考察により、延徳綸旨が証明できたことは、先の〔A一〕〔B一〕綸旨の信憑性も増してくることになる。

吉田神道の形成において偽作の効果は大きかった。兼倶は先述の、カッコ内の綸旨文書を偽作するとともに、白川忠富・中御門宣秀を通して正規の綸旨を発行することに努め、また偽典籍・偽経を数多く作り、常に堂々とした態度をとっている。そこには迷いがない。その自信は何に基づいていたのであろうか。兼倶創作の秘事は、延徳二年禅僧景徐周麟に授与した中臣祓講釈（『中臣祓聴書』[45]）のなかで吐露している。

神ノ徳ハ目ニハミエヌソ、其々ノ上ニ現ソ、神ト云ハ心ソ、道ハ行ソ、神道ハ人々ノ心ノ上ニ、ヲコナウソ、秘事ハ無ケレトモ、信サセウトテ秘スルソ、

と解説し、信心を深め、神道説への理解と信仰の体系化へと向かう兼倶の本音が簡潔に語られている。それは後土御門天皇の願いである「朝儀再興の祈念」の受け皿でもある。

延徳の密奏事件は、天皇祭祀権に直結する伊勢の神器を、再び斎場所へ取り込みを図ることであった。たびたびの公家社会をも欺く秘事の創成を経て、文明後半期以降、兼倶の吉田神道は、地域神社とのつながりを深め、神道界の棟梁として「神道長上」家の地位を確定していった。

註

（1）吉田神道の概要については、『国史大辞典』十四巻（吉川弘文館、平成五年）所収、「唯一神道」（岡田荘司執筆）の項目。なお、同項の「斎場所も、その前身の斎場が、左京室町の兼倶邸内に、文明五年以前に創建されていた」とあるのは、再録の『神道大辞典』（吉川弘文館、平成十六年）では「文明の初めころには創建されていた」に改めた。また、『吉田叢書』全五巻の最終巻が、文明十六年（一四八四）斎場所遷座から五〇〇年にあたり刊行された。岡田荘司編著『吉田叢書』第五巻「日本書紀神代巻抄　解題」（吉田神社、昭和五十九年。また同書は『兼倶本宣賢本・日本書紀神代巻抄』と題して刊行、続群書類従完成会）、同『神道大系　古典註釈編　中臣祓註釈』「解題」（神道大系編纂会、昭和六十年）、同『神道大系　論説編　卜部神道下』「解題」（神道大系編

纂会、平成三年）など。

（2）江見清風「唯一神道論」（『神道説苑』明治書院、昭和十七年。初出、明治四十四年）、宮地直一『神道史・下巻（一）』（理想社、昭和三十八年）。江見清風は「其の神道の組織全く成りて、公に之を唱道せしは、其の神道の本拠たる斎場所建立の時に始ると云はざる可からず。而して其の建立は……文明十六年に在りとせば、是を以て其の神道創設の時代と定むべし」と指摘された。吉田神道において、神道説形成と斎場所の創建とを直結させた理解は卓見とされよう。ただし、斎場所の創設を文明十六年（一四八四）に特定されたことは誤りである。

（3）久保田収「吉田神道の成立」（『中世神道の研究』神道史学会、昭和三十四年。初出、昭和三十二年）、萩原龍夫「吉田神道の発展と祭祀組織」（『増補版　中世祭祀組織の研究』吉川弘文館、昭和五十年）、西田長男「吉田神道の成立」（『日本神道史研究』第五巻、中世編（上）、講談社、昭和五十四年。初出、昭和十三年）、福山敏男「室町時代の神社―特に吉田社と斎場所―」（『神社建築の研究』中央公論美術出版、昭和五十九年。初出、昭和五十二年）、村山修一「吉田神社と大元宮」（『神道文化の展開』塙書房、令和三年。初出、昭和五十九年）。

（4）出村勝明「吉田神道の成立」（『吉田神道の基礎的研究』神道史学会、平成九年。初出、昭和四十八年）。

（5）伊藤聡（a）「文明五年以前の吉田兼倶の斎場所――特にその創建時期を巡って」（『早稲田大学大学院文学研究科紀要』別冊一七集、哲学・史学編、平成四年）、同（b）「吉田斎場所の由緒の偽作について」（『東洋哲学論叢』創刊号、平成四年）、同（c）「唯一神道と吉田兼倶」（『国文学　解釈と鑑賞』七七五、平成七年）。

（6）岡田荘司「吉田卜部氏の成立」「吉田卜部氏の発展」（ともに『平安時代の国家と祭祀』続群書類従完成会、平成六年。初出、昭和五十八・五十九年）。

（7）『吉田家日次記』応安四年（一三七一）十二月二十五日条。

（8）『師郷記』永享五年（一四三三）十月二十四日条。

（9）『康富記』文安四年（一四四七）九月十一日条。文正元年（一四六六）兼敏の名を兼倶に改める。

（10）『康富記』宝徳元年（一四四九）五月十五日条。

（11）『康富記』宝徳元年（一四四九）十二月二十五日条。

（12）『斉藤親基日記』寛正六年（一四六五）八月十五日条。

(13)『親長卿記』補遺、文正元年（一四六六）十一月十五日条。『斉藤親基日記』文正元年十一月十五日「吉田神主斎郡江州坂田郡下向、平野神主兼種浄衣乗馬同下向也」、同年十二月十七日「悠紀・主基斎郡、於吉田神主許、習礼在之」とある。

(14)『山科家礼記』応仁二年（一四六八）七月七日条。

(15)『山科家礼記』応仁二年（一四六八）七月九日条。

(16) 伊藤聡、前掲註(5)(c)論文。

(17) 久保田収、前掲註(3)論文。『中世神道の研究』四二五・四二六頁所収。久保田収が紹介された「宗源神道誓紙」翻刻にある誤字・脱字六ヵ所は、北野天満宮蔵本に基づき、これを訂正した。

(18) 天理図書館所蔵「相承秘抄」（吉田文庫六五―三二六、「集筆」十六巻）。兼倶のほか、兼致・兼満、清原宣賢、兼右・兼見らの自筆の切紙が収録されている。

(19) 西田長男『吉田叢書』第四巻「中臣祓・中臣祓抄解題」（叢文社、昭和五十二年）。

(20) その成果は、文明十二年（一四八〇）十月二十一日から十二月十四日にかけて、兼倶は一六回にわたり、「日本書紀神代巻抄」を後土御門天皇へ進講し、吉田神道が朝廷内に公認される重要な契機となった。この講義に三二名の公家と僧侶一名が陪聴した。皆勤は海住山高清、中御門宣胤、神祇伯資益王、白川忠富、一五回は子息吉田兼致、九回は中院通秀、八回は甘露寺親長などである（原克昭「『日本書紀』進講史・断章―「日本紀の家」盛衰記―」『中世日本紀論考―註釈の思想史―』法蔵館、平成二十四年。初出、平成十七～二十年）。『宣胤卿記』文明十二年十二月二日条「兼倶卿宿所咫尺之間立寄、賀二日本紀御談義一参事、対面相語云、神拝口伝事、諸家競有二御尋一、然此六七十年以来一向無二被レ問事一、諸家無二敬神一歟云々、余敬神異二于他一、以来次可レ授云々、則口伝之」によれば、中御門宣胤らが熱心に吉田神道へ傾倒していった。

(21) 天理図書館所蔵、吉田文庫四四―一一六。

(22) 出村勝明、前掲註(4)論文。

(23)『復刻　諏訪史料叢書』第三巻（中央企画、昭和五十八年）。萩原龍夫、前掲註(3)論文、伊藤聡、前掲註(5)(a)論文。

(24)『大日本史料』第八編之五、同日条、多田院文書。

(25) 岡田莊司、前掲註(1)編著書において、『親長卿記』の「勅裁」を斎場所の建立のことと推測し、同じく『親長卿記』文明七年（一四七五）一月二十五日に「近年建立斎場所」とあることから、斎場所の建立を「文明五・六年の頃と推定される」と述べ、『国史大辞典』第八巻「太元宮」（吉川弘文館、昭和六十二年）の項目でも、「文明五年京内の兼倶の私邸内に造られ」と論じたが、伊藤聡の批判（前掲註(5)(a)論文）を是とし、再録の『神道大辞典』「太元宮」（吉川弘文館、平成十六年）の項目では「文明の初めのころには京内の兼倶の私邸内に造られ」に改めた。

(26)「京都御所東山御文庫記録」（甲九十六巻、吉田社、勅封第九拾五番ノ五）。

(27) 高橋美由紀「延徳密奏事件の一考察―「光物」との関連に於て―」（『神道思想史研究』ぺりかん社、平成二十五年。初出、昭和五十年）、岡野友彦「延徳密奏事件と戦国期の神宮」（『中世伊勢神宮の信仰と社会』皇學館大学出版部、令和三年。初出、平成二十四年）。

(28)「京都御所東山御文庫記録」（甲九十六、吉田社、勅封第九拾五番ノ五）。伊藤聡、前掲註(5)(a)論文。

(29)『大日本史料』八編之九、文明九年（一四七七）十一月是月条、前掲註(26)「京都御所東山御文庫記録」。

(30) 福山敏男、前掲註(3)論文。

(31) 宮地直一、前掲註(2)著書、伊藤聡、前掲註(5)(c)論文。

(32)『兼致朝臣記』の表紙題簽は「文明十六年自正月至三月又十一月　壱ケ月」、「斎場所倫旨之事」とあり、内表紙には「文明十六年記自二月至三月」、付箋「同十一月記」。六丁に、十一月二十日から二十四日まで記載がある。

(33)『大日本史料』八編之十六、文明十六年（一四八四）十一月二十四日条。

(34) 前掲註(25)『吉田叢書』第五巻「日本書紀神代巻抄」、巻頭口絵写真掲載。

(35) 赤瀬信吾『百韻連歌懐紙　曼殊院蔵』解説（京都大学国語国文資料叢書、臨川書店、昭和五十九年）、脇田晴子「吉田神道の編成」（『天皇と中世文化』吉川弘文館、平成十五年）。

(36)『長興宿禰記』文明七年（一四七五）正月元旦条に「今日、四方拝被ㇾ行之、去応仁二年以来、天下兵革中、大小公事停止之処、被ㇾ行之、珍重也、入夜節会被ㇾ略、被ㇾ行二平座一、是又乱中初也」とある。

(37) 井上寛司「吉田兼倶と「唯一神道」の歴史的位置」（『日本の神社と「神道」』校倉書房、平成十八年。初出、平成十五年）。現在、斎場所大元宮は吉田神社の管轄下（末社）にあるが、もともとの吉田社と斎場所大元宮とは区別すべきものであり、「（a）京都吉田神社における」とある表現は正確とはいえない。

(38) 萩原龍夫、前掲註(3)論文、井上智勝『近世の神社と朝廷権威』（吉川弘文館、平成十九年）。

(39) 井上寛司、前掲註(37)論文。
(40) 前掲註(1)『神道大系　論説編　卜部神道下』、岡田莊司「中世神道における「神＝人＝心」の系譜―奥伊勢から奥三河へ―」(『神道宗教』二五九・二六〇号、令和二年。本書終章)。
(41) 『兼致朝臣記』文明十六年(一四八四)十月五日条、『大日本史料』第八編之十六。桐田貴史「応仁・文明の乱後の公武政権と吉田兼倶」(『年報　中世史研究』四八号、令和五年)。
(42) 藤森馨「王氏の終焉と王代河越家の成立」(『改訂増補　平安時代の宮廷祭祀と神祇官人』原書房、平成二十年。初出、平成八年)。
(43) 岡田莊司「天皇祭祀の近代」(伊藤聡・斎藤英喜編『神道の近代―アクチュアリティを問う―』勉誠社、令和五年、本書付論)。
(44) 岡野友彦、前掲註(27)論文。
(45) 前掲註(1)『神道大系　古典註釈編　中臣祓註釈』。

第五章　近世神道の序幕

――吉田家の霊社創建と葬祭の成立――

はじめに

中世神道から近世神道への転換。それを人々に強烈に印象づけたのは、豊臣秀吉を祀る豊国大明神と徳川家康を祀る東照大権現の出現であった。人間を神に祀る信仰形態が、顕著に現れてくる時期は近世の特徴であり、これ以前は御霊信仰の系譜はあるものの、廟が神社化した事例（談山神社・多田権現）のほかには、ほとんどその例をみない。

神道的儀礼として始まる葬礼は、吉田家の当主の例が早く、近世になると、吉田神道の拡大に伴って、吉田家配下の神職に流布するようになる。中世後期から近世初頭に入ると、遺骸の上に霊社を創建し、霊神として慰霊する形態が開始され、遺骸は穢れではなく、中世以前の触穢意識は軽減されていく。吉田家の霊社創建と吉田流の神道葬祭の形成について論じることにしたい。

一　吉田家当主の葬礼——兼倶以前

平安時代以降、中世における死後の慰霊はおおむね仏教によって執り行われてきた。中世は葬式仏教化が進み、墳墓・寺庵・僧尼が互いに補完しあって、死者・祖先への追善供養が行われ、近世の葬式仏教へと展開していく。

神祇の家、日本紀の家として朝廷の祭儀、有職に携わり、神道界に重きをなしていた卜部吉田流においても、室町末期の兼倶時代までは、この例外ではなかった。未来安心については、これを論じることなく、神道はもっぱら現世教としての立場を守り、葬式および先祖の霊祭・供養は仏教側の手に委ねられていた。兼倶五代前の兼豊は、永和二年（一三七六）八月没し、その五旬忌、十三回忌には阿弥陀如来三尊像、薬師如来像、地蔵菩薩像を掲げ、仏式により供養が営まれている(1)。

兼倶以前の吉田家当主（家君）の葬礼について述べた記録は、兼倶から四代前にあたる兼煕の葬礼が最も詳細に知ることができる。以下は、兼煕の子息、兼敦の記した『吉田家日次記』に基づいて、その概要を記すこととする。

兼煕は兼豊の男として、貞和四年（一三四八）生まれ、神祇大副、侍従、正三位となり、応永九年（一四〇二）五月三日、五十五歳にて没している。応永九年正月二日発病し、和気明成・丹波長世の診察により、病名は中風と診断された(2)。神職の家に生まれながら、兼煕は後世善所のために弥陀の本願を頼り、四月二十六日出家を遂げる(3)。それは曽祖父兼益以来、兼夏・兼豊、三代の例であったという。法名は運智。戒師は浄宝寺住持運阿上人(4)。

五月に入ると兼煕の病は日に日に悪化し、終夜、称名念仏に余念なく、ついに五月三日臨終を迎える。「御最期五六反殊高声也、御正念殊勝、雖二一事一無二悪相一、御顔色曽不二変色一、希有御往生(5)」であったという。

さて、臨終にあたって、神職の身であった子息兼敦は、死穢にどのように対処したのであろうか。その模様を兼敦は次のように記している。

> 御終焉之時分、候二御前一之運阿知識之一、梵阿・浄俊・通智・予・兼村・兼之・兼富・兼勝・兼衡三位公、阿隆侍者、明直、青侍一両家章俊勝等也、予・兼村・兼富・兼勝等、欲二御事切一之時分、忩降二庭上一了、但御終焉殊勝、知識以下不レ知二其期一、念仏之御声微々爾令レ聞給之間、予如レ此事、不二練習一、依レ恐二冥慮一、忩降立之処、已御事切ケリト人々告之了、雖レ為二白昼一、不レ移レ時、忩奉□出二浄宝寺一、御板輿也、以二時衆一雖レ可レ奉レ舁レ之、白昼有レ憚之間、未二御事終一分爾テ、以二夫力者一奉仕之、自二蔀間一出御、此間予以下跪二地上一、但不レ拝二見御出之儀一、神職之身無力事也、兼之不レ居二神職一之間、一向如二両僧一奉レ懸レ手云々、経二東面北小門一、南脇築地壊之、御出也、奉レ入二浄宝寺通智寮一、有二御行水諷経一云々、[6]

平安期以降、触穢思想は宮廷社会に深く浸透し、とくに死穢に対しては異常なほど神経過敏に陥っていた。清浄をもっぱらとする神職にとっては、なおさらのことであった。死の穢から逃れるため、兼敦・兼村・兼富・兼勝ら神職の身であった者は絶命の直前に庭上に降りている。これは死の瞬間を目に入れることは、即、死穢に触れることになるからであった。臨終を目にすることができたのは、運阿ら四名の僧侶と、神職ではない兼之らであった。庭に降り土に触れることにより、大地にある霊気を身に受けて穢から逃れたのであった。このようなことはすでに平安時代から行われている習俗であって、藤原道長は三条院崩御にあたり、地に下っている。[7] 兼熙の遺骸は板輿に乗せられて、直ちに浄宝寺に移された。神職はこれに携わることはできず、また目に触れることもなかった。兼敦は遺骸を送り出すことさえできなかったことに対して「神職之身無力事也」と記し、神職の身にあっては、どうすることもできない心情を綴っている。

遺骸の納められた浄宝寺では諷経があり、臨終の場所には道場が構えられ別時念仏が修せられている。それらは運阿ら吉田家とつながりをもった僧侶、それに時衆の僧尼が中心となって執り行われ、兼敦をはじめ吉田家一族のうち神職の者は葬事にはまったく関与せず、兼之・兼衡らと吉田家の下人がこれに預かった。

死後四九日の間を中陰といい、期間中は五月九日初七日の新仏新経開眼をはじめ、二七日、三七日、四七日、五七日、六七日には物忌札が立てられ、仏教による供養が丁重に執行されている。また一ヵ月後の六月三日「御月忌始」には、僧衆六人による法事があり、以降、毎月三日を兼熙の月忌としている。翌応永十年二月三日の条には、

先考御忌日也、早旦修二行廿五三昧一、兼衡・浄俊等著座畢、抑浄俊・順恵、去年七月以来為二六時兼行一、長日一人召二置持仏堂一畢、是此両僧者雖レ著二黒衣一、独住、非二堂舎交衆之列一之故也、至レ孝雖レ不レ浅、有二汚穢不浄之疑一歟、曽不レ可レ有二此儀一、神職之身第一先顧二神慮一、以二清浄一為レ最、以二其次一可レ励二孝行之志一也、予天性短慮愚昧蒙鈍、偏可レ有二優免一之旨、旦暮祈念之、恐怖多端々々、先人去年昨今御病気令レ増給畢、往事只如レ夢如レ幻、心中惘然、可レ哀々々、

と子息兼敦は、親への慰霊の孝行よりも、神職として、清浄を重んじる立場を表明している。

つぎに遺骨の葬られる墳墓はどうなっていたのであろうか。まず、吉田家の過去帳から墓の所在を明らかにしておこう。

吉田家文庫（神楽岡文庫）に襲蔵されていた吉田家の「霊簿」[8]（詳しくは「吉田家嫡統幷子胤霊名記」）は、天明七年（一七八七）十月に記され、その後は文化五年（一八〇八）まで、新しく祥忌を生じるごとに書き加えられている。巻首に「神楽岡南麓神龍院」とあるところから、明治の神龍院廃寺以前は、同院に所蔵されていたものであろう。

「霊簿」は鎌倉初期、卜部兼直以来の吉田家一族の人々の法名、俗名、没年月日、墓・位牌の有無、等が記され、

没年の日付ごとに分けられている。神龍院における月忌のための台帳として用いられたものであろう。

以下では説明の便宜上、吉田家歴代当主の法名、没年月日の記載を「霊簿」から年代順に並べ替え摘出する。また歴代人名の下には、天理図書館吉田文庫「吉田歴代霊神号」(9)に基づいて霊神号を記載しておく。

歴代吉田家当主の院号・没年月日・墓地・位牌

(1) 兼直　神献霊神

(廿二日条)

兼直卿

神献院殿 御墓在㆓智恩院㆒今廃亡、　七月　年紀未詳　御位牌御墓并無、

(2) 兼藤　神白霊神

(八日条)

兼藤

神白院卯藤大居士　弘長元辛酉六月　御位牌御墓并無、

(3) 兼益　神威霊神

〔記載ナシ〕

(4) 兼夏　神貞霊神

(十一日条)

兼夏朝臣

神貞院殿 御墓在㆓智恩院㆒今廃亡、　三月　年紀未詳、御位牌御墓并無、

(5) 兼豊　神恭霊神

(廿七日条)

兼豊朝臣
神恭院殿　石塔建㆓蓮台野㆒、納㆓遺骨㆒、依㆓遺言㆒也、今廃、不㆑詳㆓其在所㆒、　永和二丙辰八月、七十二歳、　御位牌御墓幷無、

(6) 兼煕　神光明神

(三日条)

兼煕卿
神光院殿蓮煕　神光院側有㆓霊社㆒伝道、遺骸蔵㆓社下㆒、　応永九壬午五月　御位牌在㆓神光院㆒、

(7) 兼敦　神烈霊神　没年、応永十五年六月二十六日

〔記載ナシ〕

(8) 兼富　神度霊神

(廿八日条)

図9　吉田家略系図

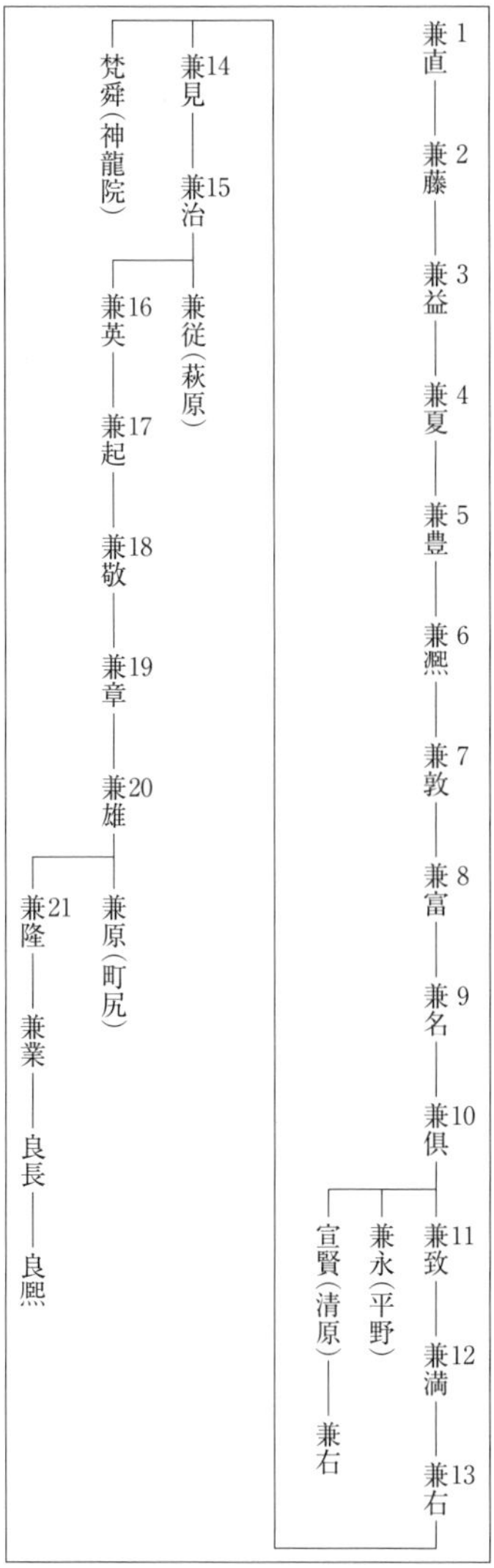

註　数字は兼直以後の吉田家当主の代数。

神度院殿　永享十戊午十月　御位牌御墓幷無、

（9）兼名　神恩霊神

（廿八日条）
兼名卿
神恩院殿拾遺光禄大夫蓮名　寛正庚辰十月　御位牌在二神光（恩カ）院一、御墓所不詳、

（10）兼倶　神龍大明神

（十九日条）
兼倶卿、神楽岡西葬二遺骸一、其上建二霊社一、
神龍院殿卯倶大居士　永正八辛未二月　御位牌

（11）兼致　神靇霊神

（廿四日条）
兼致朝臣
神靇院殿拾遺中大夫蓮致　二月、御位牌不レ記二年月一、　御墓当山

（12）兼満　後神龍霊神

（三日条）
兼満卿、御墓当山、
後神龍院拾遺金紫光禄大夫蓮満　享禄元戊子十一月

（13）兼右　唯神霊神

（十日条）
兼右卿、霊社下蔵二遺骸一、
唯神院殿宗一大居士　元亀四癸酉正月　御墓当山、但御璽耳、

（14）兼見（兼和）　豊神霊神

（二日条）

兼見卿、御墓当山、但御璽耳、母竹蓮大姉、
豊神院殿卯見大居士　慶長十五 庚戌九月　霊社下蔵㆓遺骸㆒、

(15)　兼治　随神霊神
（五日条）
兼治朝臣
随神院殿卯治大居士　元和二丙 辰六月　御墓当山

(16)　兼英　通神霊神
（廿日条）
兼英、母浄勝院殿
通神院殿卯英大居士　寛文十一辛 亥十一月　御墓当山

(17)　兼起　泰神霊神
（七日条）
兼起、母栄松院殿
泰神院殿卯起大居士　明暦三丁 酉四月　御墓当山

(18)　兼敬（兼連）　妙応霊神
（十七日条）
兼敬卿、母栄春院殿
妙応院殿嘉林大居士　享保十六辛 亥十二月　御墓当山

(19)　兼章　神性霊神
（廿五日条）
兼章朝臣、母神聡院殿
神性院殿元章大居士　宝永六己 丑十二月　御墓当山

(20)　兼雄（良延）　恵源霊神
（廿日条）

良延卿、母貞松院殿
恵源院殿栄林大居士　天明七丁未八月　御墓当山

（21）兼隆（良倶）　後豊神霊神

（廿五日条）

良倶卿、母浄円院殿
後豊神院殿春林大居士　寛正八丙辰二月　御墓当山

右に掲げた「霊簿」（過去帳）の一覧によると、兼熈以前の墓について、江戸中期の段階では、（1）兼直から（5）兼豊まで墓・位牌ともに存せず、（1）兼直と（4）兼夏は知恩院に墓があったが、「今廃亡」とあり、（5）兼豊も蓮台野に石塔が建てられたが、その在所は「不詳」としている。（3）兼益、（7）兼敦の記載はない。

兼熈の父である（5）兼豊は、『本朝文集』の菅原秀長が記した五旬忌の願文・諷誦文に「造二立石塔一基一、掃二草莱地一、搆二蓮台野一、奉レ納二遺骨一」[10]と蓮台野に葬られていたため、兼熈は生前（四月二十七日）蓮台野に自らの墓地を求めたが、人家が近くまで迫り、墓地との区別がつけにくくなっているため、知恩院に墳墓を作ることを決めていた。またこの営作にあたり、蓮台野の兼豊の墓所を知恩院に移すことも鬮をとって決めた[11]。

ついで『吉田家日次記』は五月二十七日、「今日建二立石塔知恩院十三重塔下一、冷泉殿（兼直）以来至二曽祖父御墳墓一在之、其傍也、宝篋印塔也、通智、浄俊、兼衡、隆侍者以下参向也、蓮台野御墓所為レ奉レ渡、遣レ人之処、当所之墓不レ可レ渡二他所一之旨被レ仰云々、誰人下知哉、所詮不二急存一、追可二尋究一也」とあり、知恩院内の墓所に兼熈のための宝篋印塔が建立されたが、蓮台野の墓所移転は沙汰止みとなった。知恩院には冷泉殿（兼直）から曽祖父兼夏に至る四代の墳墓があったようで、（1）兼直、（4）兼夏の記載は正しく、知恩院の墓所は、蓮台野の墓所とともに江戸中期にはなくなってしまっている（兼豊の墓所は、昭和初期の整備により移転され、京都大徳寺黄梅院内にある）。

『吉田家日次記』を見る限り、兼熈への追善回向はもっぱら仏式に委ねられ、神道の儀礼を見出すことはできない。

安永八年（一七七九）、吉田兼原（町尻量原）著『神業類要』「吉田社之事、附神楽岡吉田村旧跡等」の条には、神光院について、

神光寺　在二神楽岡一、兼熈卿之時、始造営之、嘉慶二年八月、父兼豊宿禰の十三回相当の時、ここにおゐて被レ構二祭庭一、于レ時兼熈従三位侍従也、神光寺の額ハ室町の准后被レ染レ筆、迎陽文集に見えたり、兼熈卿薨去、留二神霊此地一、建二霊社一、号二神光霊社一、今猶共存、当時ハ神光院といひならひぬ、霊位安置せり、

といって、「霊簿」の記載と同じく、霊社が創建されたと伝えているが、少なくとも兼熈薨去直後の記録には、このような記載はまったくない。おそらくは、兼倶以降の創建にかかるものであろう。ちなみに神光院には「一、神光院殿御位牌黒塗厨子有　壱本」（天理図書館吉田文庫「神光院什物牒」）が安置され、もっぱら兼熈のために営まれた寺院であった。また、神恩院は兼倶の父、兼名の別業にして、死後ここを菩提寺院とした。ここには「一、神恩院殿　御位牌　壱厨」（天理図書館吉田文庫「神恩院什物帳」）が置かれていた。もう一ヵ所、神光院、神恩院とともに吉田家の菩提寺院となっていたのが神龍院である。「霊簿」は、もとは神龍院に蔵せられ、ここで法要が営まれていた。「神《シン》龍《リユウ》院　在《リ》二吉田楼門《ノ》南《ニ》一、宗旨禅、属《ス》二南禅寺《ニ》一、開祖九江和尚、九江《ハ》卜部兼倶男、為《ナリ》レ僧《ト》立《テ》二当院《ヲ》一、修《ス》二神道《ノ》護摩《ゴマヲ》一云云」（『山州名跡志』巻四）とある。

神龍院には「一、神龍院御位牌　厨子入」（天理図書館吉田文庫「神龍院什物」）と兼倶の位牌をはじめ、その東方には大小一九、西方には大小一六の一族の位牌が安置されていた。歴代当主らの位牌は明治の神仏分離後は、吉田家邸内の霊社に遷され、戦後は吉田家墓地内に納められた（現存）。

吉田の三菩提寺院には、吉田家当主の子弟が僧籍に入り、跡を継いでいる。中世における吉田家は、仏教との交流に積極的であり、兼倶も多くの禅僧と交渉をもつとともに、子息三人を僧侶とした。『卜部家系譜』によると、兼倶

は後嗣の兼致をはじめ八人の子女をもうけたが、このうち、九江妙亀は神龍院、教誉は神恩院、周簾は神光院の長老となっている。この三院は吉田家の先祖供養・追善のための寺院として重視され、近世の梵舜の時代からは、もっぱら神龍院が、追善回向の法要を担当した。

以上、兼倶以前の葬礼と墓所について、兼熈の葬礼を中心にみてきた。そこにみられる意識は、他の朝廷公卿の家とほとんど変わりなかった。あえていえば、死穢に対する禁忌意識が、より以上に強かったという点であろう。

二　吉田家当主の葬礼――兼倶以後

中世末期、兼倶以降になると、吉田家の葬礼に変化が生じてきたようである。とくに、遺骸の上に霊社を創建し、神として祀る風が起こる。兼倶・兼致・兼満・兼右・兼見の五代にわたって、近世初頭まで歴代当主の霊社が創られている。以下では兼倶をはじめ五代の霊社創建の真偽を確かめてみる。

兼倶の葬礼については、詳細な記録は伝存せず、実態をつかむことはできない。「霊簿」には「神楽岡西葬㆓遺骸㆒其上建㆓霊社㆒」とあり、吉田神道の解説書として卜部兼雄の息兼原（町尻量原）が安永八年（一七七九）ごろに記した『神業類要』（『吉田叢書』第三巻）「吉田社之事」の条には、「神龍社と申は、兼倶卿の霊社にておはする也、岡の西つらに南面の社壇なり、むかしは、この霊社の側に、兼致・兼満の霊社もありしにやと、二位卿の御物かたりこと耳にのこり侍りぬ」、「兼倶卿の霊社は前文の如く、岡の西つらに鎮座、すなはち、遺骸は社下の地中に奉㆑葬て、今猶社壇のあるところ也、年々の祭儀、神龍院にてとり行はれけれは、今猶此院代々の祭場とはなりき」とある。

兼倶の霊社は、吉田神社の社伝では兼倶の没した永正八年（一五一一）の二年後、十年二月十九日に鎮祭されたという。明治十三年（一八八〇）吉田神社の末社となっている。神龍社は現在、大元宮の北側に位置し、『兼見卿記』文禄三年（一五九四）十月二十二日条には「神龍大明神勧請、予今度社壇造替侍従（兼治）へ申付了」とあり、兼見は子息兼治に命じて神龍社造替を文禄年間に遂行している。この神龍社について建築史家福山敏男は「現在吉田神社若宮の少し南から東に石段を登った所にあり、一間社流見世棚造で、室町末期風の細部をもっているが、文禄度造営のものとしてよさそうである[12]」と述べて、このときの遺構であることを確認されている。

　その創始の時期は、傍証となる文献がないため明らかにできないが、『兼右卿記』天文二年（一五三三）九月十九日の「神龍社参、月忌也」をはじめとして、毎月十九日の月忌社参は歴代の当主によって厳修されており、吉田神社の社伝のとおり没後の早い時期に創建されたとみて誤りなかろう。『神業類要』には、二位卿（従二位兼雄）の話として、神龍社の傍には兼倶の子兼致・孫兼満の霊社も建てられていたことが載せられている。

図10　神　龍　社（吉田神社末社，祭神は吉田兼倶）

　(10)兼倶、(11)兼致、(12)兼満三代に比して、つづく、(13)兼右、(14)兼見の葬礼は『兼見卿記』『舜旧記』によって明らかにできる。兼右は兼倶三子、清原宣賢の子として永正十三年に生まれ、十一歳のとき、吉田家の跡を嗣ぎ、家運隆盛に努めた。没年は元亀四年（一五七三）正月十日、五十八歳であった。以下は、子息兼見の日記『兼見卿記』から、没後の様子を引用しておく。

（元亀4・正・10）辰刻、家君御事也、各絶入、悲了、去八日、家君仰云、此度之義時刻到来也、御事已後、観音堂之東へ可二葬送一、而築レ壇、可

レ立二社壇一之旨仰也、今日被レ仰二付普請・地形等一、以二右馬助定世一被二仰付一了、御覚悟無二是非一次第也、
（同・正・11）以二御遺言之旨一、観音堂之東へ納申用意、於二神龍院一申付了、来十五日也、
（同・正・14）今夜丑刻、御葬送、右馬助定世著二烏帽子・布斎服一令二供奉一、如二御輿一而以レ布張レ之、鈴鹿兵庫助・同喜介舁之、納申也、僧一人も不レ出也、
（同・正・15）神事停止了、於二神龍院一在二中陰之儀一、長得院茂西堂、維《イノ》南、平僧三人、行堂、自二相国寺一五人、当寺僧三人、昼夜追善了、伍十石可二下行一之由、南豊軒各相談之由申之間、申付了、
（同・正・16）法華経一部以二一筆一書之、自二今日一書初了、
（同・正・17）施餓鬼、
（同・正・21）懺法、於二庭上一聴聞了、
（同・正・25）中陰之終也、僧衆各帰寺了、

以上は、『兼見卿記』記載の兼右の中陰明けまでの抄録である。兼右は忌日二日前、観音堂の東に葬り、社を建つべきことを遺言しており、十四日の葬送には僧侶は一人も参加せず、吉田家の家人鈴鹿氏によって執り行われている。その葬送の地は、吉田神社南参道の北、新長谷寺（洛陽観音、観音堂）の東、西天王社の前にあったが、江戸中期（天明年間〈一七八一～八九〉）には、その社壇は吉田家邸内に移されていたようである。翌二月の月忌始にあたる十日は「唯神院殿社参、備二神供一了」と兼見の社参が神道式で行われているが、未だ墳墓のみであったと思われる。ついで十五日には「唯神院殿卅五日也、於二神龍院一在二仏前之義一、焼香」とあって五七日の法要は仏式で執行されている。

社殿の造営は三月二十三日から取りかかり、翌四月十四日条には「唯神院殿社造営出来也、奉レ遷レ壇了、神体未二勧請一也、社参、備二神供一、作法如レ常、当家別而可レ為二守護神一之旨、御存命之内尊意也、今度其寄特度々之義也、最

辱次第也」と社壇が完成し神事が斎行されている。五十回忌を前にした、神龍院梵舜の祭文には、「御終焉之砌、当所内新長谷寺之敷地上建二神社一、毎月備二神供幷毎夜之灯明一無二退転一可レ捧也、尊神当家繁昌可レ加二護之一、依二御遺言一、舎兄従二位兼見卿被二勧請申一、毎日社参不レ怠、御崇敬異レ他也」とあり、兼見の亡父兼右に対する崇敬心はきわめて丁重であった。ちなみに、兼右の霊社は慶長九年（一六〇四）の三十三回忌に新たに造営され、元和七年（一六二一）には屋根の修理が施されている。この兼右への慰霊は神龍院がこれを取り仕切り、当主は斎料を下行して仏式の法要を執行するとともに、月忌には神道による祭儀を営んでいた。毎月の月忌への参詣は特定されていて、兼見の場合、その日記（『兼見卿記』）によれば、十日の父兼右を祀る「唯神院殿社参」、十九日の兼倶への「神龍大明神社参」、それに二十六日、兼右卿の室、兼見の実母「無量院殿焼香」（天文二十三年二月二十六日没）の三者のみが恒例となっており、兼倶のほかは、ごく近親者（実父母）に限られていた。

つぎに兼見の葬送も、ほぼ兼右の例を踏襲していたようである。兼見は天文四年生まれ、慶長十五年九月二日、歳七十六にて没した。弟、神龍院梵舜の日記『舜旧記』から摘出すると、

（慶長15・9・2）次二位兼見卿、晩申刻、食事之時、俄ニトリツメ死去也、……至二其夜一在所神龍院へ移シ、先年故二位殿以例可二申付一与二左兵衛殿一令二談合一、如レ此申付義也、

（同・9・4）亥刻、観音堂之山納葬、八方之箱、四方手輿之コトク絹ヲ引巡ス、ウヘハギボウシ、八方之屋根、其夜ニ壇築、予一々申付、悲涙袖難レ押、体無レ申レ計也、

葬送にあたり、梵舜は兼見の息、兼治と相談し兼右（故二位殿）の例に準拠することを指示している。兼見の遺骸は新長谷寺の東、兼右の霊社近くに葬られ、翌十月二十八日「豊神院殿御社」の立柱が行われ、十一月十六日完工した。

上記、兼右・兼見の二代から、遺骸の上に霊社を建てることを含めて、葬送の方法は固まってきたようである。そ

図11　吉田家墓地の吉田兼倶（神龍院殿）の墓

図12　吉田家墓地の神龍院梵舜の墓

の葬送には、僧侶は一人も加わることなく、仏教式は排された。

また、「霊簿」にある（13）兼右、（14）兼見の項の「霊社下蔵二遺骸一」とある記載は、これを当時の文献からも裏づけることができる。したがって、墓には遺骸は納められていなかった。「霊簿」には、ともに「御墓当山、但御璽耳」と注しており、墓には骨に代わる遺品が埋納されたのであろう。

吉田家墓地は、明治初年まで神龍院の寺域に含まれていた地域で、墓地北側に古びた墓石が五基残されている。その東から、「神恩院殿」（兼名）、「神龍院殿」（兼倶）、「待賢院殿」（兼倶室）、「神竈院殿」（兼致）、「後神龍殿」（兼満）

と刻まれた墓が最も古いもので、明治時代までは兼満の墓を除く四基は完全な五輪塔の形態を保っていた。この墓石は、『兼右卿記』に「参㆓墓所、神恩院殿・神龍院殿・神靇院殿・後神龍殿、有㆓神楽岡南方㆒」（天文二年七月十二日条）とあり、墓地の図形が掲げられ、その配置は南面して、（9）兼名、（10）兼倶および妻待賢院殿、（11）兼致、（12）兼満の順に置かれており、その後も変わりはない。「霊簿」には兼倶の父兼名について「御墓所不詳」と記載するが、『兼右卿記』および同記の記載と同じ場所に、吉田家一族代々一〇〇基近くの墓石（神龍院梵舜の卵塔、清原尚賢の墓など）とともに現存する。(13)

以上述べたように、遺骸の上に霊社を建てる風が起こる始まりの、確実な文献上の初見は兼右からである。兼倶以降、吉田家の葬送には大きな変化が認められるのであった。それは、①葬送には僧侶は参加せず、吉田流の神道儀礼を用い、②遺骸の上に霊社を建て、③没後の慰霊は神道式のほか、仏教による法要も営まれ、④墓には遺骸はなく、これに代わる遺品を埋納した、などである。

三　近世初期の霊社創建

兼右・兼見にみられる十六世紀後半の葬祭は、実父である人間を神として祀り、家の守護神として神社創建を意図したもので、その祭儀は遷宮儀式に準じ、この形式を踏襲拡大したのが、豊臣秀吉・徳川家康を神に祀ることであった。

近世神道の幕開けは、豊臣秀吉を祀る豊国大明神と徳川家康を祀る東照大権現の創立に代表される。以降、萩原兼従、保科正之、吉川惟足をはじめとして、藩主が祀られることもあり、近世神道の特質として注目できる。とくに豊国大明神の創祀には深く吉田家が関与し、吉田家の強い影響のもとで完成をみている。他の霊社創建にも影響を与えており、近世初頭における代表的な霊社創建の経緯を概略し、吉田家との関係についても補足する。

1　豊臣秀吉（豊国神社）

天下一統を成し遂げた秀吉は慶長三年（一五九八）八月十八日、六十三歳で没した。子息秀頼は未だ幼く、豊臣家の将来に不安を感じながら彼は死を迎えた。ために自ら神となり、豊臣家の祖神として、その家の隆盛を守ろうとする意志が働いたのも当然であった。豊国神社が秀吉の遺言に基づいて創立されたものであることは、『御湯殿の上の日記』慶長四年三月五日条の「大かう《（閤）》御すき候につきて、ゆいこん《（遺言）》に、あみたのたけ《（阿弥陀峯）》に大しや《（社）》にいわれたきとのこと《（斎）》にて、とくせんゐん《（徳善院〈前田玄以〉）》、てんそうしゆ《（伝奏衆）》してひろう《（披露）》申」と、息秀頼の奏上した一節として語られている。太田牛一が記した『豊国大明神御祭礼記録』にも、「□□旨趣任二御遺言之旨一、東山阿弥陀ガ峯、地形平、建二立社壇一、鏤二金銀一、甍ヲ置、継レ軒巍巍堂々、奉レ移二御身体宮内一、吉田神主二位兼見承号二豊国大明神一与」と述べて、秀吉の遺言であることを明記している。

秀吉没年（慶長三年）十月三日付、イエズス会員フランシスコ・パシオ師のイエズス会総長に宛てた太閤臨終に関する報告書には[14]、

最後に太閤様は、自らの名を後世に伝えることを望み、まるでデウスのように崇められることを希望して、日本全土で行われるように遺体を焼却することなく、入念にしつらえた柩に収め、それを城内の遊園地に安置するようにと命じました。こうして太閤様は、以後は神［この名は存命中に徳操と戦において優れていた偉大な君侯たちの特性であり、死後はデウスたちの仲間に加えられると考えられています］の列に加えられ、シンハチマン、

すなわち、新しい八幡と称されることを望みました。なぜなら八幡は、往昔のローマ人のもとでのマルスのように、日本人の間では軍神として崇められていたからです。

と没後の早い時期に長崎において書かれており、秀吉は新八幡として祀られることを望んだという。宮地直一は秀吉の遺言により創建されたとする説は、間違いないものとされた(15)。翌年四月の豊国神社創建までに、「大仏之地社」、「大仏之社」(『舜旧記』)、「東山八幡社」(『言経卿記』)、「新八幡宮」(『義演准后日記』)などと呼ばれ、未だ社名は一定をみないが、のちの豊国神社を指しているとみて間違いない。当初は方広寺大仏殿の鎮守八幡社として造営が進められていたためであろう。

吉田家との関係は、慶長三年十二月十九日、五奉行の一人、前田玄以が「大仏之地社之事」につき、兼見と相談しており、徳川家康も梵舜にこのことを尋ねている(『舜旧記』)。翌年三月になると、朝廷では秀頼から出されていた神社創建の申請に対して、吉田家の意見を聴取している。兼見は父兼右の事例を参考にしたのだろう。四月十六日には豊国社の仮殿が完成し遷宮、兼見の子息兼治が宗源行事一座を修した。翌十七日は勅使正親町季幸が参向、秀吉の霊に「豊国大明神」の神号宣下があり、ついで十八日正遷宮があり、華美盛大な祭礼であった。吉田家では一族あげて同社の創建に協力し、兼見は子息兼従をして萩原家を開き、豊国社の社務職とし、自らその後見となった。しかし、豊臣家の滅亡により、同社も廃絶し、吉田家の発展は一時頓挫した。

2 徳川家康(東照宮)

家康は元和二年(一六一六)四月十七日没した。臨終の近いことを悟った家康は四月初めに、「一両日以前、本上州、南光坊、拙老、御前へ被レ為レ召、被二仰置一候ハ、臨終候ハ、御体をハ久能へ納、御葬礼をハ増上寺ニて申付、御位牌を八三州之大樹寺ニ立、一周忌も過候て以後、日光山に小キ堂をたて、勧請し候へ、八州之鎮守に可レ被レ為レ成との御意候、皆々涙をなかし申候」（『本光国師日記』元和二年四月四日条、板倉勝重宛書状案）と、本多正純・天海・崇伝を召し、没後の葬送について遺言した。遺骸は久能山に納め、自ら久能山の神として祀られることを望み、神龍院梵舜がその沙汰に預かった。久能山では神道式の葬送を行い、仮殿遷座があり、三種加持・三種太祓など吉田流神道祭式が行われ、ついで「次　祝戸降文」（『舜旧記』元和二年四月十九日条）では、

> 謹白、元和二年卯月十九日亥時、撰定天吉日良辰乎、太政大臣従一位源朝臣家康公乃御形像乎、駿州有度郡久能乃奉レ葬二高嶺仁一、備二御神供後菜一乎、此状乎安介久鎮座弖、天下静謐弥繁昌、長久乃基乎守利坐与、恐美毛奉申、辞別仁中佐久、自然参集中仁不心不浄乃者在止毛、御広幾御心恵於以天、守護幸給倍止、恐美恐美毛申須、

と奏上された。別に慰霊追善のため、増上寺、大樹寺において仏式による葬儀・法要を執行している。以上は吉田家における神仏両教による葬法と類似している。一年後、梵舜は日光山への改葬にあたり、天海との論争に敗れ、山王一実神道が採用されたが、人を神に祀る祭祀形態に変化はなかった。

3　萩原兼従（神海霊社）

兼従は吉田兼治の長子として天正十六年（一五八八）生まれ、慶長四年家を弟兼英に譲り、自らは祖父兼見の養子となり、萩原家を称して豊国社の社務職となった。ところが豊臣氏の滅亡とともに豊国社は破却され職を失い、のちには吉田家の後見人として学問を深め、神道学者として名声を博することになる。

兼従は万治三年（一六六〇）八月十三日辰刻、三種太祓を誦しながら没したという。歳七十三。遺骸は吉田山に納められ、「神海霊社」と号した（『吉川視吾堂先生行状』）。

死期の近づいたことを感じた兼従は多くの遺言状を残しているが、そのなかに七月二十九日付「遺言条々」（天理図書館吉田文庫、吉六一―一七）[16]とある鈴鹿左京ら吉田家雑掌に宛てた文書には、「一、逝去之後、新長谷寺敷地之内、唯神院殿より下方好所に蔵置、可レ祭二霊社一事」とあり、兼右の場合と同じく、遺言により神社創建を望んでいる。先の吉田家「霊簿」に兼従も載せられていて、神龍院において追善供養が厳修されていた。

（十三日条）

兼従　従五位下

神海院殿卯従大居士　万治三庚子八月　御位牌

兼治朝臣子、萩原家元祖、新長谷寺東葬二遺骸一、其上建二霊社一、

遺骸の上に霊社を創建する形態は、兼従の出身した吉田家の兼右・兼見に倣っている。吉田神社南参道北側、新長谷寺跡東側の萩原家宅地に、社殿一宇、寛文元年（一六六一）寄進の手水鉢がある。なお、遺骸をもたない兼従の墓碑は、盧山寺に移転されている。

4　保科正之（土津神社）

会津藩主保科正之は寛文十二年十二月十八日、歳六十二にて江戸屋敷で没した。正之はその前年十二月、吉川惟足から「土津霊社」の号を受け、「歿後も仏法の礼を用不レ申、神道之作法に取置可レ申旨、此節より遺言仕」（『正之公政教要録』）と死後は仏式を排し、神道式による葬礼を希望する遺言を残

図13　神 海 霊 社（祭神は萩原兼従，吉田神社南参道入り口）

した。

ところが藩側は遺言どおりには執行せず、正之の遺骸が会津に帰国するに際し、寺院における諷経を認めた。『吉川視吾堂先生行状』には、「寛文十二子年十二月十八日、保科左中将正之卿神去りましぬ、遺言に日本の法式を以て葬ふべしとなり、よりて先生彼亭に往きて是を計る、然るに家司等諷経の事を議す、先生是を聞きて此度諷経の事を行はれ侍ると聞く、神に祭るになでう釈氏の法を交へ侍らん、かく本国の旧式を正されぬるに釈氏の法をまじへられば其しるし侍らじとなん」との理由から吉川惟足は猛然と諷経に反対し、ついに仏教色のない神葬の斎行をみるに至った。翌年（延宝元年〈一六七三〉）三月、見禰山の地において惟足が中心となって神葬を執行、延宝二年からは、正之の神霊を祀る土津神社の造営に着手し、翌三年八月二十三日遷宮式が行われ、吉田家より迎えた神体を本殿に奉安した。以降、第二代正経を除く保科氏歴代藩主の没後安鎮はもっぱら神道葬により行われた。正之の葬礼を司った吉川惟足は師萩原兼従および吉田家の葬送を範とした。

5　吉川惟足（視吾堂霊社）

徳川幕府の神道方、吉川惟足は元禄七年（一六九四）十一月十六日、歳七十九で没した。遺骸は本所の道義沼屋敷の一隅に葬られ、その上に祠を建てて視吾堂霊社といった。この敷地は寺院へ葬られることに憚りがあり、屋敷内に神葬墓地を営作することを考慮して、天和四年（一六八四）幕府から拝領したものである。明治に入り、霊社は廃され、惟足の墓は明治二十九年（一八九六）、青山墓地に移された。惟足は師萩原兼従の影響を受け、葬法も兼従と吉田家の形式を受け継いでいる。(17)

四　吉田流葬祭の淵源

十六世紀以降は、人間を神に祀る事例が増えてくる。それ以前の人霊と神霊とには区別がつけられていた。とくに古代の『日本書紀』編纂時にあたる律令的国制下において、死霊・人霊への祭祀には制限が設けられていた。天神・地祇への祭祀は「神祇令」に明記されたが、中国で盛んに行われた人鬼を享すること、すなわち、人霊祭祀は公的に受容されることはなかった。

人霊祭祀を公式に採用することはなかったが、私的には民間のなかで行われていた形跡が認められる。『日本書紀』成立の二年前に卒した道君首名は能吏として肥後・筑後二国の灌漑施設の整備に努め、このため、卒伝記事には「及㆑卒百姓祠㆑之」（『続日本紀』養老二年〈七一八〉四月乙亥条）と記されている。首名の恩恵を受けた百姓たちは、没後、彼の霊を「祠」った。これは死霊祭祀が行われていたことを示す数少ない事例であり、近世に顕著にみられる義人崇祀の早い例である。

しかし、こうした例は稀であり、安芸・周防両国では人々を集めて「死魂」を「妖祠」することがあったため、これを禁じている（『続日本紀』天平二年〈七三〇〉九月庚辰条）。死霊祭祀は人々を惑わしやすい要素を含んでいたため淫祀とみなされ、山陵祭祀と特定の御霊への信仰を除いて、そのほとんどは律令的国制の枠外に置かれ排除された。

律令的国制の基本的立場は、律令神祇官制において貫かれ、神祇官人や官社の神職が人霊・死霊祭祀に公式に携わることはなかった。その後においても、死穢・不浄意識の昂まりによって神職としての立場は厳しく守られ、人霊・死霊に対する供養の祭法は陰陽師・僧侶や修験者がもっぱら預かることになった。神道界が死穢意識を超克し、死霊祭祀の分野に積極的地位を確立していくのは、吉田神道を大成する兼倶の時代以降からである。

兼倶は、文明年間（一四六九～八七）の前期から吉田神道を樹立し、『日本書紀神代巻』・「中臣祓」の講釈を開始する。文明十三年の日本書紀神代巻聞書本（「神書聞塵」）(18)には、

天ノ神ヲ神ト云ソ、地ノ神ヲ祇ト云ソ、人ノ神ヲ鬼ト云ソ、鬼ヲマツルニ、饗ト云ソ、祇ヲマツルニ、祭ト云ソ、天ノ神ヲマツルヲ、祀ト云ソ、祀・饗・祭ト云ソ、鬼ハ帰也、人死シテ鬼トナルソ、

と講じて、人間は死後、鬼神、すなわち神となることを説いている。それは兼倶撰になる『神道大意』においても、

夫神ト者、天地ニ先テ而モ天地ヲ定メ、陰陽ニ超テ而モ陰陽成ス、天地ニ在テハ神ト云、万物ニ在テハ霊ト云、人ニ在テハ心ト云、心ト者神ナリ、……

日月ハ天地ノ魂魄ナリ、人ノ魂魄ハ則日月二神ノ霊性ナリ、故ニ神道ト者、心ヲ守ル道ナリ、心動ク時ハ魂魄乱レ、心静ル時ハ魂魄穏ナリ、是ヲ定ル時ハ鬼神鎮リ、是ヲ不レ守時ハ鬼神乱テ災難ヲコル、唯己心神ヲ祭ニ過タルハナシ、

とあるのや、兼直に仮託した『神道大意』において「仏波則神乃性、人波則神乃主奈利」とあり、また兼倶の作と推定される「六根清浄太祓」に「人乃《ハスナハチ》天下能神物奈利、須レ掌二静謐一、心乃神明能本主他利、莫レ傷二心神一」とあるように、人心を重んじ、神と人との関係を密接に捉えている。神の本源を人性の中に求めていることは、ここに人霊祭祀への積極的立場を表明したものであり、従来の神道界には表立ってこなかった事象といえる。

兼倶は文明十九年、大内政弘の願いにより、父教弘を祀る周防国吉敷郡築山霊神に大明神号を授与しており、その後も亡霊・亡魂への神号授与のための宗源宣旨の発行が数例確認できる（『宗源宣旨秘要』）。また、兼右自筆の天理図書館所蔵「神道行事秘抄」(19)に、

一、死霊ヲ祭時、天元天妙霊名元気加持ト唱申候、諸源拝礼同之、三大宮観ハ水・火・風ノ三也、水・火ハ陰気・陽気也、風ハ空気也、一霊ヲ受ル者、何カ此三ヲ遁ルヘキ乎、然間此本来ニ観シ入テ祭候ヘハ、更可レ崇道理ナシ、御思惟肝心々々、

とあるのは、死霊祭祀の祭式次第の存在が認められ、さらに祟りや死霊安鎮のための亡魂鎮札の頒布などの事例があげられる（『兼見卿記』）。それらは陰陽師の祭法・呪符の影響を強く受けた形式であった。

兼倶以降、兼右に至る時代（十六世紀前半ごろ）は、死霊・人霊への積極的対処が目立ってくるが、これが直ちに神道葬祭の成立へとつながることはなかった。吉田家には神光寺・神恩院・神龍院の菩提寺院があり、葬送そのものは寺院の関与、供養に預かることが慣例であった。『兼右卿記』天文三年（一五三四）九月七日条によると、丹生社神主小川弘栄は末子であったが、嫡子死去ののちは葬送に関わってきたため、社殿修造による遷宮に奉仕できないことを申し述べてきた。これに対して兼右は「予云、葬送已下、神職之者不レ勤之者也、雖レ然可レ出二免許状一、遷宮已下可レ勤之」といい、

丹生社神主藤原弘栄依レ勤二葬礼一神事等不二勤仕一之、自二今日一諸事可二勤仕一之旨、神道裁許之状如レ件、

天文三年九月七日　　　神部文継（花押）

天児屋根尊四十八世孫
神祇道管領勾当長上侍従卜部朝臣（花押）

と神道裁許状を発行した。ここで注目されるのは兼右の見解である。この時点では神職の葬礼関与を否定しており、神道葬祭が成立していたとは考えにくい。ところが、元亀四年（一五七三）自らの葬礼において、遺言をのこし、僧侶は一人も関わらずに葬送が息兼見らによって執行された。ここに神道葬祭成立の第一歩が築かれる。

兼右・兼見の時代になると、吉田家当主の葬礼は独自の神道儀式として執行されるようになる。この葬祭次第書と

して、埼玉県比企郡都幾川村鎮座、萩日吉神社の松岡家文書「唯一神道葬祭次第」[20]がある。同書は江戸末期に同社の祠官松岡河内守寛道の書写になるもので、「唯一神道葬祭次第」と題した葬祭次第書は、その最末に「神道長上卜部朝臣兼見　御判」とあるところから、吉田卜部流の当主である兼見書写本の転写本にあたる。現存する神道葬祭次第書としては最古の伝本である。

兼見本葬祭次第書は、のち吉田家配下の神職に流布していく葬祭次第と比較すると、かなりの相違がみられ、吉田神道の三壇行事に類した道教的要素が濃厚に混入している。この次第書の最末には、次のような「心得書」が記されている。

心得書

一、神道葬祭式、同職諸家ヨリ乞、素雖二一覧一書写置候、只一見而已、
吉田御本所御直伝相限者也、決而他ニ混同不レ可レ有、為レ念致ス二断書一、乍レ去神風記・中臣集説等ニ出ス所ハ用
ヒ給ヘテモヨロシキカナリ、河内守記

「心得書」として「河内守」、すなわち松岡寛道（河内守に任ぜられるのは天保十二年〈一八四一〉であるから、これ以降の筆写になるもの）の記として、「吉田御本所御直伝相限者也」とあり、匹田以正の『神風記』や橘三喜の『中臣祓集説』に載せられた吉田卜部流葬祭については用いてもよい、との断り書のあることから、前の兼見本「唯一神道葬祭次第」は、とくに吉田家当主など限られた者の葬祭にのみ使われ、一般神職については、兼見本を用いることは認められず、流布本が使用されることになっていた。

兼見本と流布本の共通点は、『日本書紀神代巻』を重視する立場が示されていることにある。例えば、「生死根元秘観加持」は根本印を用いて、生死の根元を語ったものであるが、その初めには、『日本書紀』の冒頭を引き、つづい

て瑞珠盟約段の「是後伊奘諾尊神功既畢、霊運当遷、是以構二幽宮於淡路之洲一、寂然長隠者矣、亦曰、伊弉諾尊功既至矣、徳亦大矣、於レ是登レ天報命、仍留二宅於日之少宮一矣」を引載する。『日本書紀』冒頭部は、兼倶講釈の聞書本によると「此書ハ不レ如二編者之心一、故無二序分一也、一家ノ習ニ、故曰ヨリ前ヲ、序分ニ取ソ」とあり、神代巻十一段の序文とし、その解釈は「天地開而後ニ神生也、吾国神明先《ハ》二天地一ト云ト、此ハ相違スル也、蓋神ハ天地之先也、聖ハ天地之後也」、「神聖ノ二字ハ、神ト人トノ義也、一念不生《ノ》神ニテ、無形無気也、聖ト云ハ、一霊心ノ分ヲ云ソ、人ハ後二天地一生、知二天地之始一、先二天地一死、知二天地之終一也」と説く。(21)それは子息の清原宣賢が「私云、神聖之義、纂疏与二講尺一不レ同」と指摘するように卜部流独自の見解である。

この序分は兼敦に仮託された『神道大意』の冒頭にも引かれ、その中から生まれる神には先に触れた天神・地祇と「在レ人其《ニ》神号《ヲ》曰《テ》二鬼霊一」との三つがあり、人の「魂准二天神一、魄准二地祇一、誠心神之陰陽分属為二一物一、准二混沌一此気退レ体称レ死焉、魂《ハ》昇レ天、魄降レ地、惣云二鬼霊一」と論じられている。兼倶は自筆本頭注に「人死時、魂ハ帰レ天、魄ハ帰レ地」と書き入れ、宣賢も「当流ノ義ニ、人死テ魂魄ハ天地ニカヘル物也」と記して人の没後の魂魄の行方を中国思想に基づいて論じており、兼倶・宣賢から兼右・兼見へと卜部流の魂魄観として伝えられていった。

後半の伊弉諾尊が功を終えられ日之少宮に留まられたという伝も重視された。同書には別に「一切霊神　高天原上報命天神　留日少宮」という呪詞もあり、すべての霊神は高天原に昇られ天神に報命ののちは日之少宮に鎮まるという。流布本の吉田流葬祭書においても、喪主拝礼に際して「日之少宮爾留坐氐、寂然爾永久隠給陪」との短い呪文を唱えており、これが踏襲されている。吉田神道の解説書である『神業類要』には神道葬祭についても詳しく、

それ人や、気聚《テ》而生《シ》、気散《シテ》而死《ス》、生ハよろこひ、死ハかなしむ、天下の常情也、一たひ生るときハ、一たひ死する、天地の道理也、生死・始終の大事こゝにあり、魂気天に升りて、日之《ノ》少宮《ワカミヤ》に留り、魄気地に帰して、本元

の土にしづまる故に、神道の葬礼ハ遷宮の義に准す、死を哀むハ、伊弉諾の尊を法とすへし、

とあり、ここに神道葬祭執行の確たる根拠となって世上に流布した。この時期は、神道界全体が離檀運動と神道宗門の成立に尽力した。

右と同時代、江戸中期に成立する兼雄撰の『神道大意』には「所レ生ノ元モ、天地ノ元、所レ終ノ本モ、天地ノ元、生死ノ両儀ハ、聚トキハ生、散トキハ死也、悟レ之則、无二浄土一、亦无二地獄一、只神ヨリ出テ、神ニ帰スルノミ」とあるように、ここでは完全に仏教思想を払拭し神人一体に帰結している。その思想は吉田神道において一貫しており兼倶から出発する。理論的には吉田流独自の葬祭が兼倶の時代から始まっていても不思議ではなかったが、当初は招魂祭など霊魂に対する祭祀に止まり、遺骸そのものを対象とした葬送祭儀の成立は、それから半世紀後の兼右・兼見の時代まで降ることになる。兼倶の時代は未だ仏教的世界観が主流であり、その環境は熟していなかった。それを徐々に取り除き全国的に神道界を組織化していく過程で、兼右・兼見の代から自覚した神道の時代を迎えることになる。

五　吉田流葬祭の成立

十七世紀に入ると、吉田家当主の霊社創建はなくなり、仏教を排した神道葬礼としての性格に重点が置かれる。これまで遺骸は神楽岡大元宮に近い神域内に埋納されていたが、近世の吉田家葬送の地は、ほとんど神龍院墓地に埋葬されている。

明暦三年（一六五七）に亡くなった兼起の葬礼は、「辰ノ刻、御本所兼起御遠行、御歳四十歳、則常ノ乗物ニ而、其儘神龍院、神龍院仏殿ノ庭東ノ方ニ喪屋ヲ搆、仮ニ入置申也」(22)とあり、没後直ちに神龍院に遺骸は送られ、鈴鹿・大

角ら吉田家の家人が役を務め葬祭を奉仕し、「役人何も風折烏帽子浄衣ヲ着申、下人立烏帽子浄衣ヲ着、出家一人モ不レ出」と僧侶の参加はなく、仏教式を排除している。しかし、その後の中陰・年忌の法要は、神龍院や南禅寺・建仁寺の僧衆が参加して供養が行われており、神仏二教により慰霊されている。

このように、近世初期には没後の葬送に限って、神道式による儀礼が行われている。兼起の葬送は、霊社を建てない一般的事例であり、近世における吉田家の葬礼は、多くこの形式が用いられた。

吉田家当主のうち、兼倶から兼見までの五代のほかに、霊社が建てられたのは、天明七年（一七八七）八月十六日に没した兼雄（のち良延と改名）である。天理図書館吉田文庫「良延卿薨去際記録」（吉六一―一〇）の一紙には、

天明七年八月十六日、辰半刻、正二位良延卿被レ薨、号二恵源霊神一、御年八十三歳、同十八日、酉半刻、御居間ヨリ家老共両人、鈴鹿土佐守・同常陸介、近臣之輩、鈴鹿修理・田口正親・鈴鹿将曹・鈴鹿右□・大角左門・山田造酒・大角右門、已上九人奉レ舁、奥書院等之庭ヲ経テ、先北之鎮守鳥居之外、桜木之下ニテ御沐浴之作法、密々有之、床二脚、仮屋根、四方垂幕、其沙汰畢テ奉レ蔵二尊体御壺一、有二外筥一、御壺之内へ御冠・絹御斎服《白御単》上下・御笏《御襪》・太麻・御木綿・中臣祓一巻・玉・鏡・剣等ヲ入、御壺之外筥之内へ御杖大ブト壱足ヲ入、御壺・御筥等之蓋ヲメ、夫ヨリ奉蔵土中唯神霊社之四方ニ奉レ蔵二尊体一、御壺之蓋表ヲ銅ニテ張、吉田二位良延卿と書付、銅之上也、裏、神道管領長上正二位良延卿、宝永二年正月廿四日生、天明七年八月十六日薨ト書付、町尻三位量原卿之筆也、奉レ蔵二土中一、

四方榊数枝ヲ立、四目縄ヲ張、正中立二御幣一前一、常例之御幣也、此義甚々極密々之沙汰云々、同日申刻斗、神龍院へ御養生ニ御移、此儀、御枕ヲ御フトンニ乗セ、御夜着ニテ覆二御尊骸之体《ヲ》一、奉レ作、近臣之輩奉レ舁、西土戸より神龍院へ御下リ也、

と詳細な葬送の次第を知ることができる。『卜部家系譜』にも「依二遺命一建二霊社一、在二北屋鋪鎮守社南一、内々社下埋二霊柩一」とある。兼雄は夥しい吉田家蔵書を修補し、また新写した人物としてその名を残している。霊社は吉田神社南参道に近い吉田家邸内に祀られた。戦後、吉田家敷地が人手に渡ることになり、邸内の兼雄（良延）の恵源霊社も移すことになり、土中から土葬になっていた遺骨と「吉田二位良延卿」と書かれた銅版が出土した。のち御骨と遺品は吉田家墓地にある墓に埋納された。吉田家墓地にある「正二位良延卿之墓」には、兼右・兼見と同じく、もとは遺骸は存しなかったのである。吉田家の邸内に遺骸が納められていることは、穢意識、不浄観はかなり排除されていったことになる。

十七世紀後半になると、儒葬の増加とともに、吉田家配下の神職に向けた神道葬祭が浸透するようになる。清原貞雄が紹介した[23]、貞享四年（一六八七）十二月二十日吉田家三家老（鈴鹿修理・同左近・同周防）より黒田肥前守の京都留守居平田清右衛門に宛てて出された「覚」書には、「社家之輩宗門改之事、於二我国一為二神職一之上者、平生之業及葬祭以下、其身覚悟之通無二子細一候故、不レ及二諸寺之請判一候」、「諸国受二神祇道許状一社家者、非二切支丹之徒一事明白ニ候」などとあって、吉田家では早い時期から配下の一般神職を対象に寺請制に関わりなく、独自に葬祭を執行することをすすめた。『秦山集』十八、雑著、甲乙録四、にある「当世卜部許二霊社号一、号二何霊社・某霊社一者、不レ知二幾千百一」との記載は、急激に吉田流葬祭が増加していった状況を窺い知ることができる。

このように吉田家による一応の葬祭についての指導がなされていたとすれば、これを指導する手引書・葬祭次第書もすでに成立していたと断定してよかろう。このことを証明する文献として、『中臣祓集説』『中臣祓大全』[24]に収載されている葬祭書があげられる。

『中臣祓集説』は、寛文二年（一六六二）十二月、橘三喜の著として刊行されており、この付録には神道葬祭の家法として、葬器法、比都器霊座法、霊鎮法、霊璽器物、神葬行列の次第を図解入りで記している。橘三喜は吉田の秘伝を受け、元禄十六年（一七〇三）没すると、武蔵国足立郡三室郷に葬られ霊社が創建された。吉田家から一樹霊神の霊社号を受け、その葬法は吉田流に属し、家法として『中臣祓集説』に収めた葬祭次第も、ほぼ吉田流の内容と一致する。このことは、寛文のころには、伝授できる卜部流の葬祭伝書がすでに備わっていたとみるべきであろう。

吉田家では『神業類要』の「神道葬祭之事」において、

人死するときには、僧侶をして葬埋の事をつかさとらしむ、法会を修して亡魂を弔祭せしむること、天下宗旨といふことを定たまふうへは、異論なき事なり、然とも、儒・釈の教渡り来らさる前は、いかゝ計ひける事や、いかん、

との問いに、「此義最子細あり、葬祭は神道の大事、生死落着の預るところにして、神世より、その法、定まれることなれば、古記文に載られたり」と答え、また、

儒門は儒法の葬祭あるへし、仏氏は仏法の葬祭あるへし、我国は神国にして、道は即ち神道なれば、諸神社に奉仕する神職たるものは勿論、たとひ神職の輩にあらずといえとも、神祇道の法令を守り、その終を送る神法に随ふ事を何そ咎め給ふへき、

といい、「一たひ生るときは、一たひ死する天地の道理也、生死・始終の大事ここにあり、魂気天に昇りて、日之少宮に留り、魄気地に帰して、本元の土にしづまる故に、神道の葬礼は遷宮の義に准す」、「浅識短才の神職、すみやかにこれを解釈・会得することかたし、されば、今諸国の神職に授るところの葬祭略次第は、かな書をまじへて、その望に応し、速に解しやすからんと欲す」と積極的に神道葬祭の執行を奨励している。ここにおいて死穢意識は超克されている。

『神業類要』が執筆された安永八年（一七七九）の前後（寛延・宝暦年間〈一七四八～六四〉から天明・寛政年間〈一七八一～一八〇一〉にかけて）は全国にわたって神道宗門が実行され、神職の間に神葬祭の許可を吉田家に願い出る者が続出した。吉田・白川家、神宮・賀茂など諸大社の神職は、寺請制度に関わりなく、神道式をもって葬儀を執行できる例外を許されていたが、これを吉田家管下の神職にも普及させ教勢の拡大をすすめた。天理図書館吉田文庫には享保十六年（一七三一）に没した吉田兼敬筆「神道葬礼之式」「神道葬祭之次第」を残しており、十八世紀後半には、葬祭次第書が一般神職に授与され、普及する。吉田家内部においても宝暦十三年八歳の若さで早世した兼雄（良延）の息女、八重姫の葬礼を記録した「真通霊神御中陰雑記」（吉六四―四一）をはじめとして江戸末期まで、吉田家一族十八霊神の葬礼記録を詳細につけており、神道葬祭の宗家としての立場から没後の慰霊安鎮にも熱心であった。

吉田流神道葬祭の次第書のなかで、最も詳細で流布したのが、天理図書館吉田文庫の兼隆筆「神祇道葬祭本式次第」である。この次第書を基に、絵巻仕立てにしたのが、萩日吉神社の累代の社家である松岡家に秘蔵されてきた「神祇道葬祭口伝之巻」である。近世末期の同社の祠官松岡寛道（一七八五～一八六七）が、文化七年（一八一〇）に亡くなった父吉田義陳の葬送儀礼の様子を描いている(25)。

「神祇道葬祭之儀」とある葬式次第書の全文は、吉田神道の配下神職の間で近世に広く流布した内容であるが、極彩色の絵巻に仕立てられているのは珍しい。松岡家の墓所には円形の土が築かれ、八重榊が遺骸の上に立つ。この榊を植える墓所形式は、京都神楽岡にある吉田家墓地の近世後期の良倶（兼隆）・良長・良熙（良芳）の形態に類似しており、樹木葬の源流ともいえる。吉田流の神道葬祭の諸儀式をみていくと、その特色は中臣祓を中心とした祓い清めの重視であった。不浄の葬儀ともなれば、穢を完全に超克していくためにも祓い儀礼の効用は大きかった。

おわりに

近世の神道葬祭は、儒葬との関わりのなかで、新たな葬祭次第書が作られるようになるが、実際にこれを実施できたのは、吉田家の配下神職に限られていた。その意味では、一般庶民にまで広く定着したものではなかった。

近世末期に草鹿砥宣隆が著した『和漢習合葬祭記略』に、

葬送ノ式ハ、古風ノ伝ハラザル事、今更云フマデモ無シ、諸家ニテ神道葬祭トイヒ伝フル物モ、皆儒法ニ倣ヒテ、近代ニ作レル物ト見ユ、今田舎ニテ行フ中ニハ、却リテ古風ノ存スル事有ルベケレドモ、後世ノ誤謬多ク、ソノウヘ仏意ヲ交ヘシ事ノミナレバ、詳ニ弁ヘ知リガタシ、多年此事ニ心ヲ用イテ、此処ノ家説、彼所ノ伝ト称スル物ヲ取集メテ合セ見レドモ然ルベキ物有ル事無シ、

とあるのは、その代表的意見である。新作の葬祭書が作られても、その実用は難しかった。跡部良顕は『神道喪祭家礼』のなかで、

右喪祭式、唯一神道ノ社家ナトハ行易ケレトモ、其外者世間仏法ノ式ニテ行レ、寺ニテ葬レハ出棺・行列等ハ行ヒ難シ、唯棺ニ蔵ルマテハ、私宅ニテ執行フコトモ成コト也、

と記して、吉田家とその配下の神職の外は、自由に神道葬祭を行うことができなかったため、檀那寺が出棺・葬送を行う以前、自宅で執行できる葬礼のみ、神道式をすすめるという状況であった。したがって、近世前期の社家・神職の葬祭は主に吉田流が用いられ、そのほかの葬祭次第書は、机上の空論に終ってしまう場合も少なくなかった。吉田神道の系統を引く、吉川神道と保科正之の会津神道などは、吉田流葬祭次第を踏襲するところが少なくない。また、

新たに近世中期ごろから起こってくる白川伯家の葬祭の作法にも、吉田流葬祭式が投影されており、人霊祭祀の主流になる吉田の霊社創建と葬祭成立は、近世神道の序幕として重要である。

註

（1）『本朝文集』巻七十三、永和二年（一三七六）「為二先考卜部兼豊入道五旬忌一修二冥福一願文幷諷誦文」、嘉慶二年「為二先考卜部兼豊十三回忌一修冥福願文幷諷誦文」。

（2）『吉田家日次記』応永九年（一四〇二）正月十九・二十日条。

（3）『吉田家日次記』応永九年（一四〇二）四月二十六日条。

（4）兼熈出家の事情は、江見清風「吉田家の吉田神社に於ける奉仕並に其の信仰の一班」（『神道説苑』明治書院、昭和十七年。初出、昭和十三年）。

（5）『吉田家日次記』応永九年（一四〇二）五月三日条。

（6）同右。

（7）『御堂関白記』寛仁元年（一〇一七）五月九日条「辰時崩給了、此間不レ候二御前一、左大弁只今無力御者、仍暫下レ地、一定後退出」とある。また、一条院崩御について藤原行成の『権記』寛弘八年（一〇一一）六月二十二日条「辰剋有二臨終気一、仍左大臣(道長)示二右大臣(顕光)以下一、皆令レ下レ殿」とある。ともに死穢を避けるための行為と考えられる。

（8）『神道大系　論説編　卜部神道下』（神道大系編纂会、平成三年）所収。

（9）同右。

（10）前掲註(1)、永和二年記事。

（11）『吉田家日次記』応永九年（一四〇二）五月二十四日条。

（12）福山敏男「室町時代の神社―特に吉田社と斎場所―」（『日本の美術129　中世の神社建築』至文堂、昭和五十二年。のち『福山敏男著作集4　神社建築の研究』中央公論美術出版、昭和五十九年）。

（13）寺田貞次『京都名家墳墓録』（山本文華堂、大正十一年）。

（14）松田毅一・川崎桃太訳、フロイス『日本史2　豊臣秀吉編Ⅱ』所載の付録（中央公論社、昭和五十二年）。

(15) 宮地直一「豊太閤と豊国大明神」（『神祇と国史』古今書院、大正十五年）。
(16) 千葉栄『吉川神道の研究』（至文堂、昭和十四年）、平重道「吉田文庫『萩原兼従卿遺言状』の一考察」（『ビブリア』四〇号、昭和四十三年）。
(17) 宮地直一「会津に於ける吉川神道」（『神道思潮』理想社、昭和十八年）、土田誠一『伊勢神道と吉川神道』（土田誠一先生著作刊行会、昭和五十五年）、平重道『吉川神道の基礎的研究』（吉川弘文館、昭和四十一年）。
(18) 『神道大系　古典註釈編四　日本書紀註釈下』（神道大系編纂会、昭和六十三年）。
(19) 『大日本史料』第十編之十三、天正元年（一五七三）正月十日条。
(20) 前掲註(8)所収。
(21) 『兼倶本宣賢本・日本書紀神代巻抄』（岡田荘司編著『吉田叢書』第五巻、吉田神社、続群書類従完成会、昭和五十九年）。
(22) 天理図書館吉田文庫『御広間雑記』明暦三年（一六五七）四月七日条。
(23) 清原貞雄『神道史』「附録　徳川幕府神社に関する制度」（厚生閣、昭和七年）。
(24) 宮地直一・山本信哉・河野省三編『大祓詞註釈大成』下巻（復刻版、名著出版、昭和五十六年）所収。
(25) 前掲註(8)所収。のちに同書原本をカラー版で、加藤隆久編『神葬祭大事典』（戎光祥出版、平成九年）に収録。

〔付記〕　吉田流葬祭書とその解説については、『神道大系　論説編　卜部神道下』（神道大系編纂会、平成三年）。徳川家康の東照宮信仰では、曽根原理『徳川家康神格化への道』（吉川弘文館、平成八年）、同『神君家康の誕生―東照宮と権現様―』（吉川弘文館、平成二十年）がある。近世吉田葬祭以後、近代神葬祭関係では、塩川彩香『神道の葬送儀礼と近代』（弘文堂、令和六年）。

吉田神社南参道の南方二〇〇メートルのところに吉田家墓地が所在する。室町後期の兼名・兼倶以来、明治以前の吉田家歴代当主とその一族の墓石は、明治以後は吉田家の管理となっていた。その文化的価値は高く、今後は無縁墓にならないように、永久に保存されることを願っている。

第三部　中世の神社と祭祀

第一章　中世における神社秩序の形成

はじめに

中世における神社秩序とその体制は、平安期祭祀制を起点に、中央朝廷と地方諸国の多様な展開のもと形成された。とりわけ中央の二十二社奉幣制と諸国一宮制は中世神社秩序の核となって引き継がれる。平安末期に東国武家政権が樹立すると、諸国一宮制を組み込んだ鎌倉将軍祭祀の体制が機能していった。諸国一宮制は天皇祭祀権の国司による代行祭祀の性格をもち、また鎌倉将軍祭祀も、広い視点からみると、天皇祭祀権による東国代行行為の側面を有していて、ここに複合的神社秩序が整備されたが、中世祭祀制は一貫した制度・体制として機能したものではなかった。

一　二十二社奉幣制

古代の神祇祭祀制度は、奈良期律令祭祀制から平安神祇祭祀制へと移行する。奈良期は中央集権的律令官社制に基づく班幣制度を中心としたが、平安期に入ると中央朝廷直轄の祭祀制と地方国司委任の祭祀制とに区分される。平安初期以降、官社制の官幣・国幣、名神奉幣・神階制などとともに、中央に集中する十六社・二十二社奉幣制が新たな平安祭祀制として登場する。(1)

十六社奉幣は、平安初期の名神奉幣に起源をもち、桓武朝の延暦七年（七八八）に祈雨のため、伊勢神宮と名神諸社への奉幣が始まり、弘仁年間（八一〇～八二四）以後、伊勢一社、諸国名神への奉幣が多くみられ、丹生・貴布禰二社への祈雨・祈晴奉幣も行われた。天長元年（八二四）には、風雨の損を除く祈願の奉幣が伊勢と名神を対象に行われ、これが祈年穀奉幣の起源となる。仁明朝ごろから伊勢・賀茂・松尾・平野・住吉など、特定数社を対象にした奉幣が行われ、これに丹生・貴布禰が加わる。嵯峨・淳和・仁明朝（弘仁・天長・承和年間〈八一〇～八四八〉）に平安祭祀制の骨格が形成されている。

つづく承和から貞観年間（八五九～八七七）は、神社の神々に対して位階を奉授する神階制度が確立していく。とくに、十六社に加わる諸社の神階上昇が著しく、神階をもたない伊勢神宮を別格にして、十六社の多くは、丹生・貴布禰を除いて、貞観年間までに三位以上の高位の神階に昇っている。そして、平安京近辺の諸社に加えて、大和地域の古社が増加し、十六社が選定される。その初見は、九世紀末と十世紀初め、昌泰・延喜の醍醐朝であったが、これが制度として恒例化するのは、承平・天慶の乱後、朱雀朝以降のことであった。

承平・天慶の乱の鎮圧報賽のため、賀茂社の神社行幸が始まり、賀茂臨時祭に倣った石清水臨時祭が始まるのも、この時期であり、天皇直轄祭祀として、神社行幸・神社臨時祭・十六社奉幣の祭祀制が確定する。

以後、承平・天慶の乱平定のころから、しばしば十六社への奉幣が執り行われる。村上天皇撰、応和三年（九六三）ごろ成立の『新儀式』巻四には、天皇直轄の祭儀が記されているなかに、「祈年穀事」として、天皇へ集中化された十六社奉幣祭祀制が規定されている。

十六社の多くは官社・名神の列に入り、神階の高位な、中央朝廷・天皇に対して霊験の高い存在感を示した神祇であり、その性格は天皇守護神、王城鎮護神、京内守護神、外戚氏神、大和の五穀豊穣・風雨神、山城・大和の祈雨神に分類することができる。その地域は、畿内の山城・大和・摂津三国に集中し、中央に限定された直轄祭祀であり、全国的な国家祭祀の体制には程遠いものであった。

このあと、平安中期に入り、十六社から二十二社へと奉幣社数が増加する。二十二社は、初めに十六社が決まり、次第に増加して、永保元年（一〇八一）に日吉社を加え、「永制」の二十二社に固定する。その後、社数に変更はなく、宝徳元年（一四四九）まで、二十二社奉幣が行われた。

公祭	臨時祭	行幸	加列年代	備考
○			昌泰・延喜年間	国家神・天皇皇祖神
○	○	○	昌泰・延喜年間	天皇守護神
○	○	○	昌泰・延喜年間	王城鎮護神
○		○	昌泰・延喜年間	王城鎮護・京内守護神
○	○	○	昌泰・延喜年間	皇太子守護・外戚氏神
○		○	昌泰・延喜年間	京内守護・東寺鎮守神
○	○	○	昌泰・延喜年間	外戚藤原氏神
○		○	昌泰・延喜年間	外戚藤原北家の神
○			昌泰・延喜年間	大和朝廷守護神
			昌泰・延喜年間	大和朝廷守護神
			昌泰・延喜年間	大和朝廷守護神
○			昌泰・延喜年間	大和五穀豊穣神
○			昌泰・延喜年間	大和風水害防護神
			昌泰・延喜年間	対外関係・海上安全神
○	○	○	永保元年(1081)	天台宗守護神
○			正暦5年(994)	外戚橘氏氏神
○			正暦2年(991)	外戚藤原山蔭流の神
			正暦2年(991)	外寇防衛の神
○	○	○	長徳2年(996)	疫病鎮圧・京内守護神
○	○	○	正暦2年(991)	摂関家擁護・京内守護神
			昌泰・延喜年間	大和国水源・祈雨神
			昌泰・延喜年間	山城国水源・祈雨神

この臨時奉幣儀礼の祈願目的のなかで、最も多くみられるのが祈年穀奉幣である。長元年間（一〇二八〜三七）には、二月・七月の年二回定例化され、国家的祈願の中心儀礼として、中世祭祀制に引き継がれ、中世全般を通して展開していく。中世以後、京都朝廷の国家的地位は低落傾向にあるなかで、二十二社制は中央の区域に限定され

表4　二十二社一覧表

	社名	所在地	延喜式社格	明治以後社格	神階(仁和3年)	名神	大神宝使
上七社	伊勢	伊勢	官幣大		なし		○
	石清水	山城	式外	官幣大社	(一品)		○
	賀茂	山城	官幣大	官幣大社	正一位	○	○
	松尾	山城	官幣大	官幣大社	正一位	○	○
	平野	山城	官幣大	官幣大社	正一位	○	○
	稲荷	山城	官幣大	官幣大社	従三位	○	○
	春日	大和	官幣大	官幣大社	正一位	○	○
中七社	大原野	山城	式外	官幣中社	(春日)		○
	大神	大和	官幣大	官幣大社	正一位	○	○
	石上	大和	官幣大	官幣大社	正一位	○	○
	大和	大和	官幣大	官幣大社	従一位	○	○
	広瀬	大和	官幣大	官幣大社	正三位	○	
	龍田	大和	官幣大	官幣大社	正三位	○	
	住吉	摂津	官幣大	官幣大社	従一位	○	○
下八社	日吉	近江	国幣大	官幣大社	正一位	○	○
	梅宮	山城	官幣大	官幣中社	従三位	○	
	吉田	山城	式外	官幣中社	(春日)		
	広田	摂津	官幣大	官幣大社	従一位	○	
	祇園	山城	式外	官幣中社→大社			
	北野	山城	式外	官幣中社			
	丹生	大和	官幣大	官幣大社	正三位	○	
	貴布禰	山城	官幣大	官幣中社	正四位下	○	

註　岡田莊司『平安時代の国家と祭祀』(続群書類従完成会，平成6年)より。

た京都朝廷祭祀として自己完結的体制に収斂していった。

二十二社の上位を上七社といい、そのうち、伊勢・石清水八幡・賀茂の三社はとくに丁重に扱われた。寛和二年(九八六)七月の一条天皇即位の由の三社奉幣は「三社」の初見とされる(『日本紀略』)。さらに承平・天慶の乱平定の報賽により石清水臨時祭が始まり、後三条朝には石清水放生会が公祭となり、院政期になると、伊勢と八幡とが「二所宗廟」と呼称され皇位守護の神とされる。仏法禁忌の伊勢神宮に対して、八幡神は神仏習合の発展のなかで仏法を好む神として優勢となり、伊勢と八幡神は天皇守護の両輪とされた。

この三社信仰とは別に、新たな三社が生まれる。中世後期から近世には庶民の信仰のなかで「三社託宣」が流行した。伊勢

（天照皇太神）・八幡（八幡大菩薩）・春日（春日大明神）の三社の神号と神託を軸物としたもので、吉田兼倶の偽撰説（伊勢貞丈『三社託宣考』）もあったが、南北朝期に南都東大寺東南院成立説が有力である。

東大寺東南院は伊勢・八幡・春日三神の「三社託宣」の発祥地として伝承されており、南都における神祇思想の学問所の性格をもっていた。鎌倉末期には摂関鷹司家出身僧侶の介在により、伊勢・八幡に南都の鎮守であり藤原氏氏神である春日神を加えた「三社託宣」文が定型化されたと推定される。

「三社託宣」の伊勢・八幡・春日の三社は、平安期の三社であった賀茂神社を除いて、春日神を加えたものである。春日神が加えられる理由として、平安中期に成立する伊勢天照大神と春日天児屋命との二神約諾神話を根拠とした(2)。伊勢・八幡・春日の三社が一括して初出するのは九条兼実の日記『玉葉』である。治承四年（一一八〇）五月、源平争乱の契機となった以仁王の変勃発のとき、兼実はこの事態を、三社の神慮であると感じた。摂関九条家の兼実の院勢力への対抗のため、摂関体制擁護を目的に三社重視の論が作られたとみられる。また、藤原氏の氏神とされる春日社の第四殿比売神に、「伊勢内宮」（『玉葉』建久五年〈一一九四〉七月八日条）とある天照大神があてられ、加えられているのも摂関家主導の三社信仰に連動していた(3)。

二　諸国一宮制

一宮制は、平安初期の官社制度における官幣と国幣の区別、名神奉幣における国司祭祀、また神階制における借位授与権の獲得、神階帳・国内神名帳の作成、諸国神社秩序の編成など、諸国の国司による地方祭祀、諸国祭祀制の整備を源流とし、宇多朝の仁和年間（八八五〜八八九）に入ると新たな祭祀制が中央と地方とを結んで展開する。

一代一度大神宝使の制は、宇多天皇の即位儀礼に際して、仁和四年十一月に始まる。天皇代替わりごとに大神宝を奉献する対象神社は、伊勢・宇佐・香椎をはじめ五畿七道の、あわせて五〇社をいう。この五〇社には二十二社が一三所入っており、のちに国ごとに置かれた一宮も二九所が列している。その多くは、国内最高位の神階を得ており、地域ごとの優勢な神々が選定されている。こうして九世紀末期に形成された大神宝使の制は、のちの諸国一宮制とも深く関わってくる。

一宮制成立の前提として、諸国の神祇については、国司が責任をもつ祭祀体制が確立しており、十世紀末には駿河国富士浅間社、越前国気比社などで、国司初任神拝を確認できる。また、平安中期成立の『新猿楽記』によると、受領の郎等の知識として、国司の国内入府の作法と国司神拝の儀式作法が必要とされており、国司神拝は国衙行事の中心を占めていた。一宮制成立の必要要件に国司初任神拝制があげられる。(4)

諸国一宮制の成立過程において、中央朝廷につながる国司（国守）との関係と、地方地域の国衙在庁官人・国人らの動向との二つの方向性、中央と地方との関係が重要である。

十世紀に始まる国司初任神拝は、慣行的祭祀儀礼とされよう。国司祭祀の中枢にある国司神拝は一宮制の重要な要件の一つといえるが、この段階で一宮制の成立とはならない。一宮制は受領と国衙在庁との双方向的諸関係のなかで確立する制度であり、国司（守）祭祀と国衙在庁の立場からの祭祀の両面性がある。これには在庁官人・国人の積極的な祭祀関与が重要な視点となる。

国司（守）が初任神拝のため国内有力神祇への奉幣とともに、神宝奉献を行う儀礼が定着する。神宝は都において用意する品々と赴任国の在地で調達する品々とがある。後者の神宝は、在庁から神宝勘文を受け取り、神宝を調製することになっており、在地の意向に基づく神宝の奉献の性質をもっていたと考えられる。ここには中央と在地との、双方の祈願・意向が込められていた。

十二世紀初頭の一宮制成立期において、因幡国の国人らは、因幡守藤原宗成が九年間任国へ下向しなかったことに対して、「恐」があるとの国内の不安を理由に、国人たちは申し合わせて、国守の一宮参向を要請した（『中右記』元永二年〈一一一九〉七月三日条）。また、美濃国の疫病流行にあたり国人らの要請により、「国人皆心ヲ一ニシテ」（『今昔物語集』巻二十）美濃国一宮南宮社において仁王講を催して、神威の増進を図った。在地の国人らによる祭祀への積極的参加は、一宮制の成立に直接の影響を与えた。国衙側の祭祀参加者、とくに国衙在庁の祭使の呼称に、勅使代・国司代官・国勅使・上卿などが用いられているのは、中央との関係を志向したものである。

元来、国司神拝祭祀は天皇祭祀権の代行行為として開始されており、これを踏まえて、中央との双方向的な関係維持の機能が働いて、一宮制は展開することになる。それは、中央で完結した二十二社奉幣制とは異なる機能を有したことになる。

国司祭祀の趣旨を表明した国司神拝の祝詞（祭文）に奏上される内容は[5]、国内の豊穣祈願であり、それは本家・預所など荘園的所有関係の維持・繁栄、そして、国衙・神社（社家）と国内の人々まで、富の集積とその豊かさを予祝することであった。そこには共通した祈念の方向性が認められ、その利害は一致していた。

昭和五十年（一九七五）以降、中世宗教史と国家史研究のなかで、黒田俊雄の顕密体制論が席巻していき[6]、中世神祇の存在は過小評価されてきた。これに対して、諸国一宮制研究や中世日本紀論など、新たな研究動向のなかで、井上寛司を中心に中世史研究者五十数名が集合して「中世諸国一宮制研究会」[7]を発足、神祇の存在を無視できないとする理解が深められていった。とりわけ井上寛司は、黒田論には神祇の独自性への視点・配慮が欠如していることを指摘し、諸国一宮（国鎮守）は、諸国ごとの政治・社会秩序の維持・安定を実現するための守護神であり、その政治的・社会的・宗教的機能を集中的・一元的に担うものとされ、各一宮が相互に連携しあって日本国全体の維持・安定を実現していくことが基本的特徴であると論じた(8)。この国鎮守の対概念の位置にあるのが王城鎮守である二十二社制であり、中世においては両者が連携して日本国全体が守護されるものとした。そして諸国一宮制を中世における国家的神社制度と積極的に位置づけ、中央と地方とを結ぶ中世神社史と国家史研究に新たな研究の方向性を提示された。ここに黒田・顕密体制論を受けて、これまで欠如とされてきた神社を媒介とした中世神祇論、諸国一宮制を補強することで、中世国家論へと成長させることを意図していた。

井上は二十二社制と諸国一宮制とを連動させ、中世国家の祭祀制度として積極的評価を与えているが、諸国一宮制は、国ごとの体制に応じて整備されており、その機能は中央と直結・一貫した体系による国家制度としては完結しておらず、限定的である。また、二つの制度には成立過程の違いがあり、一宮制への理解については、拙論をはじめ、井原今朝男、上島享の批判がある(9)。井上は、その反論において、国内第一の鎮守（国鎮守）の存立意義として、地域支配権力（国衙・守護権力）の相対的な自立性を踏まえ、相互補完関係において成り立つ、多元的で分散的である中世国家への解釈のもと、中世神国日本の天皇神話の各国ごとの状況に応じて達成されたことを指摘されたが、その評価は分かれるところである(10)。

三　鎌倉殿と東国神祇体制

東国の地域に新しい秩序の体系が始まる契機となったのが、承平・天慶の乱であった。八幡と天神（菅原道真の霊魂）の信仰が強く意識されるようになるのは、『将門記』によると、天慶二年（九三九）のことである。平将門は皇位に即くにあたり、八幡と天神が助勢したと伝える。この二神は、ともに中央朝廷において霊威ある神として急上昇してきたのであったが、二神が朝廷に反乱した勢力に加担し、東国社会に定着していく。

東国に地盤を扶植していた源頼義は、康平六年（一〇六三）石清水八幡を鎌倉由比郷に勧請する。のち、子息義家はこれを修復した（『吾妻鏡』）。これが鶴岡八幡宮の前身となった。また、長治元年（一一〇四）鎌倉に荏柄天神社が創建された。

同じく長治年中、鎌倉権五郎景正は先祖相伝の私領を伊勢神宮に寄進し、ここを大庭御厨（現、藤沢市・茅ヶ崎市）と称した。景正は長承二年（一一三三）ごろ、伊勢神宮の式年遷宮に用いられた心御柱を譲り受け、これを用いて大日如来像を造り、大庭御厨俣野郷、大日堂の安置仏とした。新天地において仏の姿をもって立ち顕れた「御衣木」は、天照大神の依り代であり、神仏一体の意識を強くもった。鎌倉武士の鑑とされた景正によって、伊勢大神宮信仰は東国相模の地へ伝えられ、東国圏へ広く流布することになる(11)。

景正は源義家の後三年の役に従い、眼を矢で射抜かれながらも奮戦し功績をあげ、死後「神と祝はれ」（『保元物語』）、御霊神となって東国武士の守護神と仰がれた。鎌倉市坂ノ下と同市梶原に鎮座する御霊神社を中心に、東国独自の御霊信仰が展開する。

このほか、藤沢市と横浜市南部に源頼朝の父義朝を祭神とする鯖神社・佐波神社・左馬神社などと呼ばれる神社がある。その由来は不明であるが、近世には里人らにより信仰され、神社名は源義朝の官職名である左馬頭によるものとされる。義朝は平治の乱に敗れ、尾張国に敗走中、非業の死を遂げた。義朝も御霊神的性格により、のちに地域の信仰となっていった。鎌倉政権発足当初から、鎌倉の周辺は御霊神的信仰の胚芽がみられる。

源頼朝は治承四年（一一八〇）相模国鎌倉に入ると、直ちに鶴岡若宮を現社地に遷した。鶴岡八幡宮は将軍（鎌倉殿頼朝）祭祀権に基づく幕府の社であり、朔旦奉幣・放生会をはじめ、天皇祭祀の賀茂・石清水臨時祭に倣った鶴岡臨時祭を恒例祭にするなど、将軍直轄の祭祀が御家人参加のもとに行われた。

頼朝および鎌倉幕府の信仰は、鶴岡八幡宮を頂点に、相模の国内神社、箱根神社と伊豆山（走湯権現）の二所権現、三島社、東国の一宮と総社を、同心円状に広がりをもって組織化し、東国の一宮制は幕府祭祀体制のなかに組み込まれ、鎌倉将軍祭祀権に基づく東国一宮制が機能した。

平安後期から中世前期における中央朝廷の神祇信仰は、伊勢を頂点に二十二社と諸国では一宮・惣社制度が機能し、天皇退位後は熊野御幸に出かけることを例とした。これに対して武家政権の鎌倉将軍は、鶴岡八幡宮を頂点に東国一宮・惣社を核とした祭祀体系を確立させ、朝廷祭祀と複合させていく制度的関係を志向したが、関東鎮守の伊豆山・箱根・三嶋三所の選択は幕府の独自性を確保した。

貞永元年（一二三二）に制定された鎌倉幕府の基本法典である『御成敗式目』に付属する起請文最末の神文には、「梵天・帝釈・四大天王、惣日本国中六十余州大小神祇、別伊豆・筥根両所権現・三島大明神・八幡大菩薩・天満大自在天神・部類眷属」と起請対象の神々が記されている。そこには、八幡・天神に先んじて伊豆・箱根・三島三所が掲げられており、鎌倉殿祭祀において二所三島詣が重視されていたことが理解できる。

おわりに

平安中期以降、中世の神社秩序・体制は、中央朝廷による畿内近国の特定の二十二社制と地方の諸国一宮制が成立する。二十二社は中央朝廷の意向を直接反映する地域を限定した自己完結的祭祀体制であるのに対して、一宮制は受領の意向とともに、地域ごとの在庁官人層を祭祀運用の基盤としていて、その体制維持の機能には違いがみられる。国ごとに多様性をもって展開する一宮制は、国衙・社家によって支えられ、また東国武家（鎌倉）の成立によって新たな神社秩序の体制が志向された。

中世の祭祀体制は、京都朝廷と鎌倉武家、そして諸国・地方とが、互いにそれぞれの権力体系を確定していくなかで、相互に共存の機能が緩やかにつながり合った体制であったといえる。こののち、蒙古襲来の「国難」によって神祇の活動が高められ、また、鎌倉武家の祭祀体制の崩壊により、京都室町武家政権の成立とともに、京都の公家・武家の二重祭祀構造へと再編されることになる。

註

（1）岡田莊司「十六社奉幣制の成立」「二十二社の成立と公祭制」（ともに『平安時代の国家と祭祀』続群書類従完成会、平成六年。初出、昭和六十二年・平成四年）同「二十二社の研究史と二十二社制」（中世諸国一宮制研究会編『中世諸国一宮制の基礎的研究』岩田書院、平成十二年）。

（2）藤森馨「二神約諸神話の展開」（『日本における宗教テクストの諸位相と統辞法』名古屋大学大学院文学研究科、平成二十年。のち『古代の天皇祭祀と神宮祭祀』吉川弘文館、平成二十九年）。

（3）岡田莊司「神道というテクスト世界―古代・中世祭祀軸の変容と神道テクスト―」（同右『日本における宗教テクストの諸位相と統辞法』）。

（4）水谷類「国司神拝の歴史的意義」（『中世の神社と祭り』岩田書院、平成二十二年。初出、昭和五十八年）、岡田莊司「平安期の国司祭祀と諸国一宮」（一宮研究会編『中世一宮制の歴史的展開』下巻、岩田書院、平成十六年。本書第三部第二章）。

（5）岡田莊司「地方国衙祭祀と一宮・惣社―若狭彦神社『詔戸次第』を中心に―」（『平安時代の国家と祭祀』続群書類従完成会、平成六年。初出、昭和五十二年）。

（6）黒田俊雄『日本中世の国家と宗教』（岩波書店、昭和五十年）、同『日本中世の社会と宗教』（岩波書店、平成二年）、岡田莊司

「日本宗教の多面的・多角的解明に向けて―神社史研究の動向を中心に―」(『日本宗教文化史研究』一一巻一号、平成十九年)。

(7) 前掲註(1)『中世諸国一宮制の基礎的研究』、一宮研究会編『中世一宮制の歴史的展開』上・下巻(岩田書院、平成十六年)。

(8) 井上寛司「「神道」と神社史研究の課題―顕密体制論の批判的継承・発展のために―」(『日本の神社と「神道」』校倉書房、平成十八年。のち同書名文庫本、法藏館、令和六年。初出、平成十二年)、同「中世諸国一宮制の歴史的構造と特質」(『国立歴史民俗博物館研究報告』一四八集、平成二十年)、同『日本中世国家と諸国一宮制』(岩田書院、平成二十一年)。

(9) 岡田莊司「平安期の国司祭祀と諸国一宮」(前掲註(7)『中世一宮制の歴史的展開』下巻。本書第三部第二章)、井原今朝男「中世の国衙寺社体制と民衆統合儀礼」(同上『中世一宮制の歴史的展開』下巻)、上島享「中世宗教秩序の形成」(『日本中世社会の形成と王権』名古屋大学出版会、平成二十二年。初出、平成十三年)。

(10) 井上寛司「中世一宮制研究の現状と課題」(前掲註(7)『中世一宮制の歴史的展開』上巻)、同「中世諸国一宮制の基本的性格」(前掲註(8)『日本中世国家と諸国一宮制』)。

(11) 『吾妻鏡』建久六年(一一九五)十一月十九日条。牟禮仁「心御柱による大日如来造像」(『大嘗・遷宮と聖なるもの』皇學館大学出版部、平成十一年。初出、平成十年)。

第二章　国司の祭祀と諸国一宮制

はじめに

平安時代中期以後、中世の神祇祭祀制は、中央朝廷による畿内近国を中心とした特定神社「十六社・二十二社奉幣制」と、地方の「諸国一宮制」とが、それぞれ展開していったとされる。この二つの制度に関しては、その成立時期に違いがあり、対象地域・内容も一致しないが、これを一括した制度・体制とする見解がある。十一世紀末から十二世紀のこの時期に、二十二社制・一宮制を連繫して国家の祭祀制度・体系として位置づけ、中世の国家祭祀体制であると理解することについては、なお検討の余地がある。

近時、この「二十二社・一宮制」に関して、一宮研究会の会員の間で論議し、検討する機会があった(1)。中世における一宮存立の多様性を考えるとき(2)、一宮制は国ごとの体制に応じて成立していったものであり、その機能が中央の国家制度として一括した形態としては確立していない。一宮制の成立には、その前提となる国司（国守）祭祀との関係を考える必要がある。十世紀末から記録に確認できる国司初任神拝は、制度というよりも、慣行的祭祀儀礼とされよう。国司祭祀の中枢にある国司神拝は一宮制の要件の一つといえるが、この段階で一宮制の成立とはされていない。一宮制には中央受領と地方の国衙在庁・国人との双方向的諸関係のなかで確立し、そこには在庁官人・国人の積極的な祭祀関与が重要な視点となる。

本章では、国司初任神拝・臨時祭における神宝奉献・東遊奉納の儀礼を通して、国衙祭祀・神事の性格を論じ、伊予国大山祇神社・若狭国若狭彦神社などの諸事例を通して、国衙と社家における祭祀・祝詞と信仰に触れ、中世一宮制へ至る展開を再検討していくことにしたい。

一　神宝奉献の儀礼

古代の国家的神祇体制は、律令期奈良時代においては、「伊勢神宮―大神神社―杵築（出雲）大社」という神社配置の東西軸とされたが、これが平安前期以後は「伊勢神宮―賀茂神社―宇佐八幡」の東西軸へと、神祇体制が変化していった(3)。宮都が大和から山城へ移転することにより、その地域守護神も大和・大神神社から山城・賀茂神社へと移行した。東西軸の伊勢神宮に対極する西の果てに位置する出雲・杵築大社は大神神社と対応して国家（天皇）擁護神とされてきたが、平安初期の仁明朝から天皇即位に際して宇佐和気使が遣わされる宇佐八幡は、天皇位を守護する神として上昇し、貞観初年の石清水八幡創祀により中央へ進出を遂げることになり、伊勢・八幡（石清水）・賀茂の三社が、諸社神祇の上に置かれ、十六社・二十二社の最上位に位置づけられた。

東の伊勢神宮は国家神として別格の扱いを受けたが、その祭儀において、最も重視されたのは遷宮と毎年の神嘗祭である。遷宮は二〇年に一度新しく殿舎を造替することをいうが、このこととともに、遷宮にあわせて、神宝を新調し奉献することに重要な意義をもつ。遷宮のための神宝使発遣儀は、内裏を式場とし、その儀式には蔵人があたり、禄は内蔵寮が供出するという、天皇直属の内廷官司が有機的に機能して実施できた天皇の「御願」祭祀に基づく形式とされた。(4) また、西の宇佐八幡への宇佐使発遣の祭祀儀礼は、「御釼・幣帛」(『続日本後紀』天長十年〈八三三〉)、「宝釼・明鏡・名香・綵帛」(『文徳実録』嘉祥三年〈八五〇〉)、「幣帛・財宝・神馬等」(『日本三代実録』貞観元年〈八五九〉)の奉幣と神宝奉献とから成っている。発遣に先立ち、内裏において神宝御覧があり、天皇の御禊ののち、祭使に宣命を賜り出発する形式で、内廷機構に依拠した祭祀体系とされる。

この東西軸にある伊勢神宮と宇佐八幡の神宝奉献儀の形式は、宇多朝に開始される走馬・東遊を奉納する賀茂臨時祭など、公家(天皇)臨時祭の「御願」祭祀の原形とされるものである。「御願」祭祀は、天皇の意志・信仰を直截に伝える形式として成立したものであり、殿上方機能の充実によって編成されている。天慶年間(九三八〜九四七)の兵乱ごろから賀茂神社(『本朝世紀』天慶元年五月に神宝・走馬を用意して祈申することになっていたが、内裏触穢のため遅延し、十月末に神宝を造備して十一月三日宣命がある)・祇園社(『本朝世紀』天慶五年六月二十一日主上御祈によって東遊・走馬を奉る)などで顕著にみられるようになる。その特徴は、予め天皇の御前で殿上人を祭使と定め、発遣に際して天皇の御禊・奉拝があり、神前に神宝・走馬・東遊を奉納する。これらの饗膳は内蔵寮・穀倉院が準備する。

かつて拙論において、神社行幸の成立を考察したなかで、(5) 神社行幸は賀茂臨時祭・石清水臨時祭などの天皇臨時祭をもとに、天皇自身が神社神域まで参詣する丁重な形式に拡大したものと定義した。この理解で基本的に誤りはないが、それは十分な説明ではなかった。臨時祭は奉幣と走馬・東遊が中心となり、神宝については、例外を除いては奉献しない。しかし、神社行幸は、仁平元年(一一五一)賀茂行幸の宣命に、(6)

故是以吉日良辰乎択定弖、金銀乃大幣爾種々乃御宝・御馬・幷音楽・走馬・東遊等乎相並弖、唱進利行幸志給布、

とあり、御幣と「種々乃御宝」の奉献が記され、その具体的な神宝の中味は、久安五年(一一四九)松尾行幸の宣命に、(7)

故是以吉日良辰を択定天、金銀乃御幣仁、御弓・御箭・御釼・御桙・御鏡・御装束・玉珮・錦蓋等乃種々乃御宝乎、潔久妙仁調篚天、音楽・走馬・東遊等乎相並天、唱進利行幸し給ふ、

とあり、御幣・神宝・走馬・東遊がセットになって出てくる。神社行幸は天皇祭祀制において、最も丁重な儀礼であることは確かといえる。走馬・東遊の奉納を中心とする、臨時祭の形式に加えて、正しくは、これに神宝奉献を組み入れた形態が神社行幸であったとすべきであった。

十六社・二十二社・祈年穀奉幣	奉幣
宇佐使・大神宝使	奉幣・神宝
賀茂・石清水臨時祭	奉幣　　　走馬・東遊
神社行幸	奉幣・神宝・走馬・東遊

中央と地方特定神社とをつなぐ祭祀制度は、宇多朝の仁和四年（八八八）に一代一度の大神宝使制が始まる。祭使には殿上人・諸大夫・蔵人所衆が担当し、その対象社は、「大」の神宝である鏡筥・幣筥・錦蓋・麻桶・線柱・玉佩・御釼・御弓・鉾・箭・幣串が奉献される伊勢・宇佐・石清水・賀茂・日前国懸の五所をはじめ、あわせて五〇の神社に神宝が奉られた。(8)

平安前期の天皇祭祀制において、神宝奉献儀礼は、伊勢遷宮のほか、即位時の宇佐使・大神宝使制の、臨時の天皇「御願」祭祀として定着する。この神宝奉献に走馬・東遊奉納儀礼である特定神社への臨時祭の形態を統合した神社行幸が、兵乱平定の報賽として天慶四年に賀茂社への行幸として成立する。九世紀末・十世紀の臨時祭（賀茂・石清水・平野・祇園）と、中央から地方神祇へ奉献する大神宝制の定着は、諸国の国司祭祀制に影響を与えることになる。

二　国司（国守）祭祀と臨時祭

国司（国守）の国内地方神祇との関係は、平安初期以降深められていく。(9) 平安期の国家的神祇体制は、中央直轄形式と国司委任形式との二系統から構成されている。中央の公家（天皇）祭祀は、恒例（毎年）の公祭、賀茂・石清水などの臨時祭と臨時の十六社（および二十二社）奉幣制・神社行幸が制度的完成をみる。しかし、これら諸祭儀は朝廷近接の特定神社を対象としたもので、こののち中世末期まで展開する二十二社制も、京都朝廷による地域を限定した自己完結的に機能した祭祀体制であった。

一方、国司の神祇行政について、延暦十七年（七九八）に祈年祭班幣制は、対象神社が官幣・国幣の二種に区別され、国幣社は国司の管轄に属した。律令祭祀制の根幹にある官社制は、このときに二系統の体系に区分され、諸国の国司祭祀制が始まる。その後の弘仁年間（八一〇～八二四）から、中央朝廷による名神遣使奉幣とともに、地方国司委任の名神奉幣が増加する。この中央直轄形式が醍醐朝以降、十六社制へと展開する。また承和年間（八三四～八四八）以後、国司申請の神階奉授が増加する。これは国司の裁量による「借位」が、神階制の地方への展開に拍車をかけ、国内神祇の序列化が進み、「神階帳」（国内神名帳）の作成・整備が行われたと推定される。貞観年間（八五九～八七七）になると、国司による神祇行政と神職の統制が強化された。これは地方神祇の祟りは天皇に及ぶものとされ、神祇を管轄する国司・神職に神祇尊崇が強く求められたことによる。

諸国の国司による地方神祇祭祀制の形態が整うとともに、宇多朝の仁和・寛平年間（八八五～八九八）に入ると新たな祭祀制が中央と地方とを結んで展開する。天皇毎朝神拝、賀茂臨時祭の創始などとともに、一代一度大神宝使の制が大嘗祭を前にした仁和四年十一月に始まる。代替わりごとに大神宝を奉献した対象神社は、伊勢・宇佐・香椎をはじめ五畿七道の、あわせて五〇社をいう。この五〇社には二十二社が一三所入っており、のちに国ごとに置かれた一宮に三〇所が列している。その多くは、国内最高位の神階を得ており、地域ごとの優勢な神々が選定されている。こうして九世紀末に形成された大神宝使の制は、のちの諸国一宮制とも深く関わってくる。

平安初期の国司祭祀制は、官社国幣制・名神奉幣制・神社神階制のような確たる制度として運用されているが、次の十世紀後半に初見できるようになる国司初任神拝は慣行的儀礼として定着していった。水谷類[10]はその初見事例として、駿河国・越前国の二例を紹介している。

その一の、十世紀末に成立の平兼盛和歌集『兼盛集』（『群書類従』十四輯）には、天元二年（九七九）駿河守に就任後の任国下向に際して、富士浅間神社（のちの駿河国一宮）に神拝し、その神域にある湧玉池について詠み、臨時祭の斎行を果たしている。

　駿河の守にて神はいして帰るに、いそのほとりを行とて
みさこゐるあら磯に立波なれは　たいらけく社我国はあれ

（中略）

駿河にふしといふ所の池には、いろいろなるたまなんわくといふ、それにりんしの祭しける日、よみてうたはする

使ふへきかすにをとゝむ浅間なる　みたらし河の底にわく玉

その二は、越前国守藤原景康は天元四年に「去三月八日入レ境、同九日始奉二幣彼太神宮一次、依レ例奉二件寺一」[11]とあり、越前国に入境ののち、翌日には気比神社へ国司初任神拝を遂げている。その際、気比神宮寺へも詣でており、こ

れが「例」とされていることから、十世紀以前の段階で、越前国府の入府にあたり、気比神社と神宮寺への参拝が慣例の行事とされていた。この二例から水谷類は「少なくとも十世紀の末頃には、国司による公務としての初任神拝が実施されていた」、「国司や国衙在庁による一宮祭祀の先行的形態がこのように十世紀末にすでに見られるとすれば、一宮の呼称こそないながらも、一宮制成立を十一世紀とするこれまでの見解は、大幅に修正されねばならないであろう」[12]と指摘した。これは一宮制研究史において、重要な提言であったといえる。しかし、当時水谷説への支持は必ずしも多くはなかった。国司初任神拝の慣行的運用の開始期をもって、一宮制のはじまりとするならば、十世紀にその成立期が求められ、十六社奉幣制の成立展開とも相応する事象とされようが、必ずしもそのような結論には至っていない。一宮制において、国司初任神拝はその必要要件の重要な一つではあるが、後述する国司（国守）に対応する国衙在庁側と社家の動向の、双方向的諸関係のなかで、国衙祭祀と一宮が位置づけられることになる。

国司初任神拝において用いられた祝詞（告文）はほとんど遺されていないが、『三十五文集』[13]に元永二年（一一一九）丹波国出雲神社の事例が載せられている。国守藤原家保は元永元年但馬守から丹波守に転じ、翌年九月十三日丹波国に入り、国府に着くと官鑰を受領し、十六日に出雲神社へ国司初任神拝を行った。

国内国土は国司の統轄責任にかかり、初任神拝は国内の神祇に国司就任の承認を求める作法で、これは平安京に宮都を置く天皇が在地神祇である賀茂社へ承認と王城鎮護を求める対応と類似する内容といえる。

維元永二年己亥九月十六日己未、吉日良辰択定天、掛も畏キ、当国鎮守正一位出雲両所大明神宇豆広前仁、国司正四位下行藤原朝臣家保、恐美恐毛令レ申事由波、去年十一月廿九日、但馬国与利当国仁遷任、今月十三日入レ境著レ府、即官鑰乎受領、任州天種々御神宝物乎調作天、今日御神拝乎行布、其修二宝物一、弓二張・箭四筋・鉾二柄・飾剣二腰・鈴二口・八寸御鏡二面・錦蓋二枚・多々利二本・麻桶二口・仏舎利塔二基・玉幡一流・竜頭一茎・金御幣二捧・銀御幣二捧・錦御幣二捧・綾御幣二捧・五色御幣二捧・御馬二疋見・尺御鏡一面・納平文筥一合・舎利二粒・瑠璃壷二口・居料演花壹二本・御唐車一両・御車牛一頭　車副二人・木像馬二疋・同竟馬五番・東遊儛人十人・同倍従五人・絵十烈一枚・白妙御幣二捧、造飾利整具シ天令レ奉レ供牟、（以下略）

天皇から地方特定神祇へ神宝を奉献する儀礼は、一代一度大神宝使と天皇による特定神祇への神社行幸にそれが顕著である。そして、諸国における国司初任神拝にも、神宝の奉献がある。神への奉献品、神宝（若狭国『詔戸次第』には「神拝御財物」）には、次のような品々が用意された。

◇弓・箭・鉾・餝剣・鈴・鏡・錦蓋・多々利・麻桶・仏舎利塔・玉幡・竜頭・金御幣・銀御幣・錦御幣・綾御幣・五色御幣・御馬（『三十五文集』）

◇弓・箭・太刀・鉾・鈴・鏡・衣蓋・金御幣・銀御幣・白妙御幣・神馬（『詔戸次第』）

十世紀には国守が初任神拝のため国内の最有力神祇（国内鎮守・国鎮守）へ奉幣と神宝奉献、神馬・東遊の奉納を行う慣行的儀礼が定着する。奉献する品々は、「件神宝、或於レ京儲之、或於レ国調之者、且進二上勘文一」(14)とあり、神宝は都において用意する品と赴任国の在地で調達する品とがある。

国司初任神拝の基本史料である『時範記』によると、因幡守平時範は承徳三年（一〇九九）二月任国に赴き、初任神拝を遂げている。二月九日都を出発、六日目の十五日因幡国に入国し境迎があり、時範は神宝を先頭に行列を組み、国府に向かう。その夜、惣社西舎に入り、官鑰を受領した後、国庁において、介伊福部久経（宇倍宮の社司を兼ねる）に神拝のことを命じ、饗膳を頂戴する。ついで目代保清に勧農のことを命じ、子の刻には、神宝を造ることを始め、宇倍宮へ奉納の神馬の潔斎を終えてから就寝した。初任神拝は神宝等の造進を経て十一日後の二十六日に実施された。

国守にとって神宝の調製は特別の事項とされている。京で調製される神宝は、中央の権威と霊気をもたらすものとされた。在地で調製される神宝は、入府後、直ちに神宝・神馬の準備をすべてに優先させている。入府当日の就寝する以前に、神宝の調製作業が始められており、この方は在地側の承認と意向に基づく神宝奉献の性質をもっていたと考えられる。ここには中央と在地との、双方の祈願・意向が込められていた。

国守の在国中の儀礼において、神宝調製と神拝、国務始の執行とともに、饗膳の作法が重要である。時範は入府すると、供給（タテマツリモノ）の饗饌を頂戴した。(15)これは三日厨といい、慣習では三日間にわたって饗膳が供給されることになるが、時範は在庁側の負担を考慮して二日・三日目の饗膳は省略させている。その作法に形骸化の傾向もあったが、京から下ってくる国守は、遠来の客人マレビトであり、在庁・国側は賓客をもてなす作法をもって対応した。京で調製された神宝を捧持し、下向してくる国守は、富の「気」をもたらす神的存在（祭祀権者）として意識された。

国守時範が三月二十七日の出国までの、わずか一ヵ月半の期間に宇倍宮へ神社参詣したのは、自身が◎の三度、代参（目代・在庁官人）が○の三度の、あわせて六度であった。

二月二十六日　◎国司初任神拝〈幣帛・神宝・神馬〉時範参詣
　　宇倍宮・坂本社・三島社・賀露社・服社・美歎社の六社巡拝
　　十列（走馬）には書生を乗尻とする、遠社に館侍一〇人を派遣
三月一日　○朔幣（惣社・宇倍宮）目代保清の代参
三月三日　◎宇倍宮　奉幣・告文（利田起請の趣を載せる）時範参詣　国務始の翌日
三月六日　○宇倍宮　百座仁王会〈仏事〉在庁官人監臨・館侍参仕
三月十三日　宇倍宮　大般若経転読〈仏事〉僧侶に委託

三月十五日　○宇倍宮　春臨時祭　時範所労により不参、目代保清の代参
三月二十六日　◎宇倍宮　奉幣　時範参詣、帰国報告

時範はわずかの期間に、七度の神事・仏事を執行している。国司初任神拝は一度のことで、これには御幣・神宝・神馬・東遊が奉納されたが、これ以外にも、臨時の祭祀が執り行われた。三月十五日は石清水臨時祭当日にあたり、この日時にあわせて宇倍宮春の臨時祭が設定されている。「臨時祭」とは、文字どおり臨時の祭であるが、中央朝廷では宇多朝の寛平元年の賀茂臨時祭開始以降、新たに朝廷が行う年中行事に加えられた、賀茂のほか石清水臨時祭・平野臨時祭・祇園臨時祭など有力神社の臨時祭がある。内裏より宣命を持った祭使が派遣され、御幣・東遊・走馬が奉納される。この祭儀に先立ち、天皇による御禊・御幣奉拝・歌舞御覧が行われる。祭祀の執行にあたっては、毎回宣旨が出され、恒例となっても臨時の形式により執り行われたため一貫して「臨時祭」と呼ばれた。その祭祀は天皇祭祀権に関わる専権事項に属した天皇直轄の公家臨時祭にほかならない。

この形式が国司祭祀にも準用された。国司が任国の有力神祇に対して、臨時の祭祀を執行している事例は多い。国司臨時祭は国司の国内公的祭祀として重視された。先述の十世紀末に成立した『兼盛集』に見える駿河国浅間神社「りんしの祭しける日」とあるのをはじめ、国司主宰の国内神祇に対する祈雨・年穀祈願など臨時の祭祀は、国司行政の原点に立つものといえる。国司臨時祭は天皇臨時祭に倣う形式であったとすれば、その儀式内容において、走馬・東遊の奉納が行われた可能性は高い。

諸国では神宝奉献儀礼が、独自の国衙祭祀として地方展開を遂げていく。豊前国宇佐八幡の八月十五日放生会には銅鏡奉納儀礼が行われてきた。このことから八幡神は古く産銅神・金属神であるとする学説の根拠になってきたが、現在ではこの説は否定されている(16)。銅との関係が明確になるのは、九世紀後半以後の香春岳採銅、官営事業の推進に

よる。ここで採銅され調製された銅鏡三面が国司より官幣とともに奉る儀礼は、平安前期以前には遡りえないのであり、国衙の祭使が派遣される豊前国衙の祭祀として行われている。

長門国一宮住吉神社・二宮忌宮神社の御斎祭は、[17]忌籠りを中心とした新年を迎える古い形式を遺す祭祀であるが、これには国衙より調製・供出される御衣・神宝の奉献が行われる。この国衙祭祀の遺制と思われる御斎祭の御衣・神宝奉献について、一宮は「勅使遺法」、二宮は「勅使参向」と呼んでいる。文明十三年（一四八一）の「長州八社五堂御神事国衙衆出仕注文」（『忌宮神社文書』）には、「一宮江御衣送之　勅使権介、二宮江御衣送之　勅使大夫介」とあり、その「勅使」は長門国衙より出された。中世後期以後、惣社より両社へ勅使として武久家が参向することを例としたが、この武久家は、長門国衙に関わり守護代となる永富（富永）氏の後裔とされており、一宮・二宮の恒例祭が国衙祭祀として機能し、その後現在までその「遺法」として伝来している事例である。

三　東遊の奉納

一宮祭祀において、競馬・流鏑馬など馬行事と舞楽の芸能奉納が二本柱になっているが、この本源には、天皇祭祀に基づく神馬・走馬と東遊の儀礼が存在していると考えられる。[18]次に東遊の奉納儀礼の伝播を通して考察していく。

中央宮廷において騎射・駒牽などの儀礼に東遊が行われるとともに、中央特定諸社の神祇に対する東遊の奉納は、天皇祭祀のなかで重要な意味をもっており、地方国司祭祀のなかにも、その影響は及んでいる。

東遊[19]は東国の風俗歌舞を基にしたもので、和琴・笛・笙・篳篥・拍子の伴奏により、序曲の一歌と二歌、駿河歌、求子歌、大比礼（片下）の五曲からなる。本来は東国から天皇への服属の儀式であり、主に天皇の管轄に所属する儀礼とされた。東遊は天皇祭祀に深く関わり、賀茂臨時祭をはじめ、神社臨時祭や神社行幸などに神々の前で奉納されるようになる。それは天皇が神祇を尊重し服従する態度を示すものと理解される。

天平宝字七年（七六三）正月、朝堂における饗において「東国」「隼人」の楽などが奏され（『続日本紀』）、また天長五年（八二八）十二月、侍臣への賜宴において近衛により「東国之歌」（『日本紀略』）が奏されているのが、東舞・東遊の源流と推定されている。貞観三年（八六一）三月、東大寺仏会に近衛二〇人が「東舞」（『日本三代実録』）を奉奏しており、また、貞観年中に撰述の『儀式』春日祭条には「近衛少将率二近衛等一入而東舞」、大原野祭条には「近衛等供二東儛一」などとあることから、この春日系の両祭に奉納され、九世紀代までは「東舞」と呼ばれていた。東遊と記された初出は、『日本紀略』天慶五年（九四二）六月二十一日条の「奉二東遊走馬十列於祇園社一、依二東西賊乱御賽一也」からである。

寛平元年（八八九）十一月、宇多天皇は創始した賀茂臨時祭に「東舞」を奉納した。『宇多天皇御記』には、「習二東舞一、而選二近衛府官人之中一、堪二歌曲一者十五人為二陪従一」とある。延喜二十年（九二〇）十一月の賀茂臨時祭では、「勅定」により、東遊の詞章と音楽形式が定められた（鍋島家本「東遊歌」）。石清水臨時祭、そして寛和元年（九八五）平野臨時祭が恒例神事として創始され、ここにも東遊が奉納されている（『江家次第』平野祭条「自二寛和年中一、被レ奉二東遊使一」）。東舞・東遊の神祇への奉納は、春日祭・大原野祭の恒例祭をはじまりに、賀茂社・石清水社・平野社の臨時祭へと拡がり、さらに諸社への神社行幸へと定着していく。このほかに、上皇・中宮や摂関家による奉納もわずかに所見できるが、基本はやはり天皇祭祀権に基づき、殿上人・侍臣、近衛ら衛府官人を遣わす制度として展開している。

中央朝廷を核に、東遊は奉納されているが、地方への展開はその数が少なく、初出例も遅れて出てくる。応徳三年

（一〇八六）奏覧の勅撰集『後拾遺和歌集』（『新編 国歌大観』一）に、

式部大輔資業、伊予守にて侍りける時、かのくにみしま明神に、あづまあそびしてたてまつりけるによめる、　能因法師

うどはまにあまのはごろもむかしきて　ふりけんそでやけふのはふりこ

とあり、勅撰集に先立って能因の自撰家集である『能因法師集』下（『新編 国歌大観』三）に、「あづまあそびを見て」と題して、同歌を収めているのが早い例である。

能因は長暦四年（一〇四〇）伊予国守に任命された藤原資業に伴われて伊予国に下向し、翌長久二年（一〇四一）夏（四月カ）、伊予国の三嶋明神（大山祇神社）に参詣して降雨祈願を行い、東遊を見て歌を詠んでいる。能因と藤原資業とは、生年が同じ永延二年（九八八）であり、同年代に生きている。ともに文章生を経験しており、高陽院水閣歌合をはじめとする歌合にも同席し、個人的にも親しい間柄であった。資業が国守として伊予国に下向するのにあたり、能因を同行していった。能因の見た「あづまあそび」は、伊予国司が大山祇神社に奉納した国司神拝・臨時祭のものと推定される。

能因の「うどはまにあまのはごろもむかしきて」は、東遊一具のうち、駿河舞の歌詞「や　有度浜に　駿河なる有度浜に　打ち寄する浪は　七草の妹　ことこそ良し」[20]以下の部分に応じた内容であり、駿河国有度浜（三保松原付近の海岸）のことを指している。駿河舞の歌詞は地名を織り込んだ風俗歌の趣をもち、天人舞として知られていた。

鎌倉後期、狛朝葛の撰になる『続教訓抄』十一には、

駿河ウドハマニ、天人ノオリテマヘリシコトナリ、アヅマアソビトテ、イマニアルハコレナリ、……駿河国宇戸浜ニ天人アマクダリテ、歌舞シタマヒケレバ、……今ノ東遊トテ、公家ニモ諸社ノ行幸ニハ、カナラズコレヲ用

ヰサセラル、神明コトニ御納受アルユエナリ、

と、楽人の家に伝承されてきた。つぎに東舞の奉納が史料から確認できる地方の諸社の事例を列記しておく。

〔摂津国　住吉神社〕「住吉太神宮諸神事之次第記録」（『続群書類従』二下、『神道大系　神社編　河内・和泉・摂津国』）は津守棟国が文永年間（一二六四〜七五）に編輯したものとされる。「国」「国方」とあるので国衙より東遊が出されている。

・二月五日「国御祭」　在庁が参加、「国方東遊畢、国司饗」とある。

・四月「卯日御祭」　在庁が参加、「国以下東遊畢、退出、惣官着国司饗」とある。

・六月晦日「荒和御祓」「神宝等奉納、次東遊、馬長・田楽等遊也」とある。

・九月十三日「国東遊、近年無之」とある。

・十一月巳日「後宴饗膳行也」「東遊陪従、宝蔵前列立、東遊舞也」

〔若狭国　若狭彦神社〕　鎌倉期の若狭国衙祭祀の祝詞を収める「詔戸次第」に、恒例祭祀と国司神拝に際して東遊が奉納されている。

・建暦二年（一二一二）正月二日国司神拝の詔戸に「白妙ノ御幣・種々ノ御財物・十蓮・東遊」とある。

・建長七年（一二五五）二月十日上下宮恒例御祭詔戸に「白妙御幣・御供・御酒・十列・東遊」とある。

国司神拝のほか、若狭彦・若狭姫神社の恒例祭にも東遊が奉納されている。文永二年「若狭国惣田数帳」に、職掌人給五町四反として「舞人十人　分田三町、倍（陪）従八人　分田二町四反」が書き上げられているのが、東遊の人給田にあたると思われる。

〔丹波国　出雲神社〕　元永二年（一一一九）丹波守藤原家保の国司初任神拝の告文に、神宝とともに「東遊儛人十

人・同倍（陪）従五人」（前掲『三十五文集』）とある。初任神拝に奉納された。

〔出雲国　杵築大社〕「杵築大社造営遷宮旧記注進」（北島家文書）には、保延七年（一一四一）から久安元年（一一四五）の間に、遷宮関係の儀式に「東舞」「東遊歌舞」「東遊」「東遊舞」の奉納がある。「建長元年造宮所注進」（出雲大社所蔵）に見える宝治二年（一二四八）杵築大社遷宮において、「東遊舞人十人内、在庁八人・書生二人」、「加陪従六人内、在庁二人、書生二人、国掌二人」とあり、人名が記されている。在庁官人の子弟が担当している。

〔安芸国　厳島神社〕　寛喜四年（一二三二）「伊都岐島社御戸開節会式目注進状案」（『神道大系　神社編　厳島』）三月十五日の「伝供次第」には、「東遊舞人十人、同両社勤之、倍（陪）従十三人、各着　小忌」とある。永禄六年（一五六三）「厳島内外宮社役神事次第」（同前）の「内宮年中社役神事」では、九月十二日の「集来（習礼のこと）御供」（新嘗供）で「東遊庭火在之」とある。

「外宮年中神事祭田之事」では、

・元日廻御供田「東遊在之」とある。
・五月三日（外宮御祭）「東遊　旅所」とある。
・九月三日「舞御旅所にて、東遊、竜王、納曽利」とある。
・九月七日「御供五段」「東遊」とある。
・九月九日「出立御供五段」「於本宮東遊（以下略）」とある。
・十月一日「御供廻、御供田九段小之内、雑掌徳分、東遊在」（十一月一日も「同前」）とある。
・十二月一日「御供、徳分、雑掌徳分、舞東遊在之」とある。

〔伊予国　大山祇神社〕　能因の自撰家集である『能因法師集』下、勅撰集『後拾遺和歌集』に「あづまあそび」とある。伊予守藤原資業が奉納したもの。建長七年「伊予国神社仏閣等免田注進状写」（国分寺文書）には、臨時田の「楽人舞人六丁」のうち「東舞一丁」、「楽所三十九丁三百歩」のうち「東舞三丁七反大」の免田が用意されている。楽所には東舞のほか、曲舞・納曽利・陵王・鳥舞など舞楽の分もあり、これらが国衙祭祀のための奉納に用いられた。

（豊前国　宇佐八幡宮）鎌倉末期の注進とされる「宇佐宮寺年中行事一具勤行次第」（『神道大系　神社編　宇佐』）に、正月十三日「宮寺心経会」「舞楽・東遊舞・十烈等」とある。「宇佐宮斎会式」（『神道大系　神社編　宇佐』）は享徳四年（一四五五）到津公弘の編纂によるもので、次のように記す。

・三月二日「石塔会式」「大宮司率東遊舞人幷検非違使等下向」とある。
・十月一日「御更衣事」「伶人幷東遊舞人、号十烈」とある。

（豊後国　柞原八幡宮）正慶元年（一三三二）正月の「豊後国由原宮年中行事次第」（『鎌倉遺文』三一六六一号、柞原八幡宮文書）に、恒例祭への東遊奉納が記されている。

・三月四日「朔幣国司奉幣也、宮師同前也、十烈東舞、在庁役」とある。
・八月十四日「御行幸、次第同五月会」「舞楽、蝶鳥、馬長、村　十烈、東舞、相撲五番、国衙役」とある。
・八月十五日「舞楽、蝶鳥舞、東舞、十烈、師子、竜頭、国衙役、相撲十番、国衙沙汰郷々役」とある。

このほか、『為房卿記』寛治五年（一〇九一）七月八日条の「白山御斎会、未明解除、令ㇾ奉二東遊一、□□馬以ㇾ用ㇾ代為ㇾ使」は、加賀国守の白山社への神拝と推定される。

諸国における東遊の事例は、国司によって国司初任神拝をはじめ臨時祭の奉納儀礼として持ち込まれ、ついで神社の恒例祭祀に導入された。その早い例は、長久二年ごろの伊予国大山祇神社を初見とし、摂津・若狭・加賀・丹波・出雲・安芸・豊前・豊後の諸国に展開している。国司神拝では、伊予・若狭・丹波に奉納されている。史料的限界はあるが、国司神拝には他国でも多く東遊が奉納されていたと考えて誤りはなかろう。諸社の恒例祭祀に斎行されているのは、摂津・出雲・安芸・豊前・豊後など、地方の大社と八幡系の諸社である。東遊は諸国の国衙が関与し、国衙より奉納される儀礼であり、その舞人は在庁官人か、その子弟から選ばれ編成されている。それは国司、さらに中央朝廷につながる体系のなかに認識されていたものであろう。しかし、その事例は西国地方を中心としており、諸国すべての国衙祭祀として展開していったか否かは確認できない。

鎌倉幕府の鎌倉殿将軍祭祀は鶴岡八幡宮を中心に展開する。鶴岡の恒例年中祭祀のなかで、将軍祭祀とされるのは、正月元旦の朔旦奉幣、放生会とともに、文治・建久年間（一一八五〜九九）には三月三日・四月三日・五月五日・九月九日の日時に舞楽・流鏑馬・相撲を奉納する将軍臨時祭が開始する。鶴岡将軍臨時祭は直轄祭祀とされる天皇臨時祭・国司臨時祭に倣うものであったと考えてよい。この将軍家祭祀に関わって、鶴岡に舞楽がしばしば奉納されながら、天皇祭祀に深いつながりをもつ東遊が受け容れられていないことは注意してよい。東国、鎌倉幕府において東遊が受容されなかったのは、天皇祭祀権に関わるとともに、その第一の理由は、東遊が東国から中央に向けての服属儀礼であるという点にあるのだろう。また、国司神拝の主要儀礼である東遊が、国衙祭祀として東国の一宮に普及・定着をしていないことは、一宮制が中央に直結・一貫した祭祀体系として確立していなかったことの一つの証左になる。

四　在庁・国人の祭祀振興

一宮制は国司初任神拝制を必要要件としながらも、在庁官人・国人の積極的な祭祀関与が重要な視点となる。一宮祭祀は国衙方と社家方との共催で斎行されることを例としている。

尾張守大江匡衡は長保三年（一〇〇一）熱田宮に神拝して臨時祭を営んだ。翌四年にも「大江匡衡熱田宮祭文」に「今仰㆓熱田之冥助㆒、去年神拝之次、依㆓代々之例㆒、已奉㆓臨時祭㆒、近日京上以前、致㆓懇々誠㆒、又奉㆓臨時祭㆒」（『朝野群載』三）とあるとおり、上京を前に再び十二月に臨時祭を斎行した(21)。

この間、長保四年の春、匡衡は妻赤染衛門を伴って、真清田神社（のちの尾張一宮）に詣でた。

〔史料①　尾張国　真清田神社〕『赤染衛門集』（『群書類従』十五輯）には、

そのころ国人はらたつことありて、田もつくらし、たねとりあけほしてんといふときゝて、またますたのみ社といふところにまうてたりしに神にまうさせし、

賤の男のたねほすといふ春の田を　作りますたの神に任せん

かくてのち田みなつくりてきとそ

と尾張国内では国人の不満から国司と国人との間で緊張関係が続き、農作業は停滞していた。農作業を拒否する国人たちとの融和を神に祈った結果、再び田作りが始まったという。

〔史料②　美作国　高野神社(22)〕また十世紀末、美作国の国守に任命された父源国盛に従った娘（源経信の母）の和歌集『経信卿母集』（『群書類従』十五輯）には、美作の「うなての社」（のちの二宮高野神社）が国守による国内祈雨祈願のための特別の神祇として崇敬されている。日照りのため田植えが困難になり、国人たち民の憂いを感じた国守の対応が見て取れる。

ち、朝臣、美作守にてくたり侍りしとき、くしたりけるに、かのくにゝて、日いたうてり、日をへてあめふらす、いかて田うへむとてたみうれへ侍しに、うなての社にかくらへいゆはし、さまさまいのりして、あめをこひ侍しに、……俄に空くらかり、あめしきりにくたりしかは、たちこみつる人、笠もとりあへすぬれにけり、あめ四日

つゞき、たみよろこひをなしけりと、父の朝臣も日記にしるしをかれけり、

〔史料③　伊予国　大山祇神社〕　長久二年（一〇四一）国守資業に随行し、伊予国の「霊社」（大山祇神社、のちの一宮）に参詣し、降雨祈願を行った能因は、その自撰集『能因法師集』下（『新編 国歌大観』三）に、和歌一首を載せている。

長久二年之夏、有㆓天旱㆒無㆓降雨㆒、仍詠㆓和歌㆒献㆓霊社㆒、有㆓神感㆒、廻施㆓甘雨㆒一昼夜、

あまの川なはしろ水にせきくだせ　あまくだりますかみならばかみ

右の能因の歌は、白河法皇の命を承けて源俊頼が撰者となった勅撰和歌集、八代集の一つ『金葉和歌集』（天治元年〈一一二四〉初度本、『新編 国歌大観』一）に収録されている。

範国朝臣にくして、伊予のくにゝまかりたりけるに、正月より三月まて、雨のふらさりけれは、苗代なとえせて、よろつに祈けれと、かなはて能因に歌よみて、一宮にまいらせて祈れと申けれは、まいりていのり申ける歌、

天河苗代水にせきくたせ　あまくたります神ならはかみ

神感ありて三日三夜大雨ふりてやますと家集に見えたり

ただし、ここでは国守藤原資業を平範国に誤っている。また、中央においても大山祇神社を「一宮」と称していることは注目される。史料①②③の和歌集によると、国守らは農耕に関わる降雨の状況に対して、きわめて敏感であり、国人たちの意向を汲んで、国守主宰の臨時祭を執り行っており、国守は国内神祇を特定して、臨時の農耕・祈雨など祈願・祈禱を重ねていく。それは、神事に限定されず、さらに僧侶を請い、仏教法会を営むことも増えていく。

国守は常時、任国に在住はせず、目代を派遣し、留守所を設けることが一般的であった。留守所が置かれたことを確認できる早い例は、丹波国の留守所である。

『左経記』の記主、丹波守源経頼は万寿二年（一〇二五）、日照りを憂い豊作祈願の仏会読経を丹波出雲神社（のちの一宮）で行うことを、「炎旱日久、農業可レ損之由間事聞、仍自二明日一、以二九口僧一、於二出雲御社一、可レ修二不断大般若読経一之由、遣レ仰二留守所一、又自レ国上洛下人云、昨日暮立二快下一、田畠豊潤者、弥可レ祈二年穀一之由、重又遣レ仰二留守所一之」[23]と留守所を通して命じている。これを受けて、国内神社において、国衙在庁が関わって神事・仏会が執行されていった。諸国における国人たちの不穏を察知した国守の対応によって、神事・法会が執行されており、こうした事例は一宮制が成立するとされる十二世紀初頭に多く見出されるようになる。

〔史料④　因幡国　宇倍神社〕『時範記』承徳三年（一〇九九）三月六日条

今日於二宇倍宮一令レ修二百座仁王会一、是則依二世間不閑一也、新図二百仏像一、写二百経巻一、令二在庁官人等監臨一、

〔史料⑤　因幡国　宇倍神社〕『中右記』元永二年（一一一九）七月三日条

侍従宗成為レ令レ下二向因幡国一、今日酉刻、於二此中御門亭一出レ門、……是九箇年間、未レ令二下向一、猶有レ恐之由、国人申合云々、仍為レ参二向彼国一宮一、俄所レ令二下向一也、初任神拝ハ先日皆遂了、於レ今者臨時祭為レ令レ行、且又令二下向一也、臨二任終一秋初下向、衆人有レ不レ受レ気、仍先日以二陰陽師三人一令二卜筮一処皆吉也、偏付二卜筮一令二下向一也、

同七月十四日条

暁、因幡守宗成令二下向一、是九箇年未二下向一也、於二神拝一者、先日以二目代一令レ遂了、然而一度未レ参二一宮一、是有レ恐之故也、仍俄令二下向一也、

〔史料⑥　美濃国　南宮神社〕『今昔物語集』巻二十「比叡山僧心懐、依嫉妬感現報語」

其国ニ大疫発テ病死スル者多カリ、国人等此レヲ歎テ、守ノ京ニ有ル間ニ申上シテ、国人皆心ヲ一ニシテ南宮ト

申ス社ノ前ニシテ百座ノ仁王講ヲ可レ行キ事ヲ始ム、経ニ被レ説タルガ如ク、力ヲ尽シテ厳シク大会ヲ儲ク、必ズ其験可レ有ク、国人共皆憑タリ、一人トシテ志ヲ不レ運ザル者無シ、

史料④は世間不穏の様相を察知した時範が、「在庁官人等」をして仏教法会を催させている。史料④から二〇年後、同じ因幡国宇倍神社へ神拝が行われた。史料⑤は、一宮史料としては第一級である。国司神拝に対する国衙在庁以下の対応がよく語られている。因幡守になる藤原宗成の父宗忠の日記によれば、宗成は因幡守となる天永二年（一一一一）七月から八年にわたり、任国に赴くことなく、神拝を果たしていなかった。因幡の国人らはこのことに神の祟りによる「恐」の起きることを心配し不満を抱いた。そこで国守宗成は急遽因幡に下向することになる。初任神拝については、目代に代参させてあるので、今回は臨時祭の執行を目的にするものであったが、任期の最終に行うことに、国人ら国内の人々が不安を抱いたため、陰陽師の卜筮により吉が出たので下向した。国守の下向と神拝は天皇の御《み》言持《こともち》として、マレビトの来訪による在地神祇の神威を頂き、国内の安定をもたらす、必須の作法であると意識された。

国内の国人らの農耕不作、疫病流行などの不平不満が儀礼執行の前提になり、史料⑤「国人申合」とか、史料⑥「国人皆心ヲ一ニシテ」とか、共同して国守に対抗し意見具申ができる立場にあった。国守ら中央からの外来者に対して、彼らは、国衙在庁に寄生する留守所の官人たち、国に土着する在地の開発領主ら武士・土豪たちで、こうした「恐」を封じ神威の発顕を望む共同意識が在庁・国人を祭祀参加へ向かわせ、国ごとに多様性をもった一宮の成立の基盤となった。

五　国衙と祭祀職・社家

国衙と一宮・祭祀職との関係について、伊予国大山祇神社の、一国の具体事例を通して考察する。

古代伊予国において越智郡を中心に越智郡司として、その勢力を誇ってきたのが、越智氏一族である。越智氏ら郡司豪族層は平安中期には、国衙在庁に進出することで勢威の拡大に努めた。ところが、平安末期、十二世紀になると、越智氏との間に一定の系譜関係をもつ新興の郷司クラスの開発領主層、新居氏・高市氏・別宮氏および河野氏が台頭し、国衙の主導権を握り、在庁機構のなかに勢力を扶植していった[24]。

新居・別宮両氏の系譜『新居系図』[25]には、その一族が留守所に在庁官人として進出していった様子を系図の注記から知ることができる。それによると、断片的ではあるが、大山祇神社祭祀職の大祝の動向を窺うことができる。新居氏では新居大夫有俊の子息信兼（周布大夫・兄部）の注記に「三島大祝」とある。信兼の兄俊信の息、盛信の娘が河野通信の室になっているので、十二世紀半ばごろの人物と推定できる（「三島大祝系図」では「初周敷郡司信兼ト云」とあり、安兼にあてている）。

また、同じく『新居系図』に収める別宮氏の系図によると、「別宮」を称するようになるのは、成貞（別宮三郎）からである。成貞の兄、時家の項に「頼義御時也」とあるので、伊予守源頼義の在任した十一世紀後半のころかと思われる。別宮とは、大三島に鎮まる大山祇神社（三島社・三島明神）に対して、本土の国衙近くに置かれた「三島地御前」ともいう遥拝所、三島別宮のことを指す。鎌倉期には三島別宮は三島宮・八幡宮・惣社宮とともに、講経供料田の免田を多く配され、伊予国衙の崇敬を厚く受けていた（建長七年〈一二五五〉「伊予国社寺免田注文」[26]）。

十二世紀初頭ごろには、別宮氏は大山祇神社の祭祀に深く関わるようになる。別宮氏の系図によると、成貞の息、貞吉（祝大夫・別宮大夫）はその注記に「貞吉大祝職ヲ生譲ニス、而无二先例一、霜月御祭ニ不レ値、宵ノ御申ニ而逝去了」とある。永久五年（一一一七）越智宿禰貞吉は「伊予大掾」（『除目大成抄』）に任ぜられているが、この貞吉と同一人物とみる説[27]もあるが不詳。貞吉の第一子は吉遠（祝大夫）、第二子は兼平（三島大祝・井三郎大夫・号井祝）とあり、貞吉の譲りを得て三島大祝に就任している。平安後期の三島大祝の相伝は、かなり複雑な相承の経緯があったようである。吉遠の家系は、吉遠―吉孝（別宮六郎大夫）―吉重（別宮新大夫・改名頼孝・刑部丞・青木祝是也）とつづき、史料性に疑問が残る『三島大祝家系図』によると、別宮氏と三島大祝氏との婚姻・系譜関係が認められる。三島氏の安貞（高縄神社祭主。同社は河野氏本拠の鎮守であり、河野氏との関係が想定される）と別宮義遠（吉遠）の娘との間に安真（「三島別宮両所始祭礼之儀有之」とある）が生まれ、その孫安連の養子、安孝（刑部・前号青木刑部頼孝）は別宮義重（吉重）と同一人物かと推定され、または「実別宮義重子」（『三島大祝家系図』）とされる。三島大祝氏は新居氏・別宮氏との養子・婚姻関係を重ねながら、国衙内における河野氏の地位の向上・発展に乗じて、国衙祭祀に深く関わっていったと思われる。

平安末期、河野氏の動静が確実視できるのは、源頼朝挙兵以後の通清・通信父子の活動からである。反平家方として源頼朝の挙兵に参画したのは、「伊予国住人河野四郎越智通清[28]」である。彼はまた、「伊予国在庁川名大夫通清[29]」とみえ、国衙の在庁官人であったことが確認できる。子息通信も国衙のある越智郡で生まれ、在庁の新居盛信の女を妻とした（『新居系図』）。平安末期の源平争乱に際して、いちはやく河野氏が源氏に加担していったのは、伊予国内における新居氏・高市氏（高市盛義は「太上入道清盛烏帽子子」とあり、平家方に与同していた）との、国衙在庁における競合関係が存在していた。河野父子の源氏加担により、治承五年（一一八一）八月、河野氏の本拠を平氏方に攻められ、父河野通清は戦死する。その苦難を経て通信は勢力を挽回し、鎌倉幕府に地歩を築いた。通信は直接頼朝に臣従し、鎌倉に在住したが、建仁三年（一二〇三）鎌倉から伊予へ帰国するにあたり、将軍頼家から長年の奉公を労われ、伊予守護佐々木盛綱の支配を受けず、これまでどおり通信が近親郎従を指揮できる特別の待遇を認められた(30)。

伊予国内における河野氏の勢力を窺う史料として、元久二年（一二〇五）閏七月関東下知状（三島家文書）がある。この文書は形式・内容等に不審があり、偽文書とされているが、河野氏の勢力分布を推測する上で手がかりとなる。幕府は河野通信の勲功を賞し、伊予国御家人三二人は守護の沙汰を止め、通信の沙汰として御家人役を務めるようにとの御教書が下された。そこには別宮氏一族らとともに、「安時　三島大祝」の名が見え、三島大祝氏が鎌倉御家人として、河野氏の配下に属していた。源平合戦後の伊予国衙における河野氏の勢威拡大は、大山祇神社の国衙祭祀を担当する三島大祝氏と別宮氏との地位向上へとつながった。

鎌倉前期以前の大三島、大山祇神社、三島庄における三島大祝氏の在地活動を確認することはできない。三島大祝氏は大三島には住まず、神事ごとに渡海して勤務することになっていた。大祝氏が大三島の宮浦に邸宅を構えたのは、近世の延宝三年（一六七五）からである。国衙に近い越智郡内の高橋郷に居館をもち、ここが本貫地とされ、容易に神域の宮浦に入れなかったのは、大祝が外来者国衙側の役職とされていたことによろう。

貞治三年（一三六四）大祝安顕の記した「伊予国第一宮三島社大祝職幷八節供祭礼等記録(31)」には、大祝の職掌と大祝が大山祇神社の祭祀に関与した年中神事の八節供についての記録がある。同書は大山祇神社における国衙祭祀の史料とみられる。

・正月一日〜七日　御供・奉幣　大祝・六官神官

・三月三日　御供・奉幣

・四月十八日　御酒口始（二十日まで）
・四月二十二日　御戸開・宵祭　御供　大祝・上卿（国司代官）
・四月二十三日　国中第一神事　大祝・上卿（国司代官）
（二十六日まで諸神事）
・五月五日　御輿御幸　御供・舞楽・競馬・流鏑馬　大祝
・七月七日　風鎮祭　御供・奉幣
・八月二十二日　宵御申　奏楽・舞
・八月二十三日　放生会（五月に同じ）御供　上卿（国司代官）
・九月九日　御輿御幸（五月に同じ）
・十一月（四月に同じ）

以上の八節供の神事にあたって、その祭祀費用は「国衙寄附」の地から供出されている。ここに掲出された年中神事は、国衙関与の祭祀であり、大祝が祭祀を管轄した。四月・八月・十一月の祭祀には、上卿と呼ばれる国司代官が参向する。そのなかでも、四月（と十一月）二十三日の神事は、まさに国衙祭祀中の大祭といってよい。大祝が仕えて神殿三社の御戸開、御宝物を出入りののち、御供する。夜の宵祭では、神社内の国司御庁館屋において、大祝をして大明神に擬し、上卿（国司代官）が対座し、国衙の官人に問口をし、犯人を召し取り、除目の儀式が行われる。これを受けて翌日（二十四日）、上卿をはじめ国衙官人、氏長者・氏人（越智宿禰）らが参列して祭祀がある。

右の大祝・国衙関連史料に対して、これとは性格の異なる『臼杵三島神社記録』(32)がある。嘉禎元年（一二三五）までの大山祇神社の領家・預所・神主の改替についての次第を書き連ねたもので、領家知足院（藤原忠実）・三島地頭北条義時の名も見える。大山祇神社（三島庄）の荘園制的支配関係を知ることができる。ここに大祝の記載は保延二年（一一三六）条に「太祝ハ越智安平」とあるのみで、神主職の相伝記事が圧倒的に多い。

右の大山祇神社における二系列の展開は、井上寛司が論じている十一世紀末「各国衙では、神事用途免田の寄進や一国平均役による造営など、一宮の維持と経営を国家的義務として課されることとなった」が、「以後競って荘園制支配関係の中に身を投ずる一宮も増加した。建久二年に発せられた建久新制が、諸国一宮に関する基本方針を、「可令本社修造諸国一二宮及為宗霊社事」という形で提示したのも、当時荘園制支配の下にある諸国一宮が一般的であったのを踏まえてのことであったと推測される」(33)という、一宮制成立期の二系列の歴史的展開に符合する。また、安芸国厳島神社の祭祀は、正治元年（一一九九）厳島社政所が国衙に申請した同年の祭祀用の御供田は国衙領内の六三町三反があてられ、国衙財政に支えられるとともに（「新出厳島」二四号）、社領の荘園所済物をもって日御供料があてられており、一宮の神社の多くは国衙と神社独自の経済から成り立っていた(34)。

祭祀の意味・意義を、最も表明したのが祝詞（詔戸）である。その点で若狭彦神社の『詔戸次第』は、若狭の国衙と神社の祭祀内容をよく伝えている(35)。同書には若狭彦神社に関する二系統の日御供祝詞が収録されている。

一、日御供詔戸ハ料田ノ日御供ノ詔戸ハ国衙ヲ祈申也、詞ハ御祭ノ詔戸ニ同、（傍訓略、以下同じ）

一、領家ノ日御供ノ詔戸ハ

維建長七年歳次乙卯月日、令レ奉給白妙ノ御幣・御供・御酒依レ数浄立浄清ニ令二納受一給テ、御喜ノ感ニハ、社ノ本家・預所、松伯ノ余久夜々日々ニ守幸給テ、社内ノ神官・宮人等、守厳給ト恐ミ恐モ申ス、

前者は国衙、後者は荘園的諸関係に関して祈念が行われる。国衙祈申の詔戸は「御祭ノ詔戸ニ同」とあるので、その冒頭に収める上下宮（若狭彦・若狭姫神社）御祭詔戸が準用されている。その詞章は次のとおり。

再拝卜申、維建長七年歳次乙卯賀遣満具モ賀多志遣那記、若狭彦大明神ノ宇須ノ広前ニ恒例ノ御祭ヲ依下令二勤仕一給上、令レ奉給白妙御幣・御供・御酒・十列・東遊、依レ数浄流浄清令二納受一給テ、御悦（感）ノ盛ニハ、末等ノ
(a)御門宝位無レ動、大上天皇玉体安穏、自二博陸摂政一始テ、至二文武百官一、一々御願成就円満ニ守幸令レ奉給へ、
(b)当国ニハ、大介・目、在庁官人、郡郷官々、万民百姓等、心中所願悉令二円満一給へ、惣ハ天下泰平国土豊饒、自二東作一始至二西納一ノ後、風雨随レ時、
(c)社家繁昌ニ守幸令レ奉給へト、恐ミ恐モ申ス、

すなわち、（a）上は中央の天皇・上皇・摂関・文武百官、（b）国内の国司以下、国衙機構の体系に位置する官人・国人ら、万民百姓まで、そして最後に（c）の社家への祈念が述べられる。在庁・国人と社家の立場からいえば、当然（b）と（c）とに重点が置かれた。

同書の最末に載せる、山人申しの詔戸は、「北六道之富ノ使」の宣旨を受けて、京から若狭彦神社の霜月神楽に向かう道行きの詞章が記されており、富尾の富柴の霊木を持参して、富の栄えを寿ぐ内容が詠み込まれている。[36]

本ノ不志ニハ、大明神ノ免田千町万町、御封米ノ千石万石、満以留辺幾事於切籠タリ、中ノ布志ニハ、本家・預所ノ富栄給へキ事ヲ切籠タリ、末ノ布志ニハ、国衙安穏、社内豊饒、貴賤諸人、員ノ宮人等、大明神ノ御免具美爾可レ預事ヲ切籠タリ、

若狭彦大明神に寄せられる免田の広大な広さと米の豊作、本家・預所など荘園的所有関係の維持・繁栄、そして、国衙・社内（社家）・諸人・宮人まで、富の集積とその豊かさを予祝する。それは、国司祭祀の本旨である国司神拝の祝詞（祭文）に共通した祈念が表明されている。国司神拝には「一国六郡、五穀豊稔仁、親子因縁、一家繁昌仁志天」（『三十五文集』）とか、国衙関係の恒例祭に「天下泰平、国土豊饒、自二東作始一至二西納ノ後一風雨随レ時、社家

繁昌」、「当国三郡、諸国ヨリモ富勝テ、交福ノ国ト守厳給ト申」（『詔戸次第』）といった農業生産祈願を主眼とした。それは他国の豊作よりも自国の豊作を優先することを、国内特定神祇に誓願・約諾する作法といえる。

一宮の多くは、国衙と荘園的諸関係との二系列の交叉のなかに位置している。肥前国河上神社の「五八月流鏑馬事」は流鏑馬・相撲・村田楽・一物が、国内名々にあてられて勤行されてきたが、この神事が有名無実になったため、応保二年（一一六二）「早社家・国衙相共、彼可㆑令㆑勤㆓行流鏑馬以下神事㆒之由、可㆑充㆓催諸郡名々等㆒」とし、このことを「在庁官人及社官等宜承知」と命じている。(37)

出雲国杵築大社の造営にも、出雲国司は「任㆓先例㆒国衙・社家相共」に沙汰するようにと院宣の下ったことを出雲国造に伝えた。(38)「建長元年杵築大社造宮所注進」(39)には、宝治二年（一二四八）十月二十七日・二十八日の遷宮儀式の次第があげられている。二十七日亥刻、仮殿に仮遷座されていた御神体を新たに造営された本殿に遷す儀式で、国衙の総責任者である目代であり造宮所の大行事を兼ねる源右衛門入道宝蓮はじめ在庁官人らが多数参加した。このなかで、東遊の舞人は国衙在庁関係の子弟であったが、乗尻一〇人は「国方五人」「社方五人」から成り、競馬五番が国方・社方からそれぞれ奉仕しており、国衙機構に所属する体系と荘園諸関係に依拠した体系とが、複合的に構成して、完成できる祭祀構造となっている。そして、ここに二十七日朝、守護人佐々木泰清が神馬を奉り、奉拝の作法をする。鎌倉・武家の介在は一宮祭祀の新たな変更を促進させることになる。

おわりに

神宝と東遊の儀礼は、ともに天皇が神社の神に対して奉献することで、神意に従い、天皇自ら服従する作法である。

この一環のなかに国司初任神拝の慣行的儀礼が形成され、諸国の国内神祇、国内国土の神霊すべてに、国司就任の承認が求められる。これに関わる国衙側は国内の総意により豊かな富をもたらすマレビト賓客である国守に対して、饗膳を用意し最高のもてなしに努めた。これは富の秩序体系の擁護と確認にほかならず、この双方向の相互関係のなかから、平安末期に一宮祭祀形態が組み上がっていく。

中世末期まで展開する二十二社制は、京都朝廷による地域を限定した自己完結的祭祀体制であり、国ごとに多様性をもって、国衙・社家と武家の間で複雑に展開する一宮制とは、方向性に違いがある。平安前期に限定すると、十六社制・大神宝使制・国司祭祀神拝とが連動する展開にあることはよく理解できるが、その後の中世二十二社制と一宮制との溝は深く、これを合わせて国家祭祀体制と論じることには、なお検討の余地がある。

註

（1）二〇〇三年（平成十五）五月、シンポジウム「諸国一宮と神社史研究」の論議（『国史学』一八二号、特集「諸国一宮と神社史研究」平成十六年）。岡田莊司の発題「神社史研究から見た中世一宮」、井上寛司・上島享の論議、井原今朝男のコメント。

（2）中世諸国一宮制研究会編『中世諸国一宮制の基礎的研究』（岩田書院、平成十二年）、井原今朝男は「中世の国一宮・二宮は結果的に地域の実情にあわせて復興されたものであり、全国一律に制度として決められたものではなかった」（『中世寺院と民衆』臨川書店、平成十六年）と指摘する。

（3）岡田莊司「古代神祇祭祀と杵築大社・宇佐八幡」（今谷明編『王権と神祇』思文閣出版、平成十四年。のち『古代天皇と神祇の祭祀体系』吉川弘文館、令和四年）。

（4）藤森馨「神宝使考」（『改訂増補　平安時代の宮廷祭祀と神祇官人』原書房、平成二十年。初出、平成十四年）。

（5）岡田莊司「神社行幸の成立」（『平安時代の国家と祭祀』続群書類従完成会、平成六年。初出、平成三年）。

（6）『本朝世紀』仁平元年（一一五一）九月七日条。

（7）『本朝世紀』久安五年（一一四九）八月二十日条。

(8)『兵範記』嘉応元年(一一六九)十月二十六日条。
(9)川原秀夫「国司と神社行政」(林陸朗・鈴木靖民編『日本古代の国家と祭儀』雄山閣出版、平成八年)。
(10)水谷類「国司神拝の歴史的意義」(『中世の神社と祭り』岩田書院、平成二十二年。初出、昭和五十八年)。
(11)『平安遺文』三二〇号、気比社古文書、天元五年(九八二)太政官符案。
(12)水谷類、前掲註(10)論文。
(13)『大日本史料』第三編之二十三、元永二年(一一一九)九月十六日条所収、龍門文庫本。
(14)『朝野群載』廿二、諸国雑事上。
(15)早川庄八「『供給』をタテマツリモノとよむこと―日本的接待の伝統―」(『中世に生きる律令』平凡社選書、昭和六十一年)、井上亘「儀礼の場としての国府・郡家」(『民衆史研究』六六号、平成十五年)。
(16)津田勉「大仏鋳造と八幡産銅神説について」(『國學院雑誌』九九巻五号、平成十年)。
(17)津田勉「周防・長門国に残る国衙祭祀―長門一宮・二宮「御斎祭」と守宮司社―」(『神道宗教』一六五号、平成八年)。
(18)東遊と舞楽には違いがあるが、地方への伝播でいえば、舞楽の方が広く展開していった。誉田慶信「都鄙往来のなかの一宮祭礼」(『中世奥羽の民衆と宗教』吉川弘文館、平成十二年。初出、昭和六十一年)。
(19)前川明久「平安時代の東遊について」(『芸能史研究』五号、昭和三十九年)、荻美津夫「東遊と大社祭」(『平安朝音楽制度史』吉川弘文館、平成六年)、同「東遊と駿河・伊豆国」(『静岡県史研究』九号、平成五年。のち『古代中世音楽史の研究』吉川弘文館、平成十九年)。
(20)小西甚一校注『日本古典文学大系3　古代歌謡集』(岩波書店、昭和三十二年)。
(21)真清田神社史編纂委員会編『真清田神社史』(真清田神社、平成六年)。
(22)熊谷保孝「式内社高野神社と二宮高野神社」(『律令国家と神祇』第一書房、昭和五十七年。初出、昭和五十三年)。
(23)『左経記』万寿二年(一〇二五)七月一日条。
(24)川岡勉「中世伊予の開発領主と国衙」(『中世の地域権力と西国社会』清文堂出版、平成十八年。初出、平成四年)。
(25)鎌倉後期の正応年間(一二八八~九三)ごろ、凝然の筆録とされる『与州新居系図』(重要文化財、西条市・伊曽乃神社所蔵)には、平安後期から鎌倉期にかけて、伊予国内に勢力をもった新居・別宮二氏の詳細な系譜が綴られている。同書閲覧にあたって、伊曽乃神社の配慮をいただいた。

(26)『鎌倉遺文』七九一二号、国分寺文書。『今治郷土史』資料編古代中世（今治市役所、平成元年）。
(27)山内譲「伊予国における武士団の成立と展開」（『中世瀬戸内海地域史の研究』法政大学出版局、平成十年）。
(28)『吾妻鏡』治承五年（一一八一）閏二月十二日条。
(29)『吉記』養和元年（一一八一）八月二十三日条。
(30)『吾妻鏡』建仁三年（一二〇三）四月六日条。
(31)國學院大學日本文化研究所編『大山祇神社史料　縁起・由緒編』（大山祇神社、平成十四年）。
(32)同右所収。『臼杵三島神社記録』は臼杵三島神社に伝来した記録であるが、その内容は冒頭部を除いて大山祇神社に関する記録であり、正和五年（一三一六）「三島殿」の本を書写したもの。
(33)井上寛司「中世諸国一宮制と地域支配権力」（『日本史研究』三〇八号、昭和六十三年）、同『日本中世国家と諸国一宮制』（岩田書院、平成二十一年）。
(34)松岡久人『安芸厳島社』（法蔵館、昭和六十一年）。
(35)岡田莊司「地方国衙祭祀と一宮・惣社―若狭彦神社『詔戸次第』を中心に―」（前掲註(5)『平安時代の国家と祭祀』。初出、昭和五十二年）、青木紀元「若狭彦神社秘蔵『詔戸次第』訓解」（『祝詞古伝承の研究』国書刊行会、昭和六十年）。
(36)福原敏男「中世の祝詞と民俗信仰―富のシンボリズム―」（『国文学　解釈と鑑賞』六〇巻一二号、平成七年）。
(37)『平安遺文』四八〇四号、肥前国司庁宣案、河上神社文書。
(38)無年号の出雲国司庁宣（出雲大社文書、『大社町史』史料編上巻、一九六号には、「しばらくここに収める」として、文永十一年〈一二七四〉に掲げる）。
(39)島根県古代文化センター編『出雲大社文書――中世杵築大社の造営・祭祀・所領』（平成十四年）。

〔付記〕一九九四年（平成六）から二〇〇五年まで、諸国の国衙機構と一宮を対象とした研究、「中世諸国一宮制研究会」（井上寛司代表、のち「一宮研究会」に改称）が組織され、中世史研究者五十余名が結集して、同編『中世諸国一宮制の基礎的研究』（岩田書院、平成十二年）、一宮研究会編『中世一宮制の歴史的展開』上・下巻（岩田書院、平成十六年）とが刊行された。本章も上書下巻に掲載され、最後の「あとがき」では、井原今朝男と連名で、「残された研究課題は数多く、今後研究は会員諸氏に還元され継続されることになる。この分野の研究がさらに進展し、再度の結集の機会があることを期待して、とりあえず結びとしたい」と記したが、その後、中世一宮研究が停滞していることは残念である。

第三章　鎌倉幕府・鎌倉殿の将軍祭祀

はじめに

古代律令国家の祭祀制の形成は、それ以前の氏族祭祀の上に、天皇祭祀を核としながら官社体制が確立する。そこには、天皇統治による天皇祭祀権が存在することになる。国家的神社体制の構築により、諸国の官社、有力諸社の社殿造営・修造に国司が携わり、神税・正税が使用されたが、平安中期以降は、財政制度の変容により、国衙領や成功、また一国平均役などにより、造営費用が賄われていった。一社一社の神社運営は、社司・社僧などの神職・僧侶が責任をもつことになるが、全国的には朝廷の統治と天皇祭祀権のもと、国司が諸国の祭祀に関わり、天皇祭祀権の代行行為を執り行うとともに、さらに地域ごとには、国衙機構に結集する在庁官人、豪族的領主層が神社運営に携わった。国衙祭祀（国祭）は「勅命」（『園太暦』延文元年〈一三五六〉八月三日条、卜部兼豊の意見）に基づくものと認識されていた。

この重層的祭祀体系のもと、東国に樹立された鎌倉殿頼朝を頂点にした武家政権は、これまでの国司祭祀権（天皇祭祀権の代行行為）を温存したまま、朝廷・天皇―幕府・鎌倉殿―東国諸国・国衙機構の三重構造へと再構築されることになる。

鎌倉幕府の神社行政、とりわけ源頼朝の神祇信仰については、宮地直一・鎌田純一と平泉隆房(1)によって神道史学研究が進められ、鶴岡八幡宮・伊勢神宮・二所三島社が、その対象とされてきた。

つぎに、仏教史研究の視点から論じたのが、黒田俊雄の顕密体制論である。黒田は、「頼朝にはじまる鎌倉幕府も、その権門としての宗教政策は原則的に公家のそれと異なるものではなかった。頼朝は挙兵早々から御願寺や氏寺の設置に努力したが、顕密体制の諸寺院や国家的仏事についても尊重する態度(2)であったこと、「鎌倉幕府は基本的にあくまでも顕密体制に立脚し、すすんでそれを擁護した権門だったのである」とされた。鶴岡八幡宮・勝長寿院・永福寺など、幕府の祈禱社寺が天台寺門派園城寺や真言宗東寺系統の僧侶で占められていたことは、この証左となる。

黒田論に対しては、井上寛司(3)が、二十二社・一宮研究を通して、神祇への理解が不在であることを論じた批判に同感であり、神祇への視点から考察を深めてみたい。鎌倉殿頼朝の立場からいえば、仏事は僧侶に委託するとともに、神事については、御家人を率い自身が直接祭祀者として奉仕する姿が鮮明になってくる。

その点で、上横手雅敬(4)は神仏双方への理解から、源頼朝の宗教政策について、「鎮護国家」と「神威増益」の視点を重視した論考を発表しており、それによると、「鶴岡八幡宮寺が帯びる鎮護国家寺院としての側面を指摘し」、「鎌倉幕府が、宗教政策の面から見て国家的性格を持っていた」ことを明らかにした上で、「一般の人々は鶴岡を寺院よりも神社として尊崇したのであり、ここでは僧侶は神前で読経し、鎮護国家を祈るが、俗人は奉幣や芸能の奉納によって、神威増益に努める」ことを指摘している。この「俗人」の代表者、祭祀主宰者・祭祀権者が鎌倉殿頼朝であった。本章では、これらの研究史に学びながら、国家的祭祀権の運用を通して、鎌倉政権の国家的立場を論じてみたい。

一　東国鎌倉と頼朝の信仰

源頼朝が平氏追討のための挙兵と、その後の東国統治の根拠としたのは、源行家によって伊豆の流人先に届けられた「最勝王」（後白河院第三皇子以仁王、第二皇子とも）の「勅」（「高倉宮令旨」）である。『吾妻鏡』治承四年（一一八〇）四月二十七日条に掲載された、同年四月九日付の令旨については、その信憑性に疑問がもたれていたが[5]、その後の研究により、『吾妻鏡』の文そのままではないにしても、「最勝王」を奉じて発せられた文書の存在は、今では確証されている[6]。

その論証の史料とされるのは、『明月記』治承四年九月条に「最勝親王之命」と記していること、『玉葉』治承四年十一月二十二日条の「伝聞、自二関東一偁二一院第三親王被レ伐レ害也、宣一、可レ誅二伐清盛法師一、東海、東山、北陸道等武士、可二与力一之由、付二彼国々一」とあることなど、挙兵後の近い時期、藤原定家・兼実に東国から最新情報が伝えられている。これらにより「最勝親王」＝以仁王を奉じた文書が発給されていたことが確認できる。また、翌治承五年、兼実は頼朝より伊勢大神宮に奉った告文を披見し、ここに「被二最勝親王宣一偁」（『玉葉』治承五年九月七日条）と載せられていることに不審をもったとある。頼朝が伊勢大神宮の神前に捧げる文面にも、以仁王令旨が引かれていることは、治承五年の時期まで、東国政権樹立の根拠となっていた。

このほか、長門本『平家物語』七、延慶本『平家物語』二中、蓬左文庫本『源平盛衰記』十三、に載せられた頼朝奉書（この奉書には検討の余地がある）にも「最勝親王」勅命の記載が見られ、その異説は存在しない。

頼朝挙兵当時の天皇は、平清盛を外祖父にもつ幼帝安徳天皇である。平氏討伐を掲げる源頼朝としては、平氏政権に支えられた安徳帝をそのまま容認することはできず、「新皇」（十月十八日文書にも走湯山権現について「新皇并兵衛佐殿御祈禱所」とある）の推戴を望み、これに加担した。これは平氏一門が支える京都朝廷の現体制は否定しつつも、国家機構としての朝廷の組織・機能は肯定したものであった。

安徳天皇のもとで治承五年七月に養和へ改元、養和二年（一一八二）五月には寿永に改元されたが、頼朝は治承の年号を七年（寿永二年＝一一八三）まで用いつづけた。平氏政権が西走すると、寿永の年号を使うようになるのは、新帝後鳥羽天皇の体制を是認したことになる。

挙兵以前、伊豆の流人である頼朝は「毎日御勤行」（『吾妻鏡』治承四年八月十八日条）を行ってきた。挙兵にあたり、以後は勤行が難しくなるので、北条政子の祈禱僧である伊豆山の尼僧法音に毎日の心経祈願を依頼することにした。般若心経十九巻の祈願先は、頼朝の伊豆滞在期および十三歳までの京都在住時代の、京都朝廷につながる信仰を窺うことのできる記録として重要である。(7)

心経十九巻

八幡　若宮　熱田　八剣　大筥根　能善　駒形　走湯権現　礼殿雷電　三嶋　第三、第二　熊野権現　若王子　住吉　富士大菩薩　祇園　天道　北斗　観音　各一巻、可二法楽一云々、

観音経一巻　寿命経一巻　毘沙門経三巻　薬師呪廿一反　尊勝陀羅尼七反　毘沙門呪一百八反　以上、為二御所願成就御子孫繁昌一也、　阿弥陀仏名千百反　一千反者、奉二為父祖頓証菩提一、百反者、左兵衛尉藤原正清得道也、

右冒頭の、八幡・若宮については、山城国石清水八幡宮と、平安京内の六条若宮八幡（左女牛八幡）である。(8)熱田・八剣（熱田社の摂社）は、頼朝の母方（外祖父は尾張の熱田大宮司藤原季範）との関係があり、元暦元年（一一八四）七月、鶴岡宮の傍らに熱田社を勧請している。また、頼朝の上洛にあたり、建久元年（一一九〇）十月二十八日、

尾張国熱田社に立ち寄り潔斎ののち奉幣がある。熱田社は「外戚祖神」であり、頼朝「中心之崇敬」のところとされている。

大筥根・能善・駒形は箱根権現の神々、走湯権現・雷電は共に走湯山（伊豆山）の神、三島は伊豆国一宮、これら箱根・伊豆山・三島三社の神は、頼朝挙兵前までの懇意のある神々で、のち文治四年（一一八八）正月、将軍祭祀として二所（箱根・伊豆山）と三島詣が始まる。関東鎮守に位置づけられる、御家人を率いて始まる二所三島社への参詣は、中央における上皇の熊野三社御幸にも類似した、新たな将軍祭祀として開始される(9)。

また、文治五年四月に、鶴岡宮で三島社の祭礼が行われており、これ以前に鶴岡内に末社として三島社が勧請されている。このあと、熊野権現と熊野王子信仰の若王子、住吉・祇園は、京都時代の信仰に関係する神々がつづく。この頼朝青年期までの個人信仰は、鎌倉殿祭祀制にも反映することになる。

二　鶴岡八幡宮

治承四年（一一八〇）十月六日、源頼朝は相模国の鎌倉すぐ近くまで到着し、この夜は民屋を「御宿館」とした(10)（以下の『吾妻鏡』に基づく事項については、史料の明記を省いた）。翌七日、頼朝は鎌倉に入り、「鶴岡　八幡宮」（由比若宮のこと、現在、鶴岡八幡宮の境外末社、同社の近くに「石清水」の井戸もある）を遥拝し、父義朝の「亀谷御旧跡」（現在の寿福寺）に臨んだが狭隘のため、頼朝居館は別の場所に求めた。十一日、妻政子と頼朝年来の「御師檀」とされる走湯山の良暹が鎌倉に迎えられ、翌十二日良暹は臨時の鶴岡別当職に任ぜられる。

この日、頼朝は祖宗を崇めるため、小林郷の北山を点じて、「鶴岡宮」をここに遷した（鶴岡新宮若宮、鶴岡八幡宮寺とも、以下、「鶴岡宮」と呼ぶ、今の下宮若宮の場所とされる）。そのもとは、康平六年（一〇六三）源頼義により、石清水八幡を潜かに勧請し、由比郷に創祀した（由比若宮）。永保元年（一〇八一）には、源義家が修復を加える、武門源氏棟梁の祭祀の場であった。頼朝も鎌倉に入ると、直ちに祭主として祭祀を務めた。

自ら祭祀者として「潔斎」に入った頼朝は、「当宮御在所、本新両所用捨」することを判断するため、神意を伺い「鬮」をとり、現社地に決めたという。

鶴岡遷座のあと、十月十五日、鶴岡宮の東、大倉の地に山ノ内より仮屋を移築して、「鎌倉御亭」が建てられ、頼朝はここに入り、また新造の建物は、十二月十二日完成した。この間、鎌倉の道路を直線にする工事も進められた。

十月十六日、鶴岡宮において、頼朝「御願」の「鎮護国家三部経典」などの勤行が供僧（大菩薩供奉の僧、本様供僧、頼朝補任の僧）によって催され、御料所が寄進されている。以後、頼朝主宰による別当・供僧に委託した仏事・法会が頻繁に行われた。ここに国家安寧を祈願する鎌倉殿祭祀の基軸が固まることになる。鶴岡宮は鎌倉殿直轄の鎮護国家祈願所とされ、別当・供僧の補任など人事権を掌握し、御家人との主従関係に匹敵する秩序体制を鶴岡宮内に確立していく(11)。

最初の社殿は急遽松材を用いて造営された簡単なものであったので、翌年新たに土肥実平・大庭景能らが担当して、材木一三本、紅梁二支を由比浦へ入港させ、浅草の大工を調達し、頼朝参詣のもと、石清水放生会の期日にあわせて遷宮が執り行われた（養和元年〈一一八一〉五月十三日、同六月二十七日、同七月三日、八月十五日条）。材木の数量をみると、初期の建築は簡素な構造であったようである。

鎌倉中心部の平地は、平安京の五分の一以下の広さであり、碁盤の目で整えられた都城制の都市を意図したものではなかった。名著として知られる高柳光寿の『鎌倉市史　総説編』は、「鎌倉は奈良や京都のように最初から新しい都市を建設しようとしてできたものではない」[12]と指摘する。

それでも、大倉の頼朝邸（大倉幕府）は、平安京でいえば、後院か里内裏（摂関家の邸宅）の場所に相当しており、鶴岡の置かれた鎮座地と段葛・若宮大路の直線道路は、大内裏と朱雀大路に似せたところがある。[13]鎌倉内の配置は、鶴岡宮を中心に据え、幕府の居館は脇に置くことに象徴的に示されているように、鶴岡宮の存在は、石清水・朝廷へとつながる中央の権威を重んじていた。

建久二年（一一九一）三月四日、鎌倉は大火により、社殿は灰燼に帰し、大規模な復興が始まる。四月二十六日、若宮神殿の裏、北山（大臣山）の山腹を削り、ここに上宮を造営して、新たに「男山御身躰勧請」（『鶴岡八幡宮寺社務職次第』）され、仮殿の上棟が行われた。山上に神殿を創建したのは、宇佐・石清水の例に倣ったものである。同年十一月二十一日、祭儀を主宰する頼朝は束帯・帯剣にて祭祀の場に臨み、遷宮祭を執り行った。これにより、上宮・下宮二社による鎌倉幕府の威勢に相応しい結構が整うことになる。

鎌倉期における盛況な鶴岡宮の景観は諸記録に載せられた。

・『東関紀行』（仁治三年〈一二四二〉ごろ成立）「鶴が岡の若宮は、松柏のみどりいよいよ茂く、蘋蘩のそなへ欠くることなし、陪従を定めて四季の御神楽おこたらず、職掌に仰せて八月の放生会を行はる、崇神のいつくしみ、本社に変らずときこゆ」。

・『とはずがたり』「まづ御社へ参りぬ、所のさまは、男山の景色よりも、海見はるかしたるは、見どころありとも言ひぬべし、大名ども、浄衣などにはあらで、色々の直垂にて参り出づるも、やう変はりたる」。

・『増鏡』「法会のありさまも本社にかはらず、舞楽、田楽、師子がしら、やぶさめなど、さまざまな所にしつけたる事共おもしろし」。

・『平家物語』巻八、征夷将軍院宣「八幡は鶴岡に立せ給へり、地形石清水に違はず、廻廊有り、楼門有り、作路十余町見下たり」。

社頭の様子は、石清水宮と比較され、劣ることのない壮観を窺うことができる。鶴岡は地理的配置の上から、また幕府儀礼の場として、都の大内裏になぞらえられ、頼朝の直衣始、征夷大将軍拝命の儀（三浦義澄が代理拝受）、将軍実朝の右大臣拝賀の儀など、幕府儀礼の多くは、鶴岡宮をハレの場として機能させている。そこには、朝廷権威を背景にした形の踏襲が認められる。

1　鶴岡元日奉幣

年間恒例の鎌倉殿主宰の祭祀では、元日初詣の奉幣、八月十五日の放生会、臨時祭などがあげられる。頼朝は鎌倉に入った翌年、治承五年（＝養和元）元旦、自ら社参して、奉幣と神馬奉献を行った。以後、「以二朔旦一被レ定二当宮奉幣之日一」と、元日を当宮奉幣の日と定めた。これが現代につながる元旦初詣の起源の一つになっている。頼朝は「礼殿」（本殿前の幣を奉る儀式用の社殿、自ら祭主となり奉幣の儀が行われた）に着き、専光房良暹伺候のもと神馬を奉献し、法華経供養ののち、大倉亭に戻り、千葉常胤による垸飯の儀が行われた。翌年（養和二年）も元旦に鶴岡社参があり、神馬奉納、宝前法楽が行われたが、寿永二年は『吾妻鏡』の記事がないため不明。元暦元年（一一八四）は神楽が行われ、藤原邦通が奉幣使となる。これは平広常誅殺のため頼朝の参宮がなかったことによる。以後の元日奉幣の日時は以下のとおりである（『鶴岡社務記録』による）。

文治元・正・一、文治二・正・三（叙二位の直衣始社参、元日記事は空白のため、元日奉幣は不明）、文治三・正・一、文治四・正・一、文治五・正・一、建久元・正・一、建久二・正・十一、建久三・正・一、建久四・正・一、建

久五・正・一、建久六・正・十三、建久八・正・十四

頼朝は元旦に一〇回、元旦以外に四回の初詣を行っている。元旦奉幣は、文治三年（一一八七）に放生会が加わるまで、鎌倉殿祭祀権に基づく随一の鶴岡恒例の儀式とされた。元旦の垸飯儀式も、治承五年から鶴岡奉幣後に実施されている。以後、恒例で行われていたと推定されるが、この垸飯が幕府儀礼として拡大されたのは、建久二年からである。それは、前年、頼朝が右近衛大将に就任したことによる。

頼朝以後、鎌倉殿の正月参詣の日時は、以下のとおり（将軍名・数字は元旦奉幣の日数＋元旦以外の正月奉幣の日数）。

〔頼朝〕⑩＋④

〔頼家〕①＋①　建仁二・正・九、建仁三・正・一

〔実朝〕③＋⑦　元久元・正・五、建永元・正・二、承元元・正・三、建暦二・正・十九、建保元・正・一、建保二・正・三、建保三・正・一、建保四・正・十三、建保五・正・一、建保六・正・十三

〔頼経〕①＋⑧　寛喜元・正・十五、寛喜二・正・十、寛喜三・正・九、貞永元・正・一、嘉禎元・正・十二、嘉禎三・正・十七、延応元・正・十一、仁治二・正・十四、寛元元・正・十九

〔頼嗣〕0＋④　寛元四・正・二、宝治二・正・二十、建長二・正・十六、建長三・正・十一

〔宗尊親王〕0＋⑧　建長五・正・二十一、建長六・正・二十二、康元元・正・十一、正嘉二・正・十、文応元・正・十一、弘長元・正・七、弘長三・正・七、文永二・正・七

〔惟康王〕①＋0　建治三・正・一（『建治三年日記』による）

将軍実朝と摂家将軍以降は、元旦よりも、元旦以外の日時の参詣・奉幣が増えている。実朝の承元三年（一二〇九）正月九日「将軍家於二鶴岳八幡宮一、有二年首御奉幣一、御使遠江守親広」は、奉幣使の参詣である。また、承元四年

正月一日は、北条義時が将軍家御使となり、「太略以二元日一有二御奉幣一、近年廃而無二此儀一、今年被レ興二佳例一云々」と、元旦御使に復興されたが、その後も元旦奉幣は恒例とはならなかった。摂家将軍・宮将軍宗尊とも、元旦または三が日を避けていた節がある。これは京都朝廷・公家社会において、正月初旬に神社参詣する例がなかったことによるものであろう。

朔幣は、毎月一日奉幣する行事であり、国ごとの事例として「淡路国例式曰、正月元日国内諸神奉二朔幣一事、毎月朔日准レ此云々」（『釈日本紀』十）とある。諸国において国司は一日奉幣を慣例としていた。また、[14]垸飯も宮廷の行事をはじめ、国衙在庁の官人が新任国司に対して饗膳を供える行事であり、三日間にわたり行われる饗応を三日厨（『時範記』）といった。こうした諸国における国衙の行事が、鎌倉殿正月行事に組み込まれたと考えられる。実朝以降の幕府垸飯は、北条氏一門を中心に献呈されるようになるが、初期の垸飯儀礼は、千葉常胤・三浦義澄・小山朝政ら国衙在庁に系譜をもつ豪族によって奉仕されているのも、国衙行事が鎌倉殿行事の基盤になっていた、その証左となる。

平安期の朝廷における元旦儀礼は、私礼秩序[15]の原点といえる。元旦は天皇の四方拝と殿上人が天皇に拝礼する小朝拝によって構成されていたが、鎌倉殿儀礼は、鶴岡元旦奉幣と御家人による垸飯儀礼による幕府秩序の象徴的日程にあたる。鎌倉の元旦奉幣・垸飯の創始は、国衙儀礼の上に創出された東国鎌倉殿儀礼として機能することになる。

2　鶴岡放生会と六条八幡

元旦儀礼につづいて、八月十五日の放生会が文治三年から始まる。文治元年の平氏滅亡後も源義経追捕などで世情不安がつづき、頼朝は同宮最大の神事として、御家人を総動員して奉幣・法会・舞楽の儀式を盛大に催した。八月一日に入ると「自二今日一至二来十五日一、可レ専二放生会一之旨、兼日被レ触二仰関東庄園等一之」とあり、また鎌倉中と東国御家人に殺生禁断が触れられ、八幡大菩薩を称え、生き物を放つ、慈悲行の実践が求められた。十五日の祭礼日には、頼朝参詣のもと、流鏑馬が挙行された。建久元年七月一日には、「今明年之間、固可レ禁二断殺生一之由、被レ仰二関東御分国一、是依二聖断一也、於二其外国々一者、不レ可レ限レ年之旨、去月九日被二　宣下一云々」とある。公家は石清水放生会に先立ち宣旨を出し、諸国に対して殺生禁断を命じたが、東国でも、鶴岡放生会に合わせて、殺生禁断が実施された。(16)

文治五年は奥州征討出兵のため、七月一日に放生会が斎行され、頼朝臨席のもと、法会・舞童・馬長・競馬・流鏑馬・相撲があり、夕刻帰還した。八月十五日の式日にも再度放生会が行われた。建久元年からは、十五・十六日の二日間にわたっての神事となり、以降二日目には、流鏑馬・競馬・相撲・田楽などが行われた。

鶴岡放生会が始行した文治三年、同時に京内にある六条若宮八幡でも、放生会が頼朝主宰のもと斎行された。

頼朝が挙兵以前から祈禱の対象としてきた「若宮」とある六条八幡は、八幡太郎義家の邸宅内に祀られ、祖父の遺跡を為義が継いだ。(17)(18)文治元年十二月三十日、頼朝は土佐国吾河郡の地頭職を六条若宮に寄進し、大江広元の弟、季厳を別当職に補任した。同社は「故廷尉禅室六条御遺跡」を点じて、石清水を勧請したと伝える。これが『吾妻鏡』に記述された初見であり、以後、頼朝は厚い崇敬を寄せている。(19)

頼朝は「八幡大菩薩氏人、法華八軸持者也、稟二八幡太郎遺跡一、如レ旧相二従東八ケ国勇士一」（『吾妻鏡』治承四年七月五日）とあり、八幡太郎義家には畏敬の念をもち、六条八幡の祭祀に関わることは、源氏棟梁の地位にある者の表明でもあった。

「六条八幡造営注文」(20)によれば、文治二年、六条八幡の造営が記録されている。

文治二年四月、被レ広二御敷地四丁一被二仰付一、諸大名等被レ遂二御造営功一畢、御殿・拝殿・小神、政所御沙汰、楼門・左右廻廊八間、御簾、鋪設等、梶原景時、東西廻廊七間、御簾、鋪設等、藤内友宗、神宮寺、本尊幡・花慢・閼伽具机、鋪設等、次官親能、鐘楼、六間御倉、土肥次郎、三間一面竈神殿、釜雑具等、多内惟義、三間一面公文所、垂布、鋪設等、因幡前司広元、左女牛面築地覆、王平太、同年八月十四日、御遷宮、注文在レ別、

造営の分担は、鎌倉の政所御沙汰をはじめ、梶原景時・比企朝宗・中原親能・土肥実平・大内惟義・大江広元・王平太ら、有力御家人七名が担当する鎌倉殿直轄の工事であった。石清水を都に勧請した六条八幡は、源氏の邸内社から出発・発展し、その祭祀権は源氏の棟梁が掌握し、頼朝が造営に深く関わった。その遷宮は八月十四日であった。

文治三年正月十五日、頼朝は「左女牛御地」（「是六条以南、西洞院以東壱町」）を六条若宮に寄進した（『吾妻鏡』）。同じく三年六月十八日「於二六条若宮一可レ始二行放生会一之由、有二其沙汰一、且可レ被レ窺二 叡慮一云々」（『吾妻鏡』）とあり、頼朝は京内のことで、朝廷祭祀の石清水にも関係するため、六条八幡放生会の斎行について、「叡慮」を伺い、後白河法皇の意向を確かめている。鎌倉殿直轄のもと、都の六条八幡と鶴岡八幡の放生会の創始が、同日同時に斎行された意義は大きい。都から鎌倉に大江広元の使者が八月二十五日到着し、去る十五日の六条八幡放生会にあたり、見物人が闘乱を起こしたと報告された。

頼朝は建久元年十一月と同六年三月の二度上洛し、石清水・六条若宮の両社に参詣している。以後、建暦二年（一二一二）九月十六日、将軍実朝は石清水・六条八幡に神馬を奉納、また嘉禎元年（一二三五）十二月二十四日、将軍頼経は病気平癒の祈願として、大般若経転読と神楽奉納を、伊勢内外宮・石清水八幡宮・賀茂社・春日社・日吉社・祇園社・大原野社・吉田社・北野社・若宮（六条八幡とみられる）・熱田社・熊野社に務めさせている。これらの諸社は京下りの摂家将軍であるため、伊勢をはじめ京の神社、藤原氏の氏神三社が目立つが、若宮・熱田社は頼朝以来の鎌倉殿崇敬社とされよう。伊勢は仏法禁忌の原則があるので、大般若経転読は外部の法楽寺院に担当させたものであろう。伊勢は相模守北条時房の沙汰、石清水・大原野・北野・若宮は武蔵守北条泰時の沙汰とされている。

鶴岡の造営は、諸社殿を御家人に賦課する幕府直轄の形式であった（『弘安四年鶴岡八幡遷宮記』）。六条八幡の造営も、承元二年造営は、文治二年の分担の前例が、ほぼ踏襲され、つづく建治元年（一二七五）造営になると、造営料は四六九人の御家人役として貫文が賦課された（「六条八幡造営注文」）。賦課方法に変更はあったが、幕府直轄の責任をもつ造営体制であったことに変わりはない。

天皇の公祭としての石清水放生会の日時にあわせて、鎌倉殿直営の京・六条八幡と鶴岡八幡の放生会を斎行していくことで、京都朝廷との一体感を実現した。これは「叡慮」を踏まえたものであり、文治三年四月二日、後白河法皇の病気平癒祈願のため、鶴岡をはじめ勝長寿院、箱根、走湯山で大般若経転読が行われるなど、院・朝廷と鎌倉とが良好な関係を演出していた時期である。八幡放生会の祭祀は、天皇祭祀権と鎌倉殿祭祀権とが、公武の祈願で共存する信仰ともなった。

3　鶴岡臨時祭

臨時祭は朝廷において天皇の御願を受けて、恒例化された公祭としての石清水・賀茂など神社臨時祭があるが、鶴岡臨時祭も鎌倉殿直轄の鶴岡恒例の臨時祭として定着する。[21]

〔二月臨時祭〕

文治四年二月二十八日「鶴岳宮被レ始二行臨時祭一、二品御出」とある記事が初出であり、流鏑馬・馬長がある。翌五年二月二十七日も「鶴岡臨時祭、如レ例、二品御二参廻廊一」とあり、恒例となる。建久三年二月は十二日（上卯日）「鶴岡御神楽、幕下御参」が始まり、十五日「鶴岡臨時祭、如レ例」とある。建久六年二月も、十一日「鶴岡八幡宮御神楽也、将軍家御参宮」、十六日臨時祭では、流鏑馬・競馬・相撲などが催された。二月御神楽と臨時祭は、建仁三年（一二〇三）二月四日、将軍頼家による「有二祭幷御神楽一、将軍家御参宮、御奉幣如レ例」とあり、臨時祭と御神楽とは、同日合同の神事として行われた。以後、「鶴岡宮御神楽・臨時祭如レ例」（建暦元年二月八日）とある。

〔三月三日臨時祭〕（節日神事）

文治五年三月三日「鶴岡法会、被レ始二行之一、巳刻、二品御参宮」とあるのが初出。この日、舞楽・流鏑馬・相撲がある。翌年は「鶴岡法会、被レ始二行之一、巳刻二品御参宮」とあり、舞楽・流鏑馬・相撲が催された。建久元年から四年までの記事によると、「法会」に舞楽が伴い、あわせて建久二年「臨時祭」の馬長・流鏑馬・相撲が行われている。

〔四月三日臨時祭〕

文治四年四月三日「鶴岳宮臨時祭、二品御参、流鏑馬」とあるのが初出。翌五年「鶴岡祭、二品御参宮」とあり、馬長・流鏑馬・競馬・相撲が催される。建久以後も「如例」（建久二年）とあり、恒例とされる。この日は、貞観二年（八六〇）宇佐八幡から遷座し、石清水八幡が山上に遷宮された日と伝える。

〔五月五日臨時祭〕（節日神事）

建久五年五月五日「鶴岳八幡宮神事也、将軍家有二御参一」とあるのが初出。

〔六月二十日臨時祭〕

文治五年六月二十日「鶴岡臨時祭也、馬長二騎、流鏑馬十六騎、競馬三番、相撲十六番、如レ例、二品依レ為二御軽服日数中一、無二御参宮一、又不レ被レ立二奉幣御使一、付二宮寺一有二其沙汰一云々」とあるのが初出。

〔九月九日臨時祭〕（節日神事）

文治五年九月九日「鶴岡八幡宮臨時祭也、流鏑馬已下如レ例」とあるのが初出。建久以後、恒例となり、流鏑馬・競馬・相撲がある（建久六年）。

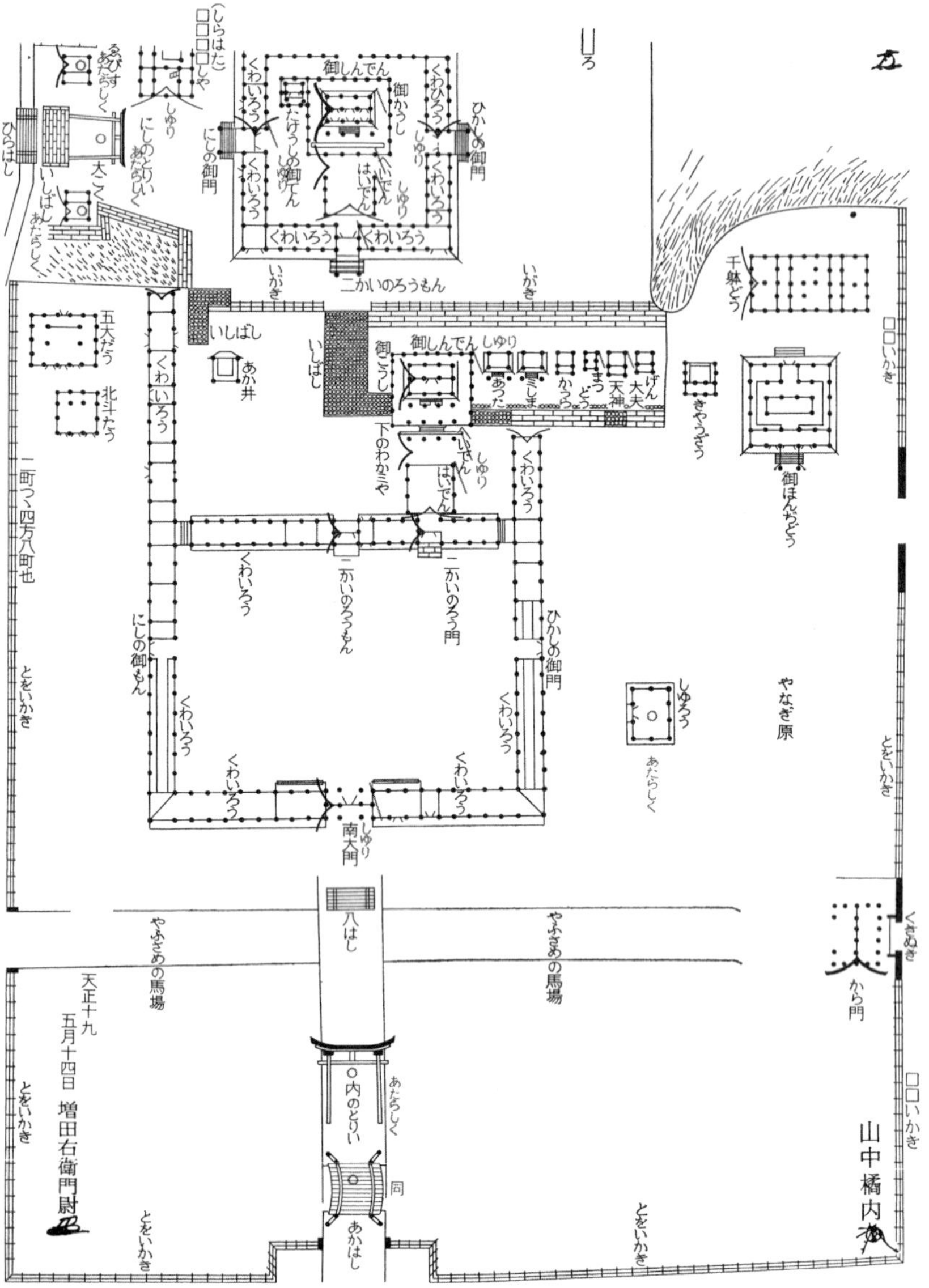

図14　鶴岡八幡宮の境内図（「豊臣秀吉奉行等加判造営指図」〈『鎌倉市史』社寺編より〉）

以上は、頼朝主宰により、文治四年に、二月臨時祭、四月三日臨時祭（石清水遷座祭祀の日時）、同五年に三月三日臨時祭、六月二十日臨時祭、九月九日臨時祭が始まる。文治三年放生会を皮切りに、翌四年の二所詣と臨時祭が、鎌倉殿祭祀行事として組み立てられた。[22]

これらの節日神事は、石清水祭祀に準じており、鶴岡一社に対して、鎌倉殿祭祀権に基づく祭祀体系が運用された。頼朝は、臨時祭に頻繁に足を運んだが、将軍頼家になると、大江広元・北条義時らが奉幣使に遣わされる例が多くなった。

建長四年（一二五二）四月十六日、鎌倉に着任した将軍宗尊は、三月三日・四月三日の臨時祭に参宮できず、「毎二臨時祭一、前々将軍必有二御参宮一、於二向後一者、被レ止二其儀一、御奉幣者、可レ被レ用二御使一之由治定、是親王行啓不レ可レ輙之趣、依レ有二其沙汰一也」とある。臨時祭への将軍参宮は中止され、以後、奉幣使の発遣形式に変更した。宗尊は「親王行啓」を権威あるものとし、頼朝以来の強固な信仰であった鎌倉殿による臨時祭に示された鶴岡へ対する祭祀権は、縮小されている。

これらの鶴岡祭祀儀礼は、鶴岡の社頭、とりわけ下社神殿の前を取り囲む廻廊（図14）が重要な役割を果たした。静御前の舞も、法会の場も、有力御家人の座も、神賑の相撲（文治五年四月三日、「廻廊内」とある。ここは下社楼門前の南庭、廻廊に囲まれた場所と推定される）も、みな廻廊が武家秩序の場として機能的に使われた。

三　伊勢大神宮

平安末期の東国では、神宮御厨が多く設定され、神宮権禰宜層や神宮祠官一族の活動が顕著であった。[23] 挙兵にあたり、「神職」（神職の語の初出。治承四年〈一一八〇〉七月二十三日条）を募ったところ、筑前住吉社祠官佐伯昌長と相模国の波多野氏のもとに身を寄せていた神宮祠官の後胤とされる永江蔵人大中臣頼隆が頼朝のもとに参集した。頼隆は出陣にあたり、陰陽師のごとき祓祈禱である戦勝祈願のための千度祓を奉仕した（治承四年八月十六日）。八月十九日には、伊豆国蒲屋御厨における非法停止の下文を発給した。これは頼朝最初の「関東事施行之始」とされ、国家性の高い伊勢神宮の神領を保護することで、国家的秩序の維持を表明したものといえる。この文書にも「親王宣旨状明鏡也」と、以仁王令旨を前面に記している。

鎌倉と神宮との関係は、外宮権禰宜度会光倫（伊勢国多気郡相鹿出身、会賀二郎大夫、生倫・光生とも）の存在が『吾妻鏡』に頻繁に記録されている。その初出は、養和元年（一一八一）十月二十日、伊勢から到着した度会光倫は頼朝に会い、祭主親隆の子息定隆が、平氏方の意向を受けて東国平定祈願の勅使として神宮へ奉幣の途中、頓死したと伝えた。光倫の積極的に鎌倉側の歓心を得ようとした行為であった。翌年正月二十八日、頼朝は神馬・砂金を神宮に寄進し、その神馬は、鎌倉の「生倫神主之宅」に預けられ、二月八日、光倫は御願書を頼朝から拝し、挙兵に際して祈禱に従った大中臣頼隆の子息、中四郎維重とともに伊勢に向かった。また、神宝奉行には、相模の大庭御厨を神宮に寄進した鎌倉権五郎景政の四代の孫にあたる長江義景が担当した。神宮に人脈をもつ御家人らが、鎌倉側の神宮祈願の職掌を担った。鎌倉に屋敷地を与えられた光倫は、伊勢と鎌倉の間の祈禱師の役だけでなく、情報のパイプ役も大いに果たしている。

寿永元年（一一八二）十一月、伊勢在住の光倫から鎌倉に連絡が入り、神宮禰宜たちに「祠官悩乱」の不安があることを頼朝に伝えた。その理由は、京都朝廷・平氏側から、神宮禰宜たちが鎌倉方に同心していると批判があったことによる。この事態に頼朝は、光倫へ返信の文書で、「神者納㆓受道理㆒、君毛遂然御」と述べて内外宮禰宜の不安に応えた。この時期、東国の経済的確保が、彼ら神宮禰宜神主の強い関心事であり、頼朝は神宮神領の保護の立場を表明して、神宮神職層の不安を取り除いている（寿永元年十二月一日・二日）。

元暦元年（一一八四）正月三日、頼朝は「年来御祈禱師」である権禰宜度会光親を通して、外宮に武蔵国大河戸御厨を寄進し、「公私御祈禱」を依頼した。五月三日には、鎌倉に参上していた光倫へ、安房国東条御厨を、また、内宮禰宜荒木田成長を通して武蔵国飯倉御厨が神宮に寄進され、その文書に「奉二為　朝家安穏一、為レ成二就私願一」と、公私の祈りが捧げられた。その後も、文治元年（一一八五）十一月二十四日、頼朝は国土泰平の「御願書」を神宮と近国一宮に寄せ、神宮に対しては光倫に担当させている。これを受けて、光倫は頼朝の「御願書」を捧げて、安房の東条御厨の庤（神館・神明社）で参籠し、霊夢があったので、御厨庤に頼朝から馬が奉納された（十二月四日）。光倫は東国と頼朝のために祈禱を行い、伊勢の内外宮の禰宜らに強い存在感を示し、安房国東条に、神宮分社ともいえる、独自の鎌倉殿祈願所を作り上げた。東条御厨の地である千葉県鴨川市天津（旧、安房郡天津小湊町）に鎮座する天津神明社の宮司家は、代々、光倫の子孫である会賀氏の末裔・岡野氏が継いできたことも、東国におけるその土着性を窺うことができる。[24]

こうした東国における権禰宜層の活動は、公祈願から私祈禱へと、中世大神宮信仰を発展させていく原動力となり、ここに御師の姿の原形がある。伊勢神道が成立していった背景も、この動向と無関係ではない。

伊勢祭祀の公的関係は、祭主大中臣氏の職掌であった。[25]文治元年十一月、祭主大中臣親俊が亡くなると、能隆が「聖断」を得て祭主に補任される（『玉葉』文治元年十一月二十二日）。これを不服とする大中臣公宣らは、鎌倉を頼って、選任の過程の不正を訴えたが、頼朝に積極的介入の意図はなく（文治二年正月十九日）、同二年六月にも、公宣は源義経が神宮に参詣し、祭主能隆と内通しているとの噂を頼朝に連絡している。

頼朝は上洛した建久六年（一一九五）六月二十一日、祭主能隆と六波羅で対面し、談話に及び、「去文治元年十一月、補二祭主一以来、御祈禱事等、殊被二仰付一之間、頗快然云々、自取レ剣授之給云々」（『吾妻鏡』）とあるので、能隆は頼朝の祈禱にも関与することになる。能隆と兼実とは、文治二年九月から、交流が深まり、兼実に代わって神宮に参詣しており、頼朝と能隆との関係も、兼実の仲介があったのではないか。鶴岡八幡放生会は朝廷の了解、緊密化のなかで始まったと推定できるが、神宮と頼朝との関係に祭主が加わるのも文治三年ごろであろう。光倫と頼朝との関係が『吾妻鏡』の記録の最後となるのは、文治三年正月二十日、頼朝の御使として神宮へ義経反逆鎮定祈願の奉幣であった。

のち室町期に足利将軍家が祭主を「室町殿御師職」[26]に任じたように、鎌倉殿と祭主との関係は、能隆に始まる。祭主能隆は天皇祭祀の公祈願に加えて、鎌倉殿の公私の祈願・祈禱にも携わることになる。

鎌倉における伊勢信仰の場は甘縄神明宮である。鎌倉景政は、永久五年（一一一七）大庭御厨を神宮に寄進し（寿永元年正月八日条）、長谷の地域（鎌倉の西）まで、鎌倉氏一族の領地、大庭御厨であった可能性はある。長谷の甘縄神明宮から西南へわずかの距離である坂ノ下に鎮座する御霊社は、「神と祝はれ」（『保元物語』）祭神となる鎌倉景政が祀られている。甘縄神明宮と御霊社は頼朝時代か、それ以前に勧請されていた。景政を御霊神として祀る御霊社と、景政の寄進先である神宮の分社のある神明宮とは、両社が関係していたと推測される。[27]文治元年八月二十七日、御霊社鳴動（地震のごとしとある）により、頼朝の参詣と神楽奉納がある。

頼朝は崇徳院（讃岐院）[28]へ尊崇の念を強く意識するようになる（文治元年九月四日）。父義朝は保元の乱に勝利し、その結果、崇徳院は讃岐へ配流となり、没後怨霊になったことへの贖罪意識があったのであろう。

文治元年十二月二十八日の『吾妻鏡』には、興味深い記事がある。それによると、甘縄付近の土民が立ちながら頓死した。また、鶴岡別当円暁配下の僧が頓死したのち蘇生したが、昏睡状態になっている。このほか、「景政」と名乗る老翁が北条政子の女房（下野局）の夢に現れ、頼朝に言うことは、崇徳院が「天下」に祟りを起こし、「吾」（景政）が制止しても叶わず、鶴岡別当に伝えるようにという内容であった。これは「天魔之所変」であり、「国土無為御祈」のため、鶴岡別当円暁に伝えられ、鶴岡供僧には小袖・長絹などの施物が贈られた。鶴岡内において鎮護国家のための祈禱が執行されたのであろう。

それから数日後、翌文治二年元旦の記録は、空白である。元旦は頼朝参宮・奉幣の日であったが、その有無は確認できない。二日頼朝・政子は甘縄神明宮に参詣する。甘縄の地域の鎮静化と崇徳院の怨霊慰霊など、数日前に起こった異変に起因した参詣・奉幣であったと推定される。

文治五年十月十七日、政子は奥州征討勝利の「報賽御奉幣」のため、鶴岡宮・甘縄神明宮に参詣した。その後も、建久五年正月四日に、甘縄神明宮と御霊社に奉幣使を派遣したほか、同年六月二十六日、閏八月二十二日、頼朝は「伊勢別宮」である甘縄神明宮に参詣している。鎌倉の周縁には、御霊信仰が屯しており、頼朝・政子の間では、伊勢信仰と御霊信仰とを読み取ることができる。

四　二所三島詣

頼朝の二所詣は文治四年（一一八八）正月に始まる。その前年十二月、参詣に供奉する御家人が定められ、各自潔斎することが申し渡された。正月十六日、頼朝は鶴岡八幡参詣ののち御精進に入り、十八日、参詣路の警衛を甲斐・伊豆・駿河の御家人に命じている。二十日、三〇〇騎を率いて鎌倉を出発、伊豆・箱根・三島社に参詣し、二十六日帰着する。行程は六泊七日、御精進を含めると一一日間の日程であった。二所に三島社を加え三所としたのは、後白河法皇が三四回参詣した熊野三所詣のことが念頭にあったと考えられる。また、御精進入りから始まる諸儀礼には、熊野参詣との類似性が少なくない。

鎌倉殿頼朝の年中行事は文治三・四年に骨格が固まってゆく。東国最大の恒例儀礼とされる鶴岡八幡宮の八月十五日放生会が文治三年に開始され、翌四年正月に二所詣が始まる。二度目の二所詣は建久元年（一一九〇）正月十五日出発、二十日帰着した。前回は伊豆山・箱根権現・三島社の順序で参詣したが、今回は三島社・箱根・伊豆山権現の順路に変更された。これは最初に伊豆権現を参詣すると、その途中、石橋山近くの佐奈田与一らの墳墓に参り涙を流すことになるので、参詣に相応しくないという先達の指摘を受けたものであった（『吾妻鏡』建久元年正月二十日条）。翌建久二年の三度目の参詣は、正月二十八日に御精進入り、由比浦で沐浴・潔斎ののち、四日出発、十日鎌倉に帰着した。『吾妻鏡』によって確認される頼朝の二所詣は一一年間に三度であり、年中行事として恒例化したものではない。『吾妻鏡』は建久年間後半の記事を欠いており、四度以上の参詣の可能性は残されているが不詳である。

将軍実朝も二所詣には熱心で、八度の参詣を行っており、このうち、建保二年（一二一四）には正月・九月の年中二度出かけている。源実朝の家集である『金槐和歌集』に見える「箱根路を我越くれば伊豆の海や沖の小島に波のよるみゆ」の著名な歌は、二所詣の順路である三島社・箱根参詣を終え、伊豆山権現へ向かう途中、眼下に広がる大海原を詠んだものである。

二所参詣に先立って将軍は鶴岡八幡に参詣し、御精進に数日入ることを例とされ、鎌倉の海浜である由比浜に出て、沐浴・潔斎の作法を行った。将軍不参により、代参の奉幣使を遣わす場合にも、将軍の御精進入りは実施されており、将軍参詣の二所詣と代参の奉幣儀礼は、実朝・頼経時代には正月・二月恒例の年中行事となっていった。

建仁四年（一二〇四）正月十四日、実朝は御精進に入り、十八日御所南庭において実朝は御殿から庭上に降り、伊豆・箱根・三島の方向に各七反拝され、このあと北条義時は鶴岡に参り、奉幣使として出発、また鶴岡別当尊暁も将軍家祈禱奉仕のため三社に向かった。ここに将軍不参のときにおける遥拝の儀礼が固められた。

将軍頼経の延応二年（一二四〇）八月、寛元二年（一二四四）正月の箱根参詣に際して、奉幣ののち衆徒と供奉の御家人による延年が催され、芸を競い合った。また、将軍宗尊親王の文応二年（一二六一）十一月には、芦ノ湖の湖上に船を浮かべ延年を催した。平安末期以後、僧徒による各種の芸能が盛んになり、僧徒や稚児による延年が奈良を中心に各寺院で流行した。当社は舞楽の奉納を伝えており、文治五年以後の鶴岡放生会をはじめ、時に応じて箱根児童に舞楽を奉仕させるなど、芸能を伝習してきた。二所詣の余興として長寿延命を祝福する意味を込めた遊宴歌舞の延年が将軍・御家人の接待として始められた。後鳥羽上皇の熊野御幸においても山伏の延年・風流が演ぜられており、こうした都文化の影響も少なくない。

二所詣は文永二年（一二六五）二月の宗尊親王参詣が『吾妻鏡』に記載された最後の参詣であった。以後、将軍の二所詣を確認することができない。二所詣は『吾妻鏡』から拾っていくと、頼朝三回、実朝八回、頼経八回、頼嗣二回、宗尊親王四回の、あわせて二五回を数える。文永以後は蒙古襲来の国難、北条得宗の権力集中、幕府の財政難など、また、中央における天皇の神社行幸、上皇の熊野御幸も急激に減少し、将軍参詣は途絶えていく。

貞永元年（一二三二）に制定された鎌倉幕府の基本法典である『御成敗式目』に付属する起請文最末の神文には、「梵天・帝釈・四大天王、惣日本国中六十余州大小神祇、別伊豆・筥根両所権現・三島大明神・八幡大菩薩・天満大自在天神・部類眷属」と起請対象の神々が記されている。そこには、別格の扱いで八幡・天神に先んじて三所が掲げられていることが注目される。式目起請文の神文形式は、こののち鎌倉御家人へ影響を与えた。

関東の入り口に鎮座し、軍事上の要衝でもあった伊豆山・箱根の二所は、頼朝の東国政権樹立以来、執権北条氏の支援もあり、東国守護神として不動の位置にあった。鎌倉幕府の安泰は、二所の神威の隆盛と不可分であり、関東全域の安全確保には、関東鎮守の神威増進が欠かせなかった。

幕府の将軍二所三島詣は、朝廷の上皇熊野御幸に類似する。朝廷の熊野信仰は、現世における山中他界の霊地であることから天皇祭祀とは切り離され、天皇退位後の上皇の信仰儀礼とされた。鎌倉の将軍祭祀権は鶴岡八幡祭祀を頂点に、関東鎮守二所詣の信仰儀礼が別枠で将軍祭祀のなかに組み込まれた。

二所への信仰の特色の一つに冥府信仰があげられる。箱根路の参詣道に近い山中には、死出の山、三途川、大地獄、血の池、賽の河原などの名称が残り、この地域が古くより死者の魂が籠る冥府の霊地に擬せられてきた。山中他界の地へ至り、信仰的営みを遂げることにより来世安穏が保障された。

五　東国一宮と惣社・諸社

頼朝挙兵後、東国の国衙機構の掌握が進められた。治承四年（一一八〇）十月十六日、頼朝は軍兵を整え、駿河に向けて出発し、その夜は「相模国府六所宮」に到着、この地で箱根権現に神領寄進の下文を発給した。六所宮は国衙祭祀機構の拠点となる惣社である。また、富士川の戦いの帰途、二十一日には伊豆国一宮三島神社に参詣し、神領を寄進、二十三日には「相模国府」に着き、ここではじめて勲功の賞を行った。頼朝は、上総国の上総介広常、下総国の千葉介常胤、相模国の三浦介義澄ら、国衙在庁に連なる豪族層の地位を保証し、有力御家人として重用した。東国武士を糾合していくためには、諸国の国衙在庁を支配下に組み入れていくことが最適の方法であった。(29)

東国の動静は、直ちに京都朝廷に伝えられた。治承四年九月二十二日「伝聞、東国事、追日其勢及二数万一、当時七八ケ国掠領」（『玉葉』）とか、同十一月八日「凡遠江以東十五ケ国与力、至二于草木一、莫レ不レ靡云々」（『玉葉』）とある。翌年、頼朝は密々、後白河院に「謀叛之心」の無いことを奏し、昔のように「源氏、平氏相並、可二召仕一也、関東為二源氏一可レ有二御試一也」（『玉葉』養和元年〈一一八一〉八月一日条）と申し入れた。

新たな権力体を樹立した頼朝は、鶴岡八幡宮を鎌倉殿祭祀権の直轄の祭祀の場とし、鎌倉を中心に、東国の諸国一宮・惣社と諸社を同心円状に組み込んだ祭祀体制を築いていく。

寿永元年（一一八二）八月十一日、頼朝は政子の安産祈禱のため、「伊豆・筥根両所権現、并近国宮社」へ奉幣使を立てた。二所をはじめ、「近国」とは、相模の一宮（寒川神社）・三浦十二天、武蔵の六所宮（大国魂神社）、常陸の鹿島、上総の一宮（玉前神社）、下総の香取、安房の東条庤（天津神明社）・洲崎の諸社であった。この奉幣使には、神社鎮座地に何らかの関係をもつ地域の領主が遣わされている。その二日後、若公（頼家）誕生により、鶴岡宮・相模一宮・大庭庤・三浦十二天・栗浜大明神（住吉神社）など、相模の諸社に神馬が奉納された。こうした鎌倉殿の家系安泰祈願は、武家政権護持のための鎌倉殿「御願」祭祀として重要視された。

文治元年（一一八五）十一月二十四日、頼朝は「国土泰平」の祈願のため、伊勢神宮と「近国一宮」に御願書を奉り、相模国内の仏寺一五所、神社一一所に奉納が行われた。この相模国内の一一神社は、建久三年（一一九二）八月九日の政子御産祈願の対象とされた箱根・惣社・一宮・二宮・三宮・四宮など、相模国内の一二諸社と、ほぼ同様の神々であったと思われる。

古代以来、天皇祭祀権に基づく祭祀の体系と密接な関係にあるのが、社殿造営・修造である。神社造営については、諸国の国司・国衙が責任をもつこととされ、公家新制のなかで何度も確認されてきた。国司・国衙が負担する修造方法は一貫しており、新任受領の成功を募り修造することの院宣が下される（『玉葉』文治二年二月二十四日）。

東国における諸社祭祀制の展開は、神領安堵と臨時の奉幣使派遣、そして社殿造営であった(30)。頼朝は、神社の破損が多いことから、文治二年四月ごろ、朝廷に「諸社諸寺修造事」を申し入れ、その返事に、「於二神社一者、大概被レ付レ国訖」（『吾妻鏡』文治二年六月九日）とある。

ついで文治二年五月二十九日、頼朝は「神社・仏寺興行事」を朝廷に申し入れ、東海道において諸国の惣社・国分寺および霊寺の破壊については、「奏聞」を経た上で「守護人」が修復を加えるように指示している。国司・国衙負担の原則があるなかで、東国の東海道に限っては、守護も修造に関与することになった。これは石井進が指摘したように、東海道の諸国に対して、「社寺に対する特殊な権利を行使できた(31)」ことになる。社寺の修造は国衙が担ってきたが、とりわけ国衙機構と深い関係をもつとされる惣社・国分寺について、国衙ではなく、守護に担当させることを明言したことは重い意味をもつ。

惣社は国内の神々を国府近くに勧請したもので、国衙祭祀機構の要になっていた(32)。頼朝挙兵の前年、治承三年五月、常陸国留守所の「造営注文(33)」によると、常陸惣社の各社殿の造営が常陸国内の神社・国衙領に宛て課せられており、東国惣社の運営、社殿造営の実態を知る上で貴重である。

それによれば、惣社社殿のうち忌殿は筑波社（延喜式内「筑波山神社」・名神大社）、倚（綺カ）屋は吉田社（延喜式内「吉田神社」・名神大社・三宮）、舞殿は佐都社（延喜式内「薩都神社」）、職掌人屋は静都社（延喜式内「静神社」・名神大社・二宮）、御経蔵は稲田社（延喜式内「稲田神社」・名神大社）、竈殿は三村竹来社（式外社、筑波郡三村郷鎮座カ）、馬場屋は大国玉社（延喜式内「大国玉神社」）など、国内有力諸社が造営を担っていた。また、二鳥居・雷社と三鳥居は「当社」とあるので、惣社が負担している。この文書は前半部を欠いており、ここに神殿・幣殿など主要社殿が記載され、一宮鹿島神宮の負担となっていたものと推定される。

諸国では、国衙機構と一宮・惣社および国内有力諸社とが、祭祀においても、社殿造営においても、結びつくことで、一国内に神祇体系を構成していったが、文治二年になると、ここに鎌倉殿任命の守護を組み込む指針が示された。

頼朝は神社修造の負担とともに、天皇祭祀制の中枢に置かれた二十二社奉幣（祈年穀奉幣）の復興にも寄与する。朝廷では、近年奉幣の幣物が用意できず、社頭に奉幣使が遣わされることはなかったが、文治二年二月二十四日、頼朝が幣物を準備し、二十二社奉幣を復活できた（『玉葉』）。天皇祭祀権の再興に、頼朝は経済面で補完、寄与する姿勢を示している。

文治三年四月二日には、鶴岡宮をはじめ諸寺院で後白河法皇の病気平癒の読経を催し、京都朝廷への好意的対応が示される（『吾妻鏡』）。後白河法皇の病気の理由は、神社修造に熱心でないこととされ、さらに修造をすすめることになるが（『玉葉』文治三年四月十日）、このためには鎌倉側の協賛を必要とした。

建久二年の新制[34]では、諸国の国分寺、「諸国一二宮」と宗となる霊社の修造があげられ、幕府も「近国一宮」と国分寺の修造を命じており（建久五年十一月二十七日）、上野国の寺社については、安達盛長が奉行することになる（十二月一日）。また、相模国内の寺社の仏神事は旧のごとく、相模国衙の三浦介義澄に担当させている（建久五年四月二十二日）。

こうした文治・建久年間の、神社修造・祭祀興行について、これが幕府の基本法に盛り込まれる。本来この行為は、天皇祭祀権の代行行為を担う国司・国衙の分担であったが、鎌倉殿の武家政権確立により、統治と不可分の祭祀権について、東国において先行運用してきた。

幕府の祭祀行政の基本は、「右大将家御時」の、頼朝の先例が重視され、「御成敗式目」冒頭の第一条「一、可下修理神社一、専中祭祀上事」に掲げられた。ここには、鎌倉殿と御家人との相依関係に匹敵する著名な「右、神者依二人之敬一増レ威、人者依二神之徳一添レ運」の文言が入り、神人関係が記される。これにつづいて、「然則、恒例之祭祀、不レ致二陵夷一、如在之礼奠勿レ令二怠慢一、因レ茲於二関東御分国々并庄園一者、地頭・神主等各存二其趣一、可レ致二精誠一也、兼又至二有封社一者、任二代々符一、小破之時且加二修理一、若及二大破一、言二上子細一、随二于其左右一可レ有二其沙汰一矣」とある。

この条文は、先の文治二年段階までに、鎌倉殿が東国の範囲において運用できた、神社修造・祭祀興行のことを、法文上明確にしたもので、「地頭・神主等」にまで遍く浸透させようとしている。「関東御分国々」とは、鎌倉殿の「知行国」とは区別された、鎌倉・相模を中心とした「近国」、東海道の特殊な領域をなす、いわゆる「東国」であることは、周知のところである。

鎌倉殿祭祀権に関して、重要な指摘をしたのは、石母田正(35)である。「実は「関東御分国々并庄園」における鎌倉殿の祭祀権を法によって確定したのである。諸国の祭祀権は、律令制国家の統治権の不可分の一部をなすものであるから、従来太政官—国司の系列に属した国家の祭祀権を、右の限定された領域に限って、鎌倉殿—守護—地頭・神主の系列に収めることを明確にした第一条は、国制史上の大きな変化」であり、「「東国」の範囲内において鎌倉殿がもっていた国法上の特殊な権限の一部としての祭祀権」とされる。初期の武家政権は、東国国衙を従えた国家的機構の一部として存立しており、京都朝廷の認知によって、東国地域の統治と祭祀権の運用を果たすことができた。

幕府による社寺の造営・修造は、鎌倉後期の弘安年間（一二七八〜八八）以後から全国的に展開されており、それ以前は、東国に限られていた。このように造営・修造に限定があったことは、鎌倉殿祭祀権にも、天皇祭祀権を侵犯することのできない、不文の法が意識されていたことになる。

源家将軍以後では、摂家将軍藤原頼経は、氏神社である鹿島・春日に崇敬を寄せた。鹿島神宮の恒例、正月七日の白馬神事は、頼経の鎌倉下向（承久元年〈一二一九〉）のとき、瑞相があり開始されたと伝える(36)。また、頼経が従四位下に叙位された報告を、「始令レ拝二春日別宮一」（寛喜三年〈一二三一〉三月三日）とあり、仁治二年（一二四一）一月、春日社・二所三島社に神楽を奉り（仁治元年十二月十六・二十三日にも）、また嘉禎元年（一二三五）二月四日、頼経は五大堂明王院の創建をすすめ、この地に総社を勧請することになり、春日社を迎える。

宮将軍宗尊は、鎌倉に無事下向できたことを謝し、建長四年（一二五二）四月十四日、神馬を「大神宮・八幡宮以下大社」に奉った。その対象は「京都十八社・関東鶴岳宮・伊豆・箱根・三島、及武蔵国鷲宮已下、諸国之惣社云々」とある。伊勢をはじめ「京都十八社」は、二十二社の多くを含む諸社と推定できるが、摂家将軍・宮将軍を通じて、鎌倉殿祭祀制の基本は、頼朝以来の鶴岡八幡祭祀を基点に、地域ごとに東国諸社祭祀が基盤になったことは変わりがない。

おわりに

前近代における国家の統治と祭祀の体系とは、一体的関係のなかにある。鎌倉に新たな武家政権が樹立すると、国家的な祭祀の体系が、どのように再構築されていったのか、これが本章における問題関心である。

頼朝の建久年間（一一九〇〜九九）までを中心に、鎌倉殿祭祀権について考察してきた。新たに創祀された鶴岡八幡宮は、鎌倉殿祭祀権の直轄のもとで運用され、頼朝はしばしば参詣・奉幣を重ね、将軍祭祀とされる正月元旦の朔旦奉幣、八月放生会のほか、建久年間までに、三月三日・四月三日・五月五日・九月九日に舞楽・流鏑馬・相撲を奉納する将軍臨時祭が開始する。

寿永二年（一一八三）以前は「最勝王」の令旨を掲げ、東国独自の祭祀権を確立させているかにみえるが、一方では石清水・六条八幡と放生会の祭日を共にした一体感を構成することで、天皇祭祀権に循環する体系も意識した対応をとっていることは注目したい。すなわち、文治以後は、後白河院政と交わり、社殿修造などを請け負うことで、天皇祭祀権の代行行為に近づいている。

伊勢神宮については、別の対応がみられる。文治二年（一一八六）以前までは、権禰宜層と師檀的関係を結び、大神宮信仰の新たな道筋、公祈願とともに私祈禱へと信仰の広がりに貢献するが、以後は大中臣祭主との関係を深めた。ただし、天皇祭祀権の問題では、一定の距離をとっていたことは、私幣禁断の建前からすれば、当然のことであったといえる。

東国の一宮・諸社では、東国の国衙機能を武家政権に吸収していく過程で、天皇祭祀権の代行行為ともいうべき社殿造営と祭祀興行に積極的に関わり、守護と地頭・領主にも担わせた。そして一宮・惣社を含む東国諸社は「御成敗式目」に規定され、新たに創出された二所三島詣は、上皇祭祀における熊野御幸に似せた参詣として機能し、鎌倉殿祭祀制の基本が確立する。

註

（1）宮地直一『神道史　中巻』（理想社、昭和三十四年）、鎌田純一「源頼朝の信仰」（『皇學館論叢』二巻六号、昭和四十四年）、平泉隆房「源氏の神祇信仰についての二・三―とくに源頼朝を中心として―」（『神道史研究』二九巻一号、昭和五十六年）。

（2）黒田俊雄『日本中世の国家と宗教』（岩波書店、昭和五十年）。黒田論への批判として、朝廷と幕府が異なった宗教政策をとったと説く、佐々木馨『中世仏教と鎌倉幕府』（吉川弘文館、平成九年）の論がある。また、佐々木論への批判に、平雅行「鎌倉における顕密仏教の展開」（伊藤唯真編『日本仏教の形成と展開』法藏館、平成十四年）がある。

（3）井上寛司『日本の神社と「神道」』（校倉書房、平成十八年）。

（4）上横手雅敬「源頼朝の宗教政策」（上横手雅敬編『中世の寺社と信仰』吉川弘文館、平成十三年）。
（5）八代国治『吾妻鏡の研究』（吉川弘文館、大正二年）。
（6）林屋辰三郎『古代国家の解体』（東京大学出版会、昭和三十年）、石井進『日本中世国家史の研究』（岩波書店、昭和四十五年）、平泉隆房「以仁王令旨考」（『皇學館論叢』一三巻三号、昭和五十五年）、佐藤進一『日本の中世国家』（岩波書店、昭和五十八年）。
（7）読経の巻数は一九であるが、八幡から観音まで一八しかない。あるいは、三島社では第三殿と第二殿に二巻捧げたとすれば、ちょうど一九巻となる。
（8）鎌田純一、前掲註（1）論文に「八幡は石清水であり、若宮は六条八幡とみられる」とある。
（9）岡田荘司「箱根神社の歴史と信仰―二所詣を中心に―」（『箱根の宝物』箱根神社社務所、平成十八年）において、院の熊野詣と類似することを指摘した。二所詣については、岡田清一「鎌倉幕府と二所詣」（『鎌倉幕府と東国』続群書類従完成会、平成十八年。初出、平成十六年）、同「鎌倉幕府の社寺体制―「二所詣」の変遷から―」（福田豊彦・関幸彦編『「鎌倉」の時代』山川出版社、平成二十七年）、田辺旬「鎌倉幕府の歴史的展開」（『ヒストリア』一九六号、平成十七年）。
（10）宮地直一「鶴岡八幡宮寺の組織とその性質」（『神祇と国史』古今書院、大正十五年）、『鎌倉市史』社寺編（吉川弘文館、昭和三十四年）鶴岡八幡宮の項（川副武胤執筆）、江部陽子「鶴岡八幡宮の発展の三階梯と源頼朝の信仰」（『神道学』六三号、昭和四十四年）、貫達人『鶴岡八幡宮寺』（有隣堂、平成八年）、伊藤清郎「鎌倉幕府と鶴岡八幡宮」（『中世日本の国家と寺社』高志書院、平成十二年。初出、昭和四十八年）、加瀬直弥「中世における殺生禁断と祭祀――鶴岡八幡宮における初期放生会の考察」（『日本学研究』六、平成十五年）など。
（11）豊田武・岡田荘司編『神道大系　神社編　鶴岡』「解題」（神道大系編纂会、昭和五十四年）。
（12）『鎌倉市史』総説編（吉川弘文館、昭和三十四年）。
（13）前掲註（10）『鎌倉市史』社寺編、鶴岡八幡宮の項。
（14）二木謙一『中世武家儀礼の研究』（吉川弘文館、昭和六十年）。
（15）岡田荘司「「私礼」秩序の形成―元日拝礼考―」（『平安時代の国家と祭祀』続群書類従完成会、平成六年。初出、昭和六十三年）。
（16）伊藤清郎「中世国家と八幡宮放生会」（前掲註（10）『中世日本の国家と寺社』。初出、昭和五十二年）。
（17）魚澄惣五郎『古社寺の研究』（星野書店、昭和六年）、宮地直一『八幡宮の研究』（理想社、昭和三十一年）。

(18)『二十二社註式』「山城国六条佐女牛八幡宮、神躰同二石清水一、人皇七十代後冷泉院治八年、天喜元年、依二勅願一御勧請、祖兼親奉行之、伊与守頼義御沙汰也」とある。天喜元年（一〇五三）義家の父、頼義の創祀と伝える。以後、康平年間（一〇五八～六五）にかけて、鶴岡八幡の元宮である相模国由比若宮、武蔵国大宮八幡、伊予国伊予八幡など、源頼義創祀の八幡社が増える。

(19)六条八幡に対しては、足利将軍家の崇敬は厚く、応仁の乱の戦火で焼失した。このあと、豊臣秀吉のとき、旅所に遷座し、慶長十年（一六〇五）現社地（京都市東山区五条橋東）に移転した。なお、旧社地の域内にも、小祠（若宮八幡社、京都市下京区若宮町、六条若宮通上ル）が祀られている。

(20)国立歴史民俗博物館所蔵「田中譲氏旧蔵典籍古文書」のうち。海老名尚・福田豊彦「資料紹介：「六条八幡宮造営注文」について」（『国立歴史民俗博物館研究報告』四五集、平成四年）。

(21)宮地直一、前掲註(10)論文。

(22)「八幡宮寺年中讃記」ほか（『石清水八幡宮史料叢書』四、石清水八幡宮、昭和四十八年）。

(23)神宮と頼朝・武家政権との関係については、以下の論考がある。萩原龍夫「伊勢信仰の発展と祭祀組織」（『中世祭祀組織の研究』吉川弘文館、昭和三十七年）、河合正治「伊勢神宮と武家社会」（『中世武家社会の研究』吉川弘文館、昭和四十八年。初出、昭和二十八年）、鎌田純一『中世伊勢神道の研究』（続群書類従完成会、平成十年）、加瀬直弥「源頼朝における神宮施策」（『神道研究集録』一六、平成十四年）、平泉隆房『中世伊勢神宮史の研究』（吉川弘文館、平成十八年）、『伊勢市史』第二巻中世編（伊勢市、平成二十三年）。

(24)岡田莊司「私祈禱の成立―伊勢流祓の形成過程―」（『陰陽道叢書』第二巻中世、名著出版、平成五年。初出、昭和六十年、本書第一部第四章）。

(25)岡田莊司「中世の大中臣祭主家」（藤波家文書研究会編『大中臣祭主藤波家の歴史』続群書類従完成会、平成五年）。

(26)太田直之「室町幕府の神祇政策―将軍家御師職を中心に―」（『中世の社寺と信仰』弘文堂、平成二十年。初出、平成十九年）。

(27)前掲註(12)『鎌倉市史』総説編一八一頁に両社の関係を推測する。

(28)山田雄司『崇徳院怨霊の研究』（思文閣出版、平成十三年）。

(29)石井進、前掲註(6)著書。

(30)中世諸国一宮制研究会編『中世諸国一宮制の基礎的研究』（岩田書院、平成十二年）、加瀬直弥「鎌倉幕府神祇制度形成の一過程

―一宮との関わりを端緒に―」（『國學院大學大学院紀要』文学研究科、三二輯、平成十三年）。
(31) 石井進、前掲註(6)著書。
(32) 宮地直一「総社に関する一考察」（『史学雑誌』三八編九号、昭和二年）、岡田莊司「地方国衙祭祀と一宮・惣社―若狭彦神社『詔戸次第』を中心に―」（『平安時代の国家と祭祀』続群書類従完成会、平成六年。初出、昭和五十二年）。
(33) 常陸国総社宮文書、『茨城県史料』中世編Ⅰ（茨城県、昭和四十五年）。
(34) 『鎌倉遺文』五二六号、建久二年（一一九一）三月二十八日後鳥羽天皇宣旨（三代制符）。
(35) 石母田正『中世政治社会思想』上（日本思想大系）解説（岩波書店、昭和四十七年）、市川浩史「祈禱・祭祀権」（『吾妻鏡の思想史―北条時頼を読む―』吉川弘文館、平成十四年）。
(36) 鹿島神宮文書、天福元年（一二三三）「白馬祭由来案」（『茨城県史料』中世編Ⅰ、茨城県、昭和四十五年）。

〔付記〕平成二十一年（二〇〇九）一月、初詣をかねて、鎌倉・鶴岡八幡宮を出発、電車とバスを乗り継いで、三島大社・箱根神社・伊豆山神社を巡り、一日で二所三島詣を廻った。これを契機に、二年後、「中世東国における神社の歴史的展開」研究発表会が組まれ、その特集では、本章をはじめ、吉永博彰「中世伊豆国三島社の社家組織について―神主職継承に関する問題を中心に―」、菊地晋介「鎌倉初期の走湯山と二所詣―頼朝を支えた僧侶たち―」、大東敬明「「二所参詣口決」覚書」が掲載され、加瀬直弥、水谷類がコメントを寄せられた（『神道宗教』二二五号、平成二十四年）。

終章　中世神道における「神＝人＝心」の系譜

――奥伊勢から奥三河へ――

はじめに

神話（天上）と歴史（天下）のなかで、古代祭祀から中世神道へと伝えられてきたものがある。いま地域の人口減少、自然災害、コロナ禍後の厳しい環境のもとにおいて、神道は次世代へ向けて、何を伝えていくのだろう。

古代の天皇と地域の祭祀は、祭祀権の二重構造のもとで、循環型祭祀体系が機能しており、天皇は不可測な神々と対峙していく必要があった。[1] 古代の祭祀観は、外来魂と内在魂との交換は確認できず、あくまでも神威を受け内在魂を活性化する祭儀であった。こうした神々との関係は、平安時代後期以降になると、斎戒と祓の信仰を背景に、個人の心のなかに内在する神として認識され、「神＝人＝心（霊）」の合一により、神人一体の神霊観に基づいた中世神道を形成していく。

「神道」の成立期について、大きく二つの学説がある。『日本書紀』天武紀を中心とした七世紀後半、律令祭祀成立期の古代祭祀論と、古代神話を記した『日本書紀』の新しい読み替えによって成立した中世初期の両部神道から伊勢神道への形成期の中世神道論とである。この古代・中世の二学説は、現代神道へ至る淵源の二元論といえる。『日本書紀』を基軸とした古代祭祀論と中世神道論を受け継ぐことで、「神道」は現代神道へと衣替えをつづけてきた。この二つの学説は、神道を定義する主要な論点といえる。現代神道論は、古代と中世の祭祀・神道論を組み込むことで、次代への神道論の起点になろう。

中世の信仰とその言説である伊勢神道と吉田神道は、(2)近世の学問系譜からは排除される対象とされた。近世の考証学神道と国学神道のなかからは、中世神道に対する偽書性・作為性が批判され、近代以降もその方向性は受け継がれた。昭和の後期においても、その理解に基本的な変更はなく、家永三郎は「すべて自家の神道教義に立脚した空理空論で埋められており、書紀の学問的研究のために今日読むに値するものは一つもない……書紀を神典化した中世神道が、思想的にも、日本の民衆の生きた信仰から遊離した、現実的意義のとぼしい、一部社家またはそれにつらなる公家貴族の机上の観念論であった(3)」と論断されている。

その一方で大隅和雄は、中世神道の典籍を翻刻し、「神道論においては、まず天地がいかにして生成したかを考えることによって、そこから国土、国家、神々と人間等の問題をとらえようとする方向が一般となった」と論じ、神話の再解釈・再構築を図ることにより、国家・神宮の永遠性や国家論が主張され、さらに「中世の神道論にあらわれる人間の位置づけは、天地生成の過程であらわれる人間にも、神と同じ霊性を認めるもので、人間が神と通じあうためには元初の心身に帰ることが必要であると説き、その方法を示すのが一般であった(4)」と論ぜられ、一定の評価を与えている。

『日本書紀』が中世神道に与えた影響は小さくない。平野・吉田卜部氏による中世古典学形成の核となっているのは、『日本書紀』神代巻に基づいており、卜部兼倶の吉田神道もまた、その系譜のなかにある。古代の神祇説は、中世に全開していった両部・伊勢・吉田神道を経ることによって、現代神道の形が見えてくる。中世における両部・伊勢・吉田神道の内在化する神、神と心の一致、内在神観の顕現という「神・人・心（霊）」の信心の流れを素描し、中世末期に展開していった奥三河の在地神楽の舞庭に向かうことにしたい。

一　奥伊勢〈両部神道の発生源〉から伊勢神道へ

伊勢の神仏関係の拠点になっていたのは、伊勢神宮の南方、熊野灘に面した志摩国の、三重県度会郡南伊勢町河内（旧南島町）に所在した、奥伊勢の吉津仙宮院という。吉津の地には、仙宮院に伝来してきたと推定される、平安時代後期以前に遡る大日如来が安置されてきた(5)。仙宮院は行基が建立し、以後、最澄・空海・円仁ら著名な高僧が仙宮院院主となり、大神宮のために法会を勤修してきたと伝えてきた。

中世神道の出発点は、両部神道の密教僧と伊勢神道の度会神主たちの学問的営為の成果といえる。かつては伊勢神道の生成のなかで両部神道が形成されていったという理解も見られたが、今では否定され、奥伊勢にその発生源の拠点が求められる。その最初期に著作された『中臣祓訓解』は、天台宗園城寺の百光坊慶暹から証禅の住坊に伝来してきたとされ、園城寺に関係した仙宮院の僧侶によって作られたと推測される。

鎌倉初期以前の成立とされる『中臣祓訓解』とその異本である『中臣祓記解』は、神道の中臣祓を密教的解釈で論じた両部神道の代表的書籍である。『中臣祓訓解』の秘伝書のほか、『宝志和尚伝』（別名『天照大神儀軌』）、『三角柏伝記』が著作され、のちに伊勢神道の成立に大きな影響を与えた(6)。

中臣祓の注釈書である『中臣祓訓解』は、「覚王の密教に託して、略して心地の要路を示」したもので、祓は「己心清浄の儀益、大自在天の梵言、三世諸仏の方便、一切衆生の福田、心源広大の智恵、本来清浄の大教、無怖畏の陀羅尼、罪障懺悔の神呪」、「最勝最大の利益、無量無辺の済度、世間出世の教道、抜苦与楽の隠術」であるという。その注釈では「神は則ち諸仏の魂、仏は則ち諸神の性なり」と説いて、神魂・神性を重んじ、現世では「神祇の験を顕はし、神民の威を施し、一期の苦愁を消して、百年の栄楽を托す」とある。すなわち、仏説に依拠しつつも、中臣祓の効能を評価し、神祇の霊験をいただくことで、苦しみを除き、人々に幸せを与える隠術であると説き、災害・疫病など、苦悩にあえぐ人々の不安消去を目的としていた。

また、『中臣祓訓解』巻末には、東禅仙宮寺院主（空海）から度会河継に授けられた「伝記」が収められている。

念心はこれ神明の主なり、万事は一心の作なり、神主の人々、須らく清浄を以て先とし、穢悪の事に預らず、鎮に謹慎の誠を専らにし、宜しく如在の礼を致すべし、これ則ち神明内証の奥蔵、凡夫頓証の直道なる者か、

この「伝記」は、仙宮院主空海から伊勢外宮神主へ伝授された伊勢神道の草創に関わる秘伝というべきものである。外宮度会神主ら神職によって唱導された伊勢神道は、神宮に伝わる古縁起を基に、両部神道の影響を直接受けて内外両宮を並立させ、陰陽説や道家思想を取り込むことによって独自の教説を確立した。仏家の両部神道の影響を強く受けながら、仏法の息を屏し、新しく斎戒を重んじ祭祀に仕える神職の意識に立った神道説として成立する。その最も早い成立は、鎌倉前期の『伊勢宝基本記』（『造伊勢二所太神宮宝基本記』）に始まり、『倭姫命世紀』の著作を経て、鎌倉後期の弘安年間（一二七八〜八八）のころ、神宮三部書が次々と著作されていった。

伊勢神道の思想は、『倭姫命世記』に、「天照太神は日月と共にして、寓内に照臨給へり、豊受太神は天地と共にして、国家を守り幸ひ給へり」とあり、さらに同書には、「大日本国は神国なり、神明の加被によりて、国家の安全をえ、国家の尊崇によりて、神明の霊威を増す」と、神国・国家論とともに、謹慎の心、正直が強調される。言説・注釈が盛んになり、言挙げして神道の精神が強調されるようになるのは、中世以後の伊勢神道からであった。

中世の神道説から、神道のこころ、精神が重視され、伊勢神道書にも取り上げられるようになる。こころ・精神は心神ともいい、人間に内在するこころの問題に焦点があてられる。

伊勢神道書のなかで、最も早く撰作された『伊勢宝基本記』は、伊勢内宮の創祀について、『日本書紀』垂仁紀二十五年条とほぼ同文を引くが、つづく垂仁天皇二十六年十一月の新嘗会の夜、天照大神から倭姫命に下された託宣に、(7)本書独自の真義が語られている。

人は乃ち天下の神物なり、須らく静謐を掌るべし、心は乃ち神明の主たり、心神を傷ること莫かれ、神垂は祈禱を以て先と為し、冥加は正直を以て本と為す、其の本誓に任せて、皆大道を得しむれば、天下は和順し、日月は精明なり、風雨は時を以てし、国豊かに民安らかならん、故に神人は混沌の始を守りて、仏法の息を屏し、高台の上に置きて、神祇を崇め祭り、無弐の心に住して、朝廷を祈り奉れば、則ち天地と竜図とは運長く、日月と鳳暦とは徳遥かにして、海内は泰平となり、民間は殷富とならん、各々念へ、神を祭るの礼は、清浄を以て先と為し、真信を以て宗と為す、

また、『倭姫命世紀』には、外宮鎮座と関係した雄略天皇二十三年二月のこと、倭姫命の受けた託宣として、

心神は則ち天地の本基、身体は則ち五行の化生なり、肆に元を元として元の初に入り、本を本として本の心に任せよ、神は垂るるに祈禱を以て先と為し、冥は加ふるに正直を以て本と為せり、夫れ天を尊び地に事《つか》へ、神を崇め祖を敬ふは、則ち宗廟絶へず、天業を経倫《をさ》む、又仏法の息を屏して、神祇を再拝し奉れ、日月は四洲を廻り、六合を照らすと雖も、須らく正直の頂を照らすべし、

とある。さらに、神宮三部書の一つ、『御鎮座伝記』（別名『太田命訓伝』）の真福寺本は、度会行忠が弘安十年、見返しに「六十未満以前、不及披見」と記して、六十歳を迎えた関白鷹司兼平に献じたと推定される、行忠自筆本（巻子

の軸木に「行忠之」と記す）である。(8)同書の雄略天皇二十二年十一月の「皇太神幷止由気皇太神勅」には、

人は乃ち天下の神物なり、心神を傷しむること莫れ、神垂は祈禱を以て先と為し、冥加は正直を以て本と為す、其の本心に任せて、皆大道を得せしめよ、故に神人は混沌の始を守り、仏法の息を屛し、神祇を崇めよ、散斎・致斎、内外潔斎の日、喪を弔い疾を問ひ宍を食ふことを得ざれ、刑殺を判ぜざれ、罪人を決罰せざれ、音楽を作さざれ、穢悪の事に預らざれ、其の正を散失せざれ、其の精明の徳を致せ、左の物を右に移さず、兵器を用ゐること無く、鞆の音を聞かず、口に穢悪を言はず、目に不浄を見ず、鎮へに謹慎の誠を専らにし、宜しく如在の礼を致さしめよ、時に大神主阿波良波命、宣を承はり之を記す、

とあり、以上三書の文句は、伊勢神道の真髄として、「心神」の意識といい、「元元本本」思想といい、後世に影響を与えた。こうした個人の心の営みに視点をおいた信心の覚醒の背景には、神祇信仰の核ともいえる祓信仰の存在があげられよう。

古代の祓の信仰は、神祇官祓のほか、平安時代中期に入ると陰陽道の河臨祓・七瀬祓が国家的祭法とされた。また、祓は陰陽師によって個人祈禱の呪法として盛んになり、百度祓・千度祓などの度数祓が行われるようになる。祓の祭法は、国家・地域の公的なものから、貴族社会をはじめ個人のための病気平癒や安産祈願など、私的祈禱に広がっていく。平安末期には伊勢神宮の権禰宜層が東国各地に進出し、病気・安産祈願など、これまで陰陽師が管轄してきた個人祈禱の分野に伊勢の御祈禱師（口入神主）が活躍し、中世の伊勢大神宮信仰へと発展させていく原動力となり、神社参詣も増加した。(9)

平安期の陰陽師や仏家に受容されていった『中臣祓訓解』は中臣祓の注釈であり、その系譜は『伊勢宝基本記』にも、祓串の大麻について、

大麻、不浄の妄執を解除《はら》ふは、清浄の本源に住せんが為なり、故に神国の境、福智円満の国を鎮護し、魔縁を鉄際に遷し、穢悪を他界に撥ふを謂ふ、己身清浄の義、蓋し滅罪生善の神呪なり、故に祓と謂ふ、神代上に曰はく、

逐之、此れを波羅賦と云ふなり、

とあり、祓の効用が説かれている。鎌倉前期の伊勢神道形成期は、同時に伊勢祠官による伊勢流祓の形成期でもあった。中臣祓による私的祈願の祓は、鎌倉幕府の周辺や東国の御厨を拠点にしながら、地方の武士・農民層に広く流布していった。こうした中臣祓を用いて発展する大神宮信仰と、特定の神宮祠官の内部で起こった伊勢神道説とは無関係ではありえない。個人の祓祈禱と伊勢神道の形成とは、中世の神道説を開いていく両輪であり、その合流は積極的契機になったといえよう。

奥伊勢の仙宮院が置かれていた志摩国吉津御厨は、外宮度会氏が関係していた地域であり、『中臣祓訓解』の書籍は、のちに度会行忠に伝えられた。また、その異本である『中臣祓記解』は、建保五年（一二一八）に一禰宜度会光忠の子光親（源頼朝の御祈禱師）本を度会康房が書写しており、度会氏の「最極秘本」として度会常良へ伝えられ、祓本の学識とともに両部神道書は伊勢神道のなかに引き継がれていく。

度会常良（常昌）が後醍醐帝の中宮阿野簾子に献じた、冒頭に「大神宮、仏法僧ヲキラハル、御事」とある『大神宮両宮之御事』（仙宮神社所蔵）において、外宮は天神の始め、内宮は地神の始めであり、

内空（宮）ハ地神ノ始、陰神ニテ火徳ヲソナヘ給ヘリ、是一陰一陽ノ義也、地トハ一塵モ体アラハルレハ、皆地ノカタチアル物ハ、人・畜・草・木、皆地也、面目ソナハル始ニテ、而モ、大日孁尊《ヲウヒルメノミコト》ト申、大日ニハタマシイナリ、法仏ハ皆大日如来ノ流出也、此神ハ大日如来ノ霊ナリ、故ニ此神ニハ本地ナシト申也、法仏《フツ》ヲ末トスル故ニ、此処ニ仏法僧、何ノ用アラムヤ、機前無教、疾前無薬、此両神ヲ正直捨方便ノ神ト申、

とある。内宮の大日孁尊（天照大神）は大日如来の「タマシイ」「霊」であり、本地はないとする理解は、内外両宮の「両神」が「正直捨方便ノ神」として、仏法を屏《さえぎ》る理論に組み合わされた。常良が理解した大日の「タマシイ」「霊」の神観は、外宮神がすべてを超越する大元尊神・国常立尊・天御中主神などへと祭神変容する巧妙な論理とも共通項をもつ。また、近年は伊勢神道成立の背景として、道家思想の再認識とともに、禅家思想との関係が注視されるようになった(10)。伊勢度会神主たちは、これら外来思想の取り込みを促進させることによって、逆説的に自立した神道の形を「正直捨方便ノ神」として際立たせたのであろう。そこには、祭祀に仕える神主の、斎戒と祓の信仰に貫かれた、心の正直につながる気概が潜んでいた。

この「御事」をはじめて紹介したのは、近代の神道史家であり、大正・昭和前期の神祇行政に深く関与した宮地直一（一八八六〜一九四九）であった。宮地が奥伊勢の、吉津仙宮院の所在地に鎮座している仙宮神社を訪ねたのは、昭和九年（一九三四）二月三日のこと、加藤社司宅に一泊し、掛軸に「瑞柏鎮守神仙境／昭和九年二月　宮地直一書」と揮毫した。その折りに披見した『大神宮両宮之御事』は、直ちに雑誌に紹介され世に知られるところとなった(11)。

二　兼倶の吉田神道とその神観

卜部氏は中世に入ると、神祇故実と「日本紀の家」として神祇界における地位を上昇させていった。平野流の卜部兼文を師とし、子息兼方が編纂した『釈日本紀』は、中世古典学の成果といってよい。その後、『日本書紀』の学問は、一条兼良と吉田卜部氏によって受け継がれ、兼倶によって集成される(12)。

卜部（吉田）兼倶の青年期は、古代以来の神祇祭祀に奉仕することに専念し、神道説を立ち上げようとする積極的展開はみられない。そのなかで、中世最後の後土御門天皇大嘗会の執行に尽力する姿は印象的である（『親長卿記』文正元年記）。

応仁元年（一四六七）に入ると京都は戦乱状態に陥り、動乱の時代を迎えた。朝廷儀礼と祭祀は中絶し、兼倶の室町の屋敷は焼失し、吉田社も焼失した（『山科家礼記』）。吉田周辺の住人たちは、戦乱に巻き込まれ十余人が殺害される。兼倶は前半生（当時三十二歳）のなかで、伝統的祭祀の中絶に衝撃を受け、神祇の家としての面目を失った。この厳しい経験が新しい神道説を打ち立てる原点になっている[13]。

吉田の神道説、秘伝伝授が確認できるのは、文明二年（一四七〇）二月の日付のある「宗源神道誓紙」（北野天満宮所蔵『日本紀正義』）である。兼倶は文明の初めに神道説の創作を重ね、その具体例は文明三年十二月以後、神祇伯資益王、海住山高清、前関白二条持通、柳原資綱らに「解除呪文」が伝授されている。その初期において、神道説の形成と、その信仰霊場である斎場所大元宮の創設が構想されている。また兼倶は公家や禅僧に向けて、『日本書紀神代巻』『中臣祓』の講義を開き、神道説の流布に努めた。文明後半期以降、兼倶の吉田神道は、近畿圏を中心に地域神社・神職とのつながりを深め、神道界の棟梁として「神道長上」家の地位を確定していった。兼倶の孫兼右から兼見時代になると、神道説は地方へ展開し、神職向けの祭式次第書が用意されることになる。

兼倶の唱える神道説は、『唯一神道名法要集』のなかで「元本宗源神道」の名称に示されている。元本の「元とは陰陽不測の元々を明かす、本とは一念未生の本々を明かす」もので、宇宙の根本原理に遡って道を論じる。この「元々本々」は、伊勢神道の『倭姫命世記』を受け継ぐもの。宗源とは、神道は儒教・仏教の宗、万法の源であり、その神観は天地に先立ち陰陽を超越した絶対的存在、無始無終の霊的なものとされる。

兼倶撰になる『神道大意』（文明十八年『十輪院内府記』に「神道之大意」とある前将軍足利義政へ進講の書か）におい

ても、

夫神ト者、天地ニ先テ而モ天地ヲ定メ、陰陽ニ超テ而モ陰陽ヲ成ス、天地ニ在テハ神ト云、万物ニ在テハ霊ト云、人ニ在テハ心ト云、心ト者神ナリ、故ニ神ハ天地ノ根元ナリ、万物ノ霊性ナリ、人倫ノ運命ナリ、無形シテ能有形物ヲ養ハ神ナリ、……当知心ハ則神明ノ舎、

と、その神性は天地にあっては神といい、万物にあっては霊、人倫にあっては心とし、心即神であるゆえに心は神明の舎であると説明する。また、兼直に仮託された『神道大意』において「仏は神の性、人は則ち神の主なり」とあり、兼倶の作と推定される『六根清浄太祓』に「人は乃ち天下の神物なり、須らく静謐を掌るべし、心は乃ち神明の本主たり、心神を傷しむること莫れ」とあるように、人心を重んじ、神と人との関係を密接に捉えている。ここでも、伊勢神道の系譜を受け継ぎ、神と心の一致を主張し、宇宙元本の根源の神格は道教や伊勢神道の系譜を引く大元尊神、この超越神、絶対原初の神は『日本書紀』の最初に登場する国常立尊にあてられ、吉田神道の中心霊場である斎場所大元宮に祀られる。

兼倶は皇大神宮の神器が吉田山へ降臨したという延徳の密奏事件を起こし、斎場所へ秘事の取り込みを図った。その翌年（延徳二年〈一四八九〉）、兼倶は禅僧景徐周麟（臨済宗夢窓派、号は宜竹）に「中臣祓」の講釈を行い、

気吹――摠シテ神ノ徳ハ、風ニ似タリ、形ハ無テ、サハル物テ、知ラルルソ、神ノ徳ハ、目ニミエヌソ、其々ノ上ニ現ソ、神ト云ハ心ソ、道ハ行ソ、神道ハ、人々ノ心ノ上ニ、ヲコナウソ、秘事ハ無ケレトモ、信サセウトテ、秘スルソ、（『中臣祓聴書』）

と、「神道ハ、人々ノ心ノ上ニ」あると説明し、秘事がないことを明言して、神道秘伝化の本音が語られている。さらに伊弉諾尊について、

伊――ハ、天神七代ノ二神ソ、摠シテ秘事ト云物ハ、ナイカ、サレトモ、秘スル方ナケレハ、真心ノ契当スル事カナイソ、……天神七代ハ、次第ニ、七代出ルヤウナレトモ、神道ニモ、七即一神ト取ソ、国常立ハ、無相之相、無名之人神トトルソ、神ハ心ソ、心ハ無相ソ、サルホトニ、有相ノ人カ、無相ノ心ヲ具足スルソ、無相ノ心ハ神ソ、人云物ハ、何事ヲモ、セヨ、本心ノ神ヲ、マツラスハ不可成ソ、神ヲマツルハ、祓カ肝要ソ、ハライハ、形テキタカラ起ソ、第一ノ神、国常立ハ、人ノ心ソ、(『中臣祓聴書』)

ここで神道に秘事がないことを明言しつつも、秘することがないと、「真心ノ契当スル事」、正しく伝えることの難しさを吐露している。兼倶が禅僧景徐周麟と真摯に向かい合う姿は感動的光景である。そして高名な禅僧に向けて、「神ハ心」であり、有相の人は超越した無相の心の神となること、斎場所大元宮に鎮まる吉田神道の超越神「国常立ハ、人ノ心」であると論じた張り詰めた信心講話であった。

兼倶の代表的神道観の一つに三国根本枝葉果実説があげられる。上宮太子の密奏として、日本は種子・神道、震旦は枝葉・儒教、天竺は花実・仏教であり、儒仏の「二教は皆是れ神道の分化也」(『唯一神道名法要集』)と神道優位を確信した。この三国根本枝葉果実説とは異なる、人々の人生の幸福観を明言した「随身の三宝加持」の根本枝葉果実説についての問答が『唯一神道名法要集』に載せられている。

答ふ、第一には寿命なり、第二には無病なり、第三には福禄なり、是れを随身の三宝と云ふ者なり、第一・第二は身内の宝なり、第三は身外の宝なり、寿命第一とは、命を存するが故に病を治す、命を保つが故に財を求む、故に寿命第一と云ふ、無病第二とは、病を得る者は寿命の危きを恐れ、病に沈む者は財宝の重きを忘る、故に無病第二と云ふ、福禄第三とは、寿命は身の根本なり、諸病は身の枝葉なり、福禄は身の花実なり、故に福禄第三と云ふ者なり、内教の大論に云はく、「一切の宝の中、人命第一なり、人は命の為の故に財を求め、財の為の故に命を求めず」〈已上文〉、花実は枝葉の所生なり、枝葉は根本の能生なり、根本は一霊の生養なり、一霊は三元妙行の加持力なり、

ここには兼倶の身体と人生観が凝縮されている。個人の身体を対象にした寿命・無病・福禄を「随身の三宝」といい、「寿命は身の根本なり」「根本は一霊の生養なり」と説く。兼倶は応仁・文明の戦乱ののち、文明十六年吉田山（神楽岡）に日野富子から多額の浄財を受けて斎場所大元宮を再建した（『兼致朝臣記』文明十六年記）。兼倶は人生のなかで、寿命を根本に置きつつも、人生観として「福禄」「財宝」の必要を痛感していた。

森瑞枝は従来顧みられてこなかった本説に注目し、三宝加持、人霊祭祀といった吉田神道の分野は、「共同体ではなく個人のための行法、「心」の清浄を主題化していることから、神＝心合一という中世の神観念の延長に位置づけられ、神の内在化、人間の道徳的主宰者としての神という観点からとらえられている。……中世の宗教思想では、理念的、精神的な「心」であったのに比して、吉田神道は人間生活を丸ごと射程に入れている。「心」という語は同じだが、位相は異なっているように思われる」(14)と述べて、古代以来宮主として天皇身体の保全を職掌としてきた卜部氏の技法は、中世神道のなかで全開し、個人の心身への祈禱が神道の「場」に浮上していったことを高く評価している。兼倶の打ち立てた現実的身体・人生観は、さらに進化し、生から死へ、人霊祭祀論と葬祭へとつながり、その霊魂観は中世末期の在地社会の神楽のなかに徐々に受容されていく。

三　吉田の人霊祭祀・葬祭と祭式

兼倶は生と死、人霊についても、積極的発言を繰り返している。文明十三年（一四八一）の『日本書紀神代巻』講

義において、

天ノ神ヲ神ト云ソ、地ノ神ヲ祇ト云ソ、人ノ神ヲ鬼ト云ソ、鬼ヲマツルニ、饗ト云ソ、祇ヲマツルニ、祭ト云ソ、天ノ神ヲマツルヲ、祀ト云ソ、祀・饗・祭ト云ソ、鬼ハ帰也、人死ノ鬼トナルソ、（『神書聞塵』）

と講じて、人間の霊は死後、鬼神すなわち神になることを説いている。それは兼倶撰『神道大意』において、

日月ハ天地ノ魂魄ナリ、人ノ魂魄ハ則日月ニ神ノ霊性ナリ、故ニ神道ト者、心ヲ守ル道ナリ、心動ク時ハ魂魄乱レ、心静ル時ハ魂魄穏ナリ、是ヲ定ル時ハ鬼神鎮ナリ、是ヲ不守時ハ鬼神乱テ災難ヲコル、唯己心ノ神ヲ祭ニ過タルハナシ、……故ニ天地ヲ感レハ、天地ノ霊我心ニ皈ス、心ニ草木ヲ感レハ、草木ノ霊心ニ皈ス、心ニ畜類ヲ感レハ、畜類ノ霊我心ニ皈ス、心ニ他人ヲ感レハ、他人ノ霊我心ニ皈ス、字書ニ曰ク、鬼ト者皈ナリ、然ハ則鬼神ハ心ノ賓客ナリ、他ヨリ来テ他ニ皈リ、家ヲ出テ家ニ皈ルカ如シ、

とあり、神道の「心ニ草木ヲ感レハ、草木ノ霊心ニ皈ス」という自然観から進んで、神と人の心との一致の先には、「他人ノ霊我心ニ皈ス」、「鬼神ハ心ノ賓客」であり、その究極に人霊祭祀の構想が描かれていく。従来の神道説には表立っていなかった事象といえる。そして兼倶の数々の神道論のなかでも、「神道ト者、心ヲ守ル道ナリ」との言葉は、心のなかに神道が育まれていくことへの想いを素直に示している。信心を修める道として、神道の精神性を重んじた。卜部氏千年の伝統の上に、戦乱を乗り越え、身体と人生観を組み込み、学問と信仰に生きた兼倶の名言といえよう。秘事・偽作を繰り返し、政略的策謀家というイメージが強い兼倶ではあったが、その内面は、秘事なしとする本音とともに、自身内実の信心は清らかささえ覚える。

兼倶は文明十九年、大内政弘の願いにより、父教弘を祀る周防国の築山霊神に対して大明神号を授与した（天理図書館所蔵『宗源宣旨秘要』）。このほか、讃岐・越後・日向・越前国の亡霊・亡魂への神号授与が行われており、人霊

祭祀の流れは孫の兼満・兼右に受け継がれる。[15] 兼右自筆の『神道行事秘抄』（天理図書館所蔵）には、「死霊ヲ祭時、天元天妙霊名元気加持卜唱申候、諸源拝礼同之」とあるので、人霊祭祀の祭式次第は完成していた。さらに死霊安鎮のための亡魂鎮札の授与などが確認できる（『兼見卿記』）。兼倶（神龍大明神）・兼右（唯神霊神）・兼見（豊神霊神）は、没後遺骸の上に神殿が建てられ、霊神として祀られた。[16]

兼見書写の『唯一神道葬祭次第』（埼玉県松岡家所蔵）は現存する吉田流の古い葬祭次第書である。その次第のなかでも、「生死根元秘観加持　根本印」は、生死の根元と御霊の行く先を語ったものである。初めに『日本書紀』の冒頭の「古天地」以下、天地未分の始まりと神聖の誕生を語り、ついで瑞珠盟約段の、

是の後、伊弉諾尊神功既に畢へたまひて、霊運当遷《あつし》れたまふ、是を以て幽宮を淡路之洲に構り、寂然に長く隠りましき、亦曰はく、伊弉諾尊功既に至りぬ、徳亦大なり、是に天に登りまして報命したまふ、仍りて日之少宮に留り宅みましぬ、

後半の伊弉諾尊が功を終えられ日之少宮に留まられたという伝が大事にされた。同書には別に「一切霊神　高天原上　報命天神　留日少宮」という呪詞もあり、死後すべての人魂・霊神は高天原に昇られ、天神に報命ののちは日之少宮に鎮まるという、人魂は死後、『日本書紀』神話に載せられた高天原に昇ることが確信された。中世末期の混沌としたなかで、人生最後の行き先は、『日本書紀』神話のなかに帰着した。

兼倶のその後において、人霊祭祀・葬祭の次第が確立するとともに、地域の個人祈禱の祭式作法も数多く作成され、祭式次第（兼右筆『神道諸行事大成』〈天理図書館所蔵、『大日本史料』十編十三、兼右薨伝記事〉、『事相秘伝』、『事相方内伝草案』など）は地方の神職の手を経て、地域社会の祭儀のなかに浸透していく。

吉田神道祭式の特徴として、神降し・神上げの作法がある。吉田三壇行事の最初、『三元十八神道次第』では、「謹

請　伊勢大神宮・別宮・小社」をはじめ、社ごとに神座への勧請と勧請祭文が読み上げられる。そして最後には、「天地海童、一切諸神、本宮に送り奉つる」という、神上げの「発遣神文」が奏上される。近世に入ってからも、橘家神道では、神降し・神上げの祭式が確定している。近代に入ると「五箇条の御誓文」（慶応四年〈一八六八〉三月十四日）の儀式において、神籬祭祀が行われ、神来臨を可視化した神降し・神上げの作法は、明治祭式の基本に取り入れられることになる。(17)

その淵源は、平安時代中期、長保四年（一〇〇二）に最勝講が開始されると、神分作法として王城鎮守（二十二社）などの日本国内の神々が勧請され、日本の神祇を法会の場で神降しする作法が始まり、(18)平安後期の寺院における神名帳奉読、「諸神勧請」へとつながってゆく。両部神道の秘伝書は、天台宗園城寺と奥伊勢仙宮院が発生源とみられるが、園城寺は神祇伯家や伊勢祭主大中臣氏など神祇の家筋に系類を通じた僧侶が多く、園城寺長吏・天台座主となる神祇伯顕広王の弟公顕は、浄衣を着て住坊に国内神祇を勧請し祈願する例もみられた。

鎌倉時代中期、無住『沙石集』巻一「出離ヲ神明ニ祈事」には、

三井寺ノ長吏公顕僧正ト申セシハ顕密ノ明匠ニテ、……サテ其朝、僧正浄衣ヲ着、幣ヲモチテ、一間ナル所ノ帳懸タル前ニ向テ、所作セラレケリ、……仍都ノ中ノ大小神祇ハ申スニ及バズ、辺地辺国マデモ聞及ニ随テ、日本国中ノ大小諸神ノ御名ヲ書奉テ、此一間ナル所ニ請ジ置奉テ、心経卅巻、神呪ナド誦シテ、法楽ニ備ヘテ、出離ノ道、偏ニ和光ノ方便ヲ仰グ外、別ノ行業ナシ、

とあり、住房の仏間で諸神を迎えた。東大寺二月堂の修二会（『二月堂修中練行衆日記』東大寺図書館所蔵）では、大治三年（一一二八）の交名に「神名帳」とあり、以後、奉読役の僧名が記載されるという。神々の勧請作法は、寺院の法会や神社の神宮寺など、神仏習合の場で催された修正会・修二会の神名帳奉読にその原形が認められる。(19)

「国内神名帳」は諸国において国司が管理したが、のち中世には神名帳奉唱は儀礼化し、春の訪れの季節に、国内の神々を迎え、国家や地域の安定と五穀豊穣を祈念し同心する祭会ともなり、一宮・惣社をはじめ、国分寺・神宮寺や地域の村落などでも催されるようになった。

三河国の猿投神社の神宮寺（白鳳寺）でも、神名帳奉唱が行われてきた。猿投神社所蔵本『三河国内神名帳』は慶安二年（一六四九）の奥書をもつ近世初頭の書写本である。猿投神宮寺修正会結願の正月五日の夜、神社中門西の経所において、神名帳奉唱が社僧によって執り行われた。この行事には、神名帳を奉唱する「読人《よみて》」と、この奉唱の神名を確認する「聞人《ききて》」とがおり、その場には、杖・笠・草履の旅支度が用意されている（羽田野敬雄『三河国内神名帳集説』）。その奉唱に誤読があれば、追放され旅に出ることが「掟」とされていたほど、神名の誤読は許されず、「諸神勧請」の作法は厳格な禁忌に包まれていた。[20]

神名帳には、中央の神々を勧請した王城鎮守・二十二社、「諸国一宮神名帳」、修験道に関係の深い山々の神などを掲げた神名帳、また中世以前の国衙機構によって管理された「国内神名帳」に記載された地域の神祇まで、その対象範囲は広いが、共通することは、中央から地域まで、一体となって、五穀豊穣を祈り、自然災害や疫病の脅威に対抗した。

四　奥三河神楽の舞庭にて

奥三河では、中世末期から現代まで、神楽が伝えられてきた。[21] 十六世紀前半、奥三河へ秘伝書が伝来していく時期は、吉田神道が地方へ展開した時代とも重なりあう。十五世紀後半に創始された吉田神道と三河国との関係は、大永年間、兼倶の子兼満（兼致の養子）のときから確認できる。大永三年（一五二三）「参川国亡霊神魂」に大明神号を奉っていること、同七年には、三河国設楽郡河路村の一宮神主に「神木の事」などについて神道裁許状が発行されている（『宗源宣旨秘要』）。また、天文二十年（一五五一）兼倶の孫兼右（宣賢の子、兼満の養子）は三河国の八幡宮社人に装束着用の裁許状を（『神道諸事秘決日用』）、永禄二年（一五五九）三月と六月に、同国惣社八幡宮の神主らに冠装束着用の裁許状を発行した（『兼右卿記』）。三河国内に吉田神道が伝播し、中央の祭式が地域と直結していく。奥伊勢において、祓の信仰と一体化した両部神道は、伊勢神道を作り、さらに吉田神道は、個人の祈禱に特化した祭式を作成した。その系譜は、奥三河の花祭に迎えられ、近世の祈禱・神楽のなかに浸透し、可視的な神の存在は、地域の近代・現代の神道信仰のなかに根付いていった。中世神道の神人合一は、神楽の舞庭における視覚化された神人共演の祭式・所作のなかで開花した。

神降しの祭式は、中世末期の奥三河の神楽の舞庭でも催された。奥三河の花祭の花太夫の家に伝えられてきた聖教・祭文・卜占書、神名帳など記録類は、僧侶・修験・陰陽師との交流を暗示している。豊根村・東栄町の花太夫の家に伝わる当地の神楽に関する最古の記録とされる天正元年（一五七三）『御神楽日記』（『愛知県史』資料編十四、編年史料拾遺、補三五一）によると、すでに神降し・神遊び・神上げという神楽の基本所作が繰り返される構成が完成していることがわかる。[22]また、大永五年書写の陰陽道の卜占書である『天盤地盤法』、永禄九年書写の『不動明王法則』には生霊・死霊を退散させる病者加持のための詞章が収められ、その末尾には神降し、神上げの歌が記録されている。同十年書写の『三十番神』は一ヵ月間毎日、如意経を守護する神々を列記した神勧請の祭文であり、中世末期の秘伝書も各種伝えられてきた。

神降し祭式は、中世以前の寺院における神名帳の神勧請や講会・論議における表白神文（神降しの句）に由来している。[23] 鎌倉時代に成立する解脱房貞慶撰作とも伝える『神祇講式』は、高野山の山内の神祇講や三輪流神道に伝えられ、修験道のテキストに使用されていったが、奥三河の神楽でも、神降し作法のなかで、神名帳とともに『神祇講式』が読唱されていた。[24]

中世神道では、個人の心に信仰の核が宿り、神の認識を可視的に求めようとした。吉田の葬祭をはじめ、個人の祈禱から神楽まで、神の加護を祭式のなかに求めることになる。かつて中世以前の、不可測な祟りを起こす神の存在は消去され、中世から近世における神は、より近いところにいた。中世後期から、伊勢をはじめ神社参詣が増えていくことも、そこに背景がある。各地において、大神宮が勧請される飛神明も、そうした熱狂した庶民の神降し祭式であった。

近代神道史学の学問において、深い洞察のなかで中世神道を感受していったのは、「神道学者」折口信夫であった。[25] 大正末期から昭和初期における折口信夫の学問履歴について、斎藤英喜が詳細に語っている。大正十五年（一九二六）一月、折口ははじめて奥三河の花祭を見学した。折口はその年の内の十一月発行の『民族』第二巻一号の「小栗外伝」に、外来魂と「天皇霊」について論及している。ここでとくに、外来魂と内在魂との御魂の交換・交替を意識し、タマフリによって付着した外来魂が内在魂へと定着すると考えた。その新たな解釈によって、荒魂の「天皇霊」と神代紀の「真床襲衾」とをつなげることで、折口大嘗祭論の完成へと近づいていく。[26] 未だここには、奥三河の花祭との連繋はみられないが、折口が思考した御魂の交替・交換は、花祭神楽の所作が幻影となっていたのであろう。斎藤英喜は「真床襲衾」の語釈について、鎌倉後期、卜部氏編集の『釈日本紀』に見える、大神宮・諸社における神体を覆う御衾という、卜部氏の理解をあげ、奥三河花祭において天上に吊るされた天蓋があることと、伊勢神楽の天蓋について「真床襲衾」と呼んでいることから、折口の大嘗祭における寝具を用意した神座との「共振」を解き明かした。[27] 折口の大嘗祭論は、古代祭祀論ではなく、中世神道と奥三河の民間神楽の世界を見通すことで、折口学の集大成へと踏み出すことになる。

おわりに・総括――中世神道研究の現在

近代における伊勢神道と吉田神道の研究は、江見清風（一八六八～一九三九）によって始まる。[28] 宮地直一は江見の業績を高く評価し、宮地自身は江見の「後学」と認めている。江見は『伊勢宝基本記』について、『老子』『荘子』の老荘・道家思想を引いて「神人の冥合は宗教家必至の説にして、人を感化する尤も有効なる教なれば、其の神道に之を述ぶるは当然にして、又其の道仏諸教の習合も甚しく不合理ならざるが如し」と論じ、変容していく中世神道に深い理解を示している。外来思想は『日本書紀』の冒頭から、漢籍を用いて言葉化されており、中世神道では外来思想も自家薬籠中の物として自在の存在であった。近代神道史学の勃興にあたり、江見は人心に鎮まる神道を照射した。その視点は昭和後期以後においても、神の内在化、内在的神観の成立を指摘した論稿は数多く、ほとんどの中世神道研究者によって論ぜられてきた。[29]

そして現在の「中世神学」において、小川豊生は「いかにも素朴にすぎて聞こえるが、「心は神である」もしくは「神は心である」というテーゼは、中世が生み出した神観念のなかでもきわめて重要なものの一つ」であり、「「心」という神は、まさに内在神の究極的なかたち」[30] であると明言されている。そして、その流れは吉田神道の神学概念において前面に押し出されていく「中世神学」の見通しを提起されている。

中世神道の行く末に根付いた兼倶の「神道とは、心を守る道なり」という要言は、中世以後にも受け継がれ、現代神道の要に位置しているといえよう。中世神道と中世の地域における神楽の発生は、現代の地域神道にも深くつながっていることは確かであろう。

「心神」、内在する神が、なぜ中世神道のなかに開花していったのか。心を守る道への道程に、祭祀に仕える神職の斎戒と祓への信仰の深まりがあったが、その背景には、平安後期における人々の神仏への信仰帰依がある。源頼朝は武家政権を樹立するにあたり、天皇祭祀権の一部として将軍祭祀権を獲得し、鶴岡八幡宮への公祭祀をすすめるとともに、神宮へは「公私」の祈願をすすめ、伊勢御祈禱師を通して私祈禱が盛んになる。(31)

熊野信仰・熊野詣にも、個人救済の側面が強い。西田長男の半世紀前の講義の主題は、熊野信仰の「代受苦」の神道であった。(32)『熊野権現縁起絵巻』に描かれた五衰殿女御（熊野那智社の祭神）が処刑され、身籠った御子（若一王子）が誕生する場面は、強烈な印象を受けた。「代受苦」という神の個人救済の姿は、熊野信仰、熊野詣に語られ、庶民に浸透していった。それは、天台安居院作『神道集』に記された「衆生擁護」の神道、本地垂迹神道の隆盛とも関わりあう事象であった。(33)また、古式にみられてきた諏訪大祝・大山祇神社の三島大祝・高良大祝など、神人一体の祭祀も、中世前期には開始されている。(34)

平安末期、中世前期は、自然災害・飢饉・地震・疫病・戦乱が重なり、公祈願だけでは満たされない現実があり、世上には収拾できない不安感が醸成していった。現世利益・後生安穏は、人々の共通した祈りであり、それは自ずと個人の祈り、心のなかの神への信頼を求めるようになる。

こうした心の内に鎮まる神の道は、永仁二年（一二九四）東大寺真言院聖守撰の『東大寺八幡験記』（『続群書類従』三輯上）において、八幡大神の託宣に「吾は宇佐にも住まず、男山にも住まず、正直者の首の上に住なり」とある。また、南北朝期、永和三年（一三七七）聖冏《しょうげい》著の『鹿島問答』において、北野天神（菅原道真）の作として、「心だに誠の道にかなひなは　祈らずとても神は守らん」と詠ぜられ、のち、室町後期の「天神大事」（高野山正智院文書）や能書家、寛永の三筆の一人、近衛信尹《のぶただ》揮毫の軸にも受け継がれた、誠の道を重視する信心境地へと共振しあう事象であった。

令和二年（二〇二〇）は、新しい時代が始まり、生き方、人生の価値観も大きく変貌したといえよう。『日本書紀』撰上千三百年の一〇〇年前、大正九年（一九二〇）も大きな転換点であった。國學院大學が大学令により私立大学に認可され、東京帝国大学では神道講座が開設された。その年五月には、両大学において、『日本書紀』撰上千二百年記念の講演会と諸本展覧会が開催された(35)。また、同年九月、折口信夫（一八八七〜一九五三）は國學院の専任講師（翌年、教授）に就任、十一月には明治神宮鎮座祭が斎行された。この造営の基礎作業に従事したのが宮地直一であった。だが一方では、世界的に第二波のスペイン風邪が蔓延した年でもあった。その二年後の大正十一年、宮地も國學院の教授を兼任する。宮地の学問は、歴史学の一分科として神道史学を樹立した(36)。宮地と折口を拠点に「國學院神道」の学問は、ここに育っていった(37)。

宮地と折口の研究方法は対照的であったが、奥伊勢（宮地）と奥三河（折口）に原点を求め、中世神道へ寄せる想いは等しかった。中世神道の扉が開かれた瞬間といえよう。「神道学者」折口信夫の学問は、宮地の神道史学の研究方法とは異なっていても、在地における中世神道を明らかにした功績は小さくない。斎藤英喜が唱える折口論は、国文学でも、民俗学でもない、「神道学者」として「神道史研究」に注いだ折口の視線が中世神道の核心に集中していたという指摘は、中世神道研究のなかに、いまその理解は納受されていく(38)。

近代神道史学の系譜は、戦前から戦後において、久保田収（一九一〇〜七六）・岡田米夫（一九〇八〜八〇）・西田長男（一九〇九〜八一）・萩原龍夫（一九一六〜八五）・近藤喜博（一九一一〜九七）ら、宮地に近い限られた神道史学者たちによって、書誌的研究を基礎にした神道研究（仏教を組み込んだ神道論）の地道な作業が進められた。久保田収・西田長男は、一九七〇年代を区切りとし、その後継に受け継がれた[39]。伊勢と吉田の中世神道は、「中世日本紀」「中世神話」の研究とも、分断されることなく、境界線を乗り越えて共生し、その出発点とその臨界点は、伊勢湾を挟んだ奥伊勢と奥三河の辺境の地であったことは確認できよう。

その「中世日本紀」「中世神話」とは、一九七〇年代ごろから、中世文学の視点により、日本中世において『日本書紀神代巻』の読み替え、再解釈が試みられた[40]。この改変・再解釈された神話を「日本紀」と呼び、中世宗教史・思想史をはじめ人文諸学の各分野に、中世の再認識と連動して、中世研究の全般に共通した研究概念とされ、真福寺の史料調査を起点にしながら、阿部泰郎・伊藤聡・原克昭・大東敬明らによって研究が進められてきた[41]。

この半世紀の間に、中世神道の周縁にある仏教的要素を包み込んだ「中世日本紀」「中世神話」が浮上することによって、近世・近代神道を相対化する大きな思想運動の様相さえ呈している。また、「中世神学」にも波及している[42]。

この旺盛な「中世日本紀」と神道周辺の研究史について、伊藤聡は「前近代の神仏習合文化の否定の上で成り立っている現代の「神社神道」にとって、習合文化の極北である中世神道は、学問上の主要な関心とはなり得ない。この点で、そのほとんどが中世に起源を持つ仏教宗門と対極的である。したがって神道史学では、「中世神道」の研究は少数の者が行うマイナーな存在で、現代に至るまで主要な関心対象になっていない」との批判がある[43]。これを受けて斎藤英喜は、「中世日本紀、中世神話の研究が、これまでの近代主義的な学問観、思考様式からは見えてこなかった「中世」の新しい姿を教えてくれたことはたしかである。しかし、そうした視点を、古代や近世から切り離された特有の時代と限定するのではなく、「中世」を起点に古代、近世、近代を捉え返すことこそ、いまわれわれが問うべき課題であろう」との提言は大事に受け止めたい。[44]

確かに、伊勢・吉田神道の研究は激減している。現代に再生する神道とその祭式は、中世神道論と古代祭祀論を再構築することで、次世代へ向けた視野が開けていくことだろう。中世神道を照射することで、近代神道史学に足跡を残した折口信夫の学問を批判的に継承していくことが、その原点になると確信するが……。近代以来現在に至るまで、数多くの中世神道研究が積み上げられてきており、先人と先輩たちの学恩に感謝したい。

神道史の潮流において、①天皇祭祀、②地域祭祀が古代祭祀論の基本であり、平安時代から中世における、③神仏関係（習合と隔離）、④人霊祭祀（御霊信仰から葬祭と英霊祭祀へ）、⑤卜部氏・社家による古典籍の継承、中世古典学の形成と神職の学問系譜のなかで、近世と近代神道との交流と選別とが可能になる。[45]

中世の祭祀に仕えた神職たちは、神仏習合のなかで、祭祀の場においては、神仏隔離を徹底してきた。そこには斎戒・清浄と祭祀・祭式の大切さが伝えられている。中世神道には、古代の『日本書紀』の文体をそのままに踏襲する姿勢と、『日本書紀』神話とは似つかない書き換えによって創作された中世論とが交錯し、秘書のなかで共存する。その違和感を統合し乗り越えたところに中世神道の真義がみえてくるだろう。伊勢神道と吉田神道を支えた人々には、厳粛な信仰と学問との一体が貫かれていた。中世神道が、かつて近世・近代から相対化されたように、今は逆に近世・近代神道を中世神道研究が相対化する時代に入った。古代祭祀（神道）は中世神道を、中世神道は古代祭祀（神道）を相対化することによって、ようやく神道の歴史的展開の本質を浮かび上がらせることができるであろう。

古代祭祀研究は古代に閉じ籠ることなく、中世神道へも視野を広げることにより、神道の全体像を切り開くことができる。古代人が感受した内在魂の存在は、中世になると内在神に昇華する。そして神楽の場では、外来神を降神することも可能になる。

古代祭祀では、対面による見聞と飲食行為による一体意識が繰り返されることにより、共同体としての社会秩序を確認する意味合いがあったが、中世になると既成の共同意識とともに、個人の意識が顕在化していった。そこには恐ろしい遠い神から、自身の個のなかに意識された近き神が認識され、神宮大麻・護符・お守りなどの授与による心身守護の福利・利益への道筋がここに誕生する。そして、中世の最終章に戦乱のなかから覚醒した兼倶は、家の学問である『日本書紀』に正統性を求め、その家学を受け継ぎつつも、人々の心性への探求力とすぐれた構想力・企画力によって、「新神道」を組み立てていった。

一〇〇〇年後の『日本書紀』撰上千四百年（二一二〇）は、どんな神道史が描かれているのか。古代祭祀と中世神道を積み上げてきた現代神道は、次代に向かって、人生を完結できる道である「神道とは、心を守る道なり」となりうるか。いま大きな分かれ道にある。

最後に折口信夫の声に耳を傾けておこう。昭和の大嘗祭を前に、折口は、次のような言葉を残している。現代にも通じる折口の批判は、いま真摯に受け止めたい(46)。

私は此民族論理の展開して行つた跡を、仔細に辿つて見て、然る後始めて、真の神道研究が行はれるのであると考へる。率直に云ふならば、神道は今や将に建て直しの時期に、直面してゐるのではあるまいか。すつかり今までのものを解体して、地盤から築き直してかゝらねば、最早、行き場がないのではあるまいか。今までの神道説が、単に、かりそめ葺きの小屋の、建てましに過ぎなかつたのではあるまいか。今までの私は、全体的に芸術中心・文学中心の歴史を調べて行かうと志して、進行してゐたのであるが、結局それが、神道史の研究にも合致する事になつた。

〔主な引用史料の典拠〕（原漢文は書き下し文に改めた）

・『中臣祓訓解』『中臣祓記解』『中臣祓聴書』（『神道大系　古典註釈編　中臣祓註釈』）
・『伊勢宝基本記』『倭姫命世紀』『御鎮座伝記』『大神宮両宮之御事』（『神道大系　論説編　伊勢神道上』）
・『神道大意』『唯一神道名法要集』（『神道大系　論説編　卜部神道上』）
・『三元十八神道次第』『事相秘伝』『事相方内伝草案』『唯一神道葬祭次第』（『神道大系　論説編　卜部神道下』）
・『神書聞塵』（『神道大系　古典註釈編　日本書紀註釈下』）

註

（1）岡田莊司「古代～の法制度と神道文化—天皇祭祀に関する不文の律・不文の法—」（『明治聖徳記念学会紀要』四六号、平成二十一年）、同「神道と祭祀」（『現代思想』四五巻二号、青土社、平成二十九年。のち『大嘗祭と古代の祭祀』吉川弘文館、平成三十一年）、同『古代天皇と神祇の祭祀体系』（吉川弘文館、令和四年）。

（2）久保田収「伊勢神道の本義」（『中世神道の研究』神道史学会、昭和三十四年。初出、昭和三十三年）、大隅和雄「中世神道論の思想史的位置」（『日本思想大系　中世神道論』岩波書店、昭和五十二年）、谷省吾「神は天地の心・心は神明の舎」（『垂加神道の成立と展開』国書刊行会、平成十三年。初出、昭和五十九年）、高橋美由紀「神道五部書の成立と外来思想」（『伊勢神道の成立と展開』大明堂、平成六年）、小野善一郎「伊勢神道の根本理念の成立」（『國學院雑誌』九五巻五号、平成六年）、鎌田純一「中世伊勢神道の要点」（『中世伊勢神道の研究』続群書類従完成会、平成十年）、佐藤弘夫「中世における神観念の変容」、平泉隆房「伊勢神道とは何か」（伊藤聡編『中世神話と神祇・神道世界』中世文学と隣接諸学3、竹林舎、平成二十三年）、伊藤聡「神道の形成と中世神話」（『神道の形成と中世神話』吉川弘文館、平成二十八年。初出、平成二十四年）など。

（3）『日本古典文学大系　日本書紀　上』「解説、研究・受容の沿革」（家永三郎執筆、岩波書店、昭和四十二年）。

（4）大隅和雄、前掲註（2）論文。

（5）岡田莊司編『日本神道史』（吉川弘文館、平成二十二年）、一七三頁掲載（増補版、一八七頁）収録の写真「吉津の大日如来」（西方寺奈津観音堂・現在所在不明）。

（6）岡田莊司「『中臣祓訓解』及び『記解』の伝本」（『神道及び神道史』二七号、昭和五十一年）、同「中世初期神道思想の形成—

『中臣祓訓解』・『記解』を中心に―」（『日本思想史学』一〇号、東北大学日本思想史研究室、昭和五十三年）、同「両部神道の成立期」（『神道思想史研究』安津素彦博士古稀祝賀会、昭和五十八年）、以上の論考は補訂して、本書第一編第一・第二・第三章。同『神道大系　古典註釈編　中臣祓註釈』解題（神道大系編纂会、昭和六十年）、同「梵舜本中臣祓記解・義解　解題」（『日本書紀古語拾遺　神祇典籍集』國學院大學貴重書影印叢書第四巻、朝倉書店、平成二十八年）、小川豊生「日本中世神学の誕生―『天地霊覚秘書』を読む―」（『中世日本の神話・文学・身体』森話社、平成二十六年。初出、平成十五年）、伊藤聡、前掲註（2）論文。

（7）　岡田莊司（a）「『伊勢宝基本紀』の成立」（『神道史研究』二八巻五号、昭和五十五年）、同「新出の『伊勢宝基本記抄』」（『大倉山論集』四一輯、平成九年）、同（b）「『御鎮座伝記』奥書所収の「文治元年記」について」（『大倉山論集』四五輯、平成十二年）、同「大中臣祭主家と伊勢神道書―大中臣定世の古事記書写を通路として―」（『大中臣祭主藤波家の研究』続群書類従完成会、平成十二年）、同（c）「神道五部書」（皆川完一・山本信吉編『国史大系書目解題』下巻、吉川弘文館、平成十三年）、同「伊勢神道書と古事記」（青木周平編『古事記受容史』笠間書院、平成十五年）。右記の（a）（b）（c）論考を再編成して、本書第二部第一章。

（8）　岡田莊司「伊勢二所皇大神宮御鎮座伝記・往代稀有記・解題」（『真福寺善本叢刊　伊勢神道集』臨川書店、平成十七年）、同「真福寺本『伊勢二所皇御大神御鎮座伝記』（大田命訓伝）の伝来」（『國學院雜誌』一〇七巻一一号、平成十八年。補訂して本書第二部第二章）、同「伊勢神道書と『古事記』の伝来」（『愛知県史　別編　文化財4　典籍』愛知県史編さん委員会、平成二十七年）。平成十七年（二〇〇五）六月、阿部泰郎氏のお誘いをいただき、真福寺本『御鎮座伝記』修補の現場において、同書の軸木が開かれ度会「行忠之」の文字を確認できたことは、ありがたい感動のときであった（岡田莊司「度会行忠自筆本の発見」〈『大須観音展図録』名古屋市立博物館、平成二十四年〉）。

（9）　岡田莊司「私祈禱の成立――伊勢流祓の形成過程」（『神道宗教』一一八号、昭和六十年。のちに『陰陽道叢書』中世編、名著出版、平成五年。本書第一部第四章）、同前掲註（6）『神道大系　古典註釈編　中臣祓註釈』解題、同「中臣祓信仰について」（『神道古典研究』一〇号、神道大系編纂会、平成元年）、大東敬明「鎌倉・南北朝時代における中臣祓注釈」（伊藤聡編『中世神話と神祇・神道世界』中世文学と隣接諸学3、竹林舎、平成二十三年）。

（10）　小川豊生「十三世紀神道言説における禅の態度」（『中世日本の神話・文学・身体』森話社、平成二十六年。初出、平成十七年）、同「中世神学と日本紀―一三〜一四世紀における志高の神と霊魂の探求―」（山下久夫・斎藤英喜編『日本書紀一三〇〇年を問う』思文閣出版、令和二年）。

(11) 宮地直一「『大神宮両宮之御事』について」(『日本精神研究』第二輯、神道精神、東洋書院、昭和九年。『建武の中興と神宮祠官の勤皇』神宮祠官勤皇顕彰会、昭和十年、再録)。昭和のとき以来、奥伊勢の仙宮神社へ四度の参拝は深く心に刻まれており、資料閲覧では同神社の配慮をいただいた。

(12) 岡田莊司「吉田兼倶の日本書紀研究―兼倶書写「日本書紀纂疏」改訂本―」(『國學院雑誌』八二巻一一号、昭和五十六年)、同『兼倶本　宣賢本　日本書紀神代巻抄』解題(続群書類従完成会、昭和五十九年)、同「吉田・平野の相論」(『神道大系月報』四七号、昭和六十年)、同『神道大系　論説編　卜部神道下』解題(神道大系編纂会、平成三年)、同「卜部氏の日本紀研究―兼文から兼倶まで―」(『国文学　解釈と鑑賞』六四巻三号、平成十一年)、同「熱田神宮所蔵『日本書紀』と和歌懐紙」(『愛知県史　別編文化財4　典籍』愛知県史編さん委員会、平成二十七年)。右の二論考をもとに再構成して、本書第二部第三章。斎藤英喜「『釈日本紀』、『日本書紀纂疏』から『神書聞塵』へ―中世における〈注釈知〉をもとめて―」(山下久夫・斎藤英喜編『日本書紀一三〇〇年を問う』思文閣出版、令和二年)。卜部氏家学と「日本紀の家」の成立については、岡田莊司「吉田卜部氏の成立」「吉田卜部氏の発展」(ともに『平安時代の国家と祭祀』続群書類従完成会、平成六年。初出、昭和五十九年)。

(13) 岡田莊司「吉田兼倶と吉田神道・斎場所」(『国立歴史民俗博物館研究紀要』一五七集、平成二十二年。本論考を再構成して本書第二編第四章)、井上寛司「吉田神道と「唯一神道」の歴史的位置」(『日本の神社と「神道」』校倉書房、平成十八年)、伊藤聡「吉田兼倶の「神道」論」(『神道の中世』中央公論社、令和二年。初出、平成二十九年)。

(14) 森瑞枝「吉田神道の根本枝葉花実説再考」(伊藤聡編『中世神話と神祇・神道世界』中世文学と隣接諸学3、竹林舍、平成二十三年)。

(15) 萩原龍夫「吉田神道の発展と祭祀組織」(『増補版　中世祭祀組織の研究』吉川弘文館、昭和五十年)。

(16) 岡田莊司「近世神道の序幕―吉田家の葬礼を通路として―」(『神道宗教』一〇九号、昭和五十七年)、同「神道葬祭成立考」(『神道学』一二八号、昭和六十一年)、同「吉田家神葬祭と日本書紀神代巻」(『神道大系月報』七九号、昭和六十三年)、同『神道大系　論説編　卜部神道下』解題(神道大系編纂会、平成三年)、同「近世の神道葬祭」(大倉精神文化研究所編『近世の精神生活』続群書類従完成会、平成八年)、右記の論考を再構成して本書第二部第五章。

(17) 岡田莊司「大嘗祭祀論の真義」(『大嘗祭と古代の祭祀』吉川弘文館、平成三十一年)、同「神仏関係と可視化される神々―神降し祭式の系譜から―」(『鷹陵史学』四九号、令和五年)、同「天皇祭祀の近代」(伊藤聡・斎藤英喜編『神道の近代――アクチュアリティを問う』アジア遊学二八一、勉誠社、令和五年。本書付論)。古代の祭祀・祭式において、神降し・神上げの作法は確認できない。あるのは、六月・十二月の御体御卜において、神祇官人(卜部)が卜庭神である「太詔神を迎へる」(『江家次第』第七「御体御卜」)とある。また神宮でも三節祭を前にして、神下しの御卜があるが限定的である。

(18) 上島享「中世王権の創出とその正統性」「日本中世の神観念と国土観」(ともに『日本中世社会の形成と王権』名古屋大学出版会、平成二十二年。後者の初出、平成十六年)、同「日本中世の宗教史」(吉田一彦・上島享編『日本宗教史Ⅰ 日本宗教史を問い直す』吉川弘文館、令和二年)。上島享は仁和寺所蔵『紺表紙小双紙』にある法会次第の神分作法の文句を分析され、平安時代中期にはじまる最勝講において「王城鎮守」が加わることに注目する。

(19) 近藤喜博「中世以降社寺に於ける神名帳の奉読」(『神社協会雑誌』三五年五号、昭和十一年)、佐藤道子「神名帳―その性格と構成―」(『悔過会と芸能』法藏館、平成十四年)。

(20) 近藤喜博、前掲註(19)論文、岡田莊司「尾張・三河の神祇と神名帳奉唱」(『愛知県史のしおり』資料編十四、平成二十六年)。

(21) 早川孝太郎『花祭』(民俗民芸双書、岩崎書店、昭和三十三年)、山本ひろ子「大神楽「浄土入り」――奥三河の霜月神楽をめぐって」(『変成譜』春秋社、平成五年)、『奥三河のくらしと花祭・田楽』(名古屋市博物館特別展図録、平成二十五年)、松山由布子「奥三河の民俗芸能と文字記録」(『愛知県史 別編 文化財4 典籍』愛知県史編さん委員会、平成二十七年)、斎藤英喜「シンポジウム「中世神道と神楽」にむけて」、小川豊生「中世神道と神楽の世界」(ともに、『HERITEX 3』名古屋大学人文学研究科附属人類文化遺産テクスト学研究センター、令和二年)。

(22) 早川孝太郎、前掲註(21)著書、山崎一司『花祭りの起源――死・地獄・再生の大神楽』(岩田書院、平成二十四年)、『奥三河のくらしと花祭・田楽』(名古屋市博物館特別展図録、阿部泰郎執筆、平成二十五年)、松山由布子、前掲註(21)論文。

(23) 山本信吉「表白にみる中世神祇思想」(『朱』四五号、伏見稲荷大社、平成十四年)。

(24) 星優也「神祇講式を招し祈らん」(斎藤英喜・井上隆弘編『神楽と祭文の中世―変容する信仰のかたち―』思文閣出版、平成二十八年)、同「天の祭り論――奥三河花祭の〈秘儀〉をめぐって」(『HERITEX 3』名古屋大学人文学研究科附属人類文化遺産テクスト学研究センター、令和二年)、同『中世神祇講式の文化史』(法藏館、令和五年)。

(25) 斎藤英喜『折口信夫―神性を拡張する復活の喜び―』(ミネルヴァ書房、平成三十一年)、同「読み替えられた『日本書紀』の系譜と折口信夫」(山下久夫・斎藤英喜編『日本書紀一三〇〇年を問う』思文閣出版、令和二年)。

（26）津田博幸「天皇霊」（西村亨編『折口信夫事典　増補版』大修館書店、平成十年）。

（27）斎藤英喜、前掲註(25)論文、同「沖縄へ、奥三河へ」（『折口信夫―神性を拡張する復活の喜び―』ミネルヴァ書房、令和元年）、同『神道・天皇・大嘗祭』（人文書院、令和六年）。

（28）江見清風「五部書神道の祖述者及び其の神道説」「唯一神道論」（ともに『神道説苑』明治書院、昭和十七年。初出、明治四十二・四十四年）。江見は國學院選科卒業後、帝国大学史料編纂所員となり、二十九歳で国幣中社弥彦神社宮司に任命され、その後、神宮禰宜、官幣大社八坂神社宮司、官幣大社明治神宮権宮司、官幣大社春日神社宮司を歴任した（『神道説苑』所収の「略年譜」）。著書には、没後の『神道説苑』（宮地が刊行に尽力した）のほか、『神社者国家之宗祀也』（聖訓奉旨会、大正四年）がある。

（29）前掲註(2)論文。

（30）小川豊生、前掲註(10)「中世神学と日本紀―一三〜一四世紀における志高の神と霊魂の探求―」論文。

（31）岡田莊司「鎌倉幕府の将軍祭祀―源頼朝を中心に―」（『神道宗教』二二五号、平成二十四年。改訂増補して本書第三部第三章）。

（32）西田長男「『熊野本地』の発想」（『日本神道史研究』第二巻、古代編上、講談社、昭和五十三年。初出、昭和三十一年）。

（33）柴田實「衆生擁護の神道―中世神道研究の一視角―」（『中世庶民信仰の研究』角川書店、昭和四十一年。初出、昭和三十九年）。

（34）岡田莊司「出雲国造の新嘗会と火継神事」（『出雲大社の祭礼行事』島根県古代文化センター調査報告書6、平成十一年）。

（35）日本書紀撰進千二百年紀念会編『日本書紀古本集影』（日本書紀撰進千二百年紀念会、大正九年）。

（36）宮地直一『神祇史大系』（明治書院、昭和十六年）、同「伊勢神道の興起」「度会神道綱要」（ともに『神道史』中巻、理想社、昭和三十四年）、同「吉田神道綱要」（『神道史』下巻一、理想社、昭和三十八年）。宮地の國學院における「神祇史」の講義は、内務省出勤前の午前七時半から開始され、三年間で古代から近世初期までを一巡するペースで進んだという。宮地は高知市潮江天満宮社家の遠戚につながることから、天神信仰を自身の信仰にしていたという。平成十五年（二〇〇三）宮地家から國學院大學に所蔵資料の寄贈が進められ、東京・世田谷区の宮地家の二階和室の欄間に、大正から昭和前期の間に全国各地で集めた土産物の天神人形三〇〇体が大切に納められていた。宮地の信心世界を垣間見た瞬間であった（國學院大學博物館において一部展示）。

（37）宮地は内務省神社局考証官（大正八年）、同考証課長（大正十三年）が主務であり、折口との学問的交流は少なかった。折口・宮地の大嘗祭論の関係については、塩川哲朗「『真床襲衾』をめぐる折口信夫大嘗祭論とその受容に関する諸問題」（『國學院大學校史・学術資産研究』一一号、平成三十一年）。

(38) 斎藤英喜、前掲註(25)論文。
(39) 高橋美由紀『伊勢神道の成立と展開』(大明堂、平成六年)、牟禮仁『中世神道説形成論考』(皇學館大学出版部、平成十二年)、平泉隆房『中世伊勢神宮史の研究』(吉川弘文館、平成十八年)、出村勝明『吉田神道の基礎的研究』(臨川書店、平成九年)など。その後の研究に、多田實道『伊勢神宮と仏教』(弘文堂、平成三十一年)がある。
(40) 佐藤真人「中世神道研究の動向と展望」(『国文学　解釈と鑑賞』六〇巻一二号、平成七年)、斎藤英喜「「中世日本紀」と神話研究の現在」(『国文学　解釈と鑑賞』七六巻五号、平成二十三年)、伊藤聡「説話研究と中世神道」(『神道の形成と中世神話』吉川弘文館、平成二十八年。初出、平成二十五年)、石田一良・石毛忠編『日本思想史事典』(東京堂出版、平成二十五年)「中世日本紀」の項目。
(41) 阿部泰郎『中世日本の宗教テクスト体系』(名古屋大学出版会、平成二十五年)、同『中世日本の世界像』(名古屋大学出版会、平成三十年)、同『中世日本の王権神話』(名古屋大学出版会、令和二年)、伊藤聡『中世天照大神信仰の研究』(法蔵館、平成二十三年)、同『神道の形成と中世神話』(吉川弘文館、平成二十八年)、同『神道の中世』(中公選書、中央公論社、令和二年)、同「中近世の「神道」」(伊藤聡・吉田一彦編『日本宗教史3　宗教の融合と分離・衝突』吉川弘文館、令和二年)、原克昭『中世日本紀論考』(法蔵館、平成二十四年)など。
　真福寺典籍調査に基づいた伊勢神道関係では、阿部泰郎編『真福寺大須文庫神祇書図録』(名古屋大学比較人文学研究年報別冊、平成十七年)、阿部泰郎・山崎誠編『真福寺善本叢刊　伊勢神道集』(臨川書店、平成十七年)。伊勢神道シンポジウム報告として、阿部泰郎・岡田荘司・伊藤聡・原克昭・牟禮仁・福島金治「中世神仏文化の点と線――真福寺の神道書と伊勢神道」(『神道宗教』二〇二号、平成十八年)がある。
(42) 小川豊生『中世日本の神話・文字・身体』(森話社、平成二十六年)、小川豊生、前掲註(30)論文。
(43) 伊藤聡「終章　中世神道研究の可能性」(『神道の形成と中世神話』吉川弘文館、平成二十八年。初出、平成二十五年)。
(44) 斎藤英喜「読み替えられた『日本書紀』の系譜と折口信夫」(山下久夫・斎藤英喜編『日本書紀一三〇〇年を問う』思文閣出版、令和二年)、同『神道・天皇・大嘗祭』(人文書院、令和六年)。
(45) 岡田荘司「古代の神祇祭祀体系―『日本書紀』「神代紀」から「天武紀」へ―」(『國學院雑誌』一二一巻一一号、令和二年。のち『古代天皇と神祇の祭祀体系』吉川弘文館、令和四年)。

(46) 折口信夫「神道に現れた民族論理」(『折口信夫全集』第三巻、中央公論社、昭和三十年。初出、昭和三年)。平成の初め大嘗祭を前にして、私は折口信夫大嘗祭論を批判した。当時、「平成大嘗祭論争」として大々的に取り上げられた。令和の大嘗祭が過ぎ去った今、心のなかに静かに折口神道論を受け止めたい。

付論　天皇祭祀の近代

——古代祭祀・中世神道から近代へ——

はじめに

古代・中世の神道は、近代にどのように受け継がれていったのか。天皇祭祀の継承と断絶、維新（一新）の経緯を考察する。近代の宮中「神殿」祭祀は、古代より受け継がれてきた皇祖神・御鏡（賢所）祭祀と、仏教色を排し、神道式で始まる歴代天皇の皇霊と山陵祭祀、そして天皇祭祀権の一元化のもとで、全国の神々・天神地祇を祀る三形態が結集し、近代日本の天皇祭祀体系が成立する。

欧米列強の覇権争いとアジア進出という外患の危機意識のなかで、慶応三年（一八六七）十二月、王政復古の大号令が発せられ、「神武創業ノ始」に基づいて近代国家の設計が具体化していく。前近代における幕藩の封建的身分関係を一掃していくために、版籍奉還が行われ（明治二年〈一八六九〉六月、藩主が知藩事に任命）、明治四年七月十四日には、木戸孝允・西郷隆盛・大久保利通の主導により廃藩置県が断行され(1)、同年八月、穢多・非人の称を廃し、民籍に編入して身分・職業を平民と同じ扱いとした。ここに封建的関係からの解放が進み、天皇を中心とした四民平等による近代国民国家が樹立する。

近代初頭の天皇祭祀については、この半世紀の間に数多くの研究が蓄積されてきた。(2)これらの先学に学びつつ、本論では古代以来の天皇祭祀権の二重構造から、近代初頭の祭祀権の一元化へ体系化していく過程、すなわち〈外廷〉官衙神祇官の再興（慶応四年閏四月）から明治五年の〈内廷〉宮中神殿の創成に至る、近代天皇祭祀の復興と維新について素描することにしたい。

一　古代祭祀体系と近代

近代天皇祭祀の新たな創出と再興では、中世の「建武中興の規模に拠らんとする」（『明治天皇紀』第一）意見もあったが、岩倉具視は国学者玉松操の献言を取り入れ、「神武創業」に回帰する祭政一致を理念とし、国内の統一を図ることになる。では、神話から歴史へ連なる始原のときとされる「神武創業」の祭祀理念とは何であったのか。古代天皇と神祇の祭祀体系から説き起こすことにしたい。

神武天皇は即位前、東征の最終において、丹生川上で天神地祇（諸神祇・天社国社の神）を祀り、国土の統治を完成する。即位後四年には詔して、「我皇祖の霊」が降り、天下を統一したこと、天神を郊祀して「大孝」の志を示すことを明らかにし、大和の鳥見山において皇祖の天神を祀られた（『日本書紀』「神武紀」）。「神武創業」の皇霊祭祀の原型が、ここに語られる。ただし、天神地祇の祭祀は近代以前には原則として天皇親祭は行われず、石灰壇毎朝神拝（『宇多天皇御記』仁和四年〈八八八〉十月「毎朝敬拝四方大中小天神地祇」）をはじめとした神事は、間接祭式である遥拝の作法が基本とされた。

古代の祭祀は、神話（天上）と歴史（天下）の体系を後世へ伝えてきた。天皇祭祀の本源については、『日本書紀』

「神代紀」〈第九段第二の一書〉に「吾が児、此の宝鏡を視まさむこと、吾を視るが猶《ごと》くすべし、与《とも》に床を同じくし殿《おほとの》を共にして、斎鏡《いはひのかがみ》と為すべし」と、天照大神が御子天忍穂耳尊に示された「宝鏡奉斎・同床共殿」の神勅により、皇祖神・伊勢祭祀へと継がれていく。また、「斎庭の穂《いなほ》」の神勅と中臣氏・忌部氏の遠祖二神による殿内祭祀の神勅により祭祀伝承が受け継がれ、天皇新嘗・大嘗祭の本源が記される。

ところが『日本書紀』「崇神紀」の疫病流行の事態に、天照大神と天皇との「同床共殿」は厳守できず、神鏡は伊勢五十鈴川上に鎮座した。このため忌部氏によって代わりに鏡剣が造られ「護りの御璽」(『古語拾遺』)とされ、平安期になると御鏡は宮中内廷の内侍所〈賢所・恐所・畏所ともいう〉に納められ、伊勢の「御代官《(宮)》」〈順徳天皇撰『禁秘抄』〉とされてきた。

律令祭祀から平安祭祀制へ

古代国家と天皇の祭祀は、大化前代の氏族制社会を内包しながら、七世紀後半、律令国家の祭祀として成立した。律令制は天皇の〈内廷〉機能を温存しながら、〈外廷〉神祇官の祭祀へと一貫した体系を構築してきた。天皇＝皇御孫命による国家統合の祭祀権と氏族・地域の統括者による個別祭祀権とは、不可侵の関係にあり、祭祀権の二重構造のもと、氏族祭祀は独自性をもち、地域においては委託・間接の祭祀が、災害を鎮め、地域の安定化に効果をもたらした。自然につながる神の世界は、天皇といえども貫徹できない祭祀権の限界があり、地域の氏族祭祀に天皇は直接の関与ができない、遥拝の祭祀を基本とすることが確立していた(3)。

律令祭祀制のなかで、最も盛大な班幣祭祀である二月祈年祭は、『延喜式』の規定では、官幣・国幣の全官社を対象とする年中恒例の最大神事とされたが、天皇の関与は認められない。これは律令祭祀の成立時において、祈年祭と天皇祭祀との関係が成立していなかったからであり、祈年祭が新たに律令祭祀に加えられたことを意味している。

古代国家における律令制の導入は、日本的思考とは乖離することもあり、律令祭祀制が完全に定着することはなかった。律令制の機能に限界が表れると、再び天皇〈内廷〉機能に依存する国制の再編成が進められ、儀礼の内裏への集中化とともに、祭祀制のなかにも反映していくことになる。平安時代に成立する公祭・神社臨時祭など、平安祭祀制は中世以降もその命脈を保ち機能しつづけ、近世に志向された祭祀復興も、平安祭祀制を理想としたものであった。(4)

平安中期以後の諸国一宮における国司・国衙祭祀は天皇祭祀権の代行行為であり、東国における源頼朝に始まる鎌倉殿将軍祭祀は、天皇祭祀権の一部委託にほかならない。また中世末期から中断されていた伊勢例幣使は、近世に入ると再興される。その契機になったのが、徳川家康を祀る日光東照宮の創祀である。正保四年(一六四七)四月、初度の日光例幣使が発遣されるとともに、同年九月には、伊勢例幣使の発遣が復興する。徳川幕府は、伊勢と日光の祭祀を最上級に位置づけ、幕府祭祀を包括する天皇祭祀権に基づくものとして機能させた。祭祀権が完全に天皇のもとに一元化したのは、明治四年(一八七一)五月の「神社ノ儀ハ国家ノ宗祀」(「太政官布告」二三四)であることが表明されたときからである。

幕末・近代の神道家・国学者たちは、古代天皇祭祀の理念を理解して、神祇官の再興によって近代の天皇祭祀が復元できるものと考えたが、現実には厳しい状況が待っていた。結局、神祇官構想は放棄され、近代天皇祭祀体系の中心神殿は、東京城内(皇城)の宮中祭祀に集中することになる。

二　神社行幸と伊勢行幸

ここで古代から幕末へ、近代国家・天皇・宮中と神社の祭祀体系の淵源へ、時間を戻してみよう。近世後期に入ると内憂外患のなかで、朝廷は中世後期以来途絶えていた神社臨時祭・臨時諸社奉幣など、平安祭祀制の復興へ取り組むことになる。とくに幕末、孝明天皇の御代、神社行幸の復興と神武天皇陵の修陵、山陵使の発遣などが進められた。後者については、近代天皇祭祀制の核となる皇霊祭祀の淵源とされる。

文久三年（一八六三）三月、孝明天皇は攘夷祈願のため、将軍徳川家茂をはじめ諸大名を従え、盛大な賀茂社行幸を、ついで翌月には、石清水行幸を行った。それは後醍醐天皇の建武元年（一三三四）以来、五百有余年ぶりの復興であった(5)。

天皇が神社に参詣する「神社行幸」は、天慶五年（九四二）四月、承平・天慶の乱鎮定の報賽のための、朱雀天皇の賀茂社行幸が最初である。以後、平安中期の後三条天皇の御代までに、平安祭祀制の賀茂・石清水・春日・平野など一〇社への代始行幸が確立した。

天皇の神前神拝

神社行幸は天皇が神社の神前で直接参拝すると思われているが、これは近代的な理解のなかにある。天皇は神社神域の近いところに設けられた行宮《あんぐう》（天皇御在所）に籠られ、臣下の上卿がわずかの距離ではあったが神前まで代参することを例とした。天皇は皇祖天照大神の祭り主であり、諸神社の神々を直接出かけて親祭する立場にはなかった。

飽くまでも勅使を遣わす遣使の祭祀が天皇による天神地祇祭祀の原則であり、天照大神以外の個々の神社への天皇親祭はありえないという根本観念が貫かれていた。

天皇が神前で参拝することを忌むもう一つの理由は、天皇へ神の祟りが波及することへの対応であった。神の祟りを未然に防ぐため、直接の神拝は避け、臣下・神職による間接・委託の祭祀を基本とし、必要に応じて天皇自らは遥拝の作法を行った。

文久の賀茂社行幸において、孝明天皇は下鴨社に到着すると楼門前で鳳輦を降り、楼門より中門まで腰輿で進み、御手水ののち、幣殿の御座に着御し、神前で直接御拝した。つづく上賀茂社でも、楼門・中門を進み、本殿前の祝詞座で直接神拝の作法がとられた。翌四月の石清水行幸においても、旧来は山下の下院（頓宮）で留まるところを、板輿に乗り、本殿のある山上に登り、神前の浜床（正面階段の向拝《ごはい》の下にある床）で御拝があり、摂社の武内社と末社を巡り、直接の御拝を行った。

ここに旧来の行幸作法は大きく変更され、天皇が神前に立つ新例が開かれ、天皇直接の親祭が最高の祭祀作法として登場した。つづく明治初頭の神道大改革の先駆けとなった。以後、明治天皇初度の神社行幸は慶応四年（一八六八）三月二十一日、大坂行幸に際して、石清水行幸が山上神前の浜床に着御して行われ、孝明天皇の形式が前例とされ、神前参拝が慣例となる。つづく即位と明治改元ののち、東幸のなかで、武蔵国一宮、氷川神社が勅祭社に列し、氷川神社行幸が行われたことも重要である。

初度の伊勢行幸

賀茂社・石清水行幸が復興した文久三年の八月、大和の神武天皇陵と伊勢神宮行幸が企画された。このとき、外宮の御巫清直は「神宮行幸」の親拝次第を考証して、斎王参詣作法を参考に直接の神拝を立案したが（神宮文庫所蔵「文久三年勘文」）(6)、同年八月十八日政変のため行幸は中止される。

有史以来歴代天皇はじめての神宮神拝（御親謁）は、明治二年（一八六九）三月、再度の東幸の途次に実現した。明治天皇は瑞垣御門内（内院）の軒下に設けられた浜床に着御ののち、太玉串を奉り御拝を行った（藤波氏命「明治天皇神宮御参拝行事略記」『明治天皇紀』第二）。古代から近代へ、神社行幸と明治天皇の伊勢行幸は、祭祀伝統の大きな変更により、以後、孝明天皇の形式を例とし、神前参拝が慣例となり、現在の神社行幸へ踏襲されている。

古代の神社行幸は、平安祭祀制に基づく賀茂・石清水など特定神社の臨時祭とつながっており、天皇直轄の遣使祭祀を丁重に格上げしたのが神社行幸であった。ただし、ここでも直接の神拝はなく、氏族祭祀不介入の原則は放棄されることはなく、不文の法として意識されつづけてきた(7)。

近世後期の文化十一年（一八一四）には平安祭祀制の賀茂臨時祭が復興し、以後、賀茂と石清水臨時祭とが隔年斎行されるとともに、幕末には北野・祇園臨時祭が復興したが、明治三年二月、天皇直轄の神社臨時祭（賀茂・石清水・北野・祇園）はすべて廃止された。近代祭祀制は、東京奠都により、畿内中心の平安祭祀制から全国的祭祀体系に移行していくことになる。

近代の神宮と神社行幸は、古代祭祀の系譜ではなく、平安後期以後に展開した神社参詣の近神作法に基づいており、上皇から庶民まで広く信仰されていった熊野詣をはじめ、庶民の伊勢参宮・神社参詣など、中世の神道のなかに、その淵源・系譜を見出すことができる。

三　「天神地祇御誓祭」の創成

天皇が天神地祇を降神し、親祭を行った歴史上の初例が、近代の始まりである「天神地祇御誓祭」であった。天武天皇は天武七年（六七八）「天神地祇」親祭を企画されたが、斎行はできず（『日本書紀』「天武紀」）、以来遥拝が祭祀の主流となる。持統朝には〈外廷〉官衙である天神地祇の略称名をつけた神祇官が創設され、「神祇令」には天神地祇祭祀が規定されているが、これは理念として運用され、遣使による間接と委託の祭祀が中心であった。天皇と神祇官において天神地祇の降神・勧請の祭式は確認できない。中世後期になり、神祇道の吉田兼倶が斎場所内に天神地祇を勧請し、のちに「神祇官代」とした事例はあるが例外的なものであった。

神降し・神上げの祭式

国家儀式と祭祀の場に、全国の神々である天神地祇を神降し・神上げの祭式で臨時に迎える作法がはじめて導入された。慶応四年（一八六八）三月十三日、「王政復古、神武創業ノ始」に基づき、「諸事御一新、祭政一致ノ御制度ニ御回復」が布告され、神祇官再興と祭祀復興が進められることになる。

翌十四日、南殿（京都・紫宸殿）に神座を設け、「天神地祇御誓祭」が天皇親祭で行われた。誓祭の次第は、神祇督白川資訓が「神於呂志《降し》神歌」を唱え、天神地祇を降神（天神地祇への降神祭祀の初見）ののち、天皇出御、総裁三条実美が御祭文を読み上げ、天皇は「幣帛ノ玉串」を奉献する神拝があり、三条実美は「広く会議を興し、万機公論に決すべし」など「五箇条の御誓文」を読み上げ、参列した公卿・諸侯は誓約の署名をした。天皇入御ののち、最後には

「神阿計《上げ》神歌」の昇神詞が唱えられ、神を可視的に降臨・昇神させる近代の祭式が確立した（「太政官日誌」）。

神降しは、古代祭祀には確認できず、平安中期以後の仏教法会における神祇勧請を起源とし、中世後期の吉田神道と近世の橘家神道などの祭式に受け継がれ、近代に入り「天神地祇御誓祭」の祭式に導入された。その祭式原案は、平田派国学者六人部是香《よしか》の六男是愛《よしちか》が、神祇官再興の最初である神祇事務局の権判事の職務において「御親祭略式」（向日市文化資料館所蔵）を作成し、これが福羽美静によって採用された。(8) 近神の作法といい、神降し祭式の導入も、中世神道にその淵源がある。(9)

吉田兼倶は、「天神地祇八百万神、六十余州三千一百卅二神」が吉田斎場所に毎日降臨する霊場であると称し、伊勢両宮と天神地祇・延喜式内社の降臨地として、天皇祭祀権を越境した行為をする。(10) 天正十八年（一五九〇）吉田兼見の代には、斎場所に神祇官八神殿が加わり、慶長十四年（一六〇九）以降は、斎場所が神祇官代として伊勢遷宮一社奉幣、伊勢由奉幣の発遣場所となり、兼倶の意図した天皇祭祀の代行霊場の構想は、近世初頭に至り完成をみた。吉田斎場所に設けられた神祇官八神殿は、明治に入り、東京に遷座して、宮中神殿に合祀される。

このほか、近代祭式の主流になる玉串奉奠の作法も導入された。現在も大和地方（春日・石上・手向山八幡など）に残る、祭祀者が大型の御幣を振って奉納する形式の、玉串はその小型化していく転機となった。

四　〈外廷〉神祇官から〈内廷〉宮中祭祀へ

近代祭祀制の形成は、〈外廷〉神祇官の再興から開始され、その到達点は明治五年（一八七二）十一月の、〈内廷〉宮中神殿の創設であった。

慶応四年（一八六八年九月八日以後明治元年）一月、新政府の職制として、三職と神祇事務科など七科が定められ（翌月、神祇事務局）、その三月、王政復古・祭政一致の制に復し、「神祇官御再興」が表明されるとともに、白川家・吉田家の神職支配が否定され、神祇官に所属することになる。閏四月には、神祇事務局を改め、太政官のもとに神祇官が設置され、翌明治二年七月には、神祇官・太政官の二官を定め、神祇官を上位とした。ここに矢野玄道ら平田派国学者の願いが叶うことになったが、以後は津和野派国学出身の福羽美静と門脇重綾らの主導により、宮中賢所との合流、〈内廷〉化が進められた(11)。

賢所の東京遷座

天照大神を祀る伊勢神宮の「御代官(宮)」（『禁秘抄』）として、古代以来受け継がれてきた内侍所（賢所）の御鏡は、明治二年三月、二度目の東幸とともに動座し、東京城（西之丸の山里社殿）に入られた。同年六月二十八日、天皇は神祇官（馬場先門内）に行幸され、神祇官仮殿の神座に天神地祇と「天皇等の大神霊」の歴代皇霊を降神して親祭を務めた。そして同年十二月十七日、神祇官仮神殿の鎮座祭が斎行され、東座に天神地祇、中央に八神（古代神祇官奉斎の神産日神など八神）、西座に歴代皇霊が迎えられ祀られた。その後、神祇官から宮中へと合流する経緯は、次のとおり。

・明治三年一月、神祇官神殿が竣工し、八神・天神地祇（全国の天神・国神など八百万神）・皇霊（神武天皇をはじめ歴代天皇の御霊）が殿内に祀られる（「太政官御沙汰」六）。
・明治四年九月、禁苑宮中の賢所に神祇省の神殿に祀られてきた歴代皇霊を遷座する（「太政官御沙汰」四六五）。
・明治五年一月、白川家・吉田家ほかに祀られていた古代に系譜をもつ神祇官八神を京都から奉遷して、神祇省神殿の八神に合祀する。
・明治五年四月、天神地祇・八神の両座を宮中賢所・歴代皇霊の鎮まる神殿に遷座する。
・明治五年十一月二十九日、八神を天神地祇に合祀して一座とし、「神殿」と称した。ここに賢所・歴代の皇霊・天神地祇の三殿のもととなる遷座が完了する。

明治四年になると、懸案であった東京で大嘗祭を斎行する準備が着々と進められていく。右のとおり、同年十一月の大嘗祭斎行に前後して、宮中〈内廷〉への集中化が顕著である。

近代の祭祀体系は、①~⑤項目が重要である。

①宮中「賢所」祭祀と神宮祭祀
②宮中「皇霊殿」祭祀と山陵祭祀
③宮中「神殿」（神祇官八神と天神地祇）祭祀と官社（官幣社・国幣社）祭祀
④南朝の功臣（湊川神社＝楠木正成など）はじめ、国家に功績のある人霊（明治五年、別格官幣社）祭祀
⑤戦没者慰霊の招魂祭祀（靖国神社・招魂社）

本論では、①~③の〈内廷〉宮中祭祀と神宮祭祀・山陵祭祀・官社祭祀の近代祭祀体系三要素の整備について論究していく。

とくに②は孝明天皇の御代、神武天皇陵の修陵、山陵使の発遣が開始され、近代皇霊祭祀へと展開する。[12]ここに仏教色は排除され、皇霊祭祀と陵墓祭祀とが合体された。平安時代前期以降、宮中内裏には歴代天皇の位牌が「御黒戸」に納められ、仏事が営まれてきたが、近代以後は、宮中から出て、泉湧寺に遷され（明治六年）、歴代天皇の皇霊は、神祇官神殿において親祭祭祀として斎行され、宮中に奉遷される。また、古代の山陵儀式は十二月恒例の令制

に基づく荷前奉幣（常幣）と平安初期に始まる近陵近墓の別貢幣の制度があったが、中世以後は中絶し、明治二年九月に、神祇官内に諸陵寮が設けられ（同四年八月廃止）、神武天皇をはじめ歴代の山陵祭祀は神祇官が管轄した。

宮中と神宮祭祀の一体性

天皇親祭である新嘗祭は中世後期、寛正四年（一四六三）を最後に中絶した。近世に入り、元禄元年（一六八八）から吉田家邸内の宗源殿を神祇官代として、新嘗御祈が行われ、元文五年（一七四〇）以後は紫宸殿を神嘉殿代とした天皇親祭が復興し、幕末までつづく。明治天皇践祚後の慶応三年十一月は吉田家邸内の宗源殿を神祇官代として、新嘗御祈が行われ、翌明治元年も初度の東幸中のため、遥拝が行われ、祭儀は前年どおり、吉田家邸内の宗源殿を神祇官代として斎行された。明治元年の新嘗祭に際して、「新嘗布告書」が出され「神武天皇以来世々ノ　天皇、十一月中卯ノ日当年ノ新穀ヲ、天神地祇ニ供セラルル重礼」（「公文録」）とあり、同二年も吉田家宗源殿を祭場とした。同三年からは東京・神祇官で執り行われることになり、山城国から米・粟が運ばれた[13]。明治四年は大嘗祭が斎行され、「大嘗会告諭」にも「至尊御親、天祖・天神地祇を饗饌ましまし」（「辛未大嘗会雑記」）と、天神地祇への親祭であることが明記された。これらは、近代の「天神地祇御誓祭」との連繋が考えられる。

古代以降の大嘗祭・新嘗祭には、神降しの作法は確認できない。中央の神座は神来臨を見立てた座であり、寝座秘儀説につながる具体的所作はない。天皇の作法は、京都からは伊勢神宮の鎮座する東南（東京からは西南）の方角に向かって、供膳と遥拝の作法が行われる[14]。近代に入り再興された新嘗祭の前日の鎮魂祭では「神降」「神昇」の祭式が導入され、大嘗祭の翌年、明治五年の新嘗祭でも「神降」「神昇」の祭式が確認できるが（「太政官日誌」『明治天皇紀』第二）[15]、その後、新嘗祭については古代以来の祭式に戻された（明治四十二年「皇室祭祀令・附式・新嘗祭神嘉殿ノ儀」)。

明治二年二月には、中世後期以来途絶えていた祈年祭(班幣祭祀)が再興され、吉田斎場所を神祇官代とし、奉幣使発遣儀があり、伊勢奉幣使に神祇大副藤波教忠が遣わされた。これに合わせて、明治天皇は紫宸殿より御拝の作法を行った。新嘗祭は天皇親祭として復興されていたが、神祇官祭祀の核となる祈年祭の復興はなく、ここに「諸神を祀る新嘗祭ありて祈年祭なきは理に於て尽さずとの神祇官の建言ありし」(『明治天皇紀』第二)との理由で、神祇官祭祀として祈年祭復興が始まる。

神宮との関係では、大嘗祭斎行を二ヵ月後に控えた明治四年九月十七日、伊勢神宮神嘗祭の当日、賢所神嘗祭当日祭を天皇親祭として神宮遥拝・賢所御拝が行われ、神宮＝賢所の一体化が進められた。大嘗祭ののち、同年十二月には、左院が「一 伊勢神廟に安置し奉る処の神鏡を宮中に移し奉り、三種の神器合一して天照大神の神勅に基く可き事」(「法規分類大全」)という、伊勢神宮神鏡の東京宮中遷座が建言される。翌五年一月にも、神祇大輔福羽美静らが伊勢神鏡の東京宮中遷座を建議したが、伊勢側の反対もあり、現実的ではなく、「崇神紀」以前に戻る「同床共殿」の理念完結は実現しなかった。

ただし、同五年十一月二十三日、天皇親祭の宮中新嘗祭にあたり、神宮へ遣使奉幣が行われるとともに、はじめて神宮の新嘗祭が斎行され、神宮と宮中天皇祭祀との一体化はさらに進んだ。

五 近代官社制の編成

明治四年(一八七一)三月、大嘗祭の東京斎行が布告されると、同年五月、全国的神社制度の制定が具体化していく。新たな官社・社格制による中央集権祭祀体制が施行され、官社（神祇官・官幣社三五社、地方官・国幣社六二社、計九七社加列）・諸社（地方官の祀る府社・藩社・県社・郷社）に編成された（「太政官布告」一二三五）。官社制の班幣は同年十一月に斎行される大嘗祭において、全国的に実行されることになる。

「官幣・国幣社奉幣社頭之儀」版木の発見

平成二十九年（二〇一七）十二月、明治神宮文化殿において「近代の御大礼と宮廷文化」が開催された。このとき明治神宮から「官幣・国幣社奉幣社頭之儀」（「官幣・国幣社奉幣儀式」）と「大嘗祭奉幣祝詞（祝詞案）」（明治四年十一月十八日の日付で、冒頭には「祝詞案」と題して「掛巻母恐伎、某乃社乃大前爾、知事官位姓名　或大少参事、恐美恐美母白左久」とある）の版木が発見された[16]。この木版刷は大嘗祭の前月、大嘗祭奉幣にあたり、地方官などに頒布されたものである。十月十五日、神祇省神殿前庭に地方官が参集して、官幣社・国幣社へ遣わす班幣式が行われた。大嘗祭班幣式につづいて、同二十九日、「四時祭典定則」が定められ、恒例では元始祭・神武天皇祭（三月十一日）・皇大神宮遥拝（九月十七日）・新嘗祭（十一月卯日）・孝明天皇祭（十二月二十五日）の五祭が天皇親祭（大祭）となり、官幣大社例祭が中祭とされた。また「地方祭典定則」も定められ、国幣社・府県社・郷社の例祭・祈年祭・新嘗祭の三祭へ地方官参向のことが明記され（「公文録」）、宮中祭祀の基礎が確定し、全国的祭祀制度が発足した。

明治神宮所蔵の「官幣・国幣社奉幣社頭之儀」版木の祭祀次第には、

　官幣・国幣社奉幣社頭之儀

早旦、神殿装束ヲ奉仕ス、

第八字、地方官及神官等座ニ着ク、

先開扉、宮司之ヲ奉仕ス、
奏楽、神楽歌或ハ社頭、相伝ノ楽等適宜、
次神饌ヲ供ス、宮司以下神官、之ヲ奉仕ス、
奏楽、同上、
訖テ神官一同列座拍手拝、
次知事或ハ参事、御幣物ヲ捧ク、拍手・再拝、
次祝詞、知事或ハ大少参事之ヲ奏ス、
次知事以下地方官拝礼、奏任以上玉串ヲ捧ク、
次宮司以下拝礼
次御幣物及神饌ヲ撤ス、御幣物ハ後、神庫ニ納ム、
奏楽、同上、
次閉扉、宮司之ヲ奉仕ス、
奏楽、同上、
次各退出、
畢、

とある。近代官社制の官幣社・国幣社奉幣儀式は大嘗祭斎行を契機に編成され、明治八年までに、その骨格が定められる(17)。社頭における祭祀の主要部分である祝詞奏上の担当者と玉串奉奠の順番は表5のとおりである(18)。

明治四年の大嘗祭における官幣社・国幣社奉幣では、知事が祝詞と玉串奉奠を行い、つづいて宮司が玉串奉奠を

表５　「明治官社祭式」の祝詞奏上と玉串奉奠

	祝詞奏上	玉串奉奠①	玉串奉奠②
明治４年・大嘗祭官幣国幣社奉幣儀式	知事	知事	宮司
明治５年・官幣国幣社祈年祭式	地方長官	地方長官	宮司
明治６年・官幣諸社官祭式	知事	（記載ナシ）	（記載ナシ）
明治８年・官幣国幣社祈年（新嘗）祭式	神官長官	地方長官	神官長官
明治８年・官幣社例祭式	地方長官	地方長官	神官長官
明治８年・国幣社例祭式	神官長官	地方次官	神官長官

行った。その祭式では、神社宮司より知事（地方長官）の儀式が重視され、国家祭祀としての性格が鮮明である。翌五年の二月、神祇省では「官国幣社祈年祭式」が定められ、祈年祭でも、同じ所作・順序で行われている。ここでは明治四年の大嘗祭奉幣が基本とされた。同五年三月、神祇省が廃され、新設の教部省に行政が移されるとともに、祭典については太政官の式部寮が所管となる。

　ここで注目されるのは、官幣社・国幣社ともに、例祭・祈年祭・新嘗祭の三度の恒例祭典に際して幣帛が供進されたが、このうち個別神社独自の祭典である例祭が重視された。表５の明治八年「祭式」によると、官幣社例祭式のみが別格の地方長官の祝詞奏上となっている。官幣社・国幣社の祈年祭・新嘗祭と国幣社の例祭は神官長官（宮司）が祝詞奏上を担当した。古代において神社個別の祭祀は、地域・氏族の祭祀として独自性を確保してきた。春日祭など平安前期までに一四の公祭は、天皇外戚の祭祀のため、格別に幣物が奉られた。明治になると例祭にも幣帛が供進される新例が開かれたことになる。元来、氏族祭祀では一部の天皇外戚祭祀の公祭を除いては、天皇不介入の原則があった。

　古代において祈年祭班幣儀式に天皇が関与することを避けたのも、天皇祭祀権と相対する氏族祭祀権が機能したことによる。明治に入って神社例祭は、近代祭祀制の社格制度のなかに組み入れられ、古代以来の祈年祭・新嘗祭の幣帛供進とともに、年中最大の地域、共同体を主体とした神社個別の例祭を重視し、直接、国家側の幣帛供進を行う新制度を創設した。近代の国家祭祀制は、全国の神社を通して各地域に根を張り巡らすことになる。

おわりに——宮中神殿祭祀百五十年

古代・中世から継承されてきた国家体制を支える世襲的特権が否定され、幕府の廃止と将軍職の返上、藤原摂関家の摂政・関白職の廃止など、新たな近代国家に向けた第一歩が開始された。近代国家は下級武士出身者が政府に参画し、封建的身分制を一掃し、天皇を中心とした統一国家を「創業」することが急務とされた。このことは、近世の神社制度の核となってきた白川神道の白川家、吉田神道の吉田家による神職支配も否定されていく。

近世後期の地誌類によると、神社・鎮守の管理で、最も多いのは仏教寺院に属した「寺持」が四割、「村持」「村民持」が三割であり、そのほか、白川家・吉田家に所属した「神主持」、そして「修験持」などであった（『新編武蔵風土記稿』『新編相模国風土記稿』）。慶応四年（一八六八）三月、神社の別当・社僧を復飾（還俗）させ、翌月以降、神仏分離が進められ、神社・神域から寺院・仏法を排除していく。同三年閏十月、陰陽道土御門家の天社神道は禁止（「太政官布告」七四五）された。一方、神宮は古代以来、仏法禁忌とされ、僧尼は神域外の僧尼拝所から拝したが、明治四年（一八七一）八月、僧尼拝所は撤去され、翌年三月、僧尼の参詣が許可され、近代の神仏関係が始まる。

神話と古代「負名氏」の終焉

「神武創業」を明治の国家創業の理念に掲げながらも、古代の記紀神話に基づいた氏族である中臣氏の藤波教忠は、明治四年一月、古代以来受け継がれてきた神宮祭主を罷免され、神宮祭祀の場から排除されることになる。(19) そして、同年十一月の大嘗祭後の豊明節会で行われた、中臣氏が代々担当してきた「天神寿詞」（中臣寿詞）奏上は、はじめて他氏である「源朝臣美静　福羽」（「明治二年八月　神祇官職員録」）が担当した。中臣は祝詞を奏上し大神と天皇の中執り持ちとして奉仕することが家業であり、古代以来伝わる「天神寿詞」の最後には、「本末傾かず茂《いか》し槍《ほこ》の中執り持ちて、仕へ奉る中臣の祭主（中臣氏の人名）」と読み上げるところを、福羽は「仕へ奉る中臣の故事《ふるごと》以て、神祇大輔従四位福羽美静」（「辛未大嘗会雑記」）と読み上げた。古代の伝統的職掌をもつ負名氏《なおいのうじ》は完全否定され、祭祀の家の家業・家職は停止された。「神武創業」の理念と古代以来の伝統は、近代の「創業」の前には断念せざるをえなかった。

先述のとおり、明治四年五月、神社は公共性の高い「国家ノ宗祀」にて、天皇祭祀権に連なる体系に位置づけられた。祭祀に携わる神官の世襲的地位は否定され、「一人一家ノ私有ニスベキニ非ザルハ勿論ノ事」にて、神社と社家・神職は個人・私有のものではなく、これまでの地域社会に根差した公共性は、より一層国家と結びついた公共的性格が求められることになる。

ここに、古代からつづいてきた天皇祭祀権の二重構造は解消され、新たな天皇親祭の祭式に変容し、祭祀権の一元化が図られた。二重構造が機能してきた理由は、地域の神々が天皇に祟りを起こすことであったが、平安後期以後は、こうした祟りは御霊信仰に吸収され、神々へ近づく近神の作法の拡大、また、中世神道の特質である、個人のなかに「神＝人＝心」の心神観念が増大したことなど、祟りへの防御の必要性がなくなり、神観念の禁忌性が軽減され、神々への天皇親祭に制限が薄れたといえる。近代の祭式には、中世神道の世界が色濃く投影されており、新たな近代・現代神道への方向性が形成されていく。

本論で論じたように、古代律令祭祀制から平安祭祀制への移行は、二〇〇〇年を要したが、近代の神祇官祭祀から宮中祭祀への展開は、わずか五年で完成した。対外的危機意識が近代祭政国家の天皇祭祀体系確立を促進したといえよう。宮中の三殿祭祀への結集は明治五年十一月二十九日完成をみた（のち明治二十二年、現在地に「賢所」「皇霊殿」「神殿」の宮中三殿を造営・遷座）。それは鉄道開通と博物館の起源となる近代が開花した年にあたり、以来一五〇年を迎える。その数日後の十二月三日、太陰暦を廃止して太陽暦を採用し、明治六年元旦とした。希望と絶望・挫折の、激動の近代国家の出発である。

これまで、長年、古代・中世の神道史研究を進めてきたが、近世・近代へ門戸を開くことはなかった。しかし、古代から現代神道へとその流れを理解していくとき、近代のことは避けて通ることはできない。明治維新から終戦までの七七年の近代神道につづいて、戦後の現代神道（神社神道）は、近代神道の年数を超え、新しい時代を構築することができるのか。近代以後の神道史については、イデオロギー的対立軸が残されているが、列強諸国の覇権争いのなかで、近代明治の新たな祭祀体系が創成されていく過程を考察することで、古代・中世と近代との融合と越境とを試みてみた。

註

（1）勝田政治『廃藩置県　「明治国家」が生まれた日』（講談社、平成十二年）。

（2）藤井貞文『近世に於ける神祇思想』（春秋社松柏館、昭和十九年）、阪本健一『明治神道史の研究』（国書刊行会、昭和五十八年）、阪本是丸『国家神道形成過程の研究』（岩波書店、平成六年）、武田秀章『維新期天皇祭祀の研究』（大明堂、平成八年。のちに再刊、法蔵館文庫、令和六年）、藤田大誠「明治初年の国家祭祀形成と国学者」（『近代国学の研究』弘文堂、平成十九年。初出、平成十八年）、ジョン・ブリーン「近代神道の創出」（『儀礼と権力　天皇の明治維新』平凡社、平成二十三年。のちに再刊、法蔵館文庫、令和三年。初出、平成十八年）、石野浩司「維新期祭祀改革と神祇官再興の挫折」（『石灰壇「毎朝御拝」の史的研究』皇學館大学出版部、平成二十三年。初出、平成二十年）、小倉慈司・山口輝臣『天皇の歴史9　天皇と宗教』（講談社、平成二十三年）など。

（3）岡田莊司『古代天皇と神祇の祭祀体系』（吉川弘文館、令和四年）、斎藤英喜「書評：岡田莊司著『古代天皇と神祇の祭祀体系』」

（『國學院雑誌』一二四巻一号、令和五年）。

（4）岡田莊司『平安時代の国家と祭祀』（続群書類従完成会、平成六年）、同編『事典　古代の祭祀と年中行事』（吉川弘文館、令和元年）。

（5）岡田莊司「神社行幸の成立」（『平安時代の国家と祭祀』続群書類従完成会、平成六年。初出、平成三年）、同「神の前に立たれた天皇―孝明天皇の賀茂行幸―」（『國學院大學神道資料館報』六号、平成十八年）、米田裕之「孝明天皇の賀茂社行幸」（『儀礼文化』四〇号、平成二十一年）。

（6）吉川竜実「明治天皇の伊勢行幸―明治二年の御参拝次第を中心として―」（『明治聖徳記念学会紀要』復刊二一号、平成九年）。吉川竜実により紹介された、神宮文庫所蔵『文久三年勘文』の作成者は、神宮考証学の御巫清直であることが明らかにされた。

（7）岡田莊司「古代～の法制度と神道文化―天皇祭祀に関する不文の律、不文の法―」（『明治聖徳記念学会紀要』復刊四六号、平成二十一年）。

（8）星野光樹「幕末期における復古的祭式と「玉串行事」について―六人部是香の祭式書を中心に―」（『神道宗教』二三九号、平成二十七年）。

（9）岡田莊司「中世神道における「神＝人＝心」の系譜―奥伊勢から奥三河へ―」（『神道宗教』二五九・二六〇号、令和二年。本書終章）。中世神道と神楽の関係については、斎藤英喜「シンポジウム「中世神道と神楽」にむけて」、小川豊生「中世神道と神楽の世界」（ともに、『ＨＥＲＩＴＥＸ　３』名古屋大学人類文化遺産テクスト学研究センター、令和二年）。

（10）岡田莊司「吉田兼倶と吉田神道・斎場所」（『国立歴史民俗博物館研究報告』一五七集、平成二十二年。改訂して本書第二編第四章）。

（11）武田秀章「神祇省首脳における「神話」と「維新」―門脇重綾資料を中心に―」（『神道宗教』二四六号、平成二十九年）、同「近代の「神道と社会」を用意したもの―明治大嘗祭への道程―」（阪本是丸責任編集・國學院大學研究開発推進センター編『近代の神道と社会』弘文堂、令和二年）。

（12）武田秀章、前掲註（2）著書。

（13）阪本是丸「近世の新嘗祭とその転換」（『近世・近代神道論考』弘文堂、平成十九年。初出、平成三年）。

（14）岡田莊司「大嘗祭祭祀論の真義―遥拝・庭上・供膳祭祀―」（『大嘗祭と古代の祭祀』吉川弘文館、令和元年）。

(15) 鎌田純一「明治初期に於ける新嘗祭」(『続大嘗祭の研究』皇學館大学出版部、平成元年)、山口剛史「明治維新期の鎮魂祭」(『明治聖徳記念学会紀要』復刊四七号、平成二十二年)。

(16) 『神社新報』平成三十年一月二十九日号、「辛未大嘗会雑記」(所功『近代大礼関係の基本史料集成』国書刊行会、平成三十年)、岡田莊司「古代と近代の大嘗祭と祭祀制」(『國學院大學研究開発推進機構紀要』一一号、令和元年)。

(17) 阪本是丸「官社制度の成立と国家祭祀」(『国家神道形成過程の研究』岩波書店、平成六年。初出、昭和六十三年)、高原光啓「式部寮達「神社祭式」の制定過程」(『神道宗教』一九三号、平成十六年)、星野光樹「明治八年式部寮達「神社祭式」の制定過程に関する一考察」(『近代祭式と六人部是香』弘文堂、平成二十四年。初出、平成十八年)。

(18) 「明治五年・官幣国幣社祈年祭式」(『太政類典』第二編二六一巻)、「明治六年・官幣諸社官祭式」(『太政類典』第二編二六一巻・式部寮番外)、「明治八年・官幣国幣社祈年(新嘗)祭式」「官幣社例祭式」「国幣社例祭式」(式部寮編「神社祭式」所収)。

(19) 藤波家文書研究会編『大中臣祭主藤波家の歴史』(続群書類従完成会、平成五年)。

あとがき

――半世紀を経て、いまここに顧みる――

本書、中世神道編は、古代祭祀編（『古代天皇と神祇の祭祀体系』吉川弘文館、令和四年）と平安祭祀編（『平安時代の国家と祭祀』続群書類従完成会、平成六年）とにつづく、拙著三部作の最後にあたる。前著二冊では、伊勢と出雲とを結ぶ東西軸の祭祀体系から平安期の祭祀体系へとその展開を考察した。つづく本書は神仏関係と中世神道へ、信仰の体系を考察してきた。その大きな流れの骨格には、京（摂関鷹司・一条家と神祇官卜部氏）と伊勢（祭主大中臣氏・外宮祠官度会氏）と南都（東大寺・興福寺の高僧たち）とに繋がる、典籍を通した文化交流の場とその系譜・人脈があり、これこそが中世神道の立役者であった。

宮地直一・恩師西田長男をはじめ先人たち（以下、敬称を省略した）によって築かれた、文献考証に基づく神道史学の学問を、本書によって少しでも前へ進めることができたのであれば幸いである。近年、宮地・西田両家から蔵書・文献史料を國學院大學に寄贈していただいており、御遺族のご厚意に感謝申し上げたい。

わたしが生まれたのは、鎌倉鶴岡八幡宮の東隣、大江広元が初代別当に就任した幕府政所（雪ノ下字唐門）があった場所である。いまもこの地域で発掘があると、鎌倉時代の柱跡と大量の「かわらけ」が出土する。鶴岡の東入口には、中世には「から門」（本書三二八頁の造営指図）があり、六浦道の筋替橋に面した政所表門にも唐門があったことから、字名が唐門になったのだろう。小さいころは幕府滅亡の「北条高時腹切りやぐら」（現在、立入禁止）など、鎌倉武士弔いの場である「やぐら」と谷戸、鶴岡八幡宮境内が遊び場で、中世の感性とともに育った。のちに『神道大系　神社編　鶴岡』（昭和五十四年）を豊田武と共編で編纂できたことや本書第三部第三章の論考は、鎌倉で育ったことが大きな糧となった成果である。

高校時代に読んだ『鎌倉市史　総説編』（吉川弘文館、昭和三十四年）の著者高柳光寿に憧れ、國學院大學に入学した（昭和四十二年）。入学式当日のクラスの集いで、担任桑田忠親（戦国時代史、茶道史、古田織部研究）から「好きこそ、ものの上手なれ」という激励の言葉と、國學院には八代国治という大先輩がいることを紹介された。八代は学位論文『長慶天皇御即位の研究』（明治書院、大正九年）を刊行の四年後、五十一歳で亡くなるが、その二年後、研究が認められ、長慶天皇は九十八代の皇統に加列することになる。学問・研究により、それまで歴史事実と考えられていたことが大きく覆されることを実感した。

大学三年のとき、大学主催の神職養成講習会を受講し、ここで二日間にわたり、西田長男から神道史を学んだ。内容は熊野信仰と「代受苦」の思想であった。これが大学院に進み、神道史を研究するきっかけとなった。また、学部時代は学生団体の日本史研究会で『吾妻鏡』講読に参加し、小川一義氏の厳しい指導とともに厚情をいただいた。

昭和五十年、大学の西田長男研究室に戻ると、松下幸之助の肝煎りで始まる『神道大系』の編纂準備の事務（のち神道大系編纂会が開設され移行）と宮地直一監修で開始された『吉田叢書』の第四巻『中臣祓・中臣祓抄』（叢文社、昭和五十二年）編纂の手伝いで忙しくなる。一か月間、天理大学附属天理図書館に通い、吉田兼倶・兼右、清原宣賢自筆本の書写作業に入ることになったが、本書第一部の『中臣祓訓解』『記解』の研究は、このときの天理図書館調査が契機になっている。このことが典籍研究の本格的な出発となり、『神道大系　古典註釈編　中臣祓註釈』（昭和六十年)、『神道大系　論説編　卜部神道下』(平成三年)の編纂へと繫がった。また、宮地・西田によって受け継がれてきた『吉田叢書』の最終刊は、西田との生前の約束により、吉田斎場所の遷座から五〇〇年目にあたる昭和五十九年、第五巻『日本書紀神代巻抄』(続群書類従完成会)として刊行することができ、西田の霊前に捧げて報告した。

文献考証を最優先してきた研究法では、天理図書館のほか、伊勢の神宮文庫、大須観音真福寺文庫など、貴重書を収蔵する多くの文庫・機関の存在が欠かせない。閲覧の協力をいただいた諸機関に厚く御礼を申し上げたい。とくに阿部泰郎氏の導きをいただき、『真福寺善本叢刊』(臨川書店)編纂のために神道書籍を閲覧できたことは充実した時間であり、真福寺本『伊勢御鎮座伝記』が度会行忠自筆本であることを特定できた、本書第二部第二章は思い出が深い。

昭和四十年代、イデオロギー論が盛んななかで、学部時代の恩師藤井貞文(近世神祇思想・明治国学研究、折口信夫の弟子、国文学者藤井貞和氏の父)は、学問・研究において理論・思想はあとから付いてくるものと指摘されていた。確かにいま思うと、文献考証、実証を進める地道な作業のなかで、心意の深層部分において、貫かれてきた理念の感覚が自然に醸成され、それは終章のなかで表層化されたと思う。

最後にもう一つ記しておきたいことがある。古代文学を発火点に、古代から中世日本紀へ、さらに近世・近代の思想史・精神史へと越境をつづけてこられた斎藤英喜氏が、去る九月四日逝去された。著書『折口信夫』(ミネルヴァ書房、令和元年)で「神道学者」として「中世神道史研究」に新しい視点を示した折口信夫を明らかにされたことは、折口批判をつづけてきた私にとって、覚醒していく新たな方向性へと導いていただいた。いま論議できる存在を失った喪失感は大きい。本書二二五頁の文につづけて、氏の学恩に感謝するとともに深く哀悼の気持ちを伝えたい。そして拙著の刊行を待ち望んでおられた斎藤氏のご霊前に本書を奉呈したい。

『日本書紀』神代紀（第八段第六の一書）によると、大己貴命と少彦名命の二神が国作りを進め、大己貴命の「吾等が造れる国、豈善く成れりと謂はんや」との問いに、少彦名命は「或は成れる所も有り、或は成らざるもあり」と答えた。この談りは「幽深」なことだとされる。

古代神話の語りは、中世・近世へと伝えられた。卜部兼好の『徒然草』では、「すべて何も皆、ことの整ほりたるはあしき事なり、し残したるを、さて打置きたるは、面白く、生き延ぶるわざなり」（第八十二段）とあり、内裏の造営において、未完成の箇所を残しておくものであると伝えている。京都御所の北東（丑寅）は「猿ヶ辻」と呼ばれる凹んだ形状があり、鬼門封じとされるが、これも未完の形式と思われる。さらに近世では、徳川幕府祭祀の象徴である日光東照宮、陽明門の柱一二本のうち、一つのみ渦巻文様が逆柱になっている。これは建物を崩壊させないための呪術とされるが、これも神話からつづく「未完の完」の表現であろう。

神話は未完成のまま、次世代へと語り継がれてゆく。学問もまた、未完成のまま、後継の方々によって形成されつづける。神話と歴史に貫かれた「未完の完」は、人生における価値観の極致といえよう。

本書第一部に掲載の昭和五十一年の論考を皮切りに、半世紀近くをかけてきた私の神道史研究は、出雲神話と出雲大社の創建から吉田神道・吉田兼倶の「神道とは、心を守る道」（『神道大意』）に至るまで、古代と中世とを繰り返し、「歴史遊泳」をつづけてきており、一〇〇〇年にわたる各時代の「点」を掘り進めてきた。古代・中世から近・現代へ、「点」から「線」「面」へと、神道史の流れを繋げることは、未完のままである。この未完の部分は、これまで一緒に研究をともにしてきた『事典　古代の祭祀と年中行事』（吉川弘文館、令和元年）の執筆陣である後輩・若手研究者が受け継いでいき、新しい学問世界が創成されてゆくことだろう。

本書第一部は、昭和時代の論考をもとにしており、電子機材への難解な原稿の入力を、國學院大学院の最終年度

（令和三年度）の受講生にお願いした。また前著（『古代天皇と神祇の祭祀体系』）に引き続いて、刊行に至るまでには、吉川弘文館の並木隆氏、歴史の森の関昌弘氏のご尽力をいただきましたことを、ここに厚く御礼申し上げます。そして一言、家族にも「ありがとう」。

伊勢神道書が撰作されてから八〇〇年近くになる。度会行忠をはじめ、度会氏一族の神主たちは、古典を学び、神道の学問を創成してきた。旧暦九月十五日（現在は十月）は、夜十時から行忠らが奉仕して、外宮神嘗祭の由貴夕大御饌が斎行されてきた。猛暑から解放され、ようやく秋風がそよぐこの日、静かに擱筆する。

令和六年（二〇二四）十月十五日　伊勢外宮神嘗祭、由貴夕大御饌の日に

岡田荘司

初出一覧

序章　総説・神仏関係と中世神道（「日本の神々と仏教」〈日本仏教研究会編『仏教と出会った日本』法藏館、平成十年〉と「神仏関係と可視化される神々—神降し祭式の系譜から—」〈『鷹陵史学』四九号、令和五年〉をもとに、新稿を加えて再構成した）

第一部　中世神道の形成—両部神道から伊勢神道へ—

第一章　『中臣祓訓解』および『記解』諸本の伝来（原題「『中臣祓訓解』及び『記解』の伝本」〈『神道及び神道史』二七号、昭和五十一年〉と『神道大系　古典註釈編　中臣祓註釈』「解題」〈神道大系編纂会、昭和六十年〉の一部をもとに再構成した）

第二章　中世初期神道思想の形成—『中臣祓訓解』『記解』を中心に—（『日本思想史学』一〇号、昭和五十三年。一部補訂）

第三章　両部神道の成立期（『神道思想史研究』安津素彦博士古稀祝賀会、昭和五十八年）

第四章　私祈禱の成立—伊勢流祓の形成過程—（『神道宗教』一一八号、昭和六十年。のち村山修一ほか編『陰陽道叢書』第二巻中世、名著出版、平成六年）

第五章　『神祇講式』の基礎的考察（『大倉山論集』四七輯、平成十三年。ただし、『神祇講式』翻刻文は削除したほか、新たに「追記――『神祇講式』貞慶撰作説のその後」を加えた）

第二部　中世神道の展開―伊勢神道から吉田神道へ―

第一章　伊勢神道書成立史考―「神道五部書」「神蔵十二巻秘書」―（「『伊勢宝基本記』の成立」〈『神道史研究』二八巻四号、昭和五十五年〉と「『御鎮座伝記』奥書所収の「文治元年記」について」〈『大倉山論集』四五輯、平成十二年〉、「神道五部書」〈皆川完一・山本信吉編『国史大系書目解題』下巻、吉川弘文館、平成十三年〉をもとに再構成した）

第二章　真福寺本『伊勢二所皇御大神御鎮座伝記』（「大田命訓伝」）の伝来（『國學院雑誌』一〇七巻一一号、平成十八年）

第三章　卜部氏の典籍研究とその伝来（原題「卜部氏の日本紀研究――兼文から兼倶まで」〈『国文学　解釈と鑑賞』六四巻三号、至文堂、平成十一年〉と「熱田神宮蔵『日本書紀』と和歌懐紙」〈『愛知県史　別編　文化財4　典籍』愛知県史編さん委員会、平成二十七年〉の一部をもとに再構成した）

第四章　吉田兼倶と吉田神道・斎場所〈再考〉（原題「吉田兼倶と吉田神道・斎場所」〈『国立歴史民俗博物館研究報告』一五七号、平成二十二年〉をもとに、新出史料を紹介し再構成した）

第五章　近世神道の序幕―吉田家の霊社創建と葬祭の成立―（原題「近世神道の序幕―吉田家の葬礼を通路として―」〈『神道宗教』一〇九号、昭和五十七年〉と「吉田家神葬祭と日本書紀神代巻」〈『神道大系月報』五〇、昭和六十年〉、「神道葬祭成立考」〈『神道学』一二八号、昭和六十一年〉の一部をもとに再構成した）

第三部　中世の神社と祭祀

第一章　中世における神社秩序の形成（伊藤聡編『中世神話と神祇・神道世界』竹林舎、平成二十三年、をもとに補訂した）

第二章　国司の祭祀と諸国一宮制（原題「平安期の国司祭祀と諸国一宮」、一宮研究会編『中世一宮制の歴史的展開』下巻、岩田書院、平成十六年）

第三章　鎌倉幕府・鎌倉殿の将軍祭祀（原題「鎌倉幕府の将軍祭祀―源頼朝を中心に―」〈『神道宗教』二二五号、平成二十四年〉をもとに、「箱根神社の歴史と信仰―二所詣を中心に―」〈『箱根の宝物』箱根神社社務所、平成十八年〉の「二所三島詣」の項を加えた）

終章　中世神道における「神＝人＝心」の系譜―奥伊勢から奥三河へ―（『神道宗教』二五九・二六〇合併号、令和二年）

付論　天皇祭祀の近代―古代祭祀・中世神道から近代へ―（伊藤聡・斎藤英喜編『神道の近代――アクチュアリティを問う』アジア遊学二八一、勉誠社、令和五年）

索　　引

I　研究者（近代以降）

あ　行

か　行

さ　行

た　行

な　行

は　行

ま　行

や　行

わ　行

II　人物名（近代，明治初期以前）

あ　行

か　行

さ 行

た 行

な 行

は 行

ま 行

や 行

わ 行

Ⅲ 典 籍 名

あ 行

か 行

さ 行

た 行

な 行

は　行

ま　行

や　行

ら　行

わ　行

Ⅳ　神社・寺院名

あ　行

か　行

さ　行

た　行

な　行

は　行

ま　行

や　行

ら　行

わ　行

著者略歴

一九四八年　神奈川県に生まれる
一九七三年　國學院大學大学院文学研究科修士課程修了
國學院大學神道文化学部教授などを経て
現在　國學院大學名誉教授、博士（歴史学）

〔主要編著書〕
『平安時代の国家と祭祀』（続群書類従完成会、一九九四年）
『事典　古代の祭祀と年中行事』（編著、吉川弘文館、二〇一九年）
『大嘗祭と古代の祭祀』（吉川弘文館、二〇一九年）
『古代天皇と神祇の祭祀体系』（吉川弘文館、二〇二二年）

中世神道と神社の信仰体系

二〇二四年（令和六）十二月十日　第一刷発行

著　者　岡《おか》田《だ》莊《しょう》司《じ》

発行者　吉川道郎

発行所　株式会社　吉川弘文館
郵便番号一一三―〇〇三三
東京都文京区本郷七丁目二番八号
電話〇三―三八一三―九一五一〈代〉
振替口座〇〇一〇〇―五―二四四番
https://www.yoshikawa-k.co.jp/

印刷＝亜細亜印刷株式会社
製本＝誠製本株式会社
装幀＝山崎　登

ISBN978-4-642-02993-3

岡田莊司著

古代天皇と神祇の祭祀体系

A5判・三五八頁／九五〇〇円

古代天皇の祭祀制は、伊勢と出雲を結ぶ東西の横軸と、天皇に崇る神の循環型機能からなる縦軸により展開したが、平安前期から天皇直轄祭祀が機能し変容していく。昭和前期の「敬神論」と後期の「宗教統制論」の根源にある「循環型祭祀体系」を追究し、近代国家に組み込まれ現代神道にも影響を与えた、律令制形成期の天皇と神祇の祭祀体系を解明する。

（価格は税別）

吉川弘文館

大嘗祭と古代の祭祀

岡田莊司著　　四六判／二八〇〇円

天皇一代一度の皇位継承儀礼「大嘗祭」とはいかなるものか。「平成大嘗祭論争」の中心学説『大嘗の祭り』を再録、その後の研究成果を集成。天皇祭祀等と同様、自然災害への対応を組み込むという新たな大嘗祭論を提示。

三七二頁・原色口絵四頁

日本神道史（増補新版）

岡田莊司・小林宣彦編　　四六判／三五〇〇円

古来、神は日本人の精神的より所として存在し、国家成立に大きな位置を占めていた。初版刊行から一〇年、沖ノ島や律令国家祭祀に新知見を加えるなど、記述を見直しよりわかりやすく編集。今も息づく神道の世界へ誘う。

四一六頁・原色口絵四頁

（価格は税別）

事典 古代の祭祀と年中行事

岡田莊司編

A5判／三八〇〇円

古来、国家鎮護・安泰のための神祇祭祀と仏教法会が、天皇自身や社寺によって行われてきた。恒例祭祀・臨時祭祀・法会などを厳選して計六〇件を収載し、最新研究にもとづき平易に解説。豊富な図版、年表・索引も充実。

四四六頁・原色口絵四頁

事典 神社の歴史と祭り

岡田莊司・笹生　衛編

A5判／三八〇〇円

古より続く神社と神道が、日本人に深く関わっているのはなぜか。古代より近世にいたる重要な五〇社と、近代に創祀された一〇社を厳選し、歴史上に名を残した事蹟を詳述。祭りと年中行事一覧を付すなど、付録も充実。

四一二頁・原色口絵四頁